高等院校经济管理类主干课程教材

中国公司治理

传统智慧与现代实践

唐跃军◎著

立信会计出版社
LIXIN ACCOUNTING PUBLISHING HOUSE

图书在版编目(CIP)数据

中国公司治理：传统智慧与现代实践 / 唐跃军著. 上海：立信会计出版社，2025.1. -- ISBN 978-7-5429-7848-6

Ⅰ.F279.246

中国国家版本馆 CIP 数据核字第 2025R5Q763 号

策划编辑　　孙　勇　战小雨
责任编辑　　孙　勇
助理编辑　　战小雨
美术编辑　　北京任燕飞工作室

中国公司治理：传统智慧与现代实践
ZHONGGUO GONGSI ZHILI

出版发行	立信会计出版社			
地　　址	上海市中山西路 2230 号	邮政编码	200235	
电　　话	(021)64411389	传　真	(021)64411325	
网　　址	www.lixinph.com	电子邮箱	lixinph2019@126.com	
网上书店	http://lixin.jd.com		http://lxkjcbs.tmall.com	
经　　销	各地新华书店			
印　　刷	上海万卷印刷股份有限公司			
开　　本	787 毫米×1092 毫米	1/16		
印　　张	22	插　页	1	
字　　数	508 千字			
版　　次	2025 年 1 月第 1 版			
印　　次	2025 年 1 月第 1 次			
书　　号	ISBN 978-7-5429-7848-6/F			
定　　价	89.00 元			

如有印订差错，请与本社联系调换

序　言

在这个瞬息万变的商业时代,公司治理已然成为企业成功的核心要素。对于中国这样一个文化底蕴深厚、社会结构复杂的国家而言,公司治理的实践更是充满挑战。本书致力于深入剖析中国公司治理的多个维度,包括其文化根基、历史发展、现代实践中的创新机制,以及这些因素如何共同塑造了中国公司的治理模式和治理机制。

在中国丰富的文化背景下,公司治理不仅仅是规章制度的简单叠加,更是一种根植于历史传统和哲学思想中的治理艺术。本书先从中国古代哲学的角度出发,探讨道家、法家、墨家、兵家、儒家及佛家等思想流派如何影响中国企业的治理模式和治理机制。本书认为,这些传统智慧不仅塑造了中国企业家的价值观和行为模式,而且在现代公司治理中依然发挥着重要作用。

随着历史的推移,中国公司治理模式和治理机制也在不断演进。本书探讨了这一过程中公司治理模式和治理机制的演变及其背后的社会经济动因,分析了中国特有的社会结构和文化传统如何影响公司治理的演进,以及这些因素如何与全球化背景下的现代治理理念相融合。

基于中国公司治理实践,本书讨论了人力资本的动态性、动态激励相容、动态股权激励机制、团队激励机制、科创企业治理以及家族企业传承等方面的策略和挑战。本书的目标是提供一个全面的视角,帮助读者理解中国公司治理的复杂性和多样性。同时,通过案例分析,本书展示了这些创新的治理模式和治理机制如何在实践中发挥作用,以及它们如何帮助企业在激烈的市场竞争中保持领先地位。

商道砥砺法自然,制度机制赋新能。本书主张诚实地回归人性的基本面,通过合理的制度安排与机制设计,夯实中国公司治理的基础,进而结合中国企业的治理实践,探讨和设计动态股权激励机制,变革和创新团队激励机制,并将其应用于创业企业治理、家族企业治理、科创企业治理等复杂情境中。

本书特别强调动态股权激励计划和社会化企业治理模式等创新机制的重要性。这些机制不仅能够激发关键人力资本的潜力,还能够推动企业的持续创新和长期发展。本书认为,这些创新机制的实施,是中国企业在全球化竞争中取得成功的关键。

此外,本书还探讨了中国公司治理面临的挑战和机遇。在全球化的背景下,中国企业不仅要面对国内市场的竞争,而且要应对国际市场的压力。本书分析了中国企业如何在保持自身文化特色的同时,吸收和融合国际先进的治理理念和实践经验。

本书中的部分总结来自笔者主讲的中国公司治理(授课对象为 EMBA/MPAcc)、公司治理(授课对象为 MBA/本科生)、创业企业治理(授课对象为 MBA)、家族企业治理与传承(授课对象为 MBA)、团队股权激励机制(授课对象为 MBA)、科创企业治理(授课对象为 MBA)、Entrepreneurial Enterprise Governance(授课对象为 IMBA)、中国公司治理研究（授课对象为博士研究生）等课程。

  本书旨在为学术界和实务界提供有价值的见解和建议。对于广大学者而言，笔者希望本书能成为他们研究中国公司治理的重要参考。对于企业家和管理者而言，笔者希望本书能为他们提供实用的建议和启发，帮助他们在实际工作中更好地应对挑战，把握机遇。

  在本书的撰写过程中，笔者得到了许多人的帮助和支持，感谢那些在访谈中分享宝贵经验的企业家，以及复旦大学管理学院 EMBA、MBA、IMBA 和 MPAcc 的同学，他们的治理实践和洞见为本书增添了丰富的实践色彩。笔者还要感谢那些在我的研究过程中为我提供反馈和建议的同行，他们的专业意见帮助笔者不断完善和深化研究。

  公司治理是一个不断发展和变化的领域，总有新的问题和挑战需要我们去探索和解决。因此，本书的完成不仅是一个结束，更是一个新的开始。笔者期待本书能够激发更多的讨论和研究，为中国乃至全球的公司治理实践贡献智慧和力量。

唐跃军

2025 年 1 月

目 录

基础理论篇

道法自然：中国公司治理之"道" ... 001
　　人性的基本面 ... 002
　　制度机制设计 ... 003
　　公司治理基础 ... 005
　　动态股权激励 ... 007
　　团队激励机制 ... 009
　　创业企业治理 ... 011
　　家族企业治理 ... 013
　　科创企业治理 ... 014
　　行至水穷处 ... 016

注释解析篇

中国公司治理之"道"的注释 ... 017
　　人性的基本面〈注释〉 ... 018
　　制度机制设计〈注释〉 ... 043
　　公司治理基础〈注释〉 ... 063
　　动态股权激励〈注释〉 ... 087
　　团队激励机制〈注释〉 ... 111
　　创业企业治理〈注释〉 ... 135
　　家族企业治理〈注释〉 ... 166
　　科创企业治理〈注释〉 ... 188
　　行至水穷处〈注释〉 ... 215

i

实践应用篇

公司治理案例 227
娱乐之外的公司治理暗战：通过有限合伙企业实现控制权和收益权分离 228
Roadstar：死于团队内斗的创业明星 245
李子柒成长的烦恼：不识股权架构套路的网红 272
以人力资本为核心的公司治理模式：Huawei、OPPO、vivo 的共同选择 286
罗伯特·博世有限公司的传承之路：从家族企业治理模式到社会化企业治理模式 301

附录 317
The Way Follows Nature: The Art of China Corporate Governance 318
    Fundamentals of Human Nature 318
    Institutional Arrangements and Mechanism Design 319
    Basics of Corporate Governance 321
    Dynamic Ownership Incentive 324
    Team Incentive Mechanism 326
    Entrepreneurial Enterprise Governance 328
    Family Business Governance 330
    Tech-innovation Enterprise Governance 331
    Leisurely Reflections Section 333

参考文献 335
跋：好企业是类似的 341
后记 345

商道法自然　制度赋新能

基础理论篇

道法自然：中国公司治理之『道』

人性的基本面

第一条　尽管人性太复杂,但是人性的基本面通常很稳定。

第二条　格局是突破自己的人性基本面,顺应他人的人性基本面。例如,己所欲,人亦所欲,可施于人——有格局;己所不欲,勿施于人——格局就比较一般。

第三条　我们最需要的是诚实地回归人性的基本面,回归常识。

第四条　领导者管理和治理一家公司的核心在于拥有常识。诚实地回到人性的基本面,以及始终坚守并不断实践"唯有合理的制度安排与机制设计可以对抗和修养人性""己所欲,人亦所欲,可施于人"的基本理念和基本逻辑。

第五条　有效的治理和管理必须回归人性的基本面,这也是制度安排与机制设计持续有效的、不可或缺的前提条件。

第六条　人性的基本面通常是指每个人都希望追求自身利益最大化,这种利益包括金钱、权力、声誉等。

第七条　人性既非本善也非本恶,人性是动态的。

第八条　总体而言,人品、伦理、德行是动态的,而且波动率还不低。

第九条　在人性开始激荡前,如果没有设计好制度和机制,往哪个方向激荡就不太好把握了。

第十条　如果只讲关系不讲规则,那么人性的基本面决定了"可共患难不可共富贵"。

第十一条　任何看似牢不可破的关系,在巨大或者显著的利益面前,多数时候或者总体而言,可能都不堪一击。实际上,你可以不相信任何人,但可以相信人性的基本面。

第十二条　人的无为,必须建立在"制度有为"的基础之上。而有效的制度设计,又必须建立在对人"自利"本性的把握上。

第十三条　如果一个人连"己所欲,人亦所欲,可施于人"都做不到(需要一点制度安排和机制设计的技巧),却口若悬河地猛谈或貌似纯粹地标榜"德性""初心""人品"的人,必是虚伪之徒和沽名钓誉之辈,务必远离。

第十四条　很多人脱离人性的基本面只想虚伪地讲"情怀",以为这样能"省钱",结果反而是最"费钱"的。实际上,没有"情怀"和只有"情怀"几乎一样糟。有"情怀"是好的,至少不坏,但只有"情怀"通常不好,甚至很糟。

制度机制设计

第十五条　唯有合理的制度安排与机制设计可以既对抗又修养人性。

第十六条　合理的制度安排与机制设计通常是简洁的。不过"简洁"可能使既得利益者比较难受,因为这样不利于权威、权力和寻租。这正是变革与创新的阻力所在。

第十七条　公司在技术学习方面确实存在显著的"后发优势",但是在制度学习方面则可能存在"后发劣势",因为制度安排与机制设计通常有其前提假定条件,是高度情境依赖的;而且,最为困难的是,既得利益者无法或者很难突破人性基本面,存在严重的激励不相容问题。

第十八条　道家思想其实不是单纯意义上的"无为而治",而是指基于合理的制度安排与机制设计治理国家和其他组织。

第十九条　随着规模增大,在公司治理层面总体的逻辑是:从基于关系讲关系,到基于关系讲规则,再到基于规则讲规则。

第二十条　在制度安排与机制设计的逻辑当中,通常不应对"德"和"才"做预判,因为对于"德"的预判非常难(实际上"德"比"才"更加动态化),所以,应更加关注动态激励相容和监督制衡机制,以便实现"集众人之私成天下之公"。

第二十一条　强调"德比才更重要",通常是因为没有合理的制度安排与机制设计,无法持续实现关键利益相关者动态激励相容和有效监督制衡。

第二十二条　道德文化需要基于制度安排与机制设计逐步形成并由其直接保障,它其实是作为结果层面的存在。

第二十三条　世上并不乏美好的"德性""初心""人品"的种子,在一定程度上,"人人皆可为尧舜"(个体通过修行和践行来实现)。美好的"德性""初心""人品"的种子要生根发芽、推广开来(成为价值观、企业文化)以及持续绵延需要合理的制度安排和机制设计的保障。

第二十四条　没有制度安排和机制设计支撑的文化价值观,必是无本之木;企业的文化价值观没有落实到制度安排和机制设计层面,必是虚妄之言。

第二十五条　在组织层面,脱离制度安排与机制设计空谈"德性""初心""人品"往往会陷入虚无和迷茫,且无益于甚至有损实际的运作。

第二十六条　有什么样的公司治理,就有什么样的公司文化,重视合作和分享的企业文化需要制度保障。当然最初的公司文化的DNA源自创业者,但如果没有良好的公司治理制度安排和治理机制设计,情怀初心大多会演变为空洞的口号和领导者的自娱自乐。

第二十七条　什么是领导力?一是有想法,坚持独立思考,有能让人追随的梦想;二是有格局,突破自己的人性基本面,顺应他人的人性基本面(己所欲,人亦所欲,可施于人);三是制度设计能力,有远见、有勇气、有能力通过合理的制度安排和机制设计推动梦想不断向前。

第二十八条　"流氓"不可怕,就怕"流氓"有文化;"流氓"有文化不可怕,就怕"流氓"有思想;"流氓"有思想不可怕,就怕"流氓"拥有制度安排和机制设计能力。

第二十九条　严格的信息披露制度是推行注册制最基本的条件,合理有效的市场机制和真正意义上的严刑峻法则是注册制最关键的前提条件。

第三十条　唯一能解决减持问题的办法就是不限制减持。强烈反对通过非市场化的行政手段人为限制各类市场参与主体减持行为。本书主张按照市场机制全部放开限制,让新股在上市之日即全流通,所有持股人均可立即自由买卖,无投资者开户门槛,实行T+0制度,无涨跌幅限制。

公司治理基础

第三十一条　公司治理旨在通过一系列制度安排与机制设计,引入市场机制以促进合理竞争、实现重要利益相关者的动态激励相容与合理制衡,降低委托代理问题的影响,有效凝结关键利益相关者的战略性资源与能力,帮助企业获得内生增长动力并逐步形成内生增长能力。

第三十二条　至少在公司治理层面(团队激励机制+监督制衡机制),好的公司都是类似的(核心逻辑和基本原则),而差的公司则各有各的不足。

第三十三条　公司治理的制度安排与机制设计的关键在于符合人性的基本面、关键人力资本激励相容以及引入内部市场机制。

第三十四条　公司治理没有标准答案,其理论、工具、方法都是高度情境依赖的。与此同时,公司治理深度受困于人性,很容易掺杂各种负能量。

第三十五条　以正治国:基于人性的基本面,通过合理的制度安排和治理机制设计来治理国家和其他组织(基于关系讲规则);以奇用兵:基于激励相容原则,发挥关键人力资本的潜力,追求战略和战术的灵活性与创新性;以无事取天下:强调制度的"有为",而非依赖个人的"有为",避免人治和无谓的折腾。

第三十六条　公司治理好的企业,不一定会成为好企业,但是种下了企业成为好企业的种子,提供了一种可能性;而公司治理差的企业,则根本没有这种可能性。

第三十七条　收益权、控制权、经营权的高度统一可称为一元公司治理模式;所有权(包括收益权和控制权)与经营权分离可称为二元公司治理模式;而收益权、控制权、经营权三者分立则可称为三元公司治理模式。

第三十八条　基于人力资本的共有、共享、共治,收益权、控制权和经营权"三权分立"且动态激励相容的社会化企业治理模式。

第三十九条　高管腐败的主要原因:一是内外部监督制衡机制缺失、不合理或无效;二是公司高管与其他关键利益相关者之间的激励不相容。

第四十条　2001年8月,独立董事制度正式引入中国市场,主要用于缓解严重的第二类代理问题。但是,独立董事的提名、选举、激励等方面却主要受到控股股东的影响(理论与现实逻辑相当混乱),存在相当显著和严重的独立性悖论。

第四十一条　公司治理是高度情境依赖的,制度安排与机制设计的前提假定条件是至关重要的,盲目照搬和模仿不可取。在海洋法系国家,外部市场机制较为完善且主要面临第一类代理问题时,践行董事会中心主义可能是正确的方向;然而,在大陆法系国家,外部市场机制尚不完善且主要面临第二类代理问题时,董事会中心主义就不一定是合适的发展方向。

第四十二条　在德国公司治理模式的基础上,让主要履行监督职能的党组织和公司监事会紧密结合起来,党委书记兼任监事会主席,使监事会拥有类似于德国公司监督董事会的完全监督权。监事会的监督权与董事会的执行权相分离,确保两权均衡配置。

第四十三条　以监事会(或监督董事会)和监督权为核心,在中国企业加强党组织建设,党委书记兼任监事会主席(提供监督权威),其他监事由参与股权激励计划的内部员工选举产生(激励相容且走群众路线,具备信息优势)。此外,监事会还应包括部分外部专业人士作为独立监事。同时,监事会在董事会之上,拥有对董事会的完全监督权。这可能成为中国公司治理模式变革与创新的可行路径。

第四十四条　中国公司治理的"中国特色":政府主导的以关系为基础的社会与经济背景;市场有效性较低,市场机制有待完善;基于严刑峻法的法律制度环境正在建设中;控股股东主导型内部人控制问题严重;中国社会主义市场经济与党组织嵌入;主要奉行基于关系讲关系的行为逻辑。

第四十五条　企业除了可以分为伟大的企业、好企业、一般的企业、差企业,还可以分为劳动力密集型企业、资金密集型企业、人力资本密集型企业、技术密集型企业和关系密集型企业。

动态股权激励

第四十六条　人力资本的动态性主要是指个人的能力（相对层面和绝对层面）和努力程度随着情境变化而动态变化。因此，货币资本主导时代的静态公司治理模式需要变革为人力资本主导时代的动态公司治理模式。

第四十七条　企业家必须雇用比自己优秀的人。当然，人力资本具有显著的动态性，因此，合理的制度安排与机制设计至关重要，这是实现关键人力资本收益权、经营权、控制权动态激励相容的必要条件。

第四十八条　何以解忧？唯有动态。关键利益相关者收益权、经营权和控制权分配的公平、匹配、清晰和平衡是暂时且狭隘的，不公平、不匹配、不清晰和不平衡则是永恒且广泛的。因此，唯有动态（动态激励相容）可解。

第四十九条　如何实现关键人力资本激励相容以及在企业内部引入市场机制（特别是在外部市场机制不完善的情况下），有效应对人力资本的动态性，才是关键所在。

第五十条　总体而言，基于动态激励相容的基本逻辑，如果一个组织想让"雷锋"不断涌现，则必须做到短期来说不能让"雷锋"吃"大亏"，长期来说不能让"雷锋"吃"小亏"。

第五十一条　想成为"伟大的公司"，可以先尝试一下实现关键利益相关者收益权动态激励相容。"己所欲，人亦所欲，可施于人"都做不到，何谈伟大？

第五十二条　商鞅的"二十级军功制"给了所有人一条有标准可循的上升通道，只要你能做得到，你就能升官进爵。商鞅设计的"动态股权激励计划"包括："动态考核制""降爵抵罪制""降爵继承制"与"身死夺田制"。

第五十三条　企业需要优化股权架构设计，实施"把支部建在连上"（乾坤大挪移），以及"走群众路线"来推动动态股权激励计划（集众人之私成天下之公，携人民群众以令诸侯）。

第五十四条　走群众路线，通过动态股权激励机制实现关键利益相关者的收益权、经营权、控制权的动态激励相容（内部市场机制）。

第五十五条　一般的国有企业其实不需要像华为那样实行全员持股，只需根据人力成本在总成本中的比例，拿出相应的股权进行动态股权激励计划（一半固定，一半动态），并配合团队激励机制的设计，就可以激活国有企业（同时增加国家的控制权）。

第五十六条　学习华为技术有限公司（以下简称华为）的基本思想、基本逻辑和基本原则就好，直接学习华为的管理方法很容易不尽如人意，甚至误入歧途，特别是只学华为的管理流程，而不学与之配套的动态股权激励机制和动态收益权分享计划，毫无疑问会导致——"华为，你学不会"。

第五十七条　在一个人力资本高度密集的企业中，三分之一的员工参加动态股权激励计划,三分之一的员工参加动态收益权分享计划(之后可以按照一定规则转换为动态股权激励计划或认股权),三分之一的员工保持"饥饿感"。

第五十八条　动态股权激励计划、动态股权治理机制和动态股权治理平台是一个系统工程。企业不仅需要基于动态激励相容原则设计团队激励机制,还要与监督制衡机制、晋升激励机制、控制权保障机制、经营管理权激励机制等结合起来。

第五十九条　当创业企业控制权、经营权被不合适的人或团队把持时,无法均衡配置,会导致严重的代理问题。因此,创业企业公司治理的关键在于控制权保障机制设计是否合理,是否可以实现控制权、经营权的动态激励相容。

团队激励机制

第六十条 尽管触动利益比触动灵魂更难,但如果以利益为基点,就能够撬动巨大的"地球",进而把"以客户为中心"的企业文化植入每个员工的心中。

第六十一条 与员工谈钱是对员工最好的尊重,基于合理的制度安排与机制设计分钱,那就是持续可靠的尊重。

第六十二条 人才不是企业持续发展的动力,好的利益分配机制才是企业持续发展的动力。

第六十三条 "分钱的制度安排和机制设计"同时包括"信仰、理想、希望、事业、权利、公平、荣誉、钱财"中的多数项目,因此,分钱的制度安排和机制设计本身才是"最有效的激励"。

第六十四条 团队激励机制与监督制衡机制是合格企业家面临的基本问题,也是判断一位企业家是否具备足够领导力的最为重要的方面。

第六十五条 "支部建在连上"强调得很多,但"走群众路线"也不容忽视。任何公司都需要注意这两方面的均衡,任何的不均衡或不匹配都可能造成"悲剧"。

第六十六条 在公司治理方面,"猫抓老鼠"式的监督制衡逻辑其实是极其不靠谱的。这等于假定:①猫的数量足够多(最好能够做到与老鼠一对一且猫全天候工作),且猫足够勤勉敬业、英明神武,有能力发现所有出现问题的老鼠;②所有出现问题的老鼠都能够被发现,并且都受到了应有的惩罚。

第六十七条 为什么过去的公司治理同时强调"支部建在连上"和"走群众路线"(激励相容+经济民主),而现在的公司治理主要强调"把支部建在连上"和"猫抓老鼠"?原因在于经济基础决定上层建筑,以及既得利益者基于人性基本面,倾向于维护自己的既得利益;同时,"猫抓老鼠"式的监督制衡机制更容易造成权力集中、权威至上以及导致寻租。

第六十八条 一个有效的监督制衡机制需要同时满足三个条件:监督权威(有人撑腰)、信息优势(了解内幕)和激励相容(从监督中获得好处)。这是构建自我管理、自我监控型团队的基础。

第六十九条 没有基于合理的制度安排与机制设计的动态激励相容和内部市场竞争,OKR[①]必定差强人意。因此,关键在于团队激励机制的变革和创新。KPI[②]、OKR、PBC[③]等各种工具拼凑到一起,"头痛医头,脚痛医脚",反而更有可能导致管理成本大幅上升。对于解决人力资本主导、团队工作模式为主、环境动荡不安带来的绩效评估和激励问题,帮助不大。

---

① 即 objectives and key results(目标与关键结果)。
② 即 key performance indicators(关键绩效指标)。
③ 即 personal business commitment(绩效保证合同)。

第七十条　挣一分钱时的制度安排与机制设计，和挣一万元、一百万元、一亿元时的难易度及效果是不同的。在还没有开始挣钱之前，创业团队就应规划好"分钱的制度安排和机制设计"，并在赚到第一分钱时开始执行，同时需适时动态调整，以应对利益膨胀引发的人性波动。

第七十一条　个人兴趣和精神倾向与激励机制是两个截然不同的概念。是否接受激励是个人的选择，而是否提供激励则是组织的责任。明确区分这两者是机制设计的核心之一。"绝不让'雷锋'吃亏，奉献者必当得到合理的回报"。是否做"雷锋"是个人的事，而是否给予合理回报是公司的事。这就是华为的激励机制。

创业企业治理

第七十二条　创业是孤独的，孤独是勇敢的！在所有条件都具备的情况下，事情往往不可行。

第七十三条　2008—2027年人类社会处于康德拉季耶夫周期的衰退期（2008—2017年）和萧条期（2018—2027年）。上一个康德拉季耶夫周期的衰退期（1929—1938年）和萧条期（1939—1948年）是在大萧条和第二次世界大战中度过的。2024—2027年是萧条期的末端，可能是创业的黄金时期。

第七十四条　"红颜薄命""天妒英才"，以及好企业、成功的企业是极少数的，这才符合"天道"。

第七十五条　在极其艰难曲折的创业旅程中，"兄弟感情""情怀初心""德行人品"等都有赖于规则清晰合理所能带来的重要保障。

第七十六条　创业行为可能起于"关系"，但亦很可能只成于"规则"。创业合伙人切实地回归人性的基本面，结合中国的现实情境，基于关系讲规则，可能是最为合理和可持续的企业成长与发展之道。

第七十七条　如果创业团队不能"基于关系讲规则"，那么很可能会像《明朝那些事儿》中提到的那样：在中国历史上，共同创业的人大多逃不过"四同"的结局：同舟共济→同床异梦→同室操戈→同归于尽。

第七十八条　创业企业不挣钱对创业团队来说可能是好事，因为创业企业即使是挣一分钱，创业团队也要面临"分钱的问题"和来自人性基本面的考验。

第七十九条　良好的创业心态其实不是要准备好失败，而是要准备好如何成功以及成功后怎么办（基于关系讲规则/基于规则讲关系）？如果不为成功做好准备，不准备如何成功及成功后如何应对，你就不可能成功。

第八十条　合伙人进入退出机制包括：进入退出的触发条件、进入退出的价格、进入退出的支付程序、进入退出的程序办理。

第八十一条　创业企业的股权架构设计和股权分配事关公司利益格局和利益分配，是创业者和创业企业必须迈过去的"生死劫"。渡不过此劫，意味着创业企业在公司治理制度安排与机制设计层面存在先天不足，极有可能陷入内斗、散伙倒闭的境地，或者暂时成功却留下诸多不知何时爆发且可能致命的后遗症。

第八十二条　在精神层面达成共识，在情感层面建立信任和纽带还远远不够，创始团队和创业公司要想走得顺、走得远，合理的股权架构设计和公平的股权分配不可或缺。

第八十三条　创业之初或合伙人加入初期，创始人和其他创业合伙人最有可能开诚布公地友好协商股权架构设计和股权分配的问题。

第八十四条　任何人说"先好好做事情，等事情做好了再谈股权"这样看起来合理、体贴甚至充满豪气的话，都非常值得警惕。

第八十五条　股权架构不合理的公司不能投资；控制权存在显著问题的公司不能长期投资；（动态）激励相容问题没有解决的公司不能全力以赴地投资。

第八十六条　合理的股权分配与股权架构设计是良好公司治理的基石。股权架构影响公司治理的所有方面以及公司管理的所有重要方面。

第八十七条　通过迟迟不给其他创始人股权的方式以保证自己控制权和私利的创始人的格局和动机非常值得怀疑，同时，这样的做法也相当愚蠢，暴露了创始人对公司治理制度和机制的无知或漠视。

第八十八条　投资机构需要在制度安排与机制设计层面实现更高层次的"赋能型投资"，避免"猫抓老鼠"和"零和博弈"。对赌回购实际上突破了"有限责任"的概念，变成了某种意义上的债权融资，背离了创始人和投资人的有限责任逻辑。

家族企业治理

第八十九条　一般而言，携人民群众以令诸侯（集众人之私成天下之公），远好过于挟天子（存在强烈的关键人风险）以令诸侯（通常是为了一己私利）。

第九十条　通过合理的制度安排与机制设计，可以实现控制权是你家的，经营权是"人民代表"的，收益权是"人民"的和你家的。这样足以应对当前的情境。

第九十一条　智商和情商是不稳定遗传的，服从中值回归定律，这是人类社会保持活力的关键之一。因而在一定程度上，培养接班人是一个伪命题，尤其是在经营管理层面。

第九十二条　伯乐相马的逻辑并不靠谱，伯乐会不会看走眼？千里马会一直是千里马吗？只有坚持"赛马不相马"的逻辑，才有可能在长期制度与机制保障层面解决中国企业接班人和企业传承的问题。

第九十三条　家族企业治理与传承，要在控制权、监督权、收益权层面"有为"，坚守控制权整体传承和收益权整体传承的基本原则；在经营权层面则要"无为"和"去家族化"，基于动态股权治理平台实现"赛马不相马"和"无为而治"。

第九十四条　家族企业传承的基本原则是收益权与控制权的整体传承，这与千古第一阳谋"推恩令"的方向相反。家族企业需要设计控制权和收益权的整体传承平台。

第九十五条　家族企业作为集团公司，对其旗下的子公司、控股公司、关联公司适合采用"推恩令"的逻辑，并应贯彻"走群众路线"和"把支部建在连上"的原则。

第九十六条　家族企业治理与传承需要从家族宪法、股权架构设计、配套的公司章程和合伙协议、动态股权激励计划、团队激励机制设计等方面着手，这是一个系统工程。

第九十七条　社会化企业治理模式基于核心人力资本，贯彻"of the people, by the people, for the people"①的理念，只有这样的企业才有可能长期成功并持续发展。

第九十八条　家族企业需要致力于构建并长期维系社会化企业治理模式，基于三权分立原则推动关键利益相关者收益权、经营权和控制权的社会化与动态激励相容，以此促进持续经营和有序传承。

第九十九条　在家族企业内部依据收益权、控制权、经营权分立原则建立科学合理的监督制衡机制、引入市场机制促进合理竞争、实现家族及其他重要利益相关者的动态激励相容，推动中国家族企业治理模式向三元公司治理模式或社会化企业治理模式转变。

---

① 亚伯拉罕·林肯在葛底斯堡演讲提出的理念，中文一般译为"民有、民治、民享"。

科创企业治理

第一百条 创新能力的提升主要依赖关键人力资本的动态激励相容和有助于激发创新的制度环境的不断变革,而这两点又以合理的制度安排和机制设计为前提。因此,唯有合理的制度安排和机制设计可以让中国企业立于不败之地。

第一百零一条 作为典型的技术高度密集型、人力资本高度密集型企业,科创企业面临的人力资本的动态性问题要比一般企业更为严重,因此其非常需要在公司治理层面做动态性的制度安排与机制设计。动态是科创企业治理的灵魂,能动态的一定要动态!

第一百零二条 不管对于什么企业,人力资本是根本,实现关键人力资本动态激励相容的制度安排和机制设计是根本中的根本。

第一百零三条 只有动态激励相容可以对抗和修养人性,顺应人性的基本面。动态激励相容是激励机制(锦标赛理论)、培养机制、评价机制和筛选机制(赛马不相马),也是企业文化。

第一百零四条 为什么要讨论人力资本的收益权、经营权、控制权?其实,这只是一个常识而已,在公司治理层面企业需要"把人当人看"。

第一百零五条 华为创始人任正非提倡"以奋斗者为本,长期坚持艰苦奋斗"。在其他公司,这可能只是领导口号和墙上的标语,而华为则通过"虚拟受限股制度"和"TUP 计划"等具体的制度安排和机制设计将其落实,逐步拥有了"以奋斗者为本、长期坚持艰苦奋斗"的企业文化及价值观。

第一百零六条 初期的野蛮生长,对 2008 年前的中国市场有一定的合理性。从 2009 年开始,我国在战略资本演进层面已经整体上进入了新时代,即人力资本主导的时代。在这个时期,不诚实地回到人性基本面的企业是没有长期发展前景的。

第一百零七条 创新需要在制度安排与机制设计层面解决:创新的机会和资源从哪里来?创新的收益如何分配和占有?创新的风险如何分担?否则,推动创新基本上是一句空话,最多依赖企业家个体去创新,而这至少是不可持续的,范围也很有限。

第一百零八条 新质生产力的关键在于"创新",而除了关键人力资本的培养和积累,创新的关键在于适合创新和有助于激发创新的制度环境,这要求在制度安排与机制设计层面解决:创新的机会和资源、创新的收益分享、创新的风险分担所关联的问题,否则无法持续有效、系统全面地推动创新。

第一百零九条 美国创新体系的固有特征——强大的知识产权保护制度、创新的高回报前景以及强大的"政府—大学—产业"联系——激发了创造力,鼓励了创新,促进了创业。

第一百一十条 多数投资者其实没有真正意义上的风险意识和风险担当,风险管理理念和管理工具落后、机械,无法在制度安排与机制设计层面实现更高层次的"赋能型投资",

仍停留在"猫抓老鼠"的层次上,最终只能导致双输。

第一百一十一条　风险投资(venture capital,VC)/私募股权(private equity,PE)机构在投后管理层面的制度安排与机制设计较为薄弱,可能缺乏合理有效的投后管理系统,只有投后关怀系统、投后烧香系统,甚至投后磕头系统。本应专注于"治理赋能"的投后管理,最终却沦为"投后关怀""投后烧香",甚至"投后磕头"。

第一百一十二条　创新的成本越低(或者收益越高),就越容易产生创新,这其实是一个常识。

第一百一十三条　人力资本密集且具有战略性的公司,都应尝试不同投票权结构的公司治理制度安排和治理机制设计。

第一百一十四条　技术创新产生的影响不一定全是好的。例如,等人工智能真正发展起来,可能有些人只能获得维持基本生存的基本收入。因此,从技术创新的角度来看,消费降级是不可避免的,而且会长期持续下去。

行至水穷处

第一百一十五条　东方哲学(道家、儒家、法家、墨家、兵家、佛家等)和祖先信仰,更加符合现实,因此也更具生命力。如果道家去玄幻,儒家去虚伪,法家去机械,墨家去幻想,兵家去狡诈,佛家去虚无,也许会更臻完美。

第一百一十六条　管理本是经世致用之学,为何要用"哲学"来装点?管理的理论、方法、工具其实是高度情境依赖的,也不便形而地上升为"哲学"。如果一定要这样做,是不是会陷入"道理都懂,但就是做不好"的境地?

第一百一十七条　毛主席认为:"全局的深层决定性规律,生出一切战略战术。""欲动天下者,当动天下之心,而不徒在显见之迹。动其心者,当具有大本大源。""抓住主要矛盾,抓住主要矛盾的主要方向。"毛主席主张要善于把具体问题追到根源上思考、把局部问题放在整体中思考,把当前问题放在过程中思考。

第一百一十八条　世间其实没有所谓最好,可能只有最适合。战略选择的精髓不在于最好,而在于最适合。一切不匹配的选择注定都将是悲剧。

第一百一十九条　人们无疑可以也应痛恨敌人,但人们不能因为痛恨而停止向敌人认真学习。这也许是痛恨并战胜敌人最好的方式。

第一百二十条　只有选择祖国的人,祖国才会选择他!你都不爱祖国母亲,让祖国母亲怎么爱你?不要总想着挖祖国母亲的"墙脚"。

第一百二十一条　人生是一个过程,不要动不动或者有事没事就思考人生。行动起来,直面问题,在人生路上不断升级打怪(经世致用)就可以了。

第一百二十二条　好课程和好老师的价值其实在于理论与基于理论的独立思考。熟悉和理解理论的发展脉络与逻辑框架,基于理论反思之前的实践,并进一步在实践中尝试质疑和修正理论,才是真正意义上的学习。

注释解析篇

中国公司治理之『道』的注释

商道法自然　制度赋新能

人性的基本面 <注释>

> **第一条** 尽管人性太复杂,但是人性的基本面通常很稳定。

道家强调自然、无为,认为人性和自然界遵循着固有的规律,这些规律是稳定的。《道德经》第二十五章提到:"人法地,地法天,天法道,道法自然。"这里的"自然"指的是一种恒定的、本质的状态,暗示了人性的基本面是稳定的。《道德经》第五十七章说:"我无为而民自化,我好静而民自正,我无事而民自富,我无欲而民自朴。"

《中庸》有言:"天命之谓性,率性之谓道,修道之谓教。"此处说的是人的本性是由天赋予的,这里的"天命"可以理解为自然规律或宇宙的意志,而"性"则指人的内在品质或本性。儒家关于人性、道德和教育的基本观点是:人的本性是善的,遵循本性行动即遵循"道",而通过教育和修炼提升道德修养,是实现"道"的过程。

兵家强调对人性的理解和利用,认为人性的基本特点是可以被预测并加以利用的。《孙子兵法·谋攻篇》中有句众人皆知的名句:"知彼知己,百战不殆。"可见兵家主张对人性和敌人行为规律的深刻理解,认为这些规律是稳定的。

法家认为人的本性是固定不变的,好利恶害、趋利避害是人的固有本性,这种本性不可改变。例如,荀子在《荀子·性恶》提到:"目好色,耳好听,口好味,心好利,骨体肤理好愉佚,是皆生于人之情性者也。"荀子认为,人的感官欲望是人的本性之一,这种本性是人的自然状态,是固定不变的,因此,法律和制度应基于这些特点来设计。

法家的人性论为其法治思想提供了理论基础。《韩非子·八经》认为:"凡治天下,必因人情。人情者,有好恶,故赏罚可用;赏罚可用,则禁令可立而治道具矣。君执柄以处势,故令行禁止。"《商君书·错法》主张:"人生而有好恶,故民可治也。人君不可以不审好恶。好恶者,赏罚之本也。夫人情好爵禄而恶刑罚,人君设二者以御民之志,而立所欲焉。"也就是说法家认为通过利用人的好恶本性,借助赏罚机制,可以有效治理人民。

法家还认为,人的本性是追求个人利益的,这种追求是人性中的一个稳定基本面。《商君书·算地》指出:"民之性:饥而求食,劳而求佚,苦则索乐,辱则求荣,此民之情也。"商鞅亦认为人的生存欲望和生存需要是人的本性,这种本性驱使人们在利弊之间做出选择,追求个人利益。

因此,从法家的视角来看,人性的基本面在于人的生存欲望和对个人利益的追求,这种追求是稳定的,并且可以被有效利用以实现治理目标。这一观点与"人性的基本面通常很稳定"是相符的。

人性作为一个多维度的概念,涵盖了从物质需求到精神追求的广泛领域。在众多的人性表现中,追求个人利益是一个核心驱动力,这种追求不仅限于金钱和权力,也包括声誉和地位等非物质利益。尽管人性的表现形式复杂多变，但对个人利益的追求构成了人性的一个稳定基本面。

诚实且充分地认识到这一点，有助于我们理解人们在不同情境下的行为动机。人们往往根据自身利益最大化的原则来做出选择，这一原则在不同的社会和文化背景下都有体现。这种稳定性并不意味着人们总是自私的，而是表明人们在决策时会考虑如何尽可能地实现自身目标和愿望。

人性这种稳定性为社会政策制定和公司治理提供了一个重要的逻辑起点。政策制定者和领导者了解人们追求利益最大化的倾向，可以设计出更有效的激励机制和社会制度，从而促进社会的整体和谐与进步。同时，这也提示我们在设计制度时，需要平衡好个人利益与组织利益，引导人们在追求个人利益的同时，兼顾组织目标、社会福祉和可持续发展。

总之，人性的基本面在追求个人利益的驱动下展现出一定的稳定性。这为我们提供了理解和预测人类行为的基础，也对组织如何在尊重个体差异的同时实现组织目标、促进组织整体利益提出了挑战。通过深入理解这一基本面，我们可以更好地构建一个既能满足个人需求，又能维护组织利益的制度环境。

> **第二条** 格局是突破自己的人性基本面，顺应他人的人性基本面。例如，己所欲，人亦所欲，可施于人——有格局；己所不欲，勿施于人——格局就比较一般。

道家强调顺应自然和他人的本性，主张无为而治，尊重每个人的自然状态。《道德经》第八章提到："上善若水。水善利万物而不争，处众人之所恶，故几于道。"这里以水的特质来比喻圣人的德行，体现了一种超越自我、顺应自然和他人的大格局，表明了一种无私的、利他的品质，这与"己所欲，人亦所欲，可施于人"的精神相吻合。《道德经》第七章言："以其无私，故能成其私。"说的是当一个人放下私欲，不以自我为中心行事时，反而能够获得更广泛的利益和成就。这里的"私"并非指自私，而是指个人的目标和追求。道家认为，通过无私的态度和行为，可以更好地与自然和社会的法则相协调，最终实现个人的目标。正如《道德经》第四十九章指出的："圣人无常心，以百姓心为心。"

法家强调制度和法律，认为治理者应根据人性的基本特点来设计制度，以达到最佳的治理效果。《韩非子·心度》提倡："故圣人之治民也，法与时移而禁与能变。"《韩非子·八经》强调："凡治天下，必因人情。人情者，有好恶，故赏罚可用；赏罚可用，则禁令可立而治道具矣。君执柄以处势，故令行禁止。"这说明根据法家对人性基本面的理解，治理者应顺应这些基本特点来制定法律和政策。

儒家强调仁义礼智信，主张"己所不欲，勿施于人"，并认为应理解和顺应他人的需求与愿望，从而实现仁爱和社会和谐。《论语·颜渊》讲："己所不欲，勿施于人。"孔子强调尊重他人的基本愿望和需求。《论语·雍也》提出："夫仁者，己欲立而立人，己欲达而达人。"这反映了儒家思想中顺应他人需求的理念。

墨家提倡"兼相爱，交相利"，认为应顺应他人的需求和利益，以实现社会和谐。《墨子·尚同》提到："故古者圣王唯而审以尚同。"即圣王应推崇相同的道德标准和法则。

"己所不欲，勿施于人"（《论语·颜渊》）的恕道是儒家思想的核心之一，直接体现了基本的道德准则，即不要将自己不愿意承受的事情强加于他人。儒家思想中的"恕道"强调了对他人的尊重和理解。然而，"己所欲，人亦所欲，可施于人"则表达了一种更为积极和主动的人际关系处理方式，在某种程度上体现了儒家倡导的仁爱思想，类似于"己欲立而立人，己欲达而达人"（《论语·雍也》），进一步提出了积极的道德要求，即希望自己成就的事情也应帮助他人成就。这与孟子所说的"老吾老以及人之老，幼吾幼以及人之幼"（《孟子·梁惠王上》）异曲同工，强调了对他人的关爱与考虑。

本书所说的"格局"指的是一个人的胸怀、视野和处理人际关系的能力。突破自己的人性基本面，意味着一个人能够超越自我中心的局限，不仅关注自身的利益和欲望，而且能够从更广阔的视角看待问题。顺应他人的人性基本面，指的是理解并尊重他人的需求和欲望，认识到他人同样有追求利益最大化的倾向。这种理解使人们能够在互动中展现出更高的道德标准和同理心。

"己所欲,人亦所欲,可施于人"展现了一种积极的、以他人为中心的思考方式。如果一个人希望自己被如何对待,也应以此作为对待他人的准则。这种推己及人的行为展现了较高的格局。相反,"己所不欲,勿施于人"是儒家思想中的"恕道",意味着一个人应避免对他人施加自己所不希望经历的待遇。虽然这是一种基本的道德准则,但与主动为他人着想相比,它在格局上显得较为一般。

总的来说,"己所欲,人亦所欲,可施于人"的格局显著超越了"己所不欲,勿施于人",不仅包含了基本的道德自律,而且体现了一种积极的利他主义和对他人的深切关怀以及个人在社会互动中应具备的广阔胸怀和深远视野。通过超越自我利益,理解并顺应他人的人性基本面,一个人能够展现出更大的格局,从而在人际关系和社会交往中取得更和谐、更富有成效的互动。

> **第三条** 我们最需要的是诚实地回归人性的基本面,回归常识。

道家强调回归自然、无为而治,主张人应顺应自然的本性,回归朴素和本真。《道德经》第八章说:"上善若水,水善利万物而不争,处众人之所恶,故几于道。"老子通过水的比喻,教导人们放下自我,像水一样明智,宁居下位而宽广无边,无声无息而无所不为。这样的行为才是最高尚的,也是最接近"道"的。水有形而无状,这与"大道"十分相似,因为大道无形。如水一般的人,最接近于大道的本质,是圣人最应效仿的。

《道德经》第十九章提到:"绝圣弃智,民利百倍;绝仁弃义,民复孝慈;绝巧弃利,盗贼无有。此三者以为文不足,故令有所属:见素抱朴,少私寡欲。"老子提倡回归自然本真,减少人为的复杂性和虚伪。道家提倡回归人性和常识,认为这是治理国家和过好个人生活的最佳方式。《道德经》第三十八章说:"上德不德,是以有德;下德不失德,是以无德。上德无为而无以为也;下德无为而有以为。"这强调,真正的德行是在无为的状态下自然流露的,提倡回归自然和本真。"天下皆知美之为美,斯恶已;皆知善之为善,斯不善已。"(《道德经》第二章)这表明,老子认为美与恶、善与不善是相对的,它们相互依存、相互定义。人们对于利益的追求也应在这一框架内进行——功成业就而不居功自傲,正因为不居功,所以其功绩才不会消失。

法家认为人性本恶,人们天生追求个人利益。《韩非子·难四》:"千金之家,其子不仁,人之急利甚也。"即人性本来是贪利的,治国之道在于通过限制私欲,使民众生活简单,从而达到社会的稳定。《韩非子·显学》认为:"人民众而货财寡,事力劳而供养薄,故民争。"这反映了法家对人们追求个人利益最大化的认识。《韩非子·心度》提到:"故圣人之治民也,法与时移而禁与能变。"可见,法家强调,治理者应诚实地回归人性的基本面,制定合理的约束机制,使社会秩序得以稳定。

墨家强调"兼爱""非攻",主张人应回归本真的爱与善行,遵循基本的道德常识。《墨子·兼爱》有言:"当夫兼相爱,交相利。"墨家认为,如果人们能够相互关爱,那么各自的利益也会随之而来,社会因此能够和谐共处。《墨子·尚同》总结道:"故古者圣王唯而审以尚同。"墨家强调回归常识和基本的道德原则。

兵家强调对人性的深刻理解和利用,主张战略应建立在对人性基本面的诚实认识之上。《孙子兵法·谋攻篇》指出:"知彼知己,百战不殆。"《孙子兵法·始计篇》认为:"夫未战而庙算胜者,得算多也;未战而庙算不胜者,得算少也。多算胜,少算不胜,而况于无算乎!"这强调在战前对敌我双方的深刻理解和计算是胜利的关键,而这需要首先对人性和现实状况有深刻的认知。

尽管儒家强调道德修养和仁爱,但也认识到人性中对利益的追求。《论语·里仁》提到:"富与贵,是人之所欲也;不以其道得之,不处也。贫与贱,是人之所恶也;不以其道得之,不去也。"孔子认为,追求富贵是人之常情,但必须通过正当手段获得。

综合来看,中国古代的各学派虽然在某些观点上有所不同,但都强调了对人性的理解和利用。无论是墨家的"兼爱"和"非攻",兵家的战略智慧,还是儒家的道德修养,都体现了对人性基本面的深刻洞察。通过诚实地面对并理解人性,我们可以更好地平衡个人与集体的利益,促进社会的和谐与进步。这些思想至今仍对我们的行为和决策有着重要的指导意义。

诚实地回归人性的基本面,意味着我们需要直面人类行为的核心动机,即追求自身利益最大化。这种追求是普遍存在的,不受文化、地域或社会阶层的限制,且不仅体现在物质层面,如金钱、权力,也体现在精神层面,如声誉及自我实现。我们不能回避或美化人性中的这一基本特征,而应以真实、坦诚的态度去理解和应对它。这意味着在个人和集体层面上,我们首先需要承认并尊重每个人的利益追求。

"回归常识"则强调在决策和行动中应用那些被普遍认可的、基于经验和观察的基本原则和真理。这些常识提供了一种稳定而可靠的指导,帮助我们在面对复杂多变的现实情境时,做出合理、有效的选择。与此同时,常识不仅是一种对个体行为的理解,也是对社会现象的深刻洞察,它将帮助我们识别和预测社会趋势,从而更好地适应和引导这些趋势。

这意味着,我们最需要的是在认识到每个人都追求自身最大利益的同时,运用常识来引导我们的行为和决策。在社会互动中,我们既要有对人性深层次需求的敏感性,也要有对现实情况的清晰判断。这种敏感性和判断力使我们能够更加有效地与他人沟通和协作。同时,理解和尊重每个人的利益追求有助于减少冲突。

组织在制定政策、规则和战略时,需要考虑人性的基本面。理解并尊重个体追求利益最大化的愿望,可以帮助我们构建更加公正、合理的社会制度与机制。这样的制度能激发个体的潜力,促进社会的繁荣和进步。通过诚实地面对人性的基本面,我们可以更好地平衡个人利益与集体福祉。这种平衡对于实现更加可持续和包容性的发展至关重要。

> **第四条** 领导者管理和治理一家公司的核心在于拥有常识。诚实地回到人性的基本面,以及始终坚守并不断实践"唯有合理的制度安排与机制设计可以对抗和修养人性""己所欲,人亦所欲,可施于人"的基本理念和基本逻辑。

道家强调顺应自然和无为而治,认为治理应基于自然法则和人性的基本面。《道德经》第五十七章提到:"我无为而民自化,我好静而民自正,我无事而民自富,我无欲而民自朴。"可见道家提倡回归人性和常识,强调无为而治。

老子在《道德经》第八章中提到:"上善若水。水善利万物而不争,处众人之所恶,故几于道。"水具有柔和、无私、包容、适应性强等特点,能够利万物而不与任何事物争夺,总是流向人们不愿去的低处。水的这些特性恰恰体现了道家追求的"道"的品质,即顺应自然、无为而治、不争而胜。这展现了道家思想中的无私和利他,与"己所欲,人亦所欲,可施于人"的理念相吻合。

法家则认为人性本恶,需要通过法律和制度来加以约束。《荀子·君道》提出:"法者,治之端也。"法家思想强调法律和制度在治理中的基础作用,与"唯有合理的制度安排与机制设计可以对抗和修养人性"的观点相符。《韩非子·八经》认为:"凡治天下,必因人情。人情者,有好恶,故赏罚可用;赏罚可用,则禁令可立而治道具矣。君执柄以处势,故令行禁止。"这种对人性基本面的认识是稳定的,治理者应根据这些特点设计制度,以达到最优的治理效果。

在公司管理和治理中,领导者需要深刻理解人性,并根据这一理解建立合理的制度和机制。同时,领导者要以身作则,展现对员工的尊重和理解。只有这样,领导者才能构建一个积极、健康、高效的工作环境,促进公司的长期成功和可持续发展。换句话说,管理和治理公司的核心在于领导者拥有常识。这不仅包括对公司日常运营的基本理解,而且包括对公司内部人员行为和动机的深刻洞察。常识告诉我们,每个人在追求自身利益最大化时,会考虑金钱、权力、声誉等多种形式的利益。这是制定公司政策和战略的基础。

诚实地回归人性的基本面,意味着在管理和治理实践中,领导者和决策者需要正视员工的需求和期望,以及他们对个人利益的追求。公司需要创造一个环境,一个既能满足员工的合理需求,又能引导他们为公司的整体目标作出贡献的环境。

"唯有合理的制度安排与机制设计可以对抗和修养人性"这一观点,强调了制度和机制在公司治理中的重要性。合理的制度安排可以有效地激励约束员工,减少潜在的负面行为,鼓励正直和诚信的职业道德。通过明确的规则和公正的奖惩机制,公司能够建立起一种积极的工作文化,促进员工的个人发展与公司目标的一致。

"己所欲,人亦所欲,可施于人"的理念提倡一种黄金法则,即我们应以自己希望被对待的方式去对待他人。在公司管理和治理中,这意味着领导者应以身作则,展现对员工的尊重和理解,从而建立团队间的信任和培养团队精神,形成更高效的合作团队和更和谐的工作环境。

综合来看,管理和治理公司的核心是领导者拥有常识。这不仅包括对人性的深刻理解,而且包括建立合理的制度和机制来引导和激励员工。通过诚实地面对并满足员工的基本需求,同时坚守基本理念和逻辑,公司能够营造出一种积极、健康、高效的工作环境,最终实现公司的长期成功和可持续发展。

> **第五条** 有效的治理和管理必须回归人性的基本面，这也是制度安排与机制设计持续有效的、不可或缺的前提条件。

合理的制度安排与机制设计需要基于对人性基本面的深刻理解和尊重，这与中国古代诸子百家中的一些思想相吻合。

法家主张通过严格的法律和制度来治理国家，认为这是对抗和修养人性最有效的手段。《韩非子·八经》提到："凡治天下，必因人情。人情者，有好恶，故赏罚可用；赏罚可用，则禁令可立而治道具矣。君执柄以处势，故令行禁止。"可见，法家认为治理者应深刻理解这些人性的基本面，并据此设计制度和机制，以确保治理的持续有效。《韩非子·外储说右下》强调："为法也，所以平不夷、矫不直也。"《韩非子·外储说右下》强调："故明主治吏不治民。"这些观点强调了制度和法律，而不是个人的德行或能力在治理中的核心作用。

有效的治理和管理确实需要深入理解人性的基本面，这包括人的需求、动机、行为模式以及人与人之间的互动关系。道家思想也强调这一点。《道德经》第八章提到："上善若水，水善利万物而不争，处众人之所恶，故几于道。"通过将道家思想中的水的特质（如柔和、无私、包容和适应性强）用于治理和管理，可以创造一个更加人性化、高效且适应性强的组织环境。这样的环境不仅能够促进员工的个人发展，而且能推动组织的整体成功。

道家虽然主张无为而治，但也强调顺应自然和人性的基本面，认为治理应基于自然的规律。老子在《道德经》第三十七章中提倡无为而治："道常无为而无不为。"最好的治理方式是顺应自然规律和人性基本面，不强制干预，而是通过"无为"来达到"有为"的效果。《道德经》第五十七章进一步提出："我无为而民自化，我好静而民自正，我无事而民自富，我无欲而民自朴。"道家提倡回归人性和常识，强调无为而治。

儒家则认为，治理应基于对人性和道德潜能的深刻理解。孟子在《孟子·告子上》中提到人性本善："人性之善也，水之就下也。人无有不善，水无有不下。"他认为人性本有向善的倾向，制度应引导和培养这种善。《论语·颜渊》提到："克己复礼为仁，一日克己复礼，天下归仁焉。"这体现了儒家强调回归人性和伦理的基本面。

总而言之，有效的制度安排与机制设计需要"回归人性的基本面"。制度不仅要能够引导和培养人的积极面（如儒家所言），而且要能够约束和规范人的消极面（如法家所言），同时顺应自然和人性（如道家所言）。这样的制度和机制，可以激发个体的积极性和创造力，确保个人目标与组织目标的一致性，从而促进组织的长期成功和可持续发展。

实际上，有效的治理和管理的根基在于对人性基本面的深刻理解与尊重。任何治理和管理策略要想取得成功，都必须建立在这一前提之上。回归人性的基本面意味着，在制定公司政策和程序时，管理者要考虑员工的个人动机和利益追求。有效的管理策略应认识到，员工作为个体，其行为和决策往往是为了实现个人目标和利益。通过这种方式，管理者可以更好地激发员工的积极性和创造力，从而推动组织目标的实现。

同时,合理的激励机制可以引导员工行为,使个人目标与组织目标相协调,实现双赢。持续有效的治理还需要制度和机制设计能够灵活适应变化,包括员工需求的变化、市场环境的变化以及组织目标的演进。这要求管理者不断审视和更新治理策略,确保它们能够持续地满足人性基本面的需求,同时促进组织的健康和可持续发展。

总之,有效的治理和管理不仅仅是一套规则和程序,更是一种对人性深刻理解的体现。管理者在尊重个体追求自身利益的同时,通过合理的制度安排与机制设计,引导和激励员工为实现组织的整体目标作出贡献。以人性基本面为基础的治理和管理,是确保组织长期成功的关键。

> **第六条** 人性的基本面通常是指每个人都希望追求自身利益最大化,这种利益包括金钱、权力、声誉等。

法家认为人的本性是固定不变的,好利恶害、趋利避害是人的固有本性。

荀子在《荀子·性恶》中提到:"目好色,耳好听,口好味,心好利,骨体肤理好愉佚,是皆生于人之情性者也。"荀子认为,人的感官欲望是本性的一部分,这是人的自然状态,是固定不变的。《韩非子·八经》也指出:"凡治天下,必因人情。人情者,有好恶,故赏罚可用;赏罚可用,则禁令可立而治道具矣。君执柄以处势,故令行禁止。"法家认为,这些特点构成了人性的基本面,治理者应根据这些特点来设计法律和制度。

《商君书·算地》指出:"民之性:饥而求食,劳而求佚,苦则索乐,辱则求荣,此民之情也。"这一观点反映了法家对人们追求个人利益最大化的深刻认识。

此外,兵家也强调对人性的深刻理解和利用,认为人性的基本特点是可以预测和利用的。《孙子兵法·九变篇》指出:"故用兵之法,无恃其不来,恃吾有以待也;无恃其不攻,恃吾有所不可攻也。"兵家强调要深刻理解双方的利益,进而制定最佳战略。

对人性基本面的认识为我们提供了洞察个体行为和社会互动的一个关键视角。在个人层面和社会层面,人们普遍追求自身利益的最大化。这种追求可以表现为对金钱、权力、声誉等多种形式的利益渴望。理解这一基本面,对于设计激励机制、制定政策以及构建社会关系至关重要。

首先,认识到每个人都追求自身利益最大化,有助于我们在管理和社会交往中更有效地预测和引导个体行为。在组织和企业中,这意味着通过合理的激励和奖励系统,管理者可以激发员工的积极性和创造力,从而推动组织目标的实现。在社会层面,这也意味着通过法律、规则和道德准则,管理者可以引导人们在追求个人利益的同时,维护社会秩序和公共利益。

其次,理解人性基本面也意味着在制度设计时需要考虑个体的多样化需求和期望。例如,在制定政策时,应考虑不同群体的利益诉求,以确保政策的公平性和有效性。在社会互动中,这要求我们尊重每个人的利益追求,同时寻求互利共赢的解决方案。

再次,认识人性基本面也强调自我反思的重要性。在追求个人目标时,我们应考虑他人的利益和社会的期望,以实现个人与社会的和谐共处。这种自我反思有助于培养更加成熟和负责任的个体行为,促进社会的稳定与发展。

最后,关于人性基本面的观点提供了一种现实主义的世界观,鼓励我们在面对复杂的社会现象时,既要有理想主义的追求,又要有现实主义的考量。通过这种方式,我们可以更加全面地理解人类行为的复杂性,以及在不同情境下人的行为动机的多样性。

综上所述,对人性基本面的认识为我们提供了深刻的洞察,帮助我们更好地理解个体行为和社会互动的复杂性。通过这种理解,我们可以更加有效地设计制度、制定政策,并在社会交往中寻求平衡和共识。

第七条　人性既非本善也非本恶，人性是动态的。

在中国古代诸子百家中，道家并没有直接论述人性本善或本恶，而是强调顺应自然，基于人性的基本面，顺势而为。道家的"无为"并非放任不管，而是在深刻理解自然规律和人性特点的基础上，采取顺应自然的方式来引导和激励。

老子在《道德经》中提倡无为而治，认为万物自有其道，人应顺应自然而行，而没有直接对人性的善恶进行判断。《道德经》第二章指出："天下皆知美之为美，斯恶已；皆知善之为善，斯不善已。"老子强调了对立面的相互转化，暗示人性的动态变化。老子还说："道法自然。"（《道德经》第二十五章）这强调了顺应自然规律的重要性，不涉及人性的善恶。《道德经》第五十八章又提到："祸兮福之所倚，福兮祸之所伏。孰知其极？其无正也。正复为奇，善复为妖。人之迷，其日固久。"这说明了人性和事物的动态性与不确定性。

法家认为人性具有追求私利的倾向且复杂多变，因此需要通过法律和制度加以约束和引导。《韩非子·八经》指出："凡治天下，必因人情。人情者，有好恶，故赏罚可用；赏罚可用，则禁令可立而治道具矣。君执柄以处势，故令行禁止。"《商君书·算地》还提到："民之性：饥而求食，劳而求佚，苦则索乐，辱则求荣，此民之情也。"这表明了法家对人性的看法，认为人们追求自身利益是其本性。换言之，人性是动态的，但人性的基本面很稳定。

儒家尽管主张人性本善，但也认为人性可以通过后天环境和修养得到改善，体现了一定的动态性。《论语·阳货》提到："性相近也，习相远也。"在《孟子·告子章句上》里，孟子认为："人性之善也，犹水之就下也。"他认为人性中有善的种子，但需要通过后天的教育和修养来发展。

综合来看，"人性是动态的"这一观点在一定程度上契合了孟子关于人性可以通过后天培养向善的思想。道家的"道法自然"提供了一个理解人性的更为动态和综合的视角，道家认为人性是可以通过教育和社会化过程来塑造和发展的，这有助于建立更加灵活和适应性强的社会机制。

人性是一个复杂而动态的概念，既不应简单地被归类为固有的善良，也不应被一概而论地视为固有的恶劣。人性不仅包含一系列特质和倾向，而且会随着个体经历和外部环境的变化而变化。

对人性动态性的理解意味着，个体的行为和选择是多种因素共同作用的结果。这些因素包括个人的价值观、信仰、教育背景、社会环境、文化传统以及个人遭遇等。因此，人性不是静态的，而是会随着时间和情境的变化而发展和转变。

认识到人性既非本善也非本恶，有助于人们更全面地理解人类行为的多样性。在不同的环境和条件下，人们可能会展现出不同的行为模式。在某些情境下，人们可能倾向于合作和利他；而在其他情境下，人们则可能更注重个人利益和竞争。

人在个体发展和社会化过程中具有显著的可塑性。教育、文化引导和社会制度的建设可以对个体的价值观和行为产生积极影响。虽然人性有其固有特质，但也具有巨大的潜力朝着建设性方向发展。

理解人性的动态性对于组织治理和个人发展都具有重要意义。组织在制定政策和规则时，应考虑人性的复杂性和可变性，以及个体在不同情境下可能表现出的不同行为。只有建立更加灵活和适应性强的社会机制，才能促进个体和社会的和谐发展。

综上所述，将人性视为动态的，有助于我们超越简单的善恶二分法，更深刻地洞察人类行为的复杂性。这一认识为我们提供了更加全面和深入的视角，以理解和应对人性中的各种可能性和挑战。

> **第八条** 总体而言，人品、伦理、德行是动态的，而且波动率还不低。

在中国古代诸子百家中，道家认为人性是自然的一部分，强调顺应自然规律和人的自然本性（即人性的基本面）。《道德经》第一章："道可道，非常道；名可名，非常名。"这一句强调了道的不可捉摸性和不断变化的本质，同时指出我们对事物认识的局限性。它提醒我们，任何对"道"的描述和定义都是暂时的、相对的，真正的"道"超越了语言和概念的范围。

老子在《道德经》第八章中提出："上善若水，水善利万物而不争。"水能够包容万物，不排斥任何事物，这种包容性使水能够融合各种元素，成为一种强大的统一力量。道家认为，人应像水一样，无私地滋养万物，不与任何事物争夺。正因为水的不争之德，它不会招致怨恨或过失，这种品质也是人们应学习的，以避免不必要的冲突和错误，体现了一种顺应自然与人性动态性的智慧。《道德经》第三十七章提到："道常无为而无不为。"这进一步强调了道家对于人性动态性的理解，即道的自然规律是无为而治，人应顺应这种规律，而非强制干预或改变。

道家主张顺应自然，认为事物和人性是不断变化的，伦理和德行同样是动态的。《道德经》第十六章写道："致虚极，守静笃，万物并作，吾以观其复。夫物芸芸，各复归其根。归根曰静，静曰复命。"《道德经》第五十八章提及："祸兮福之所倚，福兮祸之所伏。孰知其极？其无正也。正复为奇，善复为妖。人之迷，其日固久。"

法家则认为，人性具有多变和复杂的特点，因此需要通过法律和制度来进行约束和引导。《韩非子·八经》指出："凡治天下，必因人情。人情者，有好恶，故赏罚可用；赏罚可用，则禁令可立而治道具矣。君执柄以处势，故令行禁止。"《韩非子·心度》强调："为法也，所以平不夷、矫不直也。"《韩非子·外储说右下》指出："故明主治吏不治民。"总体来看，法家认为，通过法律和制度来治理国家是因为人的德行和伦理是动态且不稳定的。

人性是动态的，应顺应自然规律。人品、伦理和德行的动态性意味着人类行为和价值观并非固定不变，而会随着时间、环境和情境的变化发生波动。人类的道德判断和行为准则具有一定的可塑性和适应性。

人品、伦理和德行的动态性还意味着，道德教育和社会规范的建设是一个持续不断的过程。个体的道德观念并非一成不变，而是可以根据新的信息、经历和个体与社会的互动进行调整。人们通过学习、反思和与他人的交流，可以不断提升自己的道德标准和行为准则。

人品、伦理和德行的动态性表现得尤为显著，甚至有时会非常剧烈。在不同的社会环境和文化背景下，人们的行为表现可能存在显著差异。例如，在某些竞争激烈的环境中，个体可能更倾向于追求个人利益；而在更注重合作和集体利益的环境中，个体可能更愿意展现利他行为。

认识到人品、伦理和德行的动态性，有助于我们更宽容地看待他人的行为变化，理解人们在不同情境下可能做出的不同选择。这种理解不仅可以促进我们对行为多样性的尊重，而且能鼓励我们寻求更加有效的沟通和解决冲突的方法。

总而言之，人品、伦理和德行的动态性意味着人类道德观念和行为的可变性和适应性，为我们提供了一个理解和引导个体及社会道德发展的框架。同时，它也提醒我们道德教育和社会规范建设的重要性。

> **第九条** 在人性开始激荡前,如果没有设计好制度和机制,往哪个方向激荡就不太好把握了。

制度和机制在引导和控制人性基本面中的重要性是显而易见的,尤其是在面对潜在的冲突和竞争时。即使是最强大的国家,也需要某种形式的对手或敌人来维持内部的团结和动力,这可以类比——人性在没有适当制度和机制引导时可能失去方向。

在中国古代诸子百家中,法家主张通过严格的法律和制度来约束和管理人性,认为人性是趋利避害的,因此合理的制度安排和机制设计是必要的,以防止人性激荡导致的不确定性和混乱。《韩非子·八经》指出:"凡治天下,必因人情。人情者,有好恶,故赏罚可用;赏罚可用,则禁令可立而治道具矣。君执柄以处势,故令行禁止。"人性的基本特点是有好恶之心、利害之心、趋利避害。《韩非子·心度》强调:"为法也,所以平不夷,矫不直也。"《韩非子·外储说右下》认为:"故明主治吏不治民。"《韩非子·五蠹》提出:"法莫如一而固,使民知之。"通过法律和制度来规范人的行为至关重要,法律要有一致性和稳定性,并且使人民清楚地知道法律的内容。正如《韩非子·二柄》所言:"明主之所导制其臣者,二柄而已矣。二柄者,刑德也。"《韩非子·五蠹》也认为:"明主之国,无书简之文,以法为教;无先王之语,以吏为师。"

此外,儒家强调道德教化,但也认识到制度的重要性。孟子在《孟子·离娄章句上》中提到:"不以规矩,不能成方圆。"这强调了规矩——即制度和准则——在塑造行为和维持秩序中的作用。道家强调顺应自然,但也提倡通过"无为"来达到社会和谐。老子在《道德经》第五十七章中提倡:"以正治国,以奇用兵,以无事取天下。"

法家的法治思想、儒家的道德与制度并重,以及道家的无为而治理念,都认为需要一定的制度和机制来引导和控制人性的基本面,以确保社会秩序和国家的稳定。

即使是最强大的国家或个体,也需要明确的方向和目标,以及适当的制度和机制来引导人的行为和决策。在现代社会中,无论是公司治理还是社会政策的制定,都需要深入理解人性,并通过制度设计来平衡个人与集体的利益,促进社会的稳定与发展。

在人性激荡之前,需要设计好制度和机制。如果没有适当的制度和机制来引导和控制这种激荡,人性可能会朝着不可预测或不可控的方向发展。这可能导致不稳定、冲突甚至混乱。组织通过制度和机制的设计,可以为应对这些挑战提供框架和指导,引导人们的行为和决策,确保人们即使在压力和竞争中,也能保持正确的方向和目标。

> **第十条** 如果只讲关系不讲规则,那么人性的基本面决定了"可共患难不可共富贵"。

在中国古代诸子百家中,法家重视法律和规则在社会治理中的作用,认为人性本恶,需要通过外在的规则来约束和引导。《韩非子·心度》提到:"法者,王之本也;刑者,爱之自也。"这意味着法律是治国的根本,而刑罚则是出于对人民的爱而施行的。《商君书·算地》认为:"民之性:饥而求食,劳而求佚,苦则索乐,辱则求荣,此民之情也。"这反映了法家对人性追求自身利益最大化的认识。

法家强调通过法律和制度来约束人性,认为如果只讲关系不讲规则,人性中的利己主义将导致社会的不稳定和不公平。因此,法家主张通过法律和制度来维持社会秩序和稳定。《韩非子·外储说右下》提出:"故明主治吏不治民。"《韩非子·心度》主张:"为法也,所以平不夷、矫不直也。"可见,法家认为,通过法律和制度来治理国家,是因为人性中的利己主义和关系网容易导致社会的不稳定。《韩非子·八经》指出:"凡治天下,必因人情。人情者,有好恶,故赏罚可用;赏罚可用,则禁令可立而治道具矣。君执柄以处势,故令行禁止。"韩非子认为,人性是多变和复杂的,如果只讲关系不讲规则,人性中的这些特点将导致社会的不稳定和不公平。

道家尽管强调顺应自然和无为而治,但也认识到人性中存在追求利益的一面。在《道德经》第三十三章中,老子说:"知人者智,自知者明。胜人者有力,自胜者强。"这暗示了人需要了解和克制自己追求利益的欲望。《庄子·齐物论》提到:"物无非彼,物无非是。"这表明,万物皆有其对立面,人的欲望和行为也应顺应自然规律。

在组织管理和人际关系中,如果只强调关系而忽视规则,可能导致一系列问题,尤其是在利益分配和权力行使方面。儒家的《论语·子路》中提到的"名不正,则言不顺;言不顺,则事不成"强调了名义、言辞和行为一致的重要性,这在管理实践中同样适用。将儒家思想中关于名义与实质一致性的原则应用于组织管理,可以确保关系的建立和维护不会损害规则的执行,从而促进组织形成一个更加公正、透明和稳定的工作环境。

在人性的基本面——即个人追求自身利益最大化的前提下,如果一个社会或组织只依赖人际关系而忽视规则和制度的建立,那么在困难时期社会或组织成员可能能够团结一致,但在成功和繁荣时社会或组织成员却可能出现分歧和冲突。

在面对挑战和逆境时,人们往往会因为共同的目标和情感联系而团结起来。这种基于关系的团结可以带来力量和支持,帮助组织渡过难关。然而,当涉及共享成功和财富时,如果没有明确的规则来指导人们如何分配利益,人性的基本面可能导致矛盾和冲突。在没有规则约束的情况下,人们可能会为了自己的利益而采取行动,这可能导致原本团结的组织和团队分崩离析。

在实际的社会和组织互动中,规则的重要性是毋庸置疑的。规则可以为社会或组织互动提供明确的指导和预期,帮助人们在利益分配上达成共识。社会或组织通过制定和遵守规则,可以减少因利益分配不均而产生的冲突,促进社会或组织的和谐与稳定。社会或组织在建立社会关系或组织结构时,既要重视人际关系的温暖与信任,也要注重规则和制度的建立。只有在关系与规则之间找到平衡,人们才能在面对困难和享受成功时都能维持团结和秩序。

> **第十一条** 任何看似牢不可破的关系,在巨大或者显著的利益面前,多数时候或者总体而言,可能都不堪一击。实际上,你可以不相信任何人,但可以相信人性的基本面。

法家思想以对人性本质的深刻理解和对权力与利益的重视为基础。法家思想认为人性本私,人的行为主要受利益驱动,因此需要通过法律和制度来进行约束和规范。

《荀子·性恶》指出:"目好色,耳好听,口好味,心好利,骨体肤理好愉佚,是皆生于人之情性者也。"荀子认为,人天生对感官享受和利益有追求,这些是人性中自然存在的倾向。这种对人性本质的理解揭示了,在面对巨大或显著利益时,人际关系可能面临的挑战和脆弱性。《荀子·性恶》认为:"人之性恶,其善者伪也。"荀子强调,人性中有利己倾向,认为善良行为往往是伪装出来的。法家主张通过法律来矫正和引导这种倾向。《韩非子·八经》提出:"凡治天下,必因人情。人情者,有好恶,故赏罚可用;赏罚可用,则禁令可立而治道具矣。君执柄以处势,故令行禁止。"人的本性中存在着对好恶和利害的追求,即人们天生有追求利益、规避损害的倾向。这意味着在人际关系中,在巨大或者显著的利益面前,关系可能变得脆弱,因为人性中的逐利倾向会占上风。

《慎子·逸文》提出:"故治国无其法,则乱。"法家强调通过法律来维持秩序,认为人性本私,需用法律约束。《韩非子·备内》认为:"人主之患,在于信人,信人则制于人。"强调统治者不应轻信他人,而应依靠法律和制度来治理。《商君书·算地》强调:"利出于地,则民尽力。"韩非子指出,利益是人类争斗的根源,揭示了人性的逐利倾向。

兵家关注战争与策略,强调在极端情况下,利益是驱动人和国家行为的核心因素,因此,对人性中利益驱动的清醒认识至关重要。

《孙子兵法·谋攻篇》强调:"知彼知己,百战不殆。"了解对手和自身在利益驱动下的行为,才能确保立于不败之地。《孙子兵法·始计篇》主张:"势者,因利而制权也。"孙子认为根据利益变化来调整策略,揭示了人性在利益面前的灵活性和脆弱性。

本书探讨了人际关系与人性基本面之间的关系。第一,在面对巨大或显著的利益时,即使是看似牢固的关系也可能变得脆弱。这暗示了在极端情况下,人们可能因为追求个人利益而放弃或损害与他人的关系。这并非意味着所有关系都经不起考验,而是强调在特定条件下,人性中追求利益最大化的倾向可能会占上风。

第二,"你可以不相信任何人,但可以相信人性的基本面"表达了一种现实主义的观点,即在人际关系中,信任可能是不稳定和易变的,但人性中追求自身利益最大化的基本倾向是相对恒定的。这意味着,尽管我们无法预测个体在特定情境下的具体行为,但可以根据对人性基本面的理解,预测人们在面对利益时的一般行为模式。

总的来说,在评估人际关系的稳定性和可靠性时,需要考虑人性中追求利益最大化的基本倾向。在此,本书并非鼓励人们对他人持怀疑态度,而是建议在理解人际关系时,应考虑人性中固有的、普遍存在的动机和行为倾向。这有助于我们更加现实地看待人际关系,并在面对利益冲突时做出更为明智的决策。

> **第十二条** 人的无为,必须建立在"制度有为"的基础之上。而有效的制度设计,又必须建立在对人"自利"本性的把握上。

制度设计对于引导和管理个体行为至关重要,制度设计需要基于对人性自利本性的深刻理解。在中国古代诸子百家中,法家认为人性本恶,人们天生追求利益,必须通过法律和制度来约束和引导。

法家理解人性中对生存和利益的基本追求,以及对死亡和危害的基本排斥。《韩非子·难二》提到:"喜利畏罪,人莫不然。"《韩非子·八经》指出:"凡治天下,必因人情。人情者,有好恶,故赏罚可用;赏罚可用,则禁令可立而治道具矣。君执柄以处势,故令行禁止。"《管子·形势解》写道:"民之情,莫不欲生而恶死,莫不欲利而恶害。"人性的基本特点是有好恶之心,利害之心,趋利避害。韩非子认为人性是自利的,治理者应根据这些特点来设计法律和制度。在《商君书·算地》中商鞅说:"民之性:饥而求食,劳而求佚,苦则索乐,辱则求荣,此民之情也。"组织通过将法家思想中的人性理解应用于制度设计,可以创建出既能够激发个人积极性,又能确保整体利益的治理结构。这种结构有助于实现个人与组织的和谐共生,推动社会的稳定与发展。

《韩非子·心度》提到:"为法也,所以平不夷、矫不直也。"《韩非子·外储说右下》指出:"故明主治吏不治民。"法家认为,治理国家的关键在于通过法律和制度,而非单纯的人际关系或道德约束,因为人性中的利己主义和关系网可能导致社会的不稳定。

道家则强调顺应自然,不过度干预,虽然老子在《道德经》中也提到了对"无为"的理解,这可以间接关联到制度设计需要顺应人性,遵循正道。在《道德经》第五十七章中,老子说:"以正治国,以奇用兵,以无事取天下。"

兵家强调对人性的深刻理解和利用,认为人性的基本特点是可以被预测和利用的,但也承认制度的重要性。《孙子兵法·九变篇》写道:"故用兵之法,无恃其不来,恃吾有以待也;无恃其不攻,恃吾所不可攻也。"兵家强调对人性和行为规律的深刻理解,认为这些规律可以被利用,因此制度设计必须考虑人性的自利本性。

此外,儒家虽然强调仁义礼智信,重视道德和伦理,但也承认制度的重要性。《论语·颜渊》提倡:"克己复礼为仁。一日克己复礼,天下归仁焉。"强调了礼仪和规则的重要性。

总体来说,法家认为通过"制度有为"来引导和约束人的"自利"本性是社会秩序和国家治理的关键。道家虽然强调无为,但也认为治理应顺应自然规律和人性,这在某种程度上也支持了制度设计需要考虑人性基本面的观点。

人的无为必须建立在制度有为的基础之上。这意味着,只有在一个有良好制度的环境中,人们才能在追求自身利益的同时,实现社会和组织的目标。制度的作用是为个人行为提供方向和框架,确保个人追求利益的行为不会偏离社会和组织的整体利益。

人的天性是追求自身利益的最大化,这包括对金钱、权力、声誉等的追求。这种自利本性是人性基本面的一部分,是人们行为的主要驱动力。因此,任何有效的制度设计都必须基于对这种自利本性的理解,以确保制度能够适应并引导这种自然倾向,而不是简单地抑制或否定它。

制度设计不仅是一种技术或管理工具,更是一种对人性深层次理解的体现。通过深入理解人的自利本性,并将其融入制度设计中,我们可以创造出更加有效、公正、和谐的制度,既能满足个人需求,又能实现社会和组织目标的有效制度。

> **第十三条** 如果一个人连"己所欲,人亦所欲,可施于人"都做不到(需要一点制度安排和机制设计的技巧),却口若悬河地猛谈或貌似纯粹地标榜"德性""初心""人品"的人,必是虚伪之徒和沽名钓誉之辈,务必远离。

法家认为人性本恶,强调实际的制度安排和机制设计,而非空谈德性和人品,认为治理应依赖具体的制度和机制,而不是个人的德行和情怀。

《韩非子·显学》指出:"夫圣人治国,不恃人之为吾善也,而用其不得而为非也。"韩非子强调统治者应通过法律和制度来约束人们的行为,而不是依赖道德自觉。

儒家学派强调道德修养,同时也重视"修己安人",即通过个人的修养来影响他人和社会。在《论语·为政》中,孔子说:"子曰:'人而无信,不知其可也。大车无輗,小车无軏,其何以行之哉?'"孔子在这里强调了诚信的重要性,并隐含了道德必须具体实践于行动中。

墨家学派主张"兼爱"和"非攻",强调爱和利益的普遍性,注重实际行动而非空谈。《墨子·兼爱》提到:"今天下之士君子,忠实欲天下之富,而恶其贫;欲天下之治,而恶其乱,当兼相爱,交相利。"墨子认为,社会的贫穷和混乱源于人们的自私自利和互相争夺。如果每个人都能做到"兼相爱"(博爱)和"交相利"(互利),社会就会实现富裕与和谐。

道家学派较少直接参与社会道德的具体论述,但重视自然与真实,批判人为的虚伪与做作。老子在《道德经》中说:"信言不美,美言不信。"(《道德经》第八十一章)这表达了对空洞言辞的批判,并强调真正的美德不在于华丽的言辞。

本书在此指出一种社会现象,即某些人在道德表达和实际行为之间存在不一致的现象。这种现象强调了真诚和实践的重要性,批判了那些只说不做,甚至利用道德言辞来掩饰自私目的的人。

"己所欲,人亦所欲,可施于人"是一种高尚的道德理念,意味着一个人愿意将自己追求的东西也给予他人。然而,这种理念并不容易实现,它要求个人在行为上真正体现出对他人利益的考虑,而不仅仅停留在口头表达上。

那些无法做到这一点,却喜欢高谈阔论"德性""初心""人品"的人,可能在公众面前表现得很有道德修养,但实际上他们的行为并未反映出他们所宣扬的价值观。这种行为是一种虚伪的表现,因为他们并没有真正地去实践他们所宣扬的道德标准。

虚伪的行为背后往往是沽名钓誉的动机。此类人可能通过道德言辞来提升自己的社会形象和声誉,以此获取金钱、权力或其他个人利益。他们的行为是对道德价值的滥用,也是对社会信任的破坏。

最后,这一论述还强调了识别和远离此类人的重要性。如果社会容忍这种行为,就会助长不正之风,损害社会的道德基础。只有人人通过实际行动来体现道德价值,公正和诚信的社会环境才能真正形成。

这一论述不仅是对个人道德行为的警醒，也是对社会道德标准的呼唤。它提醒我们，真正的"德性"不在于说了什么，而在于做了什么，以及我们的行为是否真正体现了对他人利益的关心和尊重。

> **第十四条** 很多人脱离人性的基本面只想虚伪地讲"情怀",以为这样能"省钱",结果反而是最"费钱"的。实际上,没有"情怀"和只有"情怀"几乎一样糟。有"情怀"是好的,至少不坏,但只有"情怀"通常不好,甚至很糟。

法家主张通过严格的法律和制度来约束人性,认为治理不能只依靠情怀和道德,而是需要实际的制度和法律来支撑。脱离人性基本面只讲情怀,最终会导致治理上的失败和资源的浪费。《韩非子·五蠹》提到:"儒以文乱法,侠以武犯禁。"就是说,那些只讲情怀而忽视实际制度和法律的人,会导致法治的混乱。

《韩非子·显学》指出:"明主之治国也,适其时事以致财物,论其税赋以均贫富。"意思是说,明君通过适当的政策和法律来调节贫富差距,体现了法家对人性自利本性的认识和制度设计的重要性。《韩非子·心度》写道:"为法也,所以平不夷、矫不直也。"《韩非子·外储说右下》认为:"故明主治吏不治民。"法家强调通过法律和制度来治理国家,而不是依赖个人的德行或情怀。

道家虽然强调无为而治,但也承认治理需要一定的实际措施,认为过度的情怀和装饰是多余的。《道德经》第十九章提到:"绝圣弃智,民利百倍;绝仁弃义,民复孝慈;绝巧弃利,盗贼无有。此三者以为文不足,故令有所属:见素抱朴,少私寡欲。"老子提倡回归自然本真,减少人为的复杂性和虚伪。

此外,儒家强调道德修养和仁爱,但也认识到人性中固有的对利益的追求。在《论语·季氏》中,孔子说:"不患寡而患不均,不患贫而患不安。"孔子认为社会公平和安定比物质财富的多少更重要,也暗示了对人性追求利益的合理引导。《孟子·万章上》指出:"得其所哉,得其所哉。"意思是找到了适合他的地方,或得到理想的安置。孟子强调每个人都应处于适当的位置,做适合自己身份和角色的事情。这可以理解为对个人和社会的期望,即人们应根据自己的能力和情况做出贡献,而不是仅仅追求表面的情怀。

单纯依赖"情怀"而忽视人性的基本面——对个人利益的追求——是不现实的,可能导致资源的浪费和效率的降低。组织需要通过制度来规范和引导人的行为,而不是单纯依赖道德教化。同时,儒家的教导也提醒我们,社会公平和道德修养是重要的,但实际的管理和政策制定过程也需要考虑人们对利益的追求。

换言之,有效的治理和政策应平衡"情怀"和人性的基本面,通过合理的制度设计来激励人们的积极性,同时满足人们对利益的追求,这样才能避免走向极端,实现真正的激励和社会和谐。

一些人可能会忽视人性基本面,而过分强调"情怀"。"情怀"在这里指的是一种理想化的情感或价值观,如对公司、社区或事业的忠诚和热爱。虽然情怀本身有其价值,但如果忽视了人们追求个人利益的基本动机,仅仅依靠情怀来激励人们,这种做法可能是短视和不切实际的。

如果不考虑人们追求个人利益的基本面,就可能无法有效地激发人们的积极性和创造力。长期来看,这种忽视人性基本面的做法可能导致效率低下,甚至可能引起不满和冲突,从而产生更高的成本。

总之,只有情怀而不考虑利益,可能导致人们感到被利用或忽视,从而失去动力和信任。相反,如果只有利益而没有情怀,也可能导致组织或社会关系缺乏凝聚力,难以获得深层次的价值认同。

在设计激励机制和社会政策时,政策制定者需要综合考虑人性基本面和情怀。有效的管理和治理应基于对人性的深刻理解,同时激发和满足人们追求利益和价值认同的双重需求。通过平衡利益和情怀,可以建立更加稳定、和谐和富有成效的组织和社会关系。

制度机制设计 <注释>

第十五条 唯有合理的制度安排与机制设计可以既对抗又修养人性。

"唯有合理的制度安排与机制设计可以对抗和修养人性"这一观点，与中国古代诸子百家中的法家思想最为契合。法家强调法律和制度的重要性，认为通过合理的制度安排和机制设计，可以有效地约束和引导人的行为，从而对抗人性的弱点，如贪婪、懒惰等，并修养和提升人的道德品质。

《荀子·君道》认为："法者，治之端也。"强调法律是治理国家和社会的根本起点。《韩非子·五蠹》提出："民固骄于爱，听于威矣。"《韩非子·心度》指出："为法也，所以平不夷、矫不直也。"《韩非子·外储说右下》也强调："明主治吏不治民。"法家认为，国家治理应依赖法律和制度，而非依赖个人的德行或情怀。

《韩非子·五蠹》认为："是以赏莫如厚而信，使民利之；罚莫如重而必，使民畏之。"也就是说，通过制度安排的奖惩机制，可以有效地激励和约束人们的行为。《韩非子·五蠹》还指出："明主之国，无书简之文，以法为教；无先王之语，以吏为师。"

法家主张通过"制度有为"来对抗和修养人性，这与"唯有合理的制度安排与机制设计可以对抗和修养人性"的理念相符。法家强调以法治国，君臣上下贵贱皆从法，这与"上法不上贤"的法治精神相一致。同时，法家提倡诚信观，认为讲诚信是天下行为准则的关键，这与"己所欲，人亦所欲，可施于人"的互惠互利原则相吻合。此外，墨家主张"兼爱"和"非攻"，认为通过教化和制度可以减少争斗，促进社会和谐。兵家虽然更侧重于军事战略，但同样强调纪律和制度在军队管理中的重要性。

尽管人性中有追求自身利益最大化的基本趋势，但通过合理的制度安排，可以有效地管理和利用这些趋势。在现代社会，无论是在国家治理、企业管理中，还是在社会交往中，都需要合理的制度来引导和激励人们的行为，以实现社会整体的和谐与进步。

人性基本面的自利特性并非负面现象，而是可以通过精心设计的制度来引导和利用，以服务于更大的社会目标。合理制度的建立可以确保个人在追求个人利益的同时，促进社会福祉和公共利益的实现。

有效的制度安排与机制设计要求深入理解人性和动机，以及掌握如何通过激励和约束来平衡个人与集体利益的方法。这包括确保制度的公正性，让所有人都能在公平的环境中追求自己的目标，同时防止滥用权力和不正当行为，避免人性自利性可能带来的负面后果，并培养人的责任感和合作精神。

合理的制度安排和机制设计不仅要对抗人性中的消极方面，而且要增强人性中的积极方面。通过教育、奖励和认可，可以鼓励人们展现更高的道德标准和更有价值的行为，从而促进个人和社会的共同成长。

> **第十六条** 合理的制度安排与机制设计通常是简洁的。不过"简洁"可能使既得利益者比较难受,因为这样不利于权威、权力和寻租。这正是变革与创新的阻力所在。

道家强调顺应自然,通过非强制性的方式来解决问题,主张无为而治,避免过度干预。《道德经》第五十七章中提到:"以正治国,以奇用兵,以无事取天下。吾何以知其然哉?以此。天下多忌讳,而民弥贫;民多利器,国家滋昏;人多伎巧,奇物滋起;法令滋彰,盗贼多有。故圣人云:我无为,而民自化;我好静,而民自正;我无事,而民自富;我无欲,而民自朴。"这强调治理应顺应自然,避免过度干预,反对法律的过度复杂化,认为这会导致法律失去应有的约束力和效力。

墨家思想强调"尚贤"与"兼爱",反对奢侈浪费和权力滥用,主张通过简洁的制度和实际行动实现社会的和谐与公正。

《墨子·尚贤上》指出:"夫尚贤者,政之本也。"墨家强调通过简洁明确的制度来推崇贤能,防止权力滥用与寻租行为。《墨子·兼爱中》指出:"夫爱人者,人亦从而爱之;利人者,人亦从而利之。"墨家主张通过简洁的制度安排,实现互利互惠,防止权力滥用和寻租行为。

本书强调制度安排和机制设计的重要性,特别是它们在推动社会和组织变革中的作用。合理的制度和机制设计应是简洁的,这意味着它们应易于理解和执行,避免不必要的复杂性。简洁的制度可以减少误解与滥用,从而提升效率和保证公正性。

然而,制度的简洁性可能引发既得利益者的不满。既得利益者通常指那些在已有制度下已占据优势地位的个人或团体,他们可能因新制度的简洁性而感到受威胁,因为简洁的制度可能会削减他们利用复杂规则谋取私利的空间。这种对简洁制度的抵触,往往成为推动变革和创新的主要阻力。

从人性基本面的角度来看,每个人都倾向于追求自身利益的最大化。既得利益者可能会利用其权力和影响力来维护现有制度,即使这些制度对大多数人不利。由于变革可能威胁到他们的地位和利益,他们可能会抵制变革。因此,要实现真正的变革和创新,就需要克服这种基于个人利益的阻力,这通常需要勇气、智慧与坚定的决心。

总的来说,制度设计可能存在一个悖论:虽然简洁的制度更有利于公平和效率,但可能会遭到那些在已有制度下获益者的反对。因此,推动社会进步与创新需要克服这些人性基本面的挑战,通过建立更加公正、透明的制度来实现。

第十七条 公司在技术学习方面确实存在显著的"后发优势",但是在制度学习方面则可能存在"后发劣势",因为制度安排与机制设计通常有其前提假定条件,是高度情境依赖的;而且,最为困难的是,既得利益者无法或者很难突破人性基本面,存在严重的激励不相容问题。

法家强调,制度和法律的制定应基于对人性的深刻理解和对实际情况的具体分析。法家认识到,制度的有效性与其所处的环境密切相关,并且强调利益相关者在制度变革中的作用。

《韩非子·八经》提到:"凡治天下,必因人情。人情者,有好恶,故赏罚可用;赏罚可用,则禁令可立而治道具矣。君执柄以处势,故令行禁止。"法家认为,人性的基本面是趋利避害,因此,制度设计必须充分考虑这一点,否则可能导致激励不相容的问题。

唐代欧阳询在《艺文类聚》中提到:"治国无其法则乱,守法而不变则衰。"这强调了法治在国家治理中的重要性,同时指出了法律需要与时俱进的必要性。

道家强调顺应自然和人性,不干预过多,主张治理方式应尊重自然规律和人性的基本面。

《道德经》第五十七章写道:"我无为而民自化,我好静而民自正,我无事而民自富,我无欲而民自朴。"道家主张顺应自然和人性,不干预过多,这与制度设计中考虑人性的基本面和激励相容性的问题相符。

《道德经》第二十五章:"人法地,地法天,天法道,道法自然。"可见,道家强调,制度和行为应效法自然规律,这与制度设计的情境依赖性和前提假定条件有关。

《庄子·大宗师》提到:"不以心捐道,不以人助天。"道家强调顺应自然规律,不人为干预,体现了对情境依赖性的深刻理解。

本书探讨技术学习与制度学习之间的差异,以及制度学习在实践中可能遇到的挑战。在技术学习领域,"后发优势"通常是指后来者可以借鉴先行者的经验,避免错误,从而以更快的速度和更低的成本实现技术进步。这种优势源于技术的普遍性和相对客观性——即技术知识一旦被开发出来,就可以被广泛传播和应用,而不会受到太多特定情境的限制。

然而,当涉及制度学习时,情况就变得复杂得多。制度安排和机制设计不仅涉及一套规则,还涉及特定的社会、文化和历史背景。制度往往是为了解决特定环境中的问题而设计的,因此它们的效果很大程度上依赖这些前提条件是否仍然成立。换句话说,制度的有效性与其所处的环境密切相关,这就导致了"后发劣势",即后来者很难直接复制先行者的制度模式,因为这些模式可能不适用于他们的具体情况。

此外,制度变革还面临着既得利益者的阻力。人性的基本面驱使个体追求自身利益的最大化,当制度变革威胁到这些既得利益时,往往会遭遇强烈的反对,既得利益者可能会利用自己的地位和资源来阻碍变革,从而维护自身利益。这导致了激励不相容的问题,即个体的私人利益与集体的公共利益不一致,进而阻碍组织成员对制度的有效学习和适应。

因此,在制度设计过程中,我们必须深刻理解制度的情境依赖性,并认识到人性的基本面在制度变革中的作用。有效的制度学习不仅需要借鉴他人的经验,而且要对本土情况进行深入分析,考虑利益相关者的需求和激励机制。只有这样,才能克服"后发劣势",实现制度的有效适应和变革。

第十八条 道家思想其实不是单纯意义上的"无为而治",而是指基于合理的制度安排与机制设计治理国家和其他组织。

道家思想确实强调"无为而治",但这个"无为"并非什么都不做,而是指顺应自然法则和人性,避免过度干预和人为的折腾。在道家看来,合理的制度安排和机制设计是实现"无为而治"的重要手段。道家认为,过多的干预和人为的折腾不仅不能解决问题,反而会导致更多的混乱和不稳定。

《道德经》第五十七章写道:"我无为而民自化,我好静而民自正,我无事而民自富,我无欲而民自朴。"《道德经》第四十八章也提到:"为学日益,为道日损。损之又损,以至于无为。无为而无不为。"《道德经》第十七章则说:"太上,下知有之;其次,亲而誉之;其次,畏之;其次,侮之。信不足焉,有不信焉。悠兮其贵言,功成事遂,百姓皆谓我自然。"

道家强调通过合理的制度安排和机制设计来实现治理,而不是单纯依赖个人的德行。法家思想亦与此有类似之处。法家强调通过法律和制度来约束人性,认为治理不能只依靠个人的德行和文化价值观。例如,《韩非子·五蠹》中提到:"明主之国,无书简之文,以法为教;无先王之语,以吏为师。"

由此可见,道家思想确实不是单纯意义上的"无为而治",它包含着更深刻的治理理念。道家的"无为"并不是放任或不作为,而是一种顺应自然规律、减少人为干预的治理方式。这种方式强调通过合理的制度安排和机制设计来治理国家和组织。

合理的制度安排是实现"无为而治"的关键。例如,法家思想在一定程度上也受到了道家影响,认为"法是道的人间化",通过确立法律(法)来实现道家的无为而治。这表明道家思想中也包含对制度和规则重要性的认识。

道家思想中的"无为而治"还体现在对市场经济的支持上。市场经济通过"看不见的手"实现资源的均衡分配和自由流动,这正是道家所倡导的顺应自然规律的体现。

在治理国家方面,道家的"无为而治"要求统治者清心寡欲,知人善任,将合适的人才放在合适的岗位上。不必事必躬亲,而是通过制度来实现治理。这种治理方式强调减少不必要的行政干预,充分发挥民众自我能动性,进而实现社会的和谐。

总的来说,道家的治理理念强调顺应自然规律、合理制定制度、减少人为干预,并通过这些方式来实现国家的治理和组织的管理,而不是简单放任或不作为。这种治理理念不仅适用于古代,它对于现代社会的治理同样具有重要的启示和借鉴意义。

道家思想中的"无为而治"是一种深层次的治理哲学。它主张治理者顺应自然规律和人性,通过建立合理的制度和机制来引导社会秩序,而不是简单地放任或强制干预。真正的治理智慧在于创造一个环境,让社会成员能够在既定的规则下自我管理和自我服务,从而实现社会的自我调节和自我完善。

此外,"无为而治"还强调通过制度化、法治化来实现社会的长期稳定,促进社会自治,激发社会成员的自主性和创造力。道家追求的是一个和谐、平衡的社会,其中每个人都能找到适合自己的位置,发挥自己的潜能,共同推动社会向前发展。

> **第十九条** 随着规模增大,在公司治理层面总体的逻辑是:从基于关系讲关系,到基于关系讲规则,再到基于规则讲规则。

公司规模的扩大对公司治理逻辑的演变具有重要影响。随着国家或组织规模的扩大,治理应从依赖个人关系和道德教化转变为依赖明确的法律和规则。这一转变有助于提高治理的效率和公正性,减少因个人关系而产生的不公和冲突。

法家主张通过严格的法律和制度来约束和管理人性,认为治理必须依靠法律和制度,而非单纯依靠个人的关系或品德。《韩非子·心度》指出:"为法也,所以平不夷、矫不直也。"《韩非子·外储说右下》也写道:"故明主治吏不治民。"《韩非子·五蠹》进一步强调:"明主之国,无书简之文,以法为教;无先王之语,以吏为师。"《韩非子·有度》则提到:"法不阿贵,绳不挠曲。法之所加,智者弗能辞,勇者弗敢争。"这强调了法律和规则的普遍适用性和不可抗拒性,无论个人的智慧或勇气,都应遵守规则。《商君书·修权》指出:"故立法明分,而不以私害法,则治。"即应制定明确的法律和规则,并以这些规则为治理的基础,不因私情而损害规则的公正性。

在儒家思想中,《中庸》提到:"君子之中庸也,君子而时中。"这一观点可以理解为君子在不同情境下能够恰当地把握中庸之道,既不偏激也不过度。在公司治理的过渡阶段——即从"基于关系讲关系"向"基于关系讲规则"的转变过程中,这一思想尤为重要。它要求领导者在维护人际关系的同时,适时引入和强化制度安排与机制设计,以适应公司发展的需要。

在现代公司治理中,随着公司规模的增大,公司治理模式经历了从"基于关系讲关系"到"基于关系讲规则",再到"基于规则讲规则"的演变,这体现了法家思想中对制度化治理的重视。这一治理模式有助于确保公司决策的透明度和一致性,防止权力滥用,提高公司治理的效率和效果,保护所有利益相关者的权益,从而促进公司的长期稳定和健康发展。

在公司规模较小的阶段,公司治理往往依赖个人关系和信任。在这一阶段,决策和权力结构很大程度上建立在创始人、合伙人和关键员工之间的紧密关系之上。这种基于关系的治理模式有助于快速决策和灵活调整。

随着公司规模的增长,公司治理逻辑开始从"基于关系讲关系"转变为"基于关系讲规则"。这意味着,即便在重视关系的背景下,公司也开始引入规则和制度,以规范决策过程和权力分配。这样的转变有助于公司在保持灵活性的同时,增加透明度和可预测性。

当公司规模进一步扩大时,公司治理逻辑最终会发展到"基于规则讲规则"的阶段,主要依赖明确的规则和制度,而不是依赖个人关系。这种模式有助于确保所有利益相关者的权益得到保护,同时提高公司运营的效率和强化管理合规性。

总而言之,随着公司规模的扩大,公司治理需要逐步从依赖个人关系转向建立和依赖规则体系。这种转变不仅有助于公司适应更大规模运营管理的需求,也是公司成熟和持续发展的标志。通过合理的制度安排和机制设计,公司能够更好地管理内部和外部的各种关系,实现长期的稳定与增长。

> **第二十条** 在制度安排与机制设计的逻辑当中,通常不应对"德"和"才"做预判,因为对于"德"的预判非常难(实际上"德"比"才"更加动态化),所以,应更加关注动态激励相容和监督制衡机制,以便实现"集众人之私成天下之公"。

法家认为,通过法律和制度来规范人的行为是至关重要的,重点不在于预判个人的品德,而是通过制度来约束和激励个人行为。正如《韩非子·八经》中所言:"凡治天下,必因人情。人情者,有好恶,故赏罚可用;赏罚可用,则禁令可立而治道具矣。君执柄以处势,故令行禁止。"《韩非子·外储说右下》也提到:"故明主治吏不治民。"法家主张通过法律和制度来治理国家,而不是依靠个人的德行或情怀。《韩非子·五蠹》还强调:"明主之国,无书简之文,以法为教;无先王之语,以吏为师。"《韩非子·饰邪》写道:"明法者强,慢法者弱。"《韩非子·有度》则说:"法不阿贵,绳不挠曲。法之所加,智者弗能辞,勇者弗敢争。"韩非子强调了法律的明确性和严格执行对于国家强盛的重要性,以及法律的普遍适用性和不可抗拒性,无论个人的智慧或勇气,都应遵守规则。

儒家强调道德教化,但也认识到制度的重要性。孟子在《孟子·离娄上》中提到:"离娄之明,公输子之巧,不以规矩,不能成方圆;师旷之聪,不以六律,不能正五音。"这一观点强调了规矩和制度在塑造行为和维持秩序中的作用。

在制度安排和机制设计中,对个人品德(德)和能力(才)的不同处理方式,以及动态激励机制和监督制衡机制,是平衡个人与集体利益的关键所在。无论是公司治理还是社会政策的制定,都需要深入理解人性,并通过制度设计来"集众人之私成天下之公",让个人追求自身利益的行为能够汇聚成追求社会整体利益,进而促进社会的稳定和发展。

在设计制度时,我们通常不会对个人的品德做出预判,因为品德是一个高度个性化且动态变化的概念,难以通过简单的标准或规则来衡量和预测。相反,我们更倾向于建立一种动态的激励机制和监督制衡机制,以确保个人在追求自身利益的同时,也能为社会整体利益做出贡献。

"动态激励相容"意味着激励机制需要灵活调整,以适应不断变化的组织环境和个人需求。同时,符合动态激励相容原则的制度安排与机制设计,应能够激励个人在追求个人利益的同时,增加组织整体的利益。此外,即使有了激励机制,也需要相应的监督和制衡措施来确保个人行为不会偏离组织整体利益。监督制衡机制能够防止权力滥用,确保制度的公正性和有效性。

由此可见,在制度设计中,我们应关注建立一种既能激励个人追求自身利益,又能确保这些行为符合社会整体利益的机制。通过动态激励机制和监督制衡机制,可以实现"集众人之私成天下之公",即通过协调个人利益来实现社会整体的和谐与进步。

> **第二十一条** 强调"德比才更重要",通常是因为没有合理的制度安排与机制设计,无法持续实现关键利益相关者动态激励相容和有效监督制衡。

这与中国古代诸子百家中法家的思想相契合,尤其是法家对人性的看法和制度设计的理念。法家认为人性本恶,强调通过法律和制度来治理国家和社会,认为合理的制度和机制设计是控制和引导人性的重要手段,而不是单纯依靠个人的德行。

《商君书·算地》提出:"民之性:饥而求食,劳而求佚,苦则索乐,辱则求荣,此民之情也。"《韩非子·心度》指出:"为法也,所以平不夷、矫不直也。"《韩非子·外储说右下》认为:"故明主治吏不治民。"《韩非子·五蠹》还强调:"明主之国,无书简之文,以法为教;无先王之语,以吏为师。"《韩非子·五蠹》提倡:"是以赏莫如厚而信,使民利之;罚莫如重而必,使民畏之;法莫如一而固,使民知之。"《韩非子·有度》主张:"法不阿贵,绳不挠曲。"

法家尤其强调对人性的基本面和实际制度的理解,认为治理不能只依靠个人的德行和才能,而需要依托实际的制度和法律来支撑。

与之相反,儒家强调德的重要性,认为德是人的基本品质和社会秩序的基石。孔子在《论语》中提到:"为政以德,譬如北辰,居其所而众星共之。"(《论语·为政》)然而,在缺乏有效制度和监督机制的情况下,过分强调德可能反映出制度设计的不足。此时,需要通过合理的制度安排和监督机制来实现利益相关者的动态激励相容与有效监督制衡。换言之,当一个系统未能通过合理的激励和监督机制来引导和规范个人行为时,人们可能会转向通过强调品德来弥补这一缺陷。

在理想的制度设计中,品德和才能都是重要的,但制度和机制的设计应能够使个人的品德和才能得到合理的利用与发挥。组织或社会通过建立有效的激励和监督机制,可以减少对个人品德的过度依赖,转而通过制度的力量来引导和规范个人行为,而不仅仅依赖道德教化,这样更有利于实现个人与组织目标的一致性。

当一个组织或社会强调"德"比"才"更为重要时,通常是因为缺乏有效的制度和机制来确保关键利益相关者的利益动态激励相容和监督制衡。此处的"德"是指个人的道德品质,而"才"则是指个人的能力或技能。如果没有合理的制度安排,即使个人能力再强,也无法保证其行为与组织的目标一致,因此道德品质往往被视为更为重要的因素。

从人性的基本面的角度来看,每个人都在追求自身利益的最大化。在缺乏适当激励和监督的情况下,个人可能会实施不符合组织利益的行为来实现自己的利益。因此,合理的制度安排应确保个人在追求自身利益的同时,能促进组织目标的实现,这就是所谓的动态激励相容。与此同时,有效的监督制衡机制能够确保个人行为不偏离组织目标,防止个人利益的追求损害组织和其他利益相关者的利益。

当制度安排和机制设计不完善时,组织可能会过度依赖个人的道德品质来保障行为的正当性,因为道德被视为一种内在的自我约束力。然而,这种依赖是不稳定的,因为它忽视了人性基本面的追求自身利益最大化的倾向。一个更为稳定和有效的方法是通过制度和机制来引导与约束个人行为,使其与组织目标保持一致,并通过监督制衡防止权力滥用和个人对利益的不当追求。

综上所述,本书强调合理制度安排和机制设计的重要性,认为这是实现组织目标与个人利益协调的关键,而非单纯依赖个人的道德品质。人们通过建立动态激励相容和有效监督制衡的机制,可以更好地发挥个人才能,并引导个人行为符合组织的最佳利益。

> **第二十二条** 道德文化需要基于制度安排与机制设计逐步形成并由其直接保障,它其实是作为结果层面的存在。

儒家认为,礼乐文化是实现社会治理和文明进步的重要手段。儒家认为可以通过"礼"来规范人们的行为,通过"乐"来调和人们的情感,从而使社会达到既有秩序又有和谐的理想状态。《礼记·乐记》主张:"礼者,天地之序也;乐者,天地之和也。"儒家认为,通过"礼"的规范和"乐"的教化,可以逐步培养良好的道德文化,并为社会的和谐与秩序提供保障。由此可见,儒家认为,道德教化是社会秩序的基础。

与此相对,法家主张通过严格的法律和制度来约束和管理人性,认为道德和文化的养成需要制度和机制的支持与保障。《商君书·算地》指出:"民之性:饥而求食,劳而求佚,苦则索乐,辱则求荣,此民之情也。"《韩非子·五蠹》提到:"明主之国,无书简之文,以法为教;无先王之语,以吏为师。"《韩非子·心度》强调:"为法也,所以平不夷、矫不直也。"《韩非子·外储说右下》认为:"故明主治吏不治民。"《韩非子·难三》提到:"法者,编著之图籍,设之于官府,而布之于百姓者也。"

儒家认为,道德文化需要通过教育和礼制来培养,而法家则强调通过法律和制度来保障。道德文化的形成和发展不是自发的,而是需要人们持续的努力和投入。组织通过有意识的制度安排和机制设计,才能有效引导个人和社会行为,实现个人与社会利益的和谐统一。

道德文化并非自然形成,而是通过教育、法律、习俗等的培养或引导逐步发展起来的。制度安排为道德规范提供了一个框架和基础,通过这些制度的实施,社会成员能够了解和接受什么样的行为是被认可和鼓励的。

有效的机制设计不仅包括激励措施,而且包括监督和制衡机制,确保个人与集体的行为符合道德标准。这些机制能够预防并纠正不道德行为,从而维护社会的道德秩序。道德文化是制度和机制设计作用的结果。一个社会若拥有健全的制度和公正的机制,便更容易培养出良好的道德文化。换句话说,道德文化是社会治理和制度文明的外在表现。

此外,道德文化与制度机制之间存在互动关系。良好的道德文化能够促进制度的更有效执行,而公正的制度则能进一步强化道德文化。这种相互作用推动社会向更加文明和谐的方向发展。

总而言之,制度安排和机制设计在道德文化养成中具有基础性作用,且道德文化是制度和机制作用的结果。道德文化不是孤立存在和自发形成的,而是需要通过制度和机制的逐步培养与保障。道德文化的形成和发展是一个结果,是制度和机制设计的产物。为了培养社会或组织中的道德文化,需要有相应的制度来支持、促进,并引导和规范个人与组织的行为,逐步塑造和强化社会成员的道德观念和行为习惯。

> **第二十三条** 世上并不乏美好的"德性""初心""人品"的种子,在一定程度上,"人人皆可为尧舜"(个体通过修行和践行来实现)。美好的"德性""初心""人品"的种子要生根发芽、推广开来(成为价值观、企业文化)以及持续绵延需要合理的制度安排和机制设计的保障。

法家注重通过制度和法律来实现有效的治理和管理,强调制度和机制在保障与落实德性方面的重要性,而非单纯依赖个人的德行和情怀。

《韩非子·五蠹》提到:"明主之国,无书简之文,以法为教;无先王之语,以吏为师。"《韩非子·心度》认为:"为法也,所以平不夷、矫不直也。"《韩非子·外储说右下》指出:"故明主治吏不治民。"

法家强调通过合理的制度安排和机制设计来实现有效治理,并重视实际操作中的具体措施。法家认为,德行和价值观的落实需要依赖合理的法律和制度,而不是空谈德性和人品。

在此,本书强调美好品质如德性、初心和人品在社会中的培养是一个复杂的过程。它不仅需要个体的内在追求,而且依赖外在制度和机制的支持。德性、初心和人品这些美好的品质像种子一样,每个人都有可能在心中培育它们。

然而,要让这些品质真正在社会中生根发芽并得以推广,单靠个体层面的努力是远远不够的,必须依赖合理的制度安排和机制设计。制度和机制在此起到了框架和支撑的作用,它们不仅能够为个体提供正确的激励,引导并鼓励人们培养和展现这些美好品质,而且能够为这些品质的持续发展和传承提供必要的稳定性与连续性。

德性、初心和人品的培养与推广是一个长期的过程,需要持续的努力和不断的维护。合理的制度和机制设计不仅有助于启动这一过程,更能确保这些品质在不断变化的社会环境中得到保持和强化。

综上所述,美好品质的培养和推广是一个需要个体努力与外在制度支持相结合的过程。虽然每个人都有可能培养出高尚的德性,但要让这些德性在社会中广泛传播并持续存在,还需要精心设计的制度和机制作为保障。

> **第二十四条** 没有制度安排和机制设计支撑的文化价值观,必是无本之木;企业的文化价值观没有落实到制度安排和机制设计层面,必是虚妄之言。

法家认为人性本恶,必须通过法律和制度来约束和引导,而非单纯依靠文化和价值观。

《韩非子·心度》提出:"为法也,所以平不夷、矫不直也。"《韩非子·外储说右下》强调:"故明主治吏不治民。"《韩非子·五蠹》还指出:"明主之国,无书简之文,以法为教;无先王之语,以吏为师。"《商君书·君臣》进一步阐明:"是以明王之治天下也,缘法而治,按功行赏。"韩非子强调了法律和制度在治理国家中的作用,认为明确的奖惩制度是维护社会秩序的关键。

《韩非子·难三》指出:"法者,编著之图籍,设之于官府,而布之于百姓者也。"法家强调,通过制度和机制来实现社会的稳定,并推动文化价值观的落实。

道德文化的形成与发展需要通过有意识的制度安排和机制设计来实现。制度和机制在培养和保障道德文化中具有基础性作用。没有制度支撑的文化价值观就如同没有根基的树木,难以生长和持久。同样,如果企业文化的价值观没有具体落实到制度和机制中,它们也将只是空洞的口号,缺乏实际意义。

企业的文化价值观固然重要,但它们需要通过具体的制度和机制来得以实现和维护。制度和机制提供了一个可操作的框架,使企业文化价值观不仅仅是抽象的理念,而且可以在日常行为和决策中得到体现与执行。

如果企业文化的价值观未能落实到具体的制度安排和机制设计层面,那么这些价值观就容易变得虚妄。口头上宣扬的价值观,如果没有相应的制度保障和机制执行,便无法转化为员工的实际行为,进而无法对企业的长期发展产生积极影响。

文化价值观的建设和维护是一个长期而复杂的过程,需要制度和机制的持续支持与不断完善。在实践中,人们只有将价值观具体化、制度化,才能确保价值观的真正落地并得到有效实施。当价值观真正融入企业的各个方面,成为员工行为的自觉遵循时,企业文化才能够真正发挥其应有的作用,促进企业的健康发展。

> **第二十五条** 在组织层面,脱离制度安排与机制设计空谈"德性""初心""人品"往往会陷入虚无和迷茫,且无益于甚至有损实际的运作。

法家强调通过制度和法律来实现有效的治理和管理,认为只谈"德性"而不实施具体的制度和机制设计,往往会陷入空谈,无法实现实际的效果。

《韩非子·五蠹》认为:"明主之国,无书简之文,以法为教;无先王之语,以吏为师。"韩非子强调法律和制度在治理中的核心作用,认为良好的制度是实现良好治理的基础。

《韩非子·显学》指出:"夫圣人治国,不恃人之为吾善也,而用其不得而为非也。"韩非子强调制度的重要性,而不是依赖个人的德行。

在组织层面,单纯依赖道德理念如"德性""初心""人品",而忽视制度安排和机制设计,将导致理论与实践的脱节,进而引发一系列问题。

首先,"德性""初心"和"人品"这些概念虽然是高尚的,但如果缺乏有效的制度和机制作为支撑,它们很容易变得空洞和不切实际。在组织的运行中,仅有道德的号召是不够的,需要有明确的规则和程序来确保这些理念转化为具体行动。

其次,当一个组织过分强调道德理念而忽视制度建设时,可能导致成员感到迷茫和困惑。没有清晰的制度指导,人们可能不知道如何将这些道德理念应用到实际工作中,从而无法有效地实现组织的目标。

再次,脱离制度空谈道德可能会对组织的实际运行产生负面影响。如果领导者只是口头上强调德性,而在行动上不遵循公正和透明的制度,这可能会损害成员的信任,甚至导致腐败和不公现象的发生。

最后,为了确保组织的健康发展,必须将道德理念与制度安排和机制设计相结合。制度和机制不仅能够为道德实践提供明确的路径,还能够确保所有成员的行为符合组织的整体利益,从而促进公平、效率和透明度。

综上所述,在组织治理中,仅有道德理念是不够的,必须通过合理的制度安排和机制设计来实现这些理念,确保组织的长期稳定和有效运作。

> **第二十六条** 有什么样的公司治理,就有什么样的公司文化,重视合作和分享的企业文化需要制度保障。当然最初的公司文化的DNA源自创业者,但如果没有良好的公司治理制度安排和治理机制设计,情怀初心大多会演变为空洞的口号和领导者的自娱自乐。

法家主张以法治国,认为治理一个国家或组织必须依赖法律和制度,而不是单纯依靠个人的德行和情怀。《管子·任法》提出:"法者,天下之至道也。"《韩非子·心度》指出:"为法也,所以平不夷、矫不直也。"《韩非子·外储说右下》强调:"故明主治吏不治民。"《韩非子·五蠹》指出:"明主之国,无书简之文,以法为教;无先王之语,以吏为师。"《韩非子·难三》强调:"法者,编著之图籍,设之于官府,而布之于百姓者也。"这些表明法律和制度需要明确、公开,并由官府执行,百姓遵守,这与公司制度的透明性和执行力有相似之处。

儒家重视道德和仁爱,强调仁义礼智信以及领导者的德行对组织的影响。孔子在《论语·颜渊》中说:"政者,正也。子帅以正,孰敢不正?"《论语·为政》强调:"为政以德,譬如北辰,居其所而众星共之。""道之以德,齐之以礼,有耻且格。"这意味着领导者的行为和决策应正直,以此影响和塑造下属的行为和价值观,这与公司创业者对公司文化的最初影响相似。

此外,兵家讲究策略和变通,孙子在《孙子兵法·兵势篇》中提到:"故善战者,求之于势,不责于人。"这暗示在公司治理中,应通过制度安排来打造有利的企业文化,而不是单纯依赖个人。

公司的治理结构和治理机制是企业文化形成和发展的基础,而一个重视合作和分享的企业文化需要通过制度来保障和实现。公司治理决定了公司的运作方式和价值观,对公司文化具有基础性的作用。一个公司的治理结构和治理机制,如董事会的组成、管理层的激励和约束机制等,都会对公司文化产生深远影响。如果公司治理强调的是开放、合作和共享,那么这种精神也会渗透到公司文化中。

公司的文化DNA往往源自创业者的价值观和理念,这些价值观和理念在公司成立初期就已经开始形成。创业者的情怀和初心是企业文化的种子,但要使这些价值观在公司中生根发芽,需要良好的公司治理制度来培育和支持。

如果没有有效的公司治理制度安排和治理机制设计,那些美好的情怀和初心很容易变成空洞的口号,甚至成为领导者的自娱自乐。这意味着,仅有理念是不够的,必须通过具体的制度和机制来确保这些理念能够转化为员工的实际行为和公司的实际操作。

公司文化不是自然而然形成的,而是需要通过公司治理的精心设计和制度的有力保障来实现。重视合作和分享的企业文化需要通过制度来激励员工之间的协作,通过监督机制来确保资源的公平分配,通过激励机制来奖励那些促进合作和分享的行为。

> **第二十七条** 什么是领导力？一是有想法，坚持独立思考，有能让人追随的梦想；二是有格局，突破自己的人性基本面，顺应他人的人性基本面（己所欲，人亦所欲，可施于人）；三是制度设计能力，有远见、有勇气、有能力通过合理的制度安排和机制设计推动梦想不断向前。

儒家思想强调领导者应具备德行、智慧和远见，注重个人修养和道德品行。孔子在《论语》中提到"志于道，据于德"，强调领导者应有崇高的理想和道德修养。同时，孔子还提到"学而不思则罔，思而不学则殆"，强调思考的重要性。《论语·为政》指出："为政以德，譬如北辰，居其所而众星共之。"孔子强调，领导者应具备德行和远见，能够引领和感化他人。《论语·子路》提到："子曰：'其身正，不令而行；其身不正，虽令不从。'"强调领导者应具备仁爱之心，理解和顺应他人的需求。孟子在《孟子》中提出"仁政"和"民为贵"，强调领导者应以民为本；同时，孟子提出"老吾老以及人之老，幼吾幼以及人之幼"，强调了对他人的同情和理解。

法家强调通过严格的法律和制度来约束和管理人性，认为治理应依赖制度和机制，而不是单纯依靠个人的德行和情怀。《韩非子·五蠹》指出："明主之国，无书简之文，以法为教；无先王之语，以吏为师。"《韩非子·心度》认为："为法也，所以平不夷、矫不直也。"《韩非子·外储说右下》强调："故明主治吏不治民。"《韩非子·难三》认为："法者，编著之图籍，设之于官府，而布之于百姓者也。"

老子在《道德经》中提倡顺应自然的"无为而治"，强调以智慧引领，而非强制命令。道家思想中的"无为而治"是一种深层次的治理哲学，它主张治理者应顺应自然规律和人性，通过建立合理的制度和机制来引导社会秩序，而不是简单地放任或强制干预。真正的治理智慧在于创造一个环境，让组织成员能够在既定的规则下自我管理和自我服务，从而实现组织的自我调节和自我完善。

孙子在《孙子兵法》中提出"知己知彼，百战不殆"，强调了对形势的洞察和战略规划。《孙子兵法·始计篇》提出："将者，智、信、仁、勇、严也。"这是对优秀将领素质（领导力）的高度概括，同样适用于现代领导力的构建。

孙子所提的"智"强调将领需要具备智慧和策略，"上兵伐谋，其次伐交，其次伐兵，其下攻城""故善战者，求之于势"，这些要求领导者能够独立思考和制定战略。《孙子兵法·地形篇》中提到："料敌制胜，计险隘远近，上将之道也。"这强调领导者需要评估形势和风险，制订合理的计划。

孙子提到的"信"和"仁"与领导力中的有格局相关，意味着领导者应以诚信赢得信任，以仁爱关怀他人，并且能够严格自律，超越个人利益，理解和顺应团队成员的需求。梅尧臣对《孙子兵法》中信的注解是："信能赏罚，仁能服众。"这体现了领导者的诚信和严格对团队的影响。

孙子所提的"勇"和"严"与领导力中的制度设计能力相符,意味着领导者需要有勇气推动制度的改革和执行,同时严格的制度保障也是确保组织有序运行的基础。

领导力的三个核心要素分别是思想、格局和制度设计能力。领导力是一种多维度的能力,要求领导者在思想、情感和行动上都能够展现出卓越的素质。领导者不仅要有远大的梦想和坚定的信念,还要有宽广的胸怀和对人性的深刻理解,更要有将梦想转化为现实的制度设计和执行能力。

领导者需要有独立思考的能力,能够提出并坚持自己的梦想和愿景。这种梦想或愿景能够激发他人的共鸣,使之愿意追随领导者。领导者的想法和梦想是吸引和激励团队成员的基础,能够为团队提供方向和动力。

领导者需要能够超越自身的利益追求,同时顺应和满足团队成员的利益需求。这体现了一种深层次的同理心和自我超越,领导者通过理解并尊重他人的追求,能够建立起信任和尊重,从而更有效地引导和激励团队。

领导者不仅要有远见和勇气,还要有能力设计和实施合理的制度和机制。这种能力使领导者能够将梦想转化为具体的行动计划,并确保这些计划能够在组织内部得到有效执行,以实现个人、团队和组织的共同发展。

> **第二十八条** "流氓"不可怕,就怕"流氓"有文化;"流氓"有文化不可怕,就怕"流氓"有思想;"流氓"有思想不可怕,就怕"流氓"拥有制度安排和机制设计能力。

本书主要强调制度安排和机制设计的重要性。在中国古代诸子百家中,法家重视法律和制度对社会的约束作用。《韩非子·心度》认为:"为法也,所以平不夷、矫不直也。"《韩非子·外储说右下》指出:"故明主治吏不治民。"《韩非子·五蠹》主张:"明主之国,无书简之文,以法为教;无先王之语,以吏为师。"

同时,韩非子在《韩非子·难三》中提出:"法者,编著之图籍,设之于官府,而布之于百姓者也。"总的来看,法家认为,法律和制度是维护社会秩序和预防不当行为的关键。韩非子在《韩非子·有度》中还提到:"法不阿贵,绳不挠曲。"法律和制度应公正无私,不应为个别人的私利所左右。

在此,本书通过递进的调侃来强调制度安排和机制设计能力的重要性。"流氓"一词在这里并非传统意义上的贬义词,而是用来形象地表达一个观点:当一个人或团体拥有知识和能力时,其行为的影响力也随之增加。

"'流氓'不可怕,就怕'流氓'有文化"暗示,单纯的无知或不文明行为虽然可能造成一定的麻烦,但相对容易识别和防范。然而,当这些人掌握了一定的知识和技能时,他们的行为可能变得更加隐蔽和复杂,因此更难以应对。

"'流氓'有文化不可怕,就怕'流氓'有思想"强调,如果一个人或团体不仅拥有知识,还有自己的思想和主张,他们可能会更具影响力,能够通过自己的思想影响他人,甚至可能引导他人跟随自己的步伐。

"'流氓'有思想不可怕,就怕'流氓'拥有制度安排和机制设计能力"。这里的"制度安排和机制设计能力"是指能够影响或控制组织规则的能力。如果一个人或团体拥有这种能力,他们可能会利用制度和机制来实现自己的目标,同时他们的行为不仅难以防范,而且可能对整个社会产生深远的影响。

> **第二十九条** 严格的信息披露制度是推行注册制最基本的条件,合理有效的市场机制和真正意义上的严刑峻法则是注册制最关键的前提条件。

法家重视法律的作用,荀子在《荀子·君道》中提到:"法者,治之端也。"这与"严刑峻法"相呼应,强调了法律制度在维护市场秩序中的关键作用。法家强调通过严格的法律和制度来治理国家和社会,认为治理必须依赖制度和机制,而不是个人的德行和关系。《韩非子·心度》提到:"为法也,所以平不夷,矫不直也。"《韩非子·外储说右下》写道:"故明主治吏不治民。"《韩非子·五蠹》认为:"明主之国,无书简之文,以法为教;无先王之语,以吏为师。"

道家认为"无为而治",老子在《道德经》第三十七章中提到:"道常无为而无不为。"在《道德经》第五十七章中他说:"我无为而民自化,我好静而民自正,我无事而民自富,我无欲而民自朴。"这一思想可以理解为,在市场机制中,政府应尽量减少不必要的干预,让市场自我调节,但也需要确保市场的自我调节不偏离正道。

此外,儒家强调仁义礼智信,孔子在《论语·为政》中说:"君子周而不比,小人比而不周。"说的是君子注重公平正义,不搞小团体,这与市场机制的合理性和公平性相契合。墨子在《墨子·尚同》中提倡:"尚同者,天之道也。"墨家主张统一标准和规则,这与市场机制需要合理有效以确保所有参与者在同等条件下竞争的观点相吻合。

中国古代思想家们在不同程度上都强调了规则、秩序和预防的重要性,这与现代资本市场推行注册制时对市场机制和法律制度的要求不谋而合。合理有效的市场机制和法律制度有助于防止注册制"变味"。我国在推行注册制时,需要建立严格的信息披露制度、合理的市场机制和严格的法律制度,以确保市场的公平、透明和有效运作。

严格的信息披露制度是推行注册制的基本条件。在资本市场中,信息披露是确保投资者做出明智决策的基础。透明的信息披露有助于减少信息不对称,提高市场的透明度和公平性。如果信息披露不严格,可能导致投资者做出错误的投资决策,增加市场风险。

合理有效的市场机制对注册制的重要性显而易见。市场机制包括价格发现、供求平衡、竞争激励等作用,起着促进资源有效配置的作用。在注册制下,市场机制应确保企业的价值得到公正评估和真实反映,避免市场失灵和价格扭曲。

真正意义上的严刑峻法是注册制的关键前提条件。法律制度是维护市场秩序、保护投资者权益的重要手段。严格的法律制度可以对欺诈、内幕交易等违法行为形成有效的威慑,保障市场的公正与诚信。

> **第三十条** 唯一能解决减持问题的办法就是不限制减持。强烈反对通过非市场化的行政手段人为限制各类市场参与主体减持行为。本书主张按照市场机制全部放开限制,让新股在上市之日即全流通,所有持股人均可立即自由买卖,无投资者开户门槛,实行T+0制度,无涨跌幅限制。

道家提倡"无为而治",认为最好的治理是顺应自然规律,避免过度干预。在《道德经》第三十七章中老子说:"道常无为而无不为。"这意味着市场应自我调节,避免受到过多的行政限制。除此之外,老子还提到:"我无为而民自化,我好静而民自正,我无事而民自富,我无欲而民自朴。"此外,《道德经》第四十八章指出:"为学日益,为道日损。损之又损,以至于无为。无为而无不为。"《道德经》第六十四章又强调:"合抱之木,生于毫末;九层之台,起于累土;千里之行,始于足下。为者败之,执者失之。是以圣人无为故无败,无执故无失。"

法家则主张以法治国,强调法律的普遍适用性和严格执行。在《韩非子·有度》中,韩非子提出:"法不阿贵,绳不挠曲。"这意味着市场规则应公正无私,不应因人而设。《韩非子·五蠹》也提到:"明主之国,无书简之文,以法为教;无先王之语,以吏为师。"

墨家提倡"兼爱"和"非攻",强调公平与正义。在《墨子·兼爱》中,墨子提到:"兼爱则治,别相恶则乱。"这一思想强调市场政策应公平对待所有参与者,不应有歧视性的限制。

儒家则倡导"中庸之道",主张适度和平衡。在《论语·雍也》中,孔子说:"中庸之为德也,其至矣乎!"这表明,政策制定者在制定政策时,应寻求平衡,避免过度限制或放任市场。

新股上市即全流通、无投资者开户门槛、实行T+0制度、无涨跌幅限制等,都是为了增加市场的自由度和透明度,减少政策对市场交易的直接干预,提倡通过市场自身的调节机制来解决减持问题,而不是通过行政手段进行限制。这一理念与道家的"无为而治"和儒家的"中庸之道"有一定的契合。

唯一能解决减持问题的办法就是不限制减持。限制减持的政策可能导致市场参与者采取不正当的手段来规避这些限制,如通过"假离婚"这样的非市场化的手段来绕过政策限制。如果一个政策需要通过非市场化的方式来规避,那么这个政策本身就不能被视为好的政策。政策应顺应市场规律,而不是通过行政命令来强制干预市场行为。好的政策应基于市场机制,能够自我调节,而不是依赖外部的强制力量。

本书主张新股在上市之日即全流通,所有持股人均可立即自由买卖,无投资者开户门槛,实行T+0制度,无涨跌幅限制等措施,都是为了增加市场流动性和透明度,减少政策对市场交易的直接干预。市场化改革可以更好地满足市场参与者追求利益最大化的需求。这种市场化改革能够有效激发市场活力,促进资源的合理配置。

在制定和实施政策时，政策制定与实施者应考虑市场规律和人性的基本面，避免过度的行政干预。政策应通过建立合理的市场机制来引导和规范市场行为，而非单纯依赖强制措施。通过市场化改革，减持问题可以得到更好的解决，从而实现市场的健康发展。

公司治理基础〈注释〉

> **第三十一条** 公司治理旨在通过一系列制度安排与机制设计，引入市场机制以促进合理竞争、实现重要利益相关者的动态激励相容与合理制衡，降低委托代理问题的影响，有效凝结关键利益相关者的战略性资源与能力，帮助企业获得内生增长动力并逐步形成内生增长能力。

法家主张通过严格的法律和制度来约束和管理人性，认为治理应依赖制度和机制，以促进合理竞争和有效治理。荀子在《荀子·君道》中提出："法者，治之端也。"《韩非子·心度》则提到："为法也，所以平不夷、矫不直也。"《韩非子·外储说右下》进一步强调："故明主治吏不治民。"《韩非子·五蠹》还提到："明主之国，无书简之文，以法为教；无先王之语，以吏为师。"此外，韩非子在《韩非子·有度》中说："法不阿贵，绳不挠曲。"

道家主张"无为而治"，认为人性应顺应自然，避免过度干预。老子强调顺其自然，但也承认制度的必要性。在《道德经》第五十七章中，他提到："以正治国，以奇用兵，以无事取天下。"同时，老子提出："上善若水，水善利万物而不争。"这一观点与公司治理中对市场机制的尊重与利用契合，即通过市场机制促进合理竞争，减少不必要的行政干预。

在儒家思想中，个人的道德修养被视为社会和谐与秩序的基石。在《论语·学而》中，孔子说："君子务本，本立而道生。"儒家重视"仁"与"礼"，强调人与人之间的和谐关系。在《论语·颜渊》中，孔子进一步阐述道："君子敬而无失，与人恭而有礼，四海之内，皆兄弟也。"这一思想与公司治理中利益相关者之间的动态激励相容与合理制衡有所契合。

墨家提倡"兼爱"与"非攻"，强调公平与正义。《墨子·兼爱》提出："当兼相爱，交相利。""兼爱则治，别相恶则乱。"这一观点与公司治理要实现利益相关者之间的公平性和合理激励相一致。

公司治理的制度安排和机制设计在引入市场机制以促进合理竞争、实现利益相关者的激励相容、降低委托代理问题的影响、整合关键资源与能力，以及形成内生增长能力方面，发挥着作用。

首先，公司治理的目标之一是通过制度安排和机制设计引入市场机制，以促进合理竞争。市场机制能够确保资源的有效分配与利用，通过竞争激励企业不断创新并提高效率。这种机制有助于企业在市场中获得竞争优势，实现可持续发展。

其次，公司治理旨在实现利益相关者的动态激励相容。动态激励相容意味着企业能够通过有效的激励机制，使股东、员工、管理层等利益相关者的行为与企业的长期目标保持一致。这种机制能够鼓励利益相关者为实现企业目标而共同努力，从而提高企业的整体表现。

再次,公司治理通过合理的制衡来降低委托代理问题的影响。委托代理问题通常源于信息不对称和利益冲突,在这种情况下,代理人(如管理层)可能不会完全按照符合委托人(如股东)最佳利益的方式行事。公司建立有效的监督和制衡机制可以减少这种信息不对称和利益冲突,确保代理人的行为更加符合企业整体利益。

从次,公司治理还关注如何有效凝结关键利益相关者的战略性资源与能力。这意味着企业需要通过治理结构和机制,整合不同利益相关者的优势资源和能力,以支持企业的战略目标和发展方向。

最后,公司治理对于帮助企业获得内生增长动力,并逐步形成内生增长能力至关重要。内生增长动力是指企业通过自身的创新、效率提升和资源优化等内部因素实现的增长,而不是依赖外部条件。通过合理的制度和机制设计,公司治理能够激发企业的内在潜力,推动其持续健康发展。

> **第三十二条** 至少在公司治理层面(团队激励机制＋监督制衡机制),好的公司都是类似的(核心逻辑和基本原则),而差的公司则各有各的不足。

法家主张通过严格的法律和制度来约束和管理人性,强调普遍适用的规则和原则,认为治理应依赖法律和制度,而非个别情况。

《韩非子·有度》指出:"法不阿贵,绳不挠曲。法之所加,智者弗能辞,勇者弗敢争。"这表明法律和规则具有普遍适用性和不可抗拒性。

《韩非子·外储说右下》认为:"故明主治吏不治民。"制度和法律在治理中起到核心作用,与公司治理中强调核心逻辑和基本原则相似。

《淮南子·氾论训》:"治国有常,而利民为本;政教有经,而令行为上。"说的是治理中有固定原则和规则,这与好的公司治理中核心逻辑和基本原则的理念相契合。

《韩非子·难势》强调:"故圣人之治也,任法而不任人。"这强调了法治的重要性,与企业治理中通过法律和制度来防止腐败和滥用权力相契合。

《商君书·修权》强调:"故立法明分,而不以私害法则治。"这一思想主张制定明确的法律和规则,并以这些规则为治理的基础,不因私情而损害规则的公正性。

道家强调顺应自然和无为而治,认为治理应遵循自然的秩序和自我调节的原则。"道法自然"强调了存在于自然界和人类社会中的普遍规律和一般逻辑。《道德经》第二十五章讲道:"人法地,地法天,天法道,道法自然。"这强调了自然规律的普遍性和重要性,治理应顺应自然的法则。

墨家提倡"兼爱""非攻",重视实用主义和公平,强调通过贤能和合理的制度安排来实现社会和个人利益的最大化。墨家也注重规则和原则在治理中的作用。《墨子·兼爱中》讲道:"当兼相爱,交相利,此圣王之法,天下之治道也,不可不务为也。"墨子提倡的"兼爱"思想强调的是共同体的利益和和谐,这与公司治理中的核心逻辑和基本原则有相似之处。

结合公司治理的目的和机制设计,我们可以理解为什么好的公司在治理层面上是类似的,而差的公司则各有各的不足。

公司治理致力于通过合理的制度安排与机制设计(团队激励机制＋监督制衡机制),引入市场机制促进合理竞争,确保利益相关者的动态激励相容与合理制衡。这种动态激励相容意味着公司需要设计出能够促使管理层、员工、股东等关键利益相关者行为与公司长期目标一致的激励机制。

同时,公司治理通过引入市场机制促进合理竞争,实现重要利益相关者的动态激励相容与合理制衡,降低或缓解委托代理问题的影响。只有有效的监督制衡机制(同时具备监督制衡权威、信息优势、激励相容三个前提条件)才能降低委托代理冲突的影响,确保管理者的行为符合股东和其他利益相关者的利益。

在公司治理的过程中,人性的基本面起到了关键作用。好的公司治理需要通过激励机制引导个人行为,使其行为与公司的整体利益相一致。同时,也需要通过监督制衡机制来防止个人追求自身利益的行为损害公司的整体利益。

好的公司在公司治理层面的相似性,实际上是在面对人性基本面时,采取了相似的制度安排与机制设计(团队激励机制＋监督制衡机制),并通过引入市场机制促进合理竞争,确保利益相关者的动态激励相容与合理制衡,从而确保公司治理的有效性。而差的公司则可能在制度安排、机制设计及其实施层面上存在种种缺陷,导致无法有效处理利益冲突、激励不相容等问题。

> **第三十三条** 公司治理的制度安排与机制设计的关键在于符合人性的基本面、关键人力资本激励相容以及引入内部市场机制。

法家强调通过严格的法律和制度来约束和管理人性,认为治理必须依赖制度和机制,而非单纯依赖个人的德行与情怀。《韩非子·心度》指出:"为法也,所以平不夷,矫不直也。"《韩非子·外储说右下》提出:"故明主治吏不治民。"这些论述表明,合理的制度安排和机制设计是实现有效治理的关键。通过这些手段,可以实现激励相容和有效治理。

道家主张无为而治,认为人性应顺应自然,不应过度干预。老子在《道德经》第五十七章中提到:"上善若水,水善利万物而不争。"在第三十七章中提到:"道常无为而无不为。"在公司治理中,引入内部市场机制,通过市场运作来实现资源的有效配置和利益的最大化,同时避免不必要的竞争和冲突。《道德经》第五十七章讲道:"我无为而民自化,我好静而民自正,我无事而民自富,我无欲而民自朴。"可见,道家提倡回归人性和常识,强调无为而治。

在《论语·雍也》中,孔子说:"己欲立而立人,己欲达而达人。"儒家倡导的以人为本的理念可以与公司治理中符合人性基本面和关键人力资本激励相容的原则相对应。同时,在《易或问》中,欧阳修也提到:"得其大者可以兼其小,得其小者不可以兼其大。"他认为除了物质利益,制度设计时还应考虑员工的道德和精神需求。

墨家提倡"兼爱"和"非攻",强调平等与互利。墨子在《墨子·兼爱中》说:"当兼相爱,交相利。"《墨子·兼爱中》提及:"视人之国若视其国,视人之家若视其家,视人之身若视其身。"公司治理应通过公平合理的激励机制来实现关键人力资本的激励相容,促进员工的忠诚和奉献,进而实现各方利益的最大化。

兵家讲究策略和计谋,孙武在《孙子兵法·谋攻篇》中说:"故上兵伐谋,其次伐交,其次伐兵,其下攻城。"公司治理通过精心设计的制度和激励机制来实现公司的战略目标。

公司治理制度安排与机制设计应遵循的三个关键原则如下:符合人性的基本面、关键人力资本激励相容以及引入内部市场机制。

首先,公司治理应符合人性的基本面,这意味着制度安排和机制设计需要考虑人的基本动机和行为倾向——每个人都追求自身利益的最大化。在设计公司治理结构时,应认识到员工、管理层、股东等利益相关者都有其个人目标和利益追求,这些可能与公司的整体目标存在冲突。因此,公司治理需通过合理的激励与约束机制,引导和协调这些个人利益,使之与公司的长期发展目标相一致。

其次,关键人力资本激励相容是公司治理的重点。人力资本,尤其是关键员工和管理层,对公司的成功至关重要。激励相容意味着要设计出能够激发这些人发挥最大潜力的激励机制,使其个人目标与公司目标相匹配。这可能包括薪酬、股权激励、职业发展机会等多种形式,目的是确保关键人才感到被重视和激励,并愿意为公司的长期成功做出贡献。

再次,引入内部市场机制是公司治理的第三个关键点。引入内部市场机制指的是在公司内部推动合理竞争来调节资源分配和决策过程。这样的机制可以提高决策效率,促进资源向最有生产效率的部门或项目流动。同时,内部市场机制也可以作为一种激励手段,鼓励员工和团队通过提高业绩来获得更多的资源和机会。

最后,公司治理的有效性不仅取决于制度和机制的设计,而且取决于这些制度和机制是否能够真正落实并发挥作用。这需要公司治理结构具备灵活性和适应性,能够根据外部环境和内部条件的变化进行调整和优化。

> **第三十四条** 公司治理没有标准答案,其理论、工具、方法都是高度情境依赖的。与此同时,公司治理深度受困于人性,很容易掺杂各种负能量。

道家思想强调"道法自然"(《道德经》第二十五章)和"无为而治"(《道德经》第三章),认为治理应顺应企业和市场的自然状态和规律,根据具体情境灵活应变。老子在《道德经》第五十九章中提到:"治人事天,莫若啬。"这句话的意思是,治理国家和管理事务,最好的方法是节俭和审慎。这里的"啬"指的是节制和谨慎,强调根据具体情况行事。

法家主张通过严格的法律和制度来约束和管理人性,认为治理应依赖制度和机制,也要根据具体情境进行调整。《韩非子·五蠹》提出:"明主之国,无书简之文,以法为教;无先王之语,以吏为师。"《韩非子·解老》认为:"喜利畏罪,人莫不然。"这指出了人性中的自私和贪婪,强调制度的重要性,以防范人性中的负面因素。

兵家思想强调策略和权谋,注重具体情境下的灵活应变和对人性的深刻理解。《孙子兵法·谋攻篇》提出:"知己知彼,百战不殆。"这强调了解自己和敌人,根据具体情况制定策略,这与公司治理应根据具体情境灵活应变的理念相吻合。《孙子兵法·虚实篇》指出:"兵无常势,水无常形。"即战场上的形势和水流的形态是变化多端的,治理也应灵活应变。孙武在《孙子兵法·兵势篇》中还说:"故善战者,求之于势,不责于人。"即通过精心设计的制度和激励机制来实现公司的战略目标。

儒家认为人性包含不同的面向,需要通过教育和修养来引导人向善。孔子在《论语·阳货》中说:"性相近也,习相远也。"这可以类比于公司治理中对人性的理解与应对,即治理方法需要根据具体情境和人性特点来定制。

公司治理没有标准答案,其复杂性和对情境的依赖性是显而易见的。公司治理的理论和实践不是一成不变的,而是需要根据不同公司的具体情况、行业特点、文化背景等多种因素来定制和调整。公司治理的理论、工具和方法高度依赖情境,这要求关键利益相关者要具备灵活性和创造性,能够根据实际情境设计和实施有效的治理策略。

人性因素在公司治理中的重要性及可能带来的挑战需要高度重视。实际上,公司治理深度受困于人性,很容易掺杂各种负能量,这可能破坏公司的信任基础,损害公司的声誉和竞争力,甚至可能导致法律风险和经济损失。因此,公司治理需要建立有效的机制来识别、预防和解决这些问题。

在设计和实施公司治理制度时,需要考虑人性的复杂性和多样性。一方面,要通过合理的激励机制来引导和激发员工和管理层的积极性与创造力;另一方面,要通过有效的监督和制衡机制来防止和减少负面行为的发生。此外,公司治理制度还需要不断调整,以应对不断变化的内外部环境。

> **第三十五条** 以正治国:基于人性的基本面,通过合理的制度安排和治理机制设计来治理国家和其他组织(基于关系讲规则);以奇用兵:基于激励相容原则,发挥关键人力资本的潜力,追求战略和战术的灵活性与创新性;以无事取天下:强调制度的"有为",而非依赖个人的"有为",避免人治和无谓的折腾。

道家崇尚自然无为,主张通过顺应自然的方式治理国家,避免过度人为干预。《道德经》第五十七章讲道:"以正治国,以奇用兵,以无事取天下。"《道德经》第五十七章进一步阐述:"我无为而民自化,我好静而民自正,我无事而民自富,我无欲而民自朴。"

以正治国是指用正直、公正的原则治理国家,强调法治和秩序。《道德经》第十七章指出:"太上,下知有之;其次,亲而誉之;其次,畏之;其次,侮之。"这里强调的是通过无为而治,让人民自然地遵循正道。

以奇用兵是指在军事行动中采用奇策和灵活的策略,强调变通与创新。《道德经》第二十九章强调:"将欲取天下而为之,吾见其不得已。天下神器,不可为也,为者败之,执者失之。"这句话强调了在特殊情况下采用灵活策略的重要性。

以无事取天下是通过无为而治的方式治理天下,减少人为干预,让自然秩序自发运行。《道德经》第四十八章指出:"为学日益,为道日损。损之又损,以至于无为。无为而无不为。"这里强调通过减少人为干预,达到治理的最佳效果。《道德经》第六十四章指出:"合抱之木,生于毫末;九层之台,起于累土;千里之行,始于足下。为者败之,执者失之。是以圣人无为故无败,无执故无失。"这里强调顺应自然的发展,不进行过多干预。

法家思想继承并发展了"以正治国,以奇用兵,以无事取天下"(《道德经》第五十七章)的原则和逻辑。法家强调通过严格的法律和制度来约束和管理人性,认为治理应依赖制度和机制,而非单纯依靠个人的德行和情怀。

以正治国。《韩非子·五蠹》指出:"明主之国,无书简之文,以法为教;无先王之语,以吏为师。"也就是说,英明的君主治理国家,不依靠经典文字,而是以法律为教化;不依靠先王的言论,而是以官吏为榜样。

以奇用兵。《韩非子·难势》指出:"夫势者,名一而变无数者也。势必于自然,则无为言于势矣。"韩非子强调治理应依赖"势"(即制度和机制),而不是对个人的德行和才能进行预判,同时也承认在特殊情况下可以灵活运用策略。

以无事取天下。《韩非子·外储说右下》提出:"故明主治吏不治民。"说的是英明的君主治理官吏不治理百姓,治理法度不治理个人。

在法家的思想体系中,治理国家或组织必须依赖法律和制度,而非单纯依靠个人的德行或才能。法家认为,合理的制度安排和机制设计是实现有效治理的关键。通过这些手段,可以实现激励相容和有效治理。同时,法家也强调治理应避免过多的个人干预,强调制度的有为而不是个人的有为,从而减少人为的无谓折腾。

此外,兵家强调战略和战术的灵活性与创新性,倡导"以奇制胜"。《孙子兵法·兵势篇》讲道:"凡战者,以正合,以奇胜。"即作战时,通常用常规的战法进行正面交锋,用奇兵出奇制胜。

本书融合中国古代的治国理念与现代管理学的概念,提出了一种综合的治理策略,适用于国家治理和其他组织治理。

首先,以正治国强调了基于人性的基本面进行制度安排和治理机制设计的重要性。这里所说的"正"指的是正直和公正,意味着在制定规则和制度时,要考虑人的本性,即人追求自身利益最大化的倾向。通过合理的制度设计,可以引导人们的行为与组织的目标一致,实现基于关系的规则化管理。这种方法强调制度的公正性和透明性,即确保每个人都能在规则框架内追求自己的利益,同时促进整个组织的和谐与效率。

其次,以奇用兵借鉴了军事战略中的概念,强调在激励相容原则下,发挥关键人力资本的潜力。这里的"奇"指的是出奇制胜、灵活创新。在公司治理中,这意味着要通过灵活的激励机制激发员工的创造力和主动性,追求战略和战术上的创新。通过这种方式,组织可以充分利用其人才资源,提高竞争力和适应性。

再次,以无事取天下提出了一种无为而治的理念,强调制度的作用,而非依赖个人的"有为"。这里的"无事"并不是指无所作为,而是指通过有效的制度安排来实现治理,减少对个人意志和干预的依赖。这种治理方式旨在避免人治带来的不稳定性和随意性,通过制度的稳定性和可预测性来维护秩序和效率。

最后,在治理国家和其他组织时,需要综合考虑人性基本面、激励相容原则和制度的作用。通过合理的制度设计和激励机制,可以引导人们的行为与组织的目标一致,同时保持治理的稳定性和灵活性。这种治理策略有助于实现组织的长期发展和繁荣。

综上所述,本书阐述了一种结合了传统智慧和现代管理理念的治理策略,强调了制度设计、激励机制和无为而治的重要性。这为我们提供了一种全面而深入的视角,帮助我们理解和实践有效的治理。

> **第三十六条** 公司治理好的企业,不一定会成为好企业,但是种下了企业成为好企业的种子,提供了一种可能性;而公司治理差的企业,则根本没有这种可能性。

良好的治理结构和机制是实现良好治理的基础和前提条件。法家主张通过严格的法律和制度来约束和管理人性,认为治理应依赖制度和机制。

《韩非子·有度》讲道:"故以法治国,举措而已矣。"韩非子强调了法治的重要性,他认为,一个国家的治理不应仅仅依赖君主的个人意志或道德教化,而应依靠一套稳定、公正、公开的法律体系。通过法律来规范社会成员的行为,可以有效地维护社会秩序,防止权力滥用,保障国家的长治久安。

《韩非子·外储说右下》提出:"故明主治吏不治民。"《韩非子·五蠹》还提出:"明主之国,无书简之文,以法为教;无先王之语,以吏为师。"

在此,本书强调公司治理对企业长期发展的重要性,以及其在企业成为好企业过程中的作用。

首先,良好的公司治理是企业成为好企业的一个必要条件,但不是充分条件。虽然良好的公司治理不能保证一个企业一定会成功,但为企业提供了成为好企业的基础和潜力,是企业可持续发展的关键因素。

其次,"种下了成为好企业的种子"这一比喻强调了公司治理在塑造企业文化和价值观方面的作用。良好的公司治理所保障的企业文化能够吸引并留住人才,提高企业的创新能力和市场竞争力。

再次,"提供了一种可能性"表明,良好的公司治理为企业的发展创造了有利条件,但企业是否能成为好企业,还取决于市场环境、战略选择、执行力等多种因素。公司治理是企业成功的基石,但并非唯一决定因素。

最后,"公司治理差的企业,则根本没有这种可能性"强调了治理不佳对企业的负面影响。如果企业治理结构存在缺陷,可能导致企业失去信任、效率低下,甚至遭遇法律风险,从而阻碍企业的长期发展。

综上所述,本书阐述了公司治理在企业成为好企业过程中的重要作用。虽然公司治理不是企业成功的唯一因素,但它是企业成功的基础和前提。只有建立了良好的公司治理结构,企业才有可能发展成为健康、可持续、受人尊敬的好企业。

> **第三十七条** 收益权、控制权、经营权的高度统一可称为一元公司治理模式；所有权（包括收益权和控制权）与经营权分离可称为二元公司治理模式；而收益权、控制权、经营权三者分立则可称为三元公司治理模式。

法家强调权力的集中和法律的严格执行，如《韩非子·心度》中的"为法也，所以平不夷、矫不直也"。这种思想与"一元公司治理模式"中权力和所有权高度集中的特征相似，能够带来迅速且一致的决策。

《韩非子·外储说右下》提出："故明主治吏不治民。"《韩非子·五蠹》提出："明主之国，无书简之文，以法为教；无先王之语，以吏为师。"

儒家则主张"君君臣臣父父子子"（《论语·颜渊》），强调角色分工和各司其职，这与"二元公司治理模式"中所有权和经营权的分离，通过制度实现监督与制衡的理念相似。

墨家和道家思想可能与"三元公司治理模式"有一定的关联，因为墨家强调"兼爱"与"非攻"，注重多方利益的协调，而道家强调自然和谐与平衡。墨子的"兼相爱，交相利"（《墨子·兼爱中》）体现了多方协调与利益共享的思想，这与"三元公司治理模式"中收益权、控制权和经营权分立后所需的多方协调和利益共享的思想相吻合。道家的"上善若水，水善利万物而不争"强调自然和谐，这与"三元公司治理模式"中通过内部机制进行协调与问责的理念相符。

本书提出三种不同的公司治理模式，它们根据收益权、控制权和经营权的不同组合来定义。

一元公司治理模式指的是收益权、控制权和经营权高度统一的情况。在这种模式下，公司的所有权和经营权集中在同一个人或实体手中，公司的决策者同时是受益者和控制者，与公司的运营和成果有直接的利益关系。因为不需要在多方之间协调利益，这种模式可能会促进决策的迅速出台和一致性。然而，它也可能带来权力过于集中的风险，缺乏监督和制衡可能导致滥用权力或决策失误。

二元公司治理模式涉及所有权（包括收益权和控制权）与经营权的分离。这种模式常见于现代股份有限公司，其中股东拥有公司的所有权和收益权，但通常不直接参与公司的日常经营。公司的经营权由董事会和管理层行使，他们对股东负责。这种分离模式以市场机制的有效运行为前提，有助于引入专业管理团队，提升运营效率，并主要依赖外部市场机制实现对管理层的监督与制衡。

三元公司治理模式描述的是收益权、控制权和经营权三权分立的情况。在这种模式下，不同的利益相关者可能分别持有这三种权力，可以进一步细化责任和权力，增加透明度和问责性。然而，这种模式也可能带来协调成本的增加和决策过程的复杂性。因此，需要合理的制度安排和机制设计，在企业内部引入市场机制，同时推动关键利益相关者收益权、控制权和经营权的动态激励相容。

综上所述，本书强调公司治理结构的多样性和复杂性，以及不同权力分配对公司治理效果的影响。每种模式都有其优势和劣势，适用于不同的公司环境和目标。领导者理解这些模式有助于公司设计出最适合自己的治理结构，从而实现有效的决策、监督和激励，同时也考虑人性的基本面，即每个人追求自身利益最大化的倾向。

> **第三十八条** 基于人力资本的共有、共享、共治,收益权、控制权和经营权"三权分立"且动态激励相容的社会化企业治理模式。

墨家主张"兼爱""非攻",通过推崇贤能和合理的制度安排来实现社会和个人利益的最大化。墨家提倡社会的公平与公正,强调通过合理的制度设计来实现社会的和谐与共同治理。

《墨子·兼爱中》提到:"当兼相爱,交相利,此圣王之法,天下之治道也,不可不务为也。"墨子提倡的"兼爱"思想强调的是一种共同体的利益与和谐,这与"共有、共享、共治"的理念相契合。

《墨子·尚贤上》强调:"夫尚贤者,政之本也。"墨子强调贤能治理,认为通过推崇贤能,可以实现社会和个人利益的最大化,这也体现了"共治"的理念。

《墨子·尚同上》主张:"使天子之治天下也,必以尚同为政也。尚同者,以同其上同也。"尚同的意思是上下同心,这与"三权分立且动态激励相容"的治理模式有相似之处,强调协调和统一。

法家强调通过严格的法律和制度来约束人性,认为治理应依赖制度和法律。

本书提出了一种新型的企业治理模式,强调人力资本在公司治理中的核心地位,并倡导收益权、控制权和经营权的"三权分立",同时实现动态激励相容。

"基于人力资本的共有、共享、共治"强调人力资本在企业中的重要性。人力资本指的是员工的知识、技能和经验等无形资产,这些是企业创造价值的关键资源。在这一治理模式下,企业不仅仅是股东的,也是员工的,即"共有";企业的成功和成果由所有利益相关者共享;企业的治理和决策过程是开放和包容的,即"共治"。这一理念体现了对员工贡献的认可和尊重,同时倡导企业内部的民主化。

"收益权、控制权和经营权'三权分立'"体现了对现代公司治理原则的借鉴和应用。这种分立有助于明确不同权力的边界与责任,提高企业治理的透明度和效率。收益权是指从企业中获得经济利益的权力;控制权是指进行企业决策的权力;经营权则是指企业日常运营的权力。三权分立有助于防止权力过度集中,促进不同利益相关者之间的平衡与协调。

"动态激励相容"强调激励机制的重要性和灵活性。在这种模式下,激励机制需要与企业的战略目标和市场环境相适应,能够根据员工的表现和贡献进行动态调整。这种激励相容意味着员工的个人目标与企业整体利益是一致的,从而激发员工的积极性和创造力。

"社会化企业治理模式"意味着收益权、控制权和经营权"三权分立",且收益权、控制权和经营权不在局限于企业内部和家族内部。这种模式鼓励企业在追求股东价值最大化的同时,通过合理的制度安排与机制设计,在企业内部引入市场机制,推动关键人力资本收益权、控制权和经营权的动态激励相容。

综上所述,本书提出了一种以人力资本为核心,强调"三权分立"和动态激励相容的企业治理模式。这种模式充分考虑了人性基本面,力求平衡不同利益相关者的需求,以便更好地激发员工的潜力,推动企业实现长期稳定的发展。

> **第三十九条** 高管腐败的主要原因：一是内外部监督制衡机制缺失、不合理或无效；二是公司高管与其他关键利益相关者之间的激励不相容。

法家主张通过严格的法律和制度来约束和管理人性，认为治理应依赖制度和机制，特别强调权力的分立与制衡机制。法家认为，一旦缺乏有效的监督和制衡机制，腐败和滥用权力的现象便容易滋生。

《韩非子·五蠹》指出："明主之国，无书简之文，以法为教；无先王之语，以吏为师。"这体现了法家对法律和制度的高度重视。法家主张以法律为核心来进行社会治理，减少对传统文化和权威的依赖。

墨家虽然主要提倡"兼爱""非攻"，但在管理和制度设计方面也有相关的思想，强调公平与实际效果。《墨子·尚贤上》指出："故古者圣王之为政，列德而尚贤，虽在农与工肆之人，有能则举之。高予之爵，重予之禄，任予以事，断予之令。"这强调任人唯贤，提拔有才能的人，这与通过合理的激励机制来管理和激励人才相似。

本书认为导致高管腐败的两个主要原因，强调监督制衡机制与激励相容性在预防此类腐败中的重要性。

第一个原因是内外部监督制衡机制的缺失、不合理或失效。监督制衡机制是确保公司管理层行为透明且负责任的重要保障。当这些机制缺失或未能有效运作时，高管可能有机会进行不当行为而不受惩罚。例如，若董事会未能有效监督管理层，或者外部监管机构缺乏足够的权力和资源进行有效监管，高管可能会利用这种弱点进行腐败行为。此外，如果监督机制设计不合理，如监督者与被监督者之间存在利益冲突，也可能导致监督失效。

第二个原因是公司高管与其他关键利益相关者之间的激励不相容。激励相容性原则认为，如果各方的利益得到适当协调，那么每个人都会倾向于采取对组织有利的行动。当高管的个人目标与公司及其股东的长期利益不一致时，高管可能会为追求自己的短期利益，而牺牲公司的长期健康和声誉。例如，高管可能为提高个人奖金或股价而进行会计欺诈，或为维持个人关系而做出不利于公司的决策。

这两个原因都与人性的基本面紧密相关，即每个人都希望追求自身利益最大化。在没有适当的监督和激励机制的情况下，高管可能会利用手中的权力和信息优势来谋取个人利益，甚至以牺牲公司和其他利益相关者的利益为代价。

综上所述，本书强调建立有效的监督制衡机制和激励相容机制在预防高管腐败中的重要性。公司在设计治理结构和激励计划时，不仅要考虑如何激发高管的积极性和创造力，而且要确保他们的行为与公司的整体利益保持一致，并通过强有力的监督机制来防止不当行为的发生。通过这种方式，公司可以减少腐败行为的风险，促进健康、透明和可持续的经营。

> **第四十条** 2001年8月,独立董事制度正式引入中国市场,主要用于缓解严重的第二类代理问题。但是,独立董事的提名、选举、激励等方面却主要受到控股股东的影响(理论与现实逻辑相当混乱),存在相当显著和严重的独立性悖论。

法家重视权力的分立和制衡机制,并指出如果制度不完善或存在设计缺陷,权力就会被滥用。《韩非子·心度》讲道:"故圣人之治民也,法与时移而禁与能变。"圣人治理国家时,法律随着时代变化,禁令根据能力调整。强调法律和政策的灵活性。《韩非子·五蠹》认为:"圣人不期修古,不法常可,论世之事,因为之备。"说的是圣人不必一定要效仿古代的做法,也不必一定要遵循固定的法则,而是应根据当下的实际情况来制定政策和法律。

《韩非子·有度》指出:"法不阿贵,绳不挠曲。"主张法律不应偏袒权贵,规矩不应随物体的弯曲而弯曲,权力不应徇私。

本书讨论中国引入独立董事制度的背景、目的,以及实施过程中遇到的问题,特别是独立性悖论。强调不能简单照搬制度安排和机制设计,需要根据具体情境进行变革和创新。

首先,2001年8月,独立董事制度正式被中国引入,目的是缓解上市公司严重的第二类代理问题。第二类代理问题通常指的是管理层(代理人)与股东(委托人)之间的利益冲突。独立董事制度的引入旨在通过增加董事会中独立于管理层和控股股东的成员增强对管理层的监督和制衡,从而保护股东的利益。

其次,独立董事的提名、选举和激励等方面主要受到控股股东的影响,这导致了理论与现实逻辑之间的混乱。理论上,独立董事应独立于公司管理层和控股股东,以确保他们能够客观地监督管理层,维护所有股东的利益。但在实际操作中,如果控股股东对独立董事的提名和选举过程有过多的控制,独立董事的独立性就会受到质疑。

再次,我国独立董事制度存在显著和严重的独立性悖论。独立性悖论是指尽管独立董事制度旨在增强监督和制衡,但由于独立董事的提名和选举过程受到控股股东的影响,他们可能无法真正独立地发挥作用。这种情况下,独立董事可能更多地代表控股股东的利益,而不是所有股东的利益,从而削弱了该制度的预期效果。

最后,在设计和实施公司治理机制时,需要考虑人性的基本面,即每个人都追求自身利益最大化的倾向。控股股东可能会利用其影响力来维护自身的利益,而不是公司整体的利益。因此,为了确保独立董事制度的有效性,需要建立更加透明和公正的提名和选举机制,减少控股股东对独立董事独立性的不当影响。

综上所述,本书分析了独立董事制度在中国实施过程中遇到的问题,特别是独立性悖论,并指出了在公司治理中需要解决的关键问题,以确保独立董事能够真正发挥其应有的监督和制衡作用。

> **第四十一条** 公司治理是高度情境依赖的,制度安排与机制设计的前提假定条件是至关重要的,盲目照搬和模仿不可取。在海洋法系国家,外部市场机制较为完善且主要面临第一类代理问题时,践行董事会中心主义可能是正确的方向;然而,在大陆法系国家,外部市场机制尚不完善且主要面临第二类代理问题时,董事会中心主义就不一定是合适的发展方向。

法家主张根据具体的情境和条件制定法律和制度,强调实用性和有效性,反对盲目照搬其他国家或地区的制度。

《韩非子·心度》讲道:"故圣人之治民也,法与时移而禁与能变。"指的是圣人治理国家时,法律随着时代变化,禁令根据实际能力调整,强调法律和政策的灵活性。

《韩非子·五蠹》主张:"圣人不期修古,不法常可,论世之事,因为之备。"说的是圣人不必一味效仿古代的做法,也不必拘泥于固定的法则,而应根据当前的实际情况来制定政策和法律。

《史记·商君列传》讲:"治世不一道,便国不法古。"指的是治理国家的方法不应只有一种,使国家富强的方法不必效法古人。

公司治理是一个复杂的过程,需要根据特定的情境和前提条件来设计和实施治理机制。不同的法律体系、市场环境和社会文化都会对公司治理模式产生重要影响。在海洋法系国家,由于外部市场机制较为成熟,公司治理往往以董事会为中心,主要解决的是第一类代理问题,即管理层与股东之间的利益冲突。在这种情况下,董事会中心主义能够有效代表股东利益,监督和指导公司管理层,从而推动公司向正确的方向发展。

然而,在大陆法系国家,情况则有所不同。这些国家的市场机制可能尚不完善,第二类代理问题,即控股股东与小股东之间的利益冲突尤为显著。在这种情况下,单纯依赖董事会中心主义可能无法有效解决复杂的代理问题。可能需要更多的利益相关者参与公司治理,如通过增强监事会(或监督董事会)的监督制衡职能,引入职工参与等机制,来平衡不同股东之间的利益,保护小股东的权益。

因此,公司治理的制度安排与机制设计不能盲目照搬其他模式,而应基于对本国法律环境、市场条件和公司特点的深入理解,设计出适合自己的治理制度和机制。这种设计应能够反映人性的基本面,并在此基础上建立起有效的激励和约束机制,确保公司治理的有效性和公平性。只有这样,公司才能在不断变化的市场环境中稳健发展,实现长期的可持续发展。

> **第四十二条** 在德国公司治理模式的基础上,让主要履行监督职能的党组织和公司监事会紧密结合起来,党委书记兼任监事会主席,使监事会拥有类似于德国公司监督董事会的完全监督权。监事会的监督权与董事会的执行权相分离,确保两权均衡配置。

法家主张通过严格的法律和制度来约束和管理人性,强调治理应依赖制度和机制,特别重视权力的分离与制衡,以防止权力滥用。《韩非子·五蠹》强调:"明主之国,无书简之文,以法为教;无先王之语,以吏为师。"法家尤其强调通过严格的法律和制度来实现有效治理,认为合理的权力分配和制衡机制是良好治理的基础。

《韩非子·心度》讲道:"故圣人之治民也,法与时移而禁与能变。"说的是圣人在治理国家时,法律应随着时代的变化而调整,禁令应根据具体能力进行修订,强调法律和政策的灵活性。《史记·商君列传》强调:"治世不一道,便国不法古。"这表明,治理应根据当前实际进行创新,而非盲目模仿他国或过去的做法。《韩非子·二柄》认为:"明主之所制导其臣者,二柄也,二柄者,刑德也。"主张君主通过赏罚来控制和监督臣子的行为。《韩非子·外储说右下》提出:"故明主治吏不治民。"这说明明智的君主应通过治理官吏与制定法律来治理国家,而非直接干涉具体事务。

本节探讨在特定国家背景下,如何通过结合党组织和公司监事会的职能来优化公司治理结构。这一方案结合了德国公司治理模式与中国特有的政治与组织环境。

第一,本书在德国公司治理模式的基础上进行了创新。德国公司治理模式以双层董事会制度著称,监督董事会(supervisory board)主要负责监督管理层,而执行董事会(executive board)则负责日常运营。这种模式强调监督与执行的分离,有助于提高公司治理的透明度和效率。

第二,本书建议党组织和公司监事会紧密结合。在中国,党组织在企业中扮演着重要的角色,尤其在国有企业中。让党组织与监事会紧密结合可以加强监督职能,确保公司决策和运营符合国家政策和法律法规。这种结合有助于将党的领导和公司治理有机融合,提高决策的科学性和合理性。

第三,党委书记兼任监事会主席有助于加强党组织在公司治理中的作用,确保监事会的监督职能得到有效发挥。党委书记作为监事会主席,可以更好地协调党组织和监事会的工作,促进两者之间的沟通和协作。

第四,监事会应拥有类似于德国公司监督董事会的完全意义上的监督权,由独立的、地位在董事会之上的监事会监督董事会和管理层的行为,确保公司发展符合国家和社会的利益。监事会的监督权与董事会的执行权分离,有助于形成有效的制衡机制,防止权力过于集中。

第五,强调两权均衡配置的重要性。监事会和董事会的权力需要均衡配置,以确保公司治理的稳定性和有效性。监事会的监督权和董事会的执行权相互制衡,有助于防止管理层滥用权力,也能够促进公司决策的科学性和合理性。

综上所述,本书提出一种结合德国公司治理模式与中国特色的公司治理创新方案。通过加强党组织在公司治理中的作用,优化监事会和董事会的职能配置,可以提高公司治理的透明度、效率和科学性。同时,这种模式也考虑人性的基本面,即每个人都倾向于追求自身利益的最大化。合理的制度安排和机制设计可以引导和激励各方为公司的长远发展做出贡献。

> **第四十三条** 以监事会（或监督董事会）和监督权为核心，在中国企业加强党组织建设，党委书记兼任监事会主席（提供监督权威），其他监事由参与股权激励计划的内部员工选举产生（激励相容且走群众路线，具备信息优势）。此外，监事会还应包括部分外部专业人士作为独立监事。同时，监事会在董事会之上，拥有对董事会的完全监督权。这可能成为中国公司治理模式变革与创新的可行路径。

法家注重制度设计和权力的有效配置，主张通过法律和制度确保治理的有效性、权力的监督与制衡。

《韩非子·心度》提到："故圣人之治民也，法与时移而禁与能变。"意思是圣明的君主治国时，法律随着时代变化而调整，禁令也应根据实际能力灵活制定。这强调了法律和政策的灵活性，可以类比，企业在不同环境下需要调整制度以应对变化。

《史记·商君列传》有云："治世不一道，便国不法古。"治理国家的方法不拘一格，为了国家利益可以不拘泥于古法。这与企业治理类似，强调灵活应对市场变化，制定符合公司自身发展的制度。

《韩非子·五蠹》指出："故明主之国，无书简之文，以法为教；无先王之语，以吏为师。"意思是明智的君主治理国家时，依赖法律和制度，而非繁琐的文书，以官吏为执行主体。这与企业通过制度来管理和激励人才相通。

《韩非子·二柄》提到："明主之所制导其臣者，二柄而已矣，二柄者，刑德也。"强调赏罚制度是君主控制臣子的工具。这与企业通过奖惩机制激励和监督员工类似。

《韩非子·外储说右下》有言："故明主治吏不治民。"意思是聪明的君主管理官吏而不是直接管理百姓，通过制定法律和制度来管理事务而不是直接处理具体问题。这与企业通过制度来管理和激励人才相契合。

法家思想重视制度设计、权力分配和监督机制，强调通过合理的分权和监督来实现有效治理。

此外，《孟子·公孙丑下》指出："得道者多助，失道者寡助。寡助之至，亲戚畔之；多助之至，天下顺之。"孟子强调君主应以民为本，实行仁爱的政策，这样才能得到人民的拥护和支持。这一思想表明，人民的支持是政治稳定和国家长治久安的关键。

本书提出了一种结合中国特色的公司治理模式创新方案，强调了监事会和监督权在中国企业公司治理中的核心作用，并考虑了党组织建设的重要性。

第一，以监事会或监督董事会为核心来加强公司治理。监事会是公司治理结构中负责监督管理层的重要机构，其职能是确保公司运营的合规性与透明度。强化监事会的作用有助于提升企业的公司治理水平。

第二，党委书记兼任监事会主席可以提供监督权威，确保监事会的监督职能得到有效执行。党委书记作为监事会主席,有助于加强党组织在公司治理中的影响力,同时保证监督工作的权威性和独立性。

第三,其他监事应由参与股权激励计划的员工选举产生。这样的安排有助于实现激励相容,即让监事会成员与公司利益保持一致。员工通过股权激励计划与公司的利益绑定,将更加关注公司的长期发展,并在监督过程中发挥积极作用。同时,这种做法也体现了"走群众路线"的原则,即让激励相容甚至动态激励相容的基层员工参与公司治理,增强治理结构的民主性和包容性。

第四,监事会中应包括部分外部专业人士作为独立监事,这将有助于引入外部视角和专业知识,增强监事会的独立性与客观性。外部监事能在监督过程中提供不同的意见和专业判断,有助于提升公司治理的质量和效果。

第五,让监事会在董事会之上,赋予其对董事会的完全监督权。此举有助于实现监督权与执行权的分离,形成有效的制衡机制。监事会拥有对董事会的完全监督权,可以更有效地监督管理层的行为,防止权力滥用,保护股东和其他利益相关者的利益。

综上所述,本书提出的公司治理模式创新方案,充分考虑了中国企业的特点与实际需要,强调了监督权的重要性,并结合了党组织建设、员工参与和外部监督等多方面因素。这种模式旨在通过制度创新和变革,提高中国企业的公司治理水平,构建更加透明、高效和稳定的治理结构。同时,这一模式还考虑了人性的基本面,即追求自身利益最大化的倾向,通过合理的激励和监督机制,引导各方为公司的长远发展做出贡献。

> **第四十四条** 中国公司治理的"中国特色":政府主导的以关系为基础的社会与经济背景;市场有效性较低,市场机制有待完善;基于严刑峻法的法律制度环境正在建设中;控股股东主导型内部人控制问题严重;中国社会主义市场经济与党组织嵌入;主要奉行基于关系讲关系的行为逻辑。

法家强调治理应根据具体的情境和条件进行调整,而不是盲目模仿他国的做法。

《韩非子·心度》指出:"故圣人之治民也,法与时移而禁与能变。"即圣人治理国家时,法律随着时代变化,禁令根据能力调整。强调法律和政策的灵活性。

《韩非子·五蠹》认为:"圣人不期修古,不法常可,论世之事,因为之备。"说的是圣人不必一定要效仿古代的做法,也不必一定要遵循固定的法则,而应根据当下的实际情况来制定政策和法律。

《史记·商君列传》强调:"治世不一道,便国不法古。"即治理国家的方法不应只有一种,使国家富强的方法不必效法古人。

道家思想强调因循自然、具体情况具体分析,反对盲目模仿和固定不变的模式,主张根据实际情况灵活应对。

《道德经》第二十五章讲道:"人法地,地法天,天法道,道法自然。"说的是人应效法地,地应效法天,天应效法道,道应效法自然。

《庄子·齐物论》提出:"道行之而成,物谓之而然。"强调的是实践和实际的重要性,提倡根据具体情况进行调整和创新。

本书探讨了中国公司治理中的"中国特色",指出了中国公司治理结构和实践中的一些关键特点及其面临的挑战。

第一,政府主导的以关系为基础的社会经济背景。在中国,政府在经济活动中扮演着重要角色,企业的运营和发展往往与政府的政策和指导密切相关。同时,关系网络在商业活动中占据重要地位,企业间的合作和竞争常常受到非正式关系的影响。

第二,中国市场有效性较低,市场机制有待完善。中国的市场体系尚在发展之中,市场价格信号可能未能完全反映供需关系,市场在资源配置中的作用还不够充分。这种情况下,企业在做出决策时可能更多地依赖非市场因素,如政府政策、行业规范等。

第三,中国正在建设严刑峻法的法律制度环境。中国在加强法治建设,试图通过严格的法律法规来规范市场行为,保护投资者权益,促进公平竞争。然而,这一过程需要时间,法律制度的完善和执行力度的提升是中国公司治理面临的重要任务。

第四,控股股东主导型内部人控制问题在中国较为严重。这涉及公司治理中的代理问题,即控股股东可能利用其控制权来追求自身利益,而忽视小股东和其他利益相关者的利益。这种行为可能导致公司决策偏离最优路径,损害公司的长期发展。

第五,中国特色社会主义市场经济与党组织嵌入是中国公司治理的另一个特色。在中国,党组织在企业中发挥着重要作用,特别是在国有企业中。党组织的嵌入有助于确保企业决策遵循国家政策,也带来了如何平衡党组织影响力与公司治理独立性的问题。

第六,中国社会主要奉行基于关系讲关系的行为逻辑。这强调了在中国的商业环境中,建立和维护良好的关系网络对于企业的成功至关重要。这种关系导向的行为模式可能会影响企业的决策过程和商业道德。

综上所述,本书分析了中国公司治理中的"中国特色",包括政府主导、市场机制不完善、法律制度建设、控股股东控制问题、党组织嵌入以及关系导向的行为逻辑。这些特点共同塑造了中国公司治理的现实情况,并对中国企业的健康发展和国际竞争力产生了深远影响。

> **第四十五条** 企业除了可以分为伟大的企业、好企业、一般的企业、差企业,还可以分为劳动力密集型企业、资金密集型企业、人力资本密集型企业、技术密集型企业和关系密集型企业。

道家思想强调顺应自然、因地制宜,主张根据具体情况灵活应对,而不是拘泥于固定的模式或标准答案。

《道德经》第二十五章认为:"人法地,地法天,天法道,道法自然。"说的是人应效法地,地应效法天,天应效法道,道应效法自然。《庄子·齐物论》提出:"道行之而成,物谓之而然。"道是通过行动来实现的,事物是通过称谓来确认的。《庄子·齐物论》提出:"不齐物,不为高下。"这强调不要把事物分得过于细致,也不要人为地分出高低优劣。不同企业之间差异巨大,公司治理的制度安排和机制设计需要具体问题具体分析,没有标准答案。

同时,《道德经》第八章提出:"上善若水。水善利万物而不争,处众人之所恶,故几于道。"老子强调治理应顺应自然,像水一样根据具体情境进行调整。《道德经》第四十八章指出:"为学日益,为道日损,损之又损,以至于无为,无为而无不为。"老子主张无为而治,强调治理应顺应自然并动态调整。《庄子·知北游》认为:"天地有大美而不言,四时有明法而不议,万物有成理而不说。"庄子强调顺应自然,治理应根据具体情境进行调整,而不是盲目照搬他人的制度。《论语·卫灵公篇》讲道:"无为而治者,其舜也与?夫何为哉?恭己正南面而已矣。"孔子强调无为而治,治理应顺应自然,因时制宜、因地制宜。

此外,儒家思想也强调权变和因时制宜。《论语·子路篇》指出:"子曰:'君子和而不同,小人同而不和。'"孔子说:"君子求和谐但不苟同,小人求同但不和谐。"《论语·学而篇》指出:"子曰:'不患人之不己知,患不知人也。'"孔子说:"不担心别人不了解自己,只担心自己不了解别人。"

本书提出了一种新的企业分类方式,超越了传统的基于企业成就或表现的分类(如伟大的企业、好企业、一般的企业、差企业),而从企业运营的核心资源和依赖的要素来定义企业类型。这种分类方式强调不同企业在资源配置和运营重点上的差异,有助于更深入地理解企业的运营模式和竞争优势。

第一,劳动力密集型企业,它主要依赖大量的劳动力来完成生产和服务,如制造业和农业。这类企业的成功往往依赖有效的劳动力管理和成本控制。

第二,资金密集型企业,它依赖大量的资本投入,如重工业和基础设施建设。这类企业通常需要大量的初始投资,并且对资金的管理和运用至关重要。资金的使用效率和投资回报率是这类企业的关键考量因素。

第三,人力资本密集型企业,它侧重于员工的知识、技能和创新能力。这类企业通常包括咨询公司、研发机构和高科技企业。人力资本的培养、激励和保留是这类企业成功的关键。

第四,技术密集型企业,它依赖先进的技术和创新能力,如生物技术公司和软件开发公司。这类企业的成功很大程度上取决于其研发能力和技术领先性。因此,持续的技术创新和知识产权保护是其核心战略。

第五,关系密集型企业,它依赖建立和维护良好的社会关系和网络。在这类企业中,企业的成功很大程度上依赖其能够通过关系网络获取资源、信息和机会。

动态股权激励〈注释〉

> **第四十六条** 人力资本的动态性主要是指个人的能力(相对层面和绝对层面)和努力程度随着情境变化而动态变化。因此,货币资本主导时代的静态公司治理模式需要变革为人力资本主导时代的动态公司治理模式。

道家主张无为而治,强调顺应自然,动态调整,认为治理应根据具体情境进行调整。《道德经》第八章提出:"上善若水。水善利万物而不争,处众人之所恶,故几于道。"老子强调顺应自然,治理应像水一样,根据具体情境进行调整。

"利害有常势,取舍无定姿"(唐·韩愈《君子法天运》),这强调了在处理事务时需要根据具体情况灵活应对,而不是一成不变。在公司治理中,需要考虑不同利益相关者(如股东、管理层、员工、客户、社区等)的长期利益和期望。同时,要充分注意到,不同利益相关者的需求和期望可能会随着时间和情境的变化而变化,公司需要灵活地调整策略,以满足这些不断变化的需求。

法家认为,法律和政策不应是一成不变的,而应随着时代的发展和社会的变化而不断调整。《韩非子·五蠹》指出:"世异则事异,事异则备变。"韩非子强调了对现实情况的敏感性和适应性,以及在治理国家和社会时需要具备的灵活性和前瞻性。这体现了法家思想中的实用主义和变革精神。

法家强调通过严格的法律和制度来约束和管理人性,注重权力的分配和制衡机制,认为治理应依赖制度和机制,而不是个人的德行和情怀。《韩非子·五蠹》讲道:"明主之国,无书简之文,以法为教;无先王之语,以吏为师。"韩非子强调法律和制度在治理中的核心作用,认为良好的制度是实现良好治理的基础。

《韩非子·心度》讲道:"为法也,所以平不夷,矫不直也。"《韩非子·外储说右下》提出:"故明主治吏不治民。"法家强调通过法律和制度来治理国家,而不是依赖个人的德行或情怀,指出治理的核心在于法度,而非个人。

本书强调了人力资本的动态性,认为公司治理模式需要根据这一特性进行相应的变革。

首先,人力资本的动态性体现在个人的能力(包括相对层面和绝对层面)和努力程度上。无论从哪个层面来看,个人拥有的人力资本都不是固定不变的,而是会随着个人经历、学习、工作环境等因素的变化而变化。同样,个人的努力程度也会受到情境的影响,如激励机制、工作压力、个人目标等。

其次,在货币资本主导的时代,公司治理模式往往是静态的,可能更多地关注资本的投入和回报,而忽视对人力资本的动态激励相容。然而,在人力资本主导的时代,企业的成功越来越依赖员工的创新能力、适应能力和持续学习的能力。这就要求公司治理模式能够适应人力资本的动态性,进行必要的变革和创新。

再次,为了适应人力资本的动态性,公司治理模式需要从静态转变为动态。动态公司治理模式应基于人力资本动态性和动态激励相容原则,推动关键人力资本收益权、经营权、控制权均衡配置且动态激励相容的一系列制度安排和机制设计。其中,基于动态激励相容原则,与管理层和核心员工绩效和贡献相匹配的团队激励机制是关键。

最后,在人力资本主导的时代,企业要想保持竞争力,就必须不断地调整和优化其治理模式,以适应人力资本的动态变化。这主要涉及如何通过变革与创新,以合理的制度安排和机制设计,实现管理层和核心员工关键人力资本收益权、经营权、控制权均衡配置和动态激励相容。

> **第四十七条** 企业家必须雇用比自己优秀的人。当然,人力资本具有显著的动态性,因此,合理的制度安排与机制设计至关重要,这是实现关键人力资本收益权、经营权、控制权动态激励相容的必要条件。

法家强调通过科学的制度设计和严格的执行来管理人性,注重制度和机制的作用。

《韩非子·外储说右下》指出:"故明主治吏不治民。"明智的君主通过管理官吏而不是直接管理百姓,通过制定法律和制度来管理事务而不是亲自处理每一件事。这与企业家通过制度来管理和激励人才相通。

《韩非子·显学》提到:"故明主之吏,宰相必起于州部,猛将必发于卒伍。"这强调明主选拔官员和将领时应注重实际经验和基层经历,而不是依赖个人的出身或背景,体现了通过制度和规则来管理和激励人才的理念,与企业家需要雇用比自己优秀的人相契合。

《韩非子·人主》还提到:"明主者,推功而爵禄,称能而官事。"说的是明智的君主会根据功劳授予爵禄,根据能力安排官职,这与企业家雇佣并重用优秀人才的理念契合。

《韩非子·五蠹》认为:"明主之国,无书简之文,以法为教;无先王之语,以吏为师。"这强调法律和制度在治理中的核心作用,认为良好的制度是实现良好治理的基础。

《韩非子·心度》提倡:"为法也,所以平不夷,矫不直也。"《韩非子·外储说右下》讲道:"故明主治吏不治民。"这强调通过法律和制度来治理国家,而不是依赖个人的德行或情怀。

墨家提倡"兼爱""非攻",重视实际效果,强调以实际效果为导向,注重公共利益和公平。墨家思想中的一些观点也可以与企业管理中的制度设计和人才使用联系起来。

《墨子·尚贤上》指出:"故古者圣王之为政,列德而尚贤,虽在农与工肆之人,有能则举之。高予之爵,重予之禄,任之以事,断予之令。"这强调任人唯贤,提拔有才能的人,这与企业家需要雇佣比自己优秀的人相似。

《墨子·尚贤上》提出:"故官无常贵,而民无终贱,有能则举之,无能则下之。"这体现了墨家对于人才动态治理的思想,即根据人力资本的表现进行相应的激励和调整,与企业家通过合理的制度安排和机制设计来激励人力资本相契合。

本书强调了企业家在构建团队时应追求的人才理念,以及为了有效治理和激励这些人才所需的制度安排和机制设计的重要性。

首先,企业家必须雇用比自己更优秀的人。企业的成功不仅仅依赖企业家个人的能力和视野,而且需要一个由各种优秀人才组成的团队来共同推动。优秀的团队成员能够在其专业领域内提供创新思维和解决方案,有助于企业在复杂多变的市场环境中保持竞争力和创新力。

其次,人力资本具有显著的动态性。员工的能力和贡献是随时间、环境、经验等因素变化的。因此,企业需要认识到员工潜力的可塑性和成长性,以及在不同情境下激发这些潜力的重要性。

再次,合理的制度安排与机制设计对于适应人力资本的动态性至关重要。这要求基于人力资本动态性和动态激励相容原则,以一系列制度安排和机制设计推动关键人力资本收益权、经营权、控制权的均衡配置和动态激励相容,确保员工的个人发展与企业目标保持一致,同时激发员工的积极性和创造力。

最后,实现关键人力资本收益权、经营权、控制权的动态激励相容是必要的。这意味着企业需要设计出能够根据员工的贡献和能力动态调整的收益分配机制、经营决策参与机制和控制权参与机制。通过这样的动态激励相容机制,企业能够更好地吸引、留住和激励优秀人才,使他们成为推动企业发展的关键力量。

综上所述,企业家在人才管理上应采取的开放态度,为了有效治理和激励人才需进行制度创新。这不仅体现了对人性基本面的理解,也强调了通过合理的制度安排和机制设计来应对人力资本的动态性,实现企业和员工的共同成长与成功。

> **第四十八条** 何以解忧？唯有动态。关键利益相关者收益权、经营权和控制权分配的公平、匹配、清晰和平衡是暂时且狭隘的，不公平、不匹配、不清晰和不平衡则是永恒且广泛的。因此，唯有动态（动态激励相容）可解。

道家强调顺应自然、动态调整，认为世界是不断变化的。治理和处事应根据具体情境进行变化，而不是固守一成不变的模式。

《道德经》第十六章讲道："致虚极，守静笃。万物并作，吾以观其复。夫物芸芸，各复归其根。归根曰静，静曰复命。"可见，老子强调世界和事物的循环与变化，治理应顺应这种变化。《道德经》第二十九章提出："将欲取天下而为之，吾见其不得已。天下神器，不可为也，不可执也。为者败之，执者失之。是以圣人无为，故无败；无执，故无失。"可见，老子强调治理应顺应自然，不应强行干预，顺应动态变化。《庄子·知北游》认为："天地有大美而不言，四时有明法而不议，万物有成理而不说。"庄子强调自然的规律和变化，治理应顺应自然，动态调整。

《心经》讲道："诸法空相，不生不灭，不垢不净，不增不减。"这段经文指出，世间的一切现象都是暂时的、不永恒的，因此我们不应执着于它们。这种观点有助于人们减少对物质世界的执着和欲望，从而达到内心的平静与解脱。通过认识一切现象的无常和非实质性，修行者可以培养出一种超脱的心态，进而走向觉悟之路。

"利害有常势，取舍无定姿"（唐·韩愈《君子法天运》），这强调了在处理事务时需要根据具体情况灵活应对，而不是一成不变。公司治理需要考虑不同利益相关者（如股东、管理层、员工、客户、社区等）的长期利益和期望。同时，要充分注意到，不同利益相关者的需求和期望可能会随着时间和情境的变化而变化，公司需要灵活地调整策略，以满足这些不断变化的需求。

基于一种哲学式的思考，本书探讨企业治理中关键利益相关者权益分配的动态性问题，以及如何通过动态激励相容来解决企业中的忧患。

首先，"何以解忧？唯有动态"借用了中国古代诗人李白的名句"对酒当歌，人生几何？譬如朝露，去日苦多。何以解忧？唯有杜康"中的修辞手法，将"杜康"（酒）替换为"动态"，形象地表达了在企业治理中，唯有不断的变化和适应，才是解决企业面临问题的关键。

其次，关于关键利益相关者在收益权、经营权和控制权上的分配，如果只是追求一时的公平、匹配、清晰和平衡，那么这种状态是暂时的，也是狭隘的。因为企业内外部环境是不断变化的，利益相关者的需求和期望也会随之变化，任何静态的分配机制都难以适应这些变化。

再次，不公平、不匹配、不清晰和不平衡是永恒且广泛的。在企业治理中，完全的公平和平衡是一种理想状态，而在现实中，由于各种因素的限制，很难达到这种理想状态。不过，这并不意味着企业应放弃追求公平和平衡,而是需要通过动态的机制来不断调整和优化。

最后,"唯有动态(动态激励相容)可解"意味着企业需要建立一种能够适应环境变化和利益相关者需求变化的动态激励机制。这种机制能够根据员工的表现、市场的变化、企业的发展阶段等因素进行调整,确保关键利益相关者的权益得到合理的保障和激励。

第四十九条 如何实现关键人力资本激励相容以及在企业内部引入市场机制(特别是在外部市场机制不完善的情况下),有效应对人力资本的动态性,才是关键所在。

法家强调通过科学的制度设计和严格的执行来实现管理与激励相容。这与现代企业通过制度和规则来实现激励相容,并引入市场机制是相通的。

《韩非子·外储说右下》讲道:"故明主治吏不治民。"明智的君主通过管理官吏而不是直接管理百姓,通过制定法律和制度来管理事务,而不是亲自处理每一件事。这与现代企业通过制度和规则来实现激励相容是相通的。

《韩非子·人主》还提到:"明主者,推功而爵禄,称能而官事。"说的是明智的君主会根据功劳授予爵禄,根据能力安排官职,这与企业家雇佣并重用优秀人才的理念契合。

《韩非子·五蠹》认为:"明主之国,无书简之文,以法为教;无先王之语,以吏为师。"可见,韩非子强调法律和制度在治理中的核心作用,认为良好的制度是实现良好治理的基础。

《韩非子·显学》提到:"故明主之吏,宰相必起于州部,猛将必发于卒伍。"这强调明主选拔官员和将领时应注重实际经验和基层经历,而不是依赖个人的出身或背景,体现了通过制度和规则来管理和激励人才的理念,与企业家需要雇用比自己优秀的人相契合。

《韩非子·心度》强调:"为法也,所以平不夷、矫不直也。"可见,法家强调通过法律和制度来治理国家,而不是依赖个人的德行或情怀,指出治理的核心在于法度,而非个人。

墨家注重"兼爱"和"非攻",强调义利兼顾和节用,并提倡任人唯贤和动态治理,根据人力资本的表现进行相应的激励和调整,这与现代企业管理中对人才动态性的应对相吻合。

《墨子·尚贤上》讲道:"故古者圣王之为政,列德而尚贤,虽在农与工肆之人,有能则举之。高予之爵,重予之财,任予以事,断予之令。"这与现代企业内部激励相容和市场机制引入的思想相符。

《墨子·尚贤上》提出:"故官无常贵,而民无终贱,有能则举之,无能则下之。"这体现了墨家对于人才动态治理的思想,即根据人力资本的表现进行相应的激励和调整,与现代人力资源管理中对人才动态性的应对相吻合。

此外,佛教的《金刚经》提到"一切有为法,如梦幻泡影,如露亦如电,应作如是观"。这强调了世间万物的无常和变化性。通过将佛教思想中的无常观念应用于企业管理,企业可以更好地理解和应对人力资本的动态性,建立一个既能激发员工潜力,又能适应外部市场变化的激励和市场机制。

本书聚焦于如何实现关键人力资本激励相容以及在企业内部引入市场机制,有效应对人力资本的动态性。这是公司治理制度安排和机制设计的关键。

首先,实现关键人力资本激励相容是重要的。激励相容是指设计一种激励机制,使员工的个人目标与企业的整体目标一致。在人力资本主导的公司治理情境中,员工的创新、创造力和工作热情对企业的成功至关重要。因此,企业需要通过合理的激励机制,如绩效奖励、股权激励、职业发展机会等,来激发员工的积极性和忠诚度,确保他们的贡献能够与企业的长期利益相匹配。

其次,在企业内部引入市场机制是必要的,尤其在外部市场机制不完善的情况下。通过一系列制度安排与机制设计在企业内部引入市场机制,才有可能促进企业内部合理的竞争。这种机制可以提高企业的决策效率和资源配置的合理性,促进员工和团队之间的合理竞争,激发创新和提升效率。

再次,有效应对人力资本的动态性是制度安排与机制设计的目标。人力资本的动态性意味着员工的能力、需求和努力程度等因素会随时间和环境变化。因此,企业需要从传统的、基于货币资本的静态公司治理模式,转变为更具动态性的治理模式,以便实现关键人力资本收益权、经营权和控制权的动态激励相容。

最后,企业要想在竞争激烈的市场中获得成功,就必须诚实地回到人性基本面,切实关注和改善人力资本的激励制度安排和机制设计。通过设计合理的激励制度和内部市场机制,企业不仅能够吸引和留住人才,还能够激发员工的潜力,促进企业的创新和持续发展。

> **第五十条** 总体而言,基于动态激励相容的基本逻辑,如果一个组织想让"雷锋"不断涌现,则必须做到短期来说不能让"雷锋"吃"大亏",长期来说不能让"雷锋"吃"小亏"。

法家思想强调制度和法律的重要性,认为通过严格的法制和合理的奖惩机制,可以确保社会的秩序与稳定。法家注重激励与惩罚的公平性,以此来鼓励正当行为并制止不法行为。

《史记·商君列传》讲道:"有功者显荣,无功者虽富无所芬华。"有功者应得到荣誉和奖励,这与组织应在短期和长期内奖励"雷锋"行为相符,确保他们不吃亏。

《韩非子·备内》讲道:"士无幸赏,赏不逾行;杀必当,罪不赦,则奸邪无所容其私。"商鞅强调赏罚分明,利用奖罚来激励和约束人们的行为。组织通过合理的激励机制,确保"雷锋"们不吃亏,从而鼓励更多的人做出贡献。

儒家思想强调仁德、公正和社会和谐,认为治理者应仁慈、公正,并且激励和奖赏那些做出贡献的人,以保持社会的和谐与稳定。这与论述中强调的短期和长期的公平激励机制相吻合。

《论语·颜渊》讲道:"子曰:'君子成人之美,不成人之恶。小人反是。'"孔子强调君子应成全他人的善行,这与组织应激励和奖赏"雷锋"行为相符,确保他们在短期和长期内不吃亏。

墨家强调"兼爱"与"非攻",主张通过社会制度的设计来实现公平和公共利益的最大化。墨子推崇公正和利益分配,以保证善行者得到应有的回报。《墨子·兼爱中》指出:"天下之士君子,皆欲治而恶乱。"

本书强调组织在激励员工时需要平衡短期和长期的利益,以确保员工的个人利益与组织目标相匹配。

首先,从短期来看,员工可能愿意为了更大的组织目标而接受一些小的牺牲,比如加班或额外的工作负担。然而,如果这些牺牲变得过大,以至于员工感到自己吃了"大亏",那么他们的积极性可能会受到打击,甚至可能对组织产生不信任感。这种不信任感会破坏员工与组织之间的激励相容性,因为员工会开始怀疑自己的付出是否值得。

其次,从长期来看,组织需要确保其激励机制是公正和公平的。这意味着员工的长期努力和牺牲应得到合理的回报。如果员工感觉到他们的长期贡献没有得到应有的认可或奖励,他们可能会感到沮丧,这同样会损害他们与组织之间的长期激励相容性。长期激励机制的设计应该考虑员工的期望和组织的可持续性,确保员工的长期收益是正面的。

再次,本书强调人性的基本面,即每个人都希望追求自身利益最大化。在设计激励机制时,组织必须认识到员工的这种基本动机,并确保激励措施能够满足员工的基本需求和期望。如果员工感觉到他们的努力没有得到应有的回报,他们可能会减少努力,甚至离开组织。

最后，组织文化在激励员工方面也扮演着重要角色。积极的组织文化能够认可和奖励那些无私贡献的员工，可以进一步激励员工的积极行为。通过确保员工在短期和长期都不会遭受不公平待遇，组织可以培养一种可持续发展的文化，吸引和保留那些具有高度自我驱动和集体主义精神的员工，从而推动组织的整体成功。

> **第五十一条** 想成为"伟大的公司",可以先尝试一下实现关键利益相关者收益权动态激励相容。"己所欲,人亦所欲,可施于人"都做不到,何谈伟大?

墨家提倡"兼爱"与"非攻",推崇一种普遍的、无差别的爱与互利互惠的原则。《墨子·兼爱中》讲道:"当兼相爱,交相利。"强调通过互相帮助与共同利益实现社会和谐。《墨子·兼爱中》指出:"视人之国,若视其国;视人之家,若视其家;视人之身,若视其身。"墨子强调无差别的爱和关心他人。

墨家的"兼爱"思想主张无差别的爱人,互相帮助,进而实现共同的利益。这与"己所欲,人亦所欲,可施于人"的理念非常接近,即不仅要考虑自己的愿望和需求,而且要考虑他人的愿望和需求,在满足自身的同时,为他人创造价值。

实现关键利益相关者收益权的动态激励相容,可以看作是墨家"交相利"思想的具体体现。在企业管理中,企业通过合理的激励机制,确保企业与利益相关者之间的利益一致,进而实现共同发展的目标。这正是墨子所倡导的"彼此相爱,共同互利"的实践。

本书认为,成为一家"伟大的公司"的关键在于实现关键利益相关者之间的收益权动态激励相容。这里的"关键利益相关者"可能包括公司的员工、股东、客户、供应商以及社区等,他们都是公司成功不可或缺的一部分。

"收益权动态激励相容"意味着公司需要设计一种机制,使所有关键利益相关者的利益与公司的目标和利益保持一致。通常,这种机制包括股权激励、利润分享、绩效奖励。这些方式能激发员工的积极性和创造力,也能吸引和留住人才,提升公司的竞争力。

"己所欲,人亦所欲,可施于人"意指一个人应以自己希望被对待的方式去对待他人。在商业环境中,这句话可以被理解为公司应关心并尊重关键利益相关者的需求与期望,通过公平和透明的方式与他们分享成功。

如果一家公司无法做到这一点,无法确保所有关键利益相关者的利益得到合理的考虑和满足,那么它就难以被称为"伟大"。因为公司的伟大在于财务上取得成功,更在于它们能够赢得员工的忠诚、客户的信任、社会的尊重,并且能够持续为关键利益相关者创造价值。

综上所述,若想成为伟大的公司,必须建立一种长期、可持续的价值创造机制。这种机制需要考虑关键利益相关者的利益,并通过动态的激励措施确保这些利益得到实现。只有这样,公司才能够在竞争激烈的市场中获得成功,并且赢得"伟大"的声誉。

> **第五十二条** 商鞅的"二十级军功制"给了所有人一条有标准可循的上升通道,只要你能做得到,你就能升官进爵。商鞅设计的"动态股权激励计划"包括:"动态考核制""降爵抵罪制""降爵继承制"与"身死夺田制"。

法家认为人性本恶,强调通过严格的法律和制度来约束和管理人性,重视权力的分配和制衡机制。法家注重通过严格的法律和制度来实现有效的治理和管理,尤其强调奖惩分明和制度化的激励机制。

《史记·商君列传》讲道:"有功者显荣,无功者虽富无所芬华。"韩非子强调,功绩是赏罚的唯一标准。《商君书·赏刑》提出:"所谓壹刑者,刑无等级。"可见,商鞅强调法律的重要性和法律面前人人平等的原则。在法家的治理理念中,刑罚是不分等级的,任何人都要接受法律的制裁。《商君书·错法》强调:"功分明则民尽力。"商鞅提倡根据个人的表现和功绩进行动态调整。

商鞅是法家的代表人物之一,他在变法过程中实施了一系列奖惩分明的制度,包括军功爵制等,以确保国家的强大和稳定。

商鞅强调通过严格的法律和制度来实现有效的治理。在他看来,奖惩分明的制度是十分重要的。

《韩非子·五蠹》强调:"且民者固服于势,寡能怀于义。"韩非子强调通过权势来确保赏罚制度的实施。

本书通过回顾历史,分析商鞅在中国古代实施的"二十级军功制",并将其类比为现代的"动态股权激励计划"。这种制度设计体现了对人性基本面的深刻理解和利用,即人们追求自身利益最大化的倾向。

首先,商鞅的"二十级军功制"为所有人提供了一个明确的上升通道。这一制度的核心是根据军功的大小来决定个人的官职和爵位,而不是依据出身或背景。这为每个人提供了一个公平且可量化的标准,激发了人们的斗志和积极性,使每个人都有机会通过自己的努力获得提升。这与现代企业中基于绩效的晋升机制有异曲同工之妙,它们都是通过明确的标准和激励来提升员工的积极性和创造力。

其次,商鞅的制度设计中包含"动态考核制",这意味着个人的官职和爵位不是一成不变的,而是根据其持续的表现发生动态变化。这确保了制度的灵活性和公正性,鼓励人们不断努力,保持高标准的表现。在现代企业管理中,类似的动态考核机制可以帮助企业及时调整员工的激励和晋升,保持团队的活力和竞争力。

再次,商鞅设计的制度还包括"降爵抵罪制"和"降爵继承制",体现了对人性的深刻洞察——即人们不仅追求上升的机会,也会因可能的损失而产生压力和动力。通过将爵位与个人的行为和表现挂钩,商鞅的制度设计强化了个人的责任意识和自我约束。在现代企业中,类似的机制可以通过绩效考核和奖惩制度来实现,确保员工的行为与企业目标一致。

最后,"身死夺田制"指的是国家承认土地私有,但又不完全实行土地私有制,甚至具备了一定的土地国有性质,即立军功的人死后,除了他儿子继承的那部分土地,国家会将他剩余的土地收回。如此一来,一个士兵即使立下了再多的军功,他死后也会被国家收回很大一部分土地,这些土地相当于被纳入"动态激励池"。由此可见,身死夺田制与动态股权激励机制中的动态股权激励池的设计在基本原则和基本逻辑上是类似的。

> **第五十三条** 企业需要优化股权架构设计,实施"把支部建在连上"(乾坤大挪移),以及"走群众路线"来推动动态股权激励计划(集众人之私成天下之公,携人民群众以令诸侯)。

墨家提倡通过兼爱与互利实现社会和谐与共同利益,强调通过合理的制度设计和群众参与来实现这些目标。

《墨子·尚贤上》讲道:"故国有贤良之士众,则国家之治厚。"墨子强调贤能在治理中的重要性,这与企业优化股权架构和激励计划中对人才的重视相一致。《墨子·兼爱中》提出:"当兼相爱,交相利。"这强调通过互相帮助和共同利益实现社会和谐,这与企业通过动态股权激励计划实现利益相关者共赢相吻合。

儒家强调"民本"思想,认为治理应依赖群众的支持和参与。

《孟子·尽心下》提出:"民为贵,社稷次之,君为轻。"孟子强调民本思想,认为治理应以百姓利益为核心。《孟子·公孙丑下》认为:"得道者多助,失道者寡助。寡助之至,亲戚畔之;多助之至,天下顺之。"君主应以民为本,实行仁爱的政策,这样才能得到人民的拥护和支持。孟子认为,人民的支持是政治稳定和国家长治久安的关键。通过将儒家思想中的道德与正义原则应用于企业治理和激励机制的设计,企业可以建立一个更加稳固、高效和公正的治理结构,从而获得更广泛的支持和帮助,推动企业的长期稳定发展。

此外,《孙子兵法·谋攻篇》强调:"上下同欲者胜。"孙子强调上下同心的重要性,这与企业通过群众路线和股权激励实现共同目标相一致。

本书通过借鉴中国历史上的政治策略,提出企业在股权架构设计和激励机制方面应采取的两种策略,强调通过合理的制度安排来实现个人利益与企业利益的和谐统一,以及通过动态激励来提高企业的竞争力和市场适应性。

首先,"把支部建在连上"源自中国革命时期的一种军事政治组织方式,强调将党的组织深入到基层单位。在公司治理情境中,这可以理解为优化股权架构设计,确保控制权有效延伸到下一级的子公司、控股公司,保持整体性和一致性。同时,通过这种方式(类似于"乾坤大挪移"),企业能够实现权力和责任的下放,使各个层级的管理者能参与到企业的决策过程中,提高整个组织的执行力和响应市场变化的能力。

其次,"走群众路线"是中国共产党的一项传统工作方法,强调领导干部要密切联系群众,了解群众的需求和意见。在企业中实施动态股权激励计划,就是将这种理念应用到现代企业管理中。通过动态股权激励,企业能够根据员工的表现和贡献,调整其股权分配,从而激发员工的积极性和创造力。这种做法通过集中员工的个人利益和资源能力,对管理者形成有效的监督制衡。

最后,本书强调,企业在设计股权架构和激励机制时,需要考虑如何平衡不同利益相关者的需求,以及如何通过合理的制度安排来激发员工的潜力。通过这种方式,企业不仅能够提高内部治理与管理效率,而且能够在激烈的市场竞争中保持领先地位。

> **第五十四条** 走群众路线，通过动态股权激励机制实现关键利益相关者的收益权、经营权、控制权的动态激励相容（内部市场机制）。

墨家认为治理应依赖具体的制度和机制设计。墨家认为，通过合理的激励机制，使各方利益一致，达到共同发展的目的。这正是墨子所倡导的"彼此相爱，共同互利"的实践。

《孟子·公孙丑下》认为："得道者多助，失道者寡助。寡助之至，亲戚畔之；多助之至，天下顺之。"孟子强调君主应以民为本，实行仁爱的政策，这样才能得到人民的拥护和支持。孟子认为，人民的支持是政治稳定和国家长治久安的关键。

此外，《孙子兵法·谋攻篇》主张："上下同欲者胜。"孙子强调上下同心的重要性，这与企业通过群众路线和股权激励实现共同目标相一致。

本书提出了一种结合"走群众路线"和动态股权激励机制的公司治理理念，旨在实现关键利益相关者之间的动态激励相容，从而推动企业的持续发展和成功。

首先，"走群众路线"是一种强调密切联系和依赖群众、发挥群众力量的方法。在企业治理中，这意味着企业需要关注并满足员工、股东、客户等关键利益相关者在收益权、经营权、控制权方面的需求和期望，确保他们的权益得到妥善考虑和平衡。

其次，动态股权激励机制是一种根据企业经营状况和个人贡献来调整股权分配和相关权益的制度。这种机制能够确保关键利益相关者，如高层管理人员和核心员工，其个人利益与企业的长期发展目标保持一致。通过将个人收益与企业绩效挂钩，动态股权激励机制鼓励管理层和员工为实现企业目标而共同努力。

再次，论述中提到的"实现关键利益相关者的收益权、经营权、控制权的动态激励相容"，强调通过合理的制度安排与机制设计，确保不同利益相关者的权利与责任动态调整和相互协调，形成有效的内部市场机制。这种机制可以促进资源的有效配置，提高企业的决策效率和市场竞争力。

最后，通过这种动态激励相容的机制，企业能够实现"携人民群众以令诸侯"的目标。这里的"人民群众"指的是企业内部的关键利益相关者，而"诸侯"则比喻市场中的竞争对手或其他外部力量。通过激发内部利益相关者的潜力和积极性，企业能够在市场竞争中占据优势，实现长期的稳定和增长。

> **第五十五条** 一般的国有企业其实不需要像华为那样实行全员持股,只需根据人力成本在总成本中的比例,拿出相应的股权进行动态股权激励计划(一半固定,一半动态),并配合团队激励机制的设计,就可以激活国有企业(同时增加国家的控制权)。

法家认为人性本恶,强调通过严格的法律和制度来约束和管理人性,重视权力的分配与制衡机制。法家注重通过严格的法律和制度来实现有效的治理和管理,特别强调奖惩分明和制度化的激励机制。法家认为,治理和管理应依赖合理的法律和制度,而不是空谈德性和人品。

《韩非子·五蠹》讲道:"明主之国,无书简之文,以法为教;无先王之语,以吏为师。"韩非子强调法律和制度在治理中的核心作用,认为良好的制度是实现良好治理的基础。《韩非子·备内》强调:"士无幸赏,赏不逾行;杀必当,罪不赦,则奸邪无所害其私。"韩非子强调奖惩分明的制度的重要性。

墨家强调兼爱和整体利益,注重通过合理的利益分配来实现社会和组织的和谐。《墨子·兼爱下》提出:"若使天下兼相爱,爱人若爱其身,犹有不孝者乎?"强调通过普遍关爱的原则来实现整体利益。

此外,《孙子兵法·谋攻篇》讲道:"上下同欲者胜",强调通过一致的利益和目标来实现组织的团结与和谐,这与团队激励机制的设计思想相似。

本书主要讨论国有企业改革的一种可能途径,即通过动态股权激励机制来激发企业的活力和效率。国有企业并不需要像华为那样实行全员持股,只需根据人力成本在企业总成本中所占的比例来决定股权激励的规模。

首先,国有企业可以通过实施动态股权激励计划来激发企业活力。这种激励计划旨在鼓励员工更加积极地工作,通常包括固定和动态两部分。固定部分是指员工在满足一定条件后可以获得的股权,而动态部分则与员工的绩效挂钩,根据其对企业的贡献大小来动态分配相应的收益权。在职工正常退出或荣休的情况下,企业可以根据员工过往年度所分享的动态收益权均值来结算动态部分,从而实现更为有效的动态激励相容。

其次,在企业中,团队合作是推动项目成功的关键因素,因此,设计合理的团队激励机制可以促进团队成员之间的协作,提高整体工作效率。通过团队激励机制的变革与创新,引入团队贡献指数、团队分配计划、团队层级分配机制和多层次团队互评机制等,可以确保团队目标与个人目标的一致性,从而激发团队成员的积极性和创造力。

最后,动态股权激励机制和团队激励机制不仅可以激活国有企业,而且可以增强国家的控制权。动态股权激励计划通过市场机制提高企业效率和竞争力的同时,不会导致国家控制权的下降(甚至可能上升)。此外,激活国有企业也有助于整个中国经济的发展。因为国有企业在中国经济中占有重要地位,其活力和效率直接影响整个经济的健康发展。

> **第五十六条** 学习华为技术有限公司(以下简称华为)的基本思想、基本逻辑和基本原则就好,直接学习华为的管理方法很容易不尽如人意,甚至误入歧途,特别是只学华为的管理流程,而不学与之配套的动态股权激励机制和动态收益权分享计划,毫无疑问会导致——"华为,你学不会"。

道家强调顺应自然、整体理解和智慧的运用,主张在做事情时要理解事物的本质和全貌,而非仅仅关注表面的形式。

《道德经》第五十一章中讲道:"道生之,德畜之,物形之,势成之。"老子在《道德经》中多次提到"道"的重要性,强调对事物本质的理解。只有理解"道"的运作,才能真正掌握事物的发展。《庄子·齐物论》指出:"得其环中,以应无穷。"庄子强调对整体的理解和把握,而不仅仅是局部的模仿。

法家强调通过具体的制度和机制来实现有效治理,认为治理和管理应依赖系统的制度设计,而不是简单地模仿表面的做法。

《韩非子·五蠹》认为:"明主之国,无书简之文,以法为教;无先王之语,以吏为师。"治理必须依靠法律和制度,而不是依靠先例和传统。《商君书·修改》认为:"民信其赏,则事功成;信其罚,则奸无端。"法家认为明确的奖惩制度是维护社会秩序和激励人民努力的关键,这与华为的动态股权激励机制和动态收益权分享计划中的利益分配机制有着相似之处。

墨家提倡"兼爱"与"非攻",推崇一种普遍的、无差别的爱和互利互惠的原则,强调通过合理的制度设计和利益分享来实现共同利益和社会和谐。

《墨子·兼爱中》强调:"当兼相爱,交相利。"墨子提倡通过互相帮助和共同利益实现社会和谐,这与通过利益分享机制实现企业和员工的共赢相吻合。

此外,《孙子兵法·谋攻篇》主张:"上下同欲者胜。"孙子强调上下同心的重要性,这与通过利益分享机制实现企业和员工目标一致性的思想相一致。

本书强调学习华为公司管理模式时需要注意的关键点。即要学习华为的"基本思想、基本逻辑和基本原则"。在模仿或学习一个成功的企业时,理解其核心理念和运作逻辑,比单纯模仿其管理流程更为重要。

华为作为一家全球领先的高科技公司,其成功不仅仅依赖其管理流程,更依赖其独特的激励机制,即"动态股权激励机制和动态收益权分享计划"。这是华为用来激励员工、留住人才、并推动公司持续创新的重要手段,也是华为核心竞争力的基石,是其持续成功的关键。股权激励和收益权分享计划能够让员工感受到自己是公司成功的一部分,从而更加积极地为公司的发展做出贡献。

如果一个企业只是简单地模仿华为的管理流程,而没有建立起与之配套的激励机制,那么这种模仿很可能会失败。因为没有正确的激励机制,员工可能缺乏足够的动力去追求卓越和创新,这会导致企业无法复制华为的成功。

"华为,你学不会"强调模仿一个成功的企业并不是一件容易的事情,尤其是当涉及复杂的治理体系和激励机制时。每个企业都有其独特的环境和条件,盲目模仿而不考虑自身的实际情况,很可能走向失败。

总的来说,在学习和借鉴其他企业的成功经验时,应深入理解其背后的思想和逻辑,并结合自身的实际情况,建立起适合自己的治理体系和激励机制,而不是简单地复制他人的表面做法。

> **第五十七条** 在一个人力资本高度密集的企业中,三分之一的员工参加动态股权激励计划,三分之一的员工参加动态收益权分享计划(之后可以按照一定规则转换为动态股权激励计划或认股权),三分之一的员工保持"饥饿感"。

法家强调通过严格的法律和制度来实现有效的治理与管理,尤其注重奖惩分明和制度化的激励机制。

《韩非子·五蠹》讲道:"明主之国,无书简之文,以法为教;无先王之语,以吏为师。"意思是治理必须依靠法律和制度,而非依靠先例和传统。《商君书·赏刑》认为:"士无幸赏,赏不逾行;杀必当,罪不赦,则奸邪无所害其私。"韩非子强调奖惩制度在治理中的作用。《韩非子·二柄》认为:"明主所制导其臣者,二柄而已矣,二柄者,刑德也。"通过奖惩(类似于激励机制)来实现对人的管理和控制。法家认为,合理的奖惩和激励机制可以有效管理和激发人的潜力,实现组织的目标。

墨家提倡"兼爱"与"非攻",推崇一种普遍的、无差别的爱与互利互惠的原则,强调通过合理的制度设计和利益分享来实现共同利益与社会和谐。

《墨子·兼爱中》指出:"当兼相爱,交相利。"可见,墨子提倡通过互相帮助与共同利益实现社会和谐,这与通过动态股权激励和收益权分享计划实现企业与员工的共赢相吻合。《墨子·尚贤上》提出:"故官无常贵,而民无终贱,有能则举之,无能则下之。"墨子提倡选贤任能,通过合理的分配与激励机制来促进社会和谐。

此外,《孙子兵法·谋攻篇》认为:"上下同欲者胜。"可见,孙子强调上下同心的重要性,这与通过利益分享机制实现企业与员工目标一致性相一致。

本书提出一种人力资本高度密集型企业的人才激励与治理策略,通过不同的激励计划满足不同员工的需求,并激发他们的潜力。

首先,企业中的员工可以大致分为三个部分,对每部分都采用不同的激励方式。这体现了对员工个体差异与需求多样性的认识。在人力资本密集型企业中,员工的知识、技能与创造力是企业最宝贵的资源,因此,设计合理的激励机制以吸引、留住这些人才是至关重要的。

其次,第一部分员工参与的是动态股权激励计划,允许员工根据企业业绩和个人贡献获得公司股份或股权(动态部分根据一定规则和机制进行调整),从而让员工在企业成长过程中获得直接的股份分红权与股权增值权。这种动态股权激励可以增强员工的归属感、积极性和忠诚度,激励他们为企业的长期发展做出更大的贡献。

再次,第二部分员工参与的是动态收益权分享计划。这种计划允许员工根据企业的盈利情况,依照一定规则和机制动态获得一定比例的收益分配。与动态股权激励相比,收益权分享更侧重于相对短期的业绩回报,可以为员工提供即时激励。此外,这部分员工所分享的动态收益权可以按照一定规则转换为股权激励或认股权,为员工提供从短期激励向长期激励转变的机会。

最后,第三部分员工被赋予"饥饿感",即保持基层员工的紧迫感与动力,通过适度的竞争与挑战激发他们的创新精神和工作热情。这种策略可能涉及为员工设定具有挑战性的目标,或通过内部晋升和奖励机制来激励基层员工不断追求卓越。

人力资本密集型企业需要通过多样化的激励计划来满足不同员工的需求,同时激发他们的潜力与创造力。这不仅体现了对人性基本面的理解,而且强调通过合理的制度安排来引导和激励员工,实现企业与员工的共同发展。通过这种策略,企业可以建立一个既有动力又有活力的工作环境,促进企业的持续创新与成功。

> **第五十八条** 动态股权激励计划、动态股权治理机制和动态股权治理平台是一个系统工程。企业不仅需要基于动态激励相容原则设计团队激励机制，还要与监督制衡机制、晋升激励机制、控制权保障机制、经营管理权激励机制等结合起来。

道家注重自然无为和顺应自然规律，强调万物之间的协调与平衡。道家思想包含了系统性和整体性的理念，强调治理和管理需要综合考虑各个方面的因素，保持整体的和谐与平衡。

《道德经》第二十五章讲："人法地，地法天，天法道，道法自然。"老子强调了顺应自然规律和内在秩序的重要性。在设计动态股权激励机制时，这一原则同样适用，意味着激励机制应顺应人性、市场规律和组织发展的需求。通过将道家思想中的"道法自然"原则应用于动态股权激励机制的设计，企业可以建立一个既符合人性又顺应市场规律的激励体系，促进企业的健康发展和员工的个人成长。同时，这种机制还需要与其他治理机制相结合，形成一个全面、协调的治理体系。

《道德经》第四十二章讲："道生一，一生二，二生三，三生万物。万物负阴而抱阳，冲气以为和。"老子强调万物之间的相互关系和整体和谐，这与系统工程中各部分相互协调的理念相契合。《道德经》第六十章讲："治大国，若烹小鲜。"这强调治理需要细致且整体的考量，不能急功近利，这与系统工程中各机制之间的相互配合与协调相符。

《道德经》第四十九章讲："圣人无常心，以百姓心为心。"这强调治理者应顺应百姓的需求和整体的自然规律，这与动态股权治理中根据实际情况进行调整和平衡的理念相一致。《庄子·齐物论》记载："夫道未始有封，言未始有常，唯道是从。"庄子强调灵活性和顺应自然，这与动态股权激励和治理机制中的灵活调整和系统性管理相契合。

"利害有常势，取舍无定姿"（唐·韩愈《君子法天运》），在处理事务时需要根据具体情况灵活应对，而不是一成不变。公司治理需要考虑不同利益相关者（如股东、管理层、员工、客户、社区等）的长期利益和期望。同时，要充分注意到，不同利益相关者的需求和期望可能会随着时间和情境的变化而变化，公司需要灵活地调整策略，以满足这些不断变化的需求。

法家强调通过严格的法律和制度来实现有效的治理与管理，尤其注重奖惩分明和制度化的激励机制。《韩非子·五蠹》指出："明主之国，无书简之文，以法为教；无先王之语，以吏为师。"这强调治理必须依靠法律和制度，而不是依靠先例和传统。

《韩非子·显学》认为："夫圣人治国，不恃人之为吾善也，而用其不得而为非也。"韩非子强调制度的重要性，而不是依赖个人的德行。

兵家思想同样注重系统化的战略和战术设计，强调各个部分的协调和整体的战略目标。《孙子兵法·兵势篇》讲："善战者，求之于势，不责于人，故能择人而任势。"这强调通过整体战略态势的设计来达到目标。

本书强调动态股权激励计划、动态股权治理机制和动态股权治理平台的系统性和复杂性,指出这些机制和平台需要综合考虑多种激励和治理因素。

首先,动态股权激励计划是一种根据员工表现和企业发展阶段来动态调整股权分配的制度。员工的贡献和价值可能随时间的变化而变化,因此需要一种灵活的激励方式来确保员工的长期参与和积极性。动态股权激励计划能够使员工感受到他们的努力与企业的成功之间有着直接的联系。

其次,动态股权治理机制和动态股权治理平台是一个整合了各种激励和治理工具的系统,它不仅包括股权激励计划,而且需要结合监督制衡机制来确保企业决策的透明性和公正性。同时,晋升激励机制鼓励员工通过提升个人能力和业绩来获得更高的职位和相应的股权;控制权保障机制确保关键决策权和监督权得到合理分配;经营管理权激励机制则确保管理层能够有效地执行企业战略。

再次,这些制度安排与机制设计需要基于动态激励相容原则,即治理机制与激励机制需要与员工的个人目标和企业的长期目标相一致,从而激发员工的积极性和创造力,同时促进企业的持续发展。

最后,一个有效的动态股权激励和治理系统是一个系统工程,需要综合考虑各种激励和治理因素,确保它们相互协调、相互支持。通过这种系统化的方法,企业可以更好地管理人力资本,提高员工的满意度和忠诚度,同时促进企业的长期稳定和增长。

> **第五十九条** 当创业企业控制权、经营权被不合适的人或团队把持时,无法均衡配置,会导致严重的代理问题。因此,创业企业公司治理的关键在于控制权保障机制设计是否合理,是否可以实现控制权、经营权的动态激励相容。

法家主张通过严格的法律和制度来约束和管理人性,重视权力的分配和制衡机制。法家的代表人物韩非子和商鞅特别强调法律和制度在治理中的核心作用,认为合理的制度设计是确保治理有效的关键。

《管子·明法解》讲道:"法者,天下之程式也,万事之仪表也。"这强调通过法律和制度来规范权力的运作。《韩非子·五蠹》指出:"明主之国,无书简之文,以法为教;无先王之语,以吏为师。"这强调治理必须依靠法律和制度,而不是依靠先例和传统。《韩非子·显学》提出:"夫圣人治国,不恃人之为吾善也,而用其不得而为非也。"韩非子强调制度的重要性,而不是依赖个人的德行。《韩非子·主道》主张:"臣得行义,则主失明;臣得树人,则主失党。"这强调治理者应确立合理的制度以防止权力滥用和奸邪行为。

法家认为,通过合理的制度和机制安排,可以有效地防止权力滥用和代理问题,实现权力的均衡配置和动态激励相容。

儒家代表人物孔子强调了每个人在社会和家庭中都应扮演好自己的角色,遵守相应的伦理规范。《论语·颜渊篇》讲:"君君,臣臣,父父,子子。"孔子的这一思想强调了社会秩序和家庭伦理的重要性,认为只有每个人都按照自己的角色和地位去行事,社会才能和谐稳定。通过将儒家思想中的责任感和角色清晰性原则应用于控制权保障机制的设计,创业企业可以建立一个更加稳定、高效和透明的治理结构,从而促进企业的健康发展。

本书探讨创业企业中控制权和经营权均衡配置的重要性,以及如何通过合理的机制设计来解决代理问题。

首先,当创业企业的控制权和经营权被不合适的人或团队把持,且无法实现均衡配置时,会导致严重的代理问题。在这种情况下,代理人(即掌握控制权和经营权的人或团队)可能会追求自身利益,而忽视或损害公司及其他利益相关者的利益。这种利益冲突是公司治理中需要重点关注和解决的问题。

其次,合理的控制权保障机制可以确保公司的重要决策权和监督权得到妥善分配和执行。这不仅涉及股东大会、董事会等公司治理结构的设置,还包括对管理层的监督和激励机制。控制权保障机制基于合理的设计,可以降低代理人滥用权力的风险,提高公司治理的透明度和效率。

再次,实现关键利益相关者控制权和经营权的动态激励相容对企业至关重要。动态激励相容意味着公司的激励机制能够随着外部环境和公司内部情况的变化而调整,确保代理人的行为与公司长期利益保持一致。这种机制可以通过股权激励、绩效考核、薪酬结构等方式来实现。通过动态调整,可以持续激发代理人的积极性和创造力,同时防止其偏离公司目标。

最后，创业企业在发展过程中，需要特别关注控制权和经营权的合理分配与保障。科学合理的机制设计可以有效地解决代理问题，促进公司的健康发展。这不仅体现了对人性基本面的理解，也强调了通过合理的制度安排来引导和激励人们的行为，使之符合公司的长期利益。

团队激励机制 <注释>

> **第六十条** 尽管触动利益比触动灵魂更难,但如果以利益为基点,就能够撬动巨大的"地球",进而把"以客户为中心"的企业文化植入每个员工的心中。

法家强调通过严格的法律和制度来实现有效的治理和管理,尤其注重奖惩分明和利益分配。法家认为合理的制度设计是引导人们行为的关键。

《韩非子·五蠹》讲道:"是以赏莫如厚而信,使民利之;罚莫如重而必,使民畏之;法莫如一而固,使民知之。"韩非子强调通过明确的赏罚制度来引导人们的行为。《韩非子·显学》提出:"夫圣人治国,不恃人之为吾善也,而用其不得而为非也。"意思是,圣人明白治理人的道理,所以不依靠人的善行,而是依靠使人无法作恶的制度。韩非子强调治理应依靠制度,而非个人德行。韩非子强调奖惩制度在治理中的重要作用。

《论语·宪问》指出:"见利思义。"强调在面对利益时,应以道义为先,不能为了追求利益而放弃道德原则。将法家思想中的道德与利益平衡观念应用于企业文化建设,可以帮助企业更有效地将"以客户为中心"的理念融入每个员工的行为中,进而提升企业的整体竞争力和市场表现。

墨家主张通过兼爱和互利实现社会和谐与共同利益,强调每个人应关心他人,互相帮助,共享利益。在治理和管理中,墨家更注重实际利益和功效,强调通过合理的激励和利益分配机制来实现目标。

《墨子·兼爱中》讲道:"当兼相爱,交相利。"墨子提倡通过互相帮助和共同利益实现社会和谐,这与以利益为基点推动企业文化的理念相吻合。墨子强调,通过互利互惠的机制可以实现有效治理和社会和谐。

本书在此强调利益在推动组织变革和文化建设中的核心作用。尽管改变人们的利益结构往往比改变他们的思想观念更加困难,但一旦基于利益进行有效的激励和引导,就能产生巨大的影响力,甚至彻底改变一个组织的文化和员工的行为模式。

首先,"触动利益比触动灵魂更难"揭示了一个深刻的社会现象,即人们对于自身利益的坚守往往超过对精神信仰的执着。这是因为利益直接关系到个体的生存和发展,是人们日常生活和工作中不可避免要面对的现实问题。因此,任何涉及利益的改革都会遇到强烈的阻力。

其次,如果能够将利益作为变革的出发点,就能激发强大的动力,推动组织和个人朝着既定目标前进。这种以利益为基础的激励机制,可以成为推动企业文化建设的有效工具,尤其是当这种文化以客户为中心时,它能够确保企业的所有成员都围绕客户需求来调整自己的行为和决策。

最后,通过利益驱动的企业文化建设,不仅是表面的宣传和口号,更是一种深入人心、影响行为的深层次变革。当员工将"以客户为中心"的理念内化为自觉行动时,企业的服务水平和市场竞争力将得到显著提升。

在现代企业管理中,企业通过利益激励机制来引导员工行为,激发员工的积极性和创造力,使他们认识到个人利益与公司利益的一致性,从而积极为客户服务,推动以客户为中心的企业文化的建立和发展,进而实现组织目标和员工个人利益的双赢。

触动利益往往比改变人的内心信念或价值观更具挑战性。人们对保护自己利益的强烈动机深植于人的本性之中。然而,通过利益驱动,将利益作为行动的基点,也可以激发出巨大的行动力和变革潜力。在组织中,通过确保员工和组织的利益与客户需求和利益相一致,员工可以培养出一种内在的、自发的、持续的客户导向行为,有效推动组织目标的实现。这种做法能够深入每个员工的内心,有效促进员工对客户中心文化的接受和内化。

利益在激发行动和塑造企业文化中的作用巨大而且可持续。虽然改变人的内心可能很难,但企业通过利益驱动,可以有效引导和激励人们的行为。这种做法认识到人性的基本面,并利用这一基本面来实现组织目标,推动组织的成功和持续发展。

> **第六十一条** 与员工谈钱是对员工最好的尊重，基于合理的制度安排与机制设计分钱，那就是持续可靠的尊重。

法家主张以法治国，强调制度的重要性。《韩非子·定法》提出："法者，宪令著于官府，刑罚必于民心。"说的是企业需要基于合理的制度安排与机制设计分配薪酬，确保公平和激励。《韩非子·难三》提出："法者，编著之图籍，设之于官府，而布之于百姓者也。"说的是法律和制度需要明确、公正，并且让所有人知晓。企业在管理中，有必要建立一个透明、公正的薪酬制度，以确保员工了解并信任公司的薪酬分配机制。《韩非子·五蠹》讲道："是以赏莫如厚而信，使民利之；罚莫如重而必，使民畏之；法莫如一而固，使民知之。"韩非子强调通过明确的赏罚制度来引导人们的行为。

此外，法家还强调"法不阿贵，绳不挠曲"（《韩非子·有度》），意味着法律面前人人平等，无论地位高低，都要受到法律的约束。这一思想与现代企业建立公平、公正的激励机制相吻合，确保每个员工都能在公平的环境中获得应有的回报。

儒家思想中的"仁爱"原则强调对他人的尊重和关怀，孔子承认人性中客观存在的"欲"，即个体对"富""贵"追求的正当性，并主张"因民之所利而利之"，以达到"小人怀惠""惠则足以使人"的目的。《论语·雍也》讲道："己欲立而立人，己欲达而达人。"这强调在追求自身发展的同时，也要帮助他人发展。在现代企业环境中，企业应确保员工得到应有的报酬和尊重。《孟子·梁惠王上》讲道："养生丧死无憾，王道之始也。"对员工基本生活需求的关照是企业责任的开始，企业需要为员工提供合理的薪酬。

墨家提倡"兼爱"与"非攻"，强调平等与互利。《墨子·兼爱中》认为："视人之国若视其国，视人之家若视其家。"企业需要平等对待员工，并进行合理薪酬分配。

道家主张顺应自然，《道德经》第三十七章讲道："道常无为而无不为。"在企业管理中，管理者有必要顺应员工的自然需求，通过合理的薪酬和福利制度来满足员工的期望。

兵家讲究策略和变通，《孙子兵法·作战》认为："故不尽知用兵之害者，则不能尽知用兵之利也。"在企业管理中，管理者不全面理解员工需求和激励机制的利弊，就无法有效激励员工。

中国古代的经济思想与现代企业管理在薪酬分配和对员工尊重方面有许多相似之处，尤其是在强调合理制度安排和关注社会公平正义方面。合理分配经济利益、建立公平激励机制是尊重员工的重要表现，也是现代企业管理成功的关键因素。

与员工谈论薪酬，是对员工的尊重。员工通过自己的劳动为企业创造了价值，自然期望得到相应的报酬。薪酬不仅是对员工劳动的物质回报，也是对他们工作成果的认可。因此，公开、透明地讨论薪酬问题，体现了企业对员工劳动的尊重和对其价值的肯定。

基于合理的制度安排与机制设计来分配薪酬，是持续可靠的尊重。这意味着，企业应建立一套公平、合理的薪酬制度，并确保该制度能够反映员工的工作表现、贡献和市场价值。通过制度化的方式确定薪酬，可以确保员工得到他们应得的报酬，也能激励员工更好地工作。

在企业管理中,尊重员工不仅是一种道德要求,而且是一种有效的管理策略。企业在制定薪酬政策时,要充分考虑员工的需求和期望,同时确保制度的公平性和可持续性。通过合理的薪酬制度,企业可以满足员工对经济利益的追求,从而激发他们的工作动力和创造力。这有助于减少员工之间的不公平感和不满情绪,建立起员工的信任和忠诚,促进企业的稳定发展和长期成功。

第六十二条 人才不是企业持续发展的动力,好的利益分配机制才是企业持续发展的动力。

法家认为,通过明确的奖惩制度来调动人的积极性和约束不当行为,是治理国家或组织的关键,这与本书强调的"好的利益分配机制"有相通之处。

《管子·明法解》认为:"故明主之治国也,案其当宜,行其正理。"这强调了明智的统治者应明确奖惩制度,而不是基于个人的好恶来决定赏罚。《韩非子·守道》指出:"圣王之立法也,其赏足以劝善,其威足以胜暴,其备足以必完法。"这进一步说明了通过有效的赏罚来激励或约束人的行为的重要性。

《韩非子·有度》提出:"不以法治国,则民无所措手足。"这强调了法治的必要性,表明良好的法律和制度是国家稳定和发展的基础。

墨家注重"兼爱"与"非攻",也强调节用与分配合理,认为资源的合理分配对社会的和谐与发展至关重要。《墨子·兼爱中》认为:"视人之国若视其国,视人之家若视其家。"这暗示现代企业需要平等对待员工,进行合理利益分配。《墨子·节用上》提出:"民之所以贫者,以其用之费也;国家之所以贫者,以其赋之少也。故治国者,务在节用。"这强调了资源合理使用和分配的重要性,指出国家和个人的贫困往往是由于不当的使用和分配造成的。

儒家虽然注重道德和人才,但也强调礼治和制度的重要性,特别是分配机制的合理性。《孟子·尽心下》讲道:"民为贵,社稷次之,君为轻。"这强调重视民众,确保人们的基本生活需求得到满足是实现社会稳定的基础。《论语·季氏》认为:"不患寡而患不均,不患贫而患不安。"孔子强调了分配公正的重要性,指出社会问题往往源于分配不公而非资源匮乏。儒家注重人的道德修养和社会责任,但也认识到合理的利益分配对于社会的稳定和和谐至关重要。《孟子·梁惠王上》讲道:"养生丧死无憾,王道之始也。"

道家主张顺应自然,老子在《道德经》第三十七章中说:"道常无为而无不为。"在企业管理中,通过建立合理的利益分配机制,可以让员工自发地为企业发展做出贡献。《老子》第七十七章提及:"天之道,损有余而补不足。"这强调了自然界的和谐分配原则,类似于现代社会的资源再分配。

兵家讲究策略和变通,《孙子兵法·兵势篇》讲道:"故善战者,求之于势,不责于人。"企业应通过建立良好的利益分配机制,形成有利于企业发展的势能,而不是仅依赖个别人才。

中国古代的诸子百家思想展现的核心理念之一是通过合理的制度安排来激励人们,实现社会和谐与稳定,这与现代企业中利益分配机制的目标是一致的。在现代企业中,好的利益分配机制比人才本身更为关键。只有建立一个公平合理的利益分配机制,才能既激励员工,又维护社会正义。

尽管人才是企业成功的关键因素之一,但如果没有合理的利益分配机制,即使拥有最优秀的人才，企业也可能无法实现持续发展。这是因为，如果员工感觉自己的努力和贡献没有得到公正的回报，其积极性和忠诚度可能会受到影响，从而影响企业的整体表现。

一个良好的利益分配机制能够激励员工，使其看到自己的努力与企业成功之间的直接联系。这种机制应能够公平地评价员工的工作表现，确保优秀的表现得到相应的奖励。这样的机制不仅能够吸引和留住人才，还能够激发员工的潜力，推动他们为实现企业目标而努力。

在企业管理和发展中，应重视建立和完善利益分配机制。这不仅是为了公平地奖励员工，更是为了通过激励机制来促进企业的整体发展和竞争力。一个有效的利益分配机制能够确保企业在激烈的市场竞争中保持活力和动力，实现长期的稳定和增长。

中国公司治理之"道"的注释

> **第六十三条** "分钱的制度安排和机制设计"同时包括"信仰、理想、希望、事业、权利、公平、荣誉、钱财"中的多数项目,因此,分钱的制度安排和机制设计本身才是"最有效的激励"。

法家强调通过严明而合理的制度来治理国家和组织,注重制度在奖惩和激励中的作用,从而调动人的积极性和提高效率。《韩非子·守道》讲道:"圣王之立法也,其赏足以劝善,其威足以胜暴,其备足以必完法。"法家认为,通过严格和明确的赏罚制度,可以有效激励和约束人的行为。《管子·明法解》指出:"故明主之治国也,案其当宜,行其正理。"这强调了明智的领导者应明确奖惩制度,而不是基于个人的好恶来决策。

《韩非子·有度》提出:"法不阿贵,刑过不避大臣。"这句话强调了法律面前人人平等,不因地位高低而有所偏袒,体现了公平和透明的原则。《韩非子·难三》指出:"法者,编著之图籍,设之于官府,而布之于百姓者也。"这表明法律和制度的公开性与透明性,法律应是公开制定并为百姓所知的。

儒家强调"仁"和"礼",注重在分配中考虑人的尊严和价值,强调分配的公平性。《论语·雍也》记录:"己欲立而立人,己欲达而达人。"儒家认为,在利益分配中要考虑他人的尊严,提倡互相成就,共同发展。《论语·季氏》提出:"不患寡而患不均,不患贫而患不安。"孔子强调分配的公平性,指出社会问题往往源于分配不公而非资源匮乏。孟子曰:"得其所哉,人生寿也;不得其所哉,生不可以寿。"孟子在此强调了人应找到适合自己的位置与环境,这样才能发挥自己的潜能,实现生命的价值。这可以被用来强调激励机制设计的重要性。

在激励机制上,兵家通过"以战功行赏"来激励士兵的战斗意志和提高军队的战斗力。《孙子兵法·作战篇》提出:"故杀敌者,怒也;取敌之利者,货也。"这强调通过奖励战功,激励士兵的战斗意志。

墨家提倡"兼爱"和"非攻",强调平等关爱所有人,这与合理的利益分配制度在多个维度上体现对员工的激励相契合。《墨子·兼爱中》指出:"视人之国若视其国,视人之家若视其家。"墨子的"兼爱"思想主张平等关爱他人,体现了对所有人的公平和关怀。

本书强调利益分配制度在激励员工方面的多维作用。一个合理的利益分配制度不仅关乎员工物质利益的分配,还能够在信仰、理想、希望、事业、权利、公平、荣誉等多个维度体现对员工的激励,从而构成了最有效的激励机制。

首先,当员工在利益分配中得到公正的回报时,他们不仅获得了经济上的满足,而且能感受到荣誉和尊严。这种荣誉感来源于他们的贡献被认可,而这种认可本身就是一种强有力的激励,能够增强员工的归属感和自豪感。

其次,利益分配与职业发展紧密相关。那些在利益分配中表现突出的员工,往往因为他们的才能和业绩而获得更多的晋升机会。这种晋升不仅意味着更大的权利和责任,也是员工个人职业生涯发展的重要标志。因此,利益分配制度与员工的职业规划和事业发展紧密相连,为员工提供了实现个人职业目标的可能性。

最后,利益分配制度在培养员工的希望、理想和信仰方面具有重要作用。一个公平合理的利益分配机制能够给予员工对未来的积极预期,这种预期是员工坚持和努力的动力源泉。随着时间的推移,这种机制能够成为员工共同的信念,激发他们为实现个人和组织的理想而共同努力。

> **第六十四条** 团队激励机制与监督制衡机制是合格企业家面临的基本问题,也是判断一位企业家是否具备足够领导力的最为重要的方面。

法家强调制度和法律的作用,尤其重视监督与制衡机制,以确保权力的有效运行和防止腐败。《韩非子·有度》讲道:"刑过不避大臣,赏善不遗匹夫。"这强调了通过明确的赏罚制度来激励和约束团队中的所有成员,而不论其地位高低,这反映了监督机制的重要性。《韩非子·用人》认为:"用人之法,务在知其能,无在乎亲。"这强调用人机制要基于能力和表现,而不是私人关系,这可以看作是团队激励机制的一部分。

《韩非子·守道》指出:"圣王之立法也,其赏足以劝善,其威足以胜暴,其备足以必完法。"这强调了在管理和领导中,明确的赏罚制度是必要的,因为它能有效地激励成员去执行任务,同时约束不当行为。这种制度化的管理方法有助于形成一个公平和高效的团队环境。《管子·明法解》指出:"故明主之治国也,案其当宜,行其正理。"这进一步指出,领导者在管理时应依赖客观的制度,而不是个人的偏好。这种方式确保了管理的公正性和一致性,进而提高团队的凝聚力和整体效率。

《韩非子·有度》提出:"法不阿贵,刑过不避大臣。"这强调法律面前人人平等,体现了严格的监督与制衡。《管子·明法解》指出:"明主者,所任不专,所信不过,故能致众人之力,成天下之功。"这强调权力的分散与制衡,以防止专权和腐败。

儒家强调"仁"和"礼",注重领导者的道德和团队管理。团队激励机制符合儒家思想中"仁"的原则,强调对下属的关怀和激励。《论语·雍也》指出:"己欲立而立人,己欲达而达人。"这主张在分配中考虑他人的尊严和价值,强调互相成就,共同发展。《论语·子路》指出:"其身正,不令而行;其身不正,虽令不从。"这强调领导者的榜样作用和道德感召力,符合团队激励的原则。

兵家注重战略和战术的运用,强调团队的协调和严格的纪律,这与团队激励机制和监督制衡机制相符。《孙子兵法·行军篇》指出:"令之以文,齐之以武,是谓必取。"这强调文武结合的领导策略,体现了团队激励与监督制衡的结合。《孙子兵法·谋攻篇》指出:"知可以战与不可以战者胜。"这强调领导者(或企业家)需要具备洞察和判断的能力,知道什么时候可以激励团队、什么时候需要约束,这是领导力的重要组成部分。《孙子兵法·谋攻篇》强调:"上下同欲者胜。"这强调团队目标一致性的重要性,这与团队激励机制密切相关。

墨家提倡"兼爱"和"非攻"。《墨子·兼爱中》强调:"视人之国若视其国,视人之家若视其家。"这主张平等地关爱所有人,与团队激励机制中的公平性和普遍性相呼应。

如何设计团队激励机制与监督制衡机制是合格企业家必须解决的基本问题,这一观点在法家、儒家、兵家和墨家的思想中都有体现。团队激励机制和监督制衡机制在企业领导中的重要性毋庸置疑,这也是衡量一个企业家是否具备领导力的关键指标。企业家在追求组织目标的同时,必须关注团队成员的需求和行为,通过合理的激励和监督,促进团队和组织的健康发展。

团队激励机制是合格企业家必须解决的基本问题之一。通过合理的激励,企业家能够激发员工的积极性和创造力,使其朝着组织的目标努力。激励机制可能包括物质奖励、职业发展机会、认可和表扬等多种方式,关键是要与员工的需求和期望相匹配。

监督制衡机制是确保团队成员遵守规则、防止滥用职权和不当行为的一种制度安排,需要同时考虑监督制衡的权威、信息优势和激励相容三个方面。这种机制有助于维护团队的公正性和透明度,防止个人利益损害团队或组织的整体利益。

团队激励机制和监督制衡机制的建立和执行是判断企业家领导力的重要方面。领导力更重要的是能够通过有效的治理手段,确保企业愿景和目标得以实现。一个具备领导力的企业家,应能够洞察人性基本面,理解员工追求利益最大化的倾向,并在此基础上设计出既能满足员工需求又能推动组织发展的激励和监督机制。

领导力的实践不仅是理论上的构想,而且需要在具体的管理活动中得到体现。企业家需要将领导理念转化为可操作的策略和制度,通过团队激励和监督制衡机制的建立,来实现对团队的有效治理和激励,这是检验其领导力的重要标准。

> **第六十五条** "支部建在连上"强调得很多,但"走群众路线"也不容忽视。任何公司都需要注意这两方面的均衡,任何的不均衡或不匹配都可能造成"悲剧"。

墨家强调"兼爱"和"非攻",主张领导者应平等地关爱所有人,注重民众的需求和利益。《墨子·兼爱中》认为:"视人之国若视其国,视人之家若视其家。"这主张平等地关爱所有人,强调"兼爱"和"非攻"的思想,体现了对所有人的公平和关爱,这与"走群众路线"中的平等关爱理念相符。《墨子·兼爱下》认为:"若使天下兼相爱,爱人若爱其身。"墨子强调一种普遍的关爱和对待他人的态度,这反映了"走群众路线"中与群众建立平等和关爱的关系。

道家强调顺应自然,通过非强制性的方式来引导和激励团队,契合现代激励机制中的自主性和自我驱动。《道德经》第八章认为:"上善若水,水善利万物而不争。"这强调领导者应顺应员工的自然需求和期望,通过激励机制来促进团队的和谐与发展。

法家强调制度和法律的作用,尤其重视权力的集中与分配,同时关注民众的反应和支持,这与群众路线和激励相容问题相符。《韩非子·有度》认为:"法不阿贵,刑过不避大臣。"这强调法律面前人人平等,体现了严格的监督与制衡,确保权力的公正执行。《韩非子·难三》认为:"法者,编著之图籍,设之于官府,而布之于百姓者也。"这强调法律和制度的公开性和透明性。法律是公开制定并为百姓所知的,这与"走群众路线"中公开透明的原则相符。

儒家提倡民本思想,强调"民为邦本",主张领导者应关注民众的需求和利益,倾听民意,做到德政和仁政。《论语·颜渊》认为:"樊迟问仁。子曰:'爱人。'"这强调领导者应关心和爱护民众,与"走群众路线"相符。《孟子·尽心下》认为:"民为贵,社稷次之,君为轻。"这强调民众的重要性,主张领导者应以民众的需求和利益为先,与"走群众路线"的理念相契合。《孟子·公孙丑下》认为:"得道者多助,失道者寡助。寡助之至,亲戚畔之;多助之至,天下顺之。"孟子强调君主应以民为本,实行仁爱的政策,这样才能得到人民的拥护和支持。孟子认为,人民的支持是政治稳定和国家长治久安的关键。

此外,《孙子兵法·谋攻篇》认为:"上下同欲者胜。"这强调领导者和民众目标一致,才能取得成功,与"走群众路线"中领导者与民众目标一致、共同努力的理念相符。

一个组织需要注意"支部建在连上"和"走群众路线"两方面的均衡,任何一方面的忽视都会导致问题。儒家强调民本思想和德行对民众的引导作用,法家强调制度和法律的监督制衡,墨家主张平等关爱所有人,道家则注重顺应自然的领导方式。本书提出对组织内部管理和运作方式的见解,强调实现"支部建在连上"和"走群众路线"之间均衡的重要性。

首先,"支部建在连上"是一个军事和组织管理中的概念,指的是在基层单位建立党的组织,以此确保组织决策和领导力的延伸和实施,加强组织的纪律性和执行力,确保上层的决策和指令能够被有效传达和执行。

其次,"走群众路线"是指组织应密切联系群众,倾听群众的意见和需求,反映群众的利益,从而获得群众的支持和参与。这有助于增强组织的民主性和包容性,确保组织决策更加贴近实际,更具有广泛的代表性。

再次,任何组织都需要在这两者之间找到均衡。如果过分强调"支部建在连上"而忽视"走群众路线",可能导致组织决策脱离群众,失去群众基础,从而影响组织的稳定性和有效性。相反,如果忽视组织纪律和执行力,可能导致组织决策过程混乱,缺乏效率。

最后,任何的不均衡或不匹配都有可能造成组织目标的失败、内部矛盾的加剧,甚至组织的解体。因此,组织需要在强化组织纪律和执行力的同时,也要注重群众的参与和利益,实现"支部建在连上"和"走群众路线"的有机结合。

中国公司治理之"道"的注释

> **第六十六条** 在公司治理方面,"猫抓老鼠"式的监督制衡逻辑其实是极其不靠谱的。这等于假定:①猫的数量足够多(最好能够做到与老鼠一对一且猫全天候工作),且猫足够勤勉敬业、英明神武,有能力发现所有出现问题的老鼠;②所有出现问题的老鼠都能够被发现,并且都受到了应有的惩罚。

道家强调顺应自然,通过非强制性的方式来解决问题,主张无为而治,避免过度干预。《道德经》第五十七章主张:"以正治国,以奇用兵,以无事取天下。吾何以知其然哉?以此。天下多忌讳,而民弥贫;民多利器,国家滋昏;人多伎巧,奇物滋起;法令滋彰,盗贼多有。故圣人云:我无为,而民自化;我好静,而民自正;我无事,而民自富;我无欲,而民自朴。"这段话强调治理应顺应自然,避免过度干预,这与"猫抓老鼠"逻辑的不切实际相符。

韩非子主张法律应简洁明了,易于理解和执行,这样才能真正起到规范行为、维护社会秩序的作用。《韩非子·难三》主张:"法者,编著之图籍,设之于官府,而布之于百姓者也。"韩非子强调法律的明确性和可操作性,反对法律的过度复杂化,认为这会导致法律失去应有的约束力和效力。

法家强调制度和法律的作用,认为通过严格的法律和制度可以防止问题的发生,而不是依赖个人的能力和道德。《韩非子·有度》主张:"法不阿贵,刑过不避大臣。"这强调法律面前人人平等,体现了严格的监督与制衡,而不是依赖个人能力。《韩非子·难三》主张:"法者,编著之图籍,设之于官府,而布之于百姓者也。"这强调法律和制度的公开性和透明性,而不是依赖个别人的能力和勤勉。

"猫抓老鼠"的监督制衡逻辑存在根本性的缺陷和不切实际的假设,这一观点在法家、道家的思想中都有体现。法家强调依靠制度和法律而不是个人能力,道家强调顺应自然、无为而治。

本书通过"猫抓老鼠"的比喻,批评一种常见的监督制衡逻辑或治理模式,指出这种模式存在根本性的缺陷和不切实际的假设。

首先,论述中的第一个假设是关于监管者(比喻中的"猫")的数量、能力和敬业精神。这个假设认为,监管者不仅数量充足,能够一对一地全天候监控被监管者(比喻中的"老鼠"),而且他们还非常勤勉、专业,并且具有高超的判断力,能够发现所有的问题。然而,在现实中,这种假设往往难以成立。监管资源总是有限的,监管者不可能无遗漏地监控每一个被监管者,也不可能总是做出完全正确的判断。

其次,第二个假设涉及监管的有效性,即所有应被发现的问题都被发现了,并且被发现的问题都得到了应有的处理。这个假设忽视了现实中可能出现的监管失效、惩罚不力或者选择性执法等问题。在实际的监管过程中,由于信息不对称、监管能力不足或其他原因,有些问题可能未被发现,或者即使被发现了,也不一定能够得到公正和有效的处理。

再次,本书通过这两个假设,揭示了"猫抓老鼠"逻辑的不靠谱之处。它暗示了这种逻辑过分依赖监管者的能力和完美执行,而忽视了监管体系本身可能存在的缺陷,以及人性基本面中的自利动机。在现实中,监管者和被监管者都可能受到自身利益的驱动,导致监管体系不能有效运作。

最后,在设计监管体系或治理模式时,不能简单地依赖监管者的完美执行,而应考虑人性的基本面,建立更为科学、合理和有效的监管机制。一个有效的监督制衡机制需要同时满足三个条件:监督权威、信息优势和激励相容,为建立这一机制公司可能采用包括提高透明度、完善法规、加强内部控制、激励机制创新、鼓励举报等多种措施,才能有效减少监管的盲点并提高监管的有效性。

> **第六十七条** 为什么过去的公司治理同时强调"支部建在连上"和"走群众路线"（激励相容＋经济民主），而现在的公司治理主要强调"把支部建在连上"和"猫抓老鼠"？原因在于经济基础决定上层建筑，以及既得利益者基于人性基本面，倾向于维护自己的既得利益；同时，"猫抓老鼠"式的监督制衡机制更容易造成权力集中、权威至上以及导致寻租。

墨家强调"兼爱"和"非攻"，主张通过广泛的爱与非攻击性手段实现社会和谐，同时注重公平和利益的分配，这与"走群众路线"的理念相符。《墨子·兼爱中》指出："万民兼爱，天下治；交相恶，天下乱。"这强调通过兼爱实现社会和谐，与"走群众路线"的理念相符。

儒家提倡民本思想，强调"民为邦本"，主张领导者应关注民众的需求和利益，倾听民意，做到德政和仁政。《论语·颜渊》指出："樊迟问仁。子曰：'爱人。'"这强调领导者应关心和爱护民众，与"走群众路线"相符。

《孟子·尽心下》指出："民为贵，社稷次之，君为轻。"这强调民众的重要性，主张领导者应以民众的需求和利益为先，与"走群众路线"的理念相契合。《孟子·公孙丑下》指出："得道者多助，失道者寡助。寡助之至，亲戚畔之；多助之至，天下顺之。"这体现了孟子的仁政思想，强调了君主应以民为本，实行仁爱的政策，这样才能得到人民的拥护和支持。孟子认为，人民的支持是政治稳定和国家长治久安的关键。

此外，《孙子兵法·谋攻篇》指出："上下同欲者胜。"这强调领导者和民众目标一致，才能取得成功，与"走群众路线"中领导者与民众目标一致、共同努力的理念相符。

"支部建在连上"和"走群众路线"强调的是组织的基层建设和群众参与，而"猫抓老鼠"式的监督机制则强调权力的集中和控制。这一观点在墨家、儒家、兵家的思想中都有体现。法家强调依靠制度和法律而不是个人能力，墨家主张通过"兼爱"和"非攻"实现社会和谐，儒家则强调民本思想和德行对民众的引导作用。

本书探讨了组织原则和监督机制的变化，以及这些变化背后的经济和社会动因。这里提到了几个不同的概念，包括"支部建在连上""走群众路线""猫抓老鼠"以及"经济基础决定上层建筑"。

本节指出过去在公司治理与组织管理中同时强调"支部建在连上"和"走群众路线"，这反映了一种平衡的治理策略，旨在通过党的基层组织确保政策的执行，同时通过激励相容和经济民主来调动群众的积极性，实现群众参与和利益共享。这种策略体现了对群众的尊重和对民主原则的重视。

然而，随着时间的推移，现在似乎更多地强调"把支部建在连上"和"猫抓老鼠"。这种变化可能与经济基础和上层建筑的关系有关。经济基础的变革，如市场结构、产权制度和分配方式的变化，可能会影响上层建筑中的政治结构、法律制度和意识形态。这种影响可能导致既得利益者的利益受到威胁，因此他们可能会寻求通过强化"支部建在连上"和"猫抓老鼠"来维护自己的权力和地位。

"猫抓老鼠"式的监督制衡机制被认为更有利于既得利益者,因为它可能被用来加强控制和行使权力、展现自身权威,同时可能滋生腐败和寻租行为。"猫抓老鼠"式的监督机制的有效性可能受到质疑,因为它可能无法真正实现对权力的制约和监督,反而可能被既得利益者用来维护自己的利益。

综上所述,在设计监督机制时,需要考虑既得利益者的行为动机,以及如何确保监督机制能够真正发挥作用,有效制约权力,防止腐败和寻租行为。这要求制度设计既要考虑激励相容,也要确保有足够的透明度和问责制,以促进真正的民主参与和公共利益的实现。

> **第六十八条** 一个有效的监督制衡机制需要同时满足三个条件:监督权威(有人撑腰)、信息优势(了解内幕)和激励相容(从监督中获得好处)。这是构建自我管理、自我监控型团队的基础。

法家强调通过制度和法律来确保监督的权威性,认为只有强有力的制度才能保证监督的有效性。《韩非子·有度》提出:"法不阿贵……刑过不避大臣。"这强调法律面前人人平等,体现了严格的监督与制衡,确保监督的权威性。

法家认为,掌握信息是监督和治理的关键,只有了解真实情况才能做出正确决策。《韩非子·孤愤》提出:"智术之士,必远见而明察,不明察,不能烛私。"这强调了解和掌握信息的重要性,管理者需通过信息优势来进行有效的监督和治理。

法家主张通过奖惩机制来调动官员的积极性,确保监督机制的有效运行。《韩非子·二柄》提出:"二柄者,刑德也。"这强调通过奖惩机制来调动官员的积极性,与激励相容相符。

墨家强调推举贤能之人掌权,通过贤能之人的权威来实现有效的监督。《墨子·尚贤中》提出:"上贤使能,不肖者勿使。"这强调选拔贤能之人掌权,体现了监督权威的重要性。

墨家主张通过制度化的激励机制来调动各级官员和民众的积极性。《墨子·兼爱下》提出:"仁人之事者,必务求天下之利,除天下之害。"这强调通过行为示范和利益一致来调动积极性,这与激励相容相符。

兵家注重通过严格的纪律和领导权威来实现有效的监督。《孙子兵法·行军篇》提出:"令之以文,齐之以武,是谓必取。"这强调通过文治和武力来确保监督的权威性。

兵家认为掌握敌情和自身情况的信息优势,是制胜的关键。《孙子兵法·谋攻篇》提出:"知彼知己,百战不殆。"这强调信息优势的重要性,通过间谍获取敌情,实现战略优势。

兵家认为领导者和民众应目标一致,只有了解民众的真实需求,才能实现有效的治理。《孙子兵法·谋攻篇》提出:"上下同欲者胜。"这强调领导者和民众目标一致才能取得成功,与信息优势相符。

兵家强调通过利益和奖惩机制来调动将士的积极性,确保军队的高效运作。《孙子兵法·作战篇》提出:"得车十乘已上,赏其先得者。"这强调只有通过及时的奖励和命令来确保将士的积极性,与激励相容相符。

一个有效的监督制衡机制需要同时具备监督权威、信息优势和激励相容。这一观点在法家、墨家和兵家的思想中都有体现。法家通过制度和法律来确保监督权威、信息优势和激励相容;墨家强调贤能之人掌权、信息透明以及利益一致;兵家注重信息收集、纪律和利益机制。

本书不仅提出了构建有效监督制衡机制的三个关键条件,而且指出这些条件是形成自我管理、自我监控型团队的基础。

首先,监督权威指的是监督者必须拥有足够的权威和支持,以确保他们的监督行为能够得到组织的承认和尊重。这种权威可能来源于组织内部的职位、规章制度,或者外部的法律法规。监督权威的确立有助于监督者在发现问题时能够采取必要的措施,而不必担心个人受到不利影响或报复。

其次,信息优势强调了监督者需要掌握比其他成员更多的信息,特别是那些不为大众所知的内幕信息。信息优势使监督者能够更准确地识别问题和风险,从而更有效地进行监督。在团队中,信息的透明度和共享机制对于确保监督者能够及时获取关键信息至关重要。

再次,激励相容涉及监督者从监督活动中获得的个人利益。这意味着监督行为应与监督者的个人目标和利益相一致,从而激发他们积极参与监督工作、提供信息优势。激励相容可以通过奖励机制、职业发展机会或其他形式的个人利益来实现,确保监督者在履行监督职责时能够感受到个人价值和成就感。

最后,监督权威、信息优势和激励相容这三个条件是构建自我管理、自我监控型团队的基础。通过满足这些条件,可以促进团队成员在追求个人利益的同时,维护团队和组织的整体利益,实现更高效的自我管理和自我监督。自我管理、自我监控型团队指的是团队成员能够自主地进行任务分配、决策和问题解决,同时具备自我监督的能力,以确保团队目标的实现和团队行为的规范性。在这种团队中,每个成员都承担着监督和被监督的角色,团队成员间形成了一种相互制衡和促进的关系。

> **第六十九条** 没有基于合理的制度安排与机制设计的动态激励相容和内部市场竞争,OKR 必定差强人意。因此,关键在于团队激励机制的变革和创新。KPI、OKR、PBC 等各种工具拼凑到一起,"头痛医头,脚痛医脚",反而更有可能导致管理成本大幅上升。对于解决人力资本主导、团队工作模式为主、环境动荡不安带来的绩效评估和激励问题,帮助不大。

法家思想强调通过严格的法律和制度来确保国家和组织的治理,认为只有通过合理的制度安排和奖惩机制,才能有效管理团队并实现目标。《荀子·君道》提出:"法者,治之端也;君者,法之端也。"这强调合理的制度安排是治理的基础。《韩非子·有度》提出:"法不阿贵,刑过不避大臣。"这强调法律面前人人平等,体现了严格的制度安排可确保管理的公正性和权威性。《韩非子·二柄》提出:"二柄者,刑德也。"这强调通过奖惩机制来调动官员的积极性,与动态激励相容相符。

墨家重视公平和利益的分配,强调通过合理的制度安排来实现社会的和谐和团队的高效运作。《墨子·尚贤中》提出:"上贤使能,不肖者勿使。"这强调选拔贤能之人掌权,体现了合理的制度安排和机制设计的重要性。《墨子·尚同下》提出:"仁人之事者,必务求天下之利,除天下之害。"这强调通过行为示范和利益一致来调动积极性,与动态激励相容相符。

兵家注重战略和战术的运用,通过合理的奖惩机制和团队的协调来实现目标。《孙子兵法·行军篇》提出:"令之以文,齐之以武,是谓必取。"这强调通过文治和武力来确保管理的权威性和有效性,体现了合理的制度安排。《孙子兵法·作战篇》提出:"取敌之利者,货也。"这强调通过及时的奖励和命令来确保将士的积极性,这与动态激励相容相符。《孙子兵法·谋攻篇》提出:"上下同欲者胜。"这强调通过合理的制度安排来确保统一的目标和行动。

法家通过合理的制度安排和奖惩机制来确保管理的有效性和激励相容;墨家强调贤能之人掌权,通过合理的制度安排和公平的利益分配来调动积极性;兵家注重合理的奖惩机制和团队的协调来实现目标。

本书探讨在现代组织管理中,尤其是面对人力资本主导和团队工作模式时,传统绩效评估工具,如 OKR(目标与关键结果)、KPI(关键绩效指标)、PBC(绩效保证合同)等,可能存在的局限性,以及团队激励机制变革和创新的重要性。

首先,如果没有合理的制度安排和机制设计作为支撑,动态激励相容和内部市场竞争就无法实现,这将导致 OKR 等工具的效果不尽如人意。动态激励相容是指激励机制能够与员工的个人目标和组织目标保持一致,并随着环境和条件的变化而动态调整。内部市场竞争则是指在组织内部形成一种健康的竞争环境,激发员工的积极性和创造力。

其次,团队激励机制的变革和创新非常重要。在人力资本主导的工作模式下,员工的知识和技能成为组织最宝贵的资源。因此,激励机制需要创新,以适应快速变化的环境和团队工作的特点。通过收益权、经营权和控制权的动态激励相容,可以更好地激发员工的潜力和动力。

再次,简单地将各种工具拼凑在一起的做法无异于"头痛医头,脚痛医脚",这可能导致管理成本的上升,而无法真正解决绩效评估和激励的问题。因为每种工具都有其特定的应用场景和局限性,如果没有系统性的考虑和整合,往往会造成资源浪费和效率低下。

最后,面对环境的动荡不安和团队工作模式的挑战,传统的绩效评估和激励工具可能帮助不大。这是因为这些工具可能无法充分考虑团队协作的复杂性和动态性,以及员工人力资本的动态性和员工在不断变化的环境中对激励和支持的需求。

综上所述,在当前的组织管理和公司治理中,需要充分考虑人力资本的动态性,对团队激励机制进行深入的变革和创新,以适应人力资本主导和团队工作模式的要求。同时,在设计和实施绩效评估工具时,企业需采取系统性思维,避免简单拼凑工具导致管理成本上升而效果有限。通过合理的制度安排和机制设计,管理者可以构建一个更有效且适应性强的团队激励体系,以应对不断变化的管理挑战和治理难题。

> **第七十条** 挣一分钱时的制度安排与机制设计,和挣一万元、一百万元、一亿元时的难易度及效果是不同的。在还没有开始挣钱之前,创业团队就应规划好"分钱的制度安排和机制设计",并在赚到第一分钱时开始执行,同时需适时动态调整,以应对利益膨胀引发的人性波动。

法家非常重视制度和法律的作用,强调通过合理的制度安排和动态调整来实现有效治理,这与企业团队应在创业初期规划好制度并进行动态调整的观点相符。

《韩非子·心度》强调:"法与时转则治,治与世宜则有功。"这强调制度和法律的合理性与与时俱进的重要性。《商君书·壹言》提及:"法不察民之情而立之,则不成。"这强调制度安排需考虑实际情况,确保其合理性和有效性。

《韩非子·五蠹》提及:"明主之国,无书简之文,以法为教;无先王之语,以吏为师。"这强调通过公正的制度和法度来实现动态治理,根据实际情况进行调整,以应对变化。

《韩非子·五蠹》提及:"圣人不期修古,不法常可,论世之事,因为之备。"这强调制度和法律需要根据实际情况进行动态调整,以适应变化。

墨家注重公平和利益的分配,强调通过合理的制度安排和动态调整来实现社会的和谐与团队的高效运作。

《墨子·尚贤中》提及:"贤者举而上之,富而贵之,以为官长,不肖者抑而废之,贫而贱之,以为徒役。"这强调通过合理的制度安排,推举贤能之人,确保治理的有效性。《墨子·尚同下》提及:"仁人之事者,必务求天下之利,除天下之害。"这强调通过行为示范和利益一致来调动积极性,并根据实际情况进行动态调整。

《墨子·天志》提及:"天之行广而无私。"这强调治理和制度安排需要参考自然法则和实际情况,进行动态调整。

兵家注重战略和战术的运用,通过合理的奖惩机制和团队的协调来实现目标,这与动态激励相容和内部市场竞争相符。

《孙子兵法·谋攻篇》提及:"上下同欲者胜。"这强调通过合理的制度安排来确保目标的一致性和行动的协调。《孙子兵法·谋攻篇》提及:"上兵伐谋,其次伐交,其次伐兵,其下攻城。"这强调通过合理的战略和制度安排来实现目标。《孙子兵法·兵势篇》提及:"故善战者,求之于势,不责于人,故能择人而任势。"这强调根据实际情况进行动态调整,以适应变化并实现目标。

在创业初期,企业团队就需要规划好分钱的制度安排和机制设计,并在执行过程中根据实际情况进行动态调整,以应对利益膨胀和人性变化。这一观点在法家、墨家和兵家的思想中都有体现。法家强调通过合理的制度安排和动态调整来确保管理的有效性;墨家注重贤能之人掌权,通过合理的制度安排和公平的利益分配来调动积极性,并根据实际情况进行调整;兵家注重合理的战略和制度安排,并根据实际情况进行动态调整。

本书强调在创业初期进行制度安排和机制设计的重要性,以及这种规划在不同盈利阶段的难易度和效果差异。

首先,在创业企业开始盈利之前,团队就应着手规划"分钱的制度安排和机制设计"。这是因为一旦企业开始盈利,即使是很小的盈利,也会立即引发利益分配的问题。在这个阶段,团队成员可能会因对利益分配的期望和理解不同而产生分歧,因此提前规划可以避免未来可能出现的冲突。

其次,创业团队在挣得较少金额时进行制度安排与机制设计,与在挣得较大金额时相比,难易度和取得的效果是不同的。在盈利较少时,团队成员可能更容易就分配机制达成共识,因为涉及的金额较小,个人利益的冲突可能不那么尖锐。然而,随着盈利的增加,利益分配的问题可能会变得更加复杂和敏感,人性中的自利动机可能会更加明显,这时候达成共识和调整机制可能会更加困难。

再次,适时动态调整分配机制非常重要。随着企业盈利的增长,原有的分配机制可能不再适应新的情况,需要根据利益的膨胀和团队成员需求的变化进行调整。这种动态调整有助于保持团队的稳定和激励机制的有效性,确保团队成员在追求个人利益的同时,也能够维护团队的整体利益和长远发展。

最后,创业团队在创业初期就要有前瞻性地考虑和规划利益分配问题。这不仅是对团队成员负责的表现,也是确保企业能够顺利发展的关键因素。创业团队在盈利之前建立清晰的分配规则和机制,并随着企业发展进行适时调整,可以减少内部矛盾,增强团队凝聚力,促进企业的健康成长。

> **第七十一条** 个人兴趣和精神倾向与激励机制是两个截然不同的概念。是否接受激励是个人的选择,而是否提供激励则是组织的责任。明确区分这两者是机制设计的核心之一。"绝不让'雷锋'吃亏,奉献者必当得到合理的回报"。是否做"雷锋"是个人的事,而是否给予合理回报是公司的事。这就是华为的激励机制。

法家思想强调制度和法律在治理中的核心作用,主张通过明确的规则和奖惩机制来管理和激励个体。法家认为,通过制度化的激励和约束,可以有效引导人们的行为。《史记·商君列传》提及:"有功者显荣,无功者虽富无所芬华。"这强调有功者应得到荣誉和奖励,组织在激励机制中应给予奉献者合理回报。《韩非子·心度》提及:"为法也,所以平不夷,矫不直也。"这强调治理应依赖制度而非个人关系,与组织提供明确激励机制以确保公平性相一致。

墨家强调"兼爱"和"非攻",注重社会公平和功利原则,这与合理回报奉献者的理念有一定的契合。《墨子·节用中》提及:"诸加费,不加民利者,圣王弗为。"这强调根据需要合理分配资源,与确保奉献者得到合理回报的理念相符。《墨子·兼爱中》提及:"天下之士君子……欲天下之治而恶其乱。"墨家推崇公正和利益分配,以保证善行者得到应有的回报,这与组织确保对贡献者提供合理回报的责任一致。

儒家思想强调仁德、公正和社会和谐,认为治理者应仁慈、公正,并激励和奖赏那些做出贡献的人,以保持社会的和谐和稳定。《论语·颜渊》提及:"子曰:'君子成人之美,不成人之恶。'"孔子强调君子应成全他人的善行,这与组织应激励和奖赏"雷锋"行为相符,确保他们不吃亏。

在此本书讨论个人动机与组织激励机制之间的关系,强调在管理实践中正确理解和运用这种关系的重要性。

个人兴趣和精神倾向是内在的,是推动个人行动的自然动力,而激励机制则是组织为了引导和增强这些行动而设计的外部因素。这种区分至关重要,人们可能出于纯粹的兴趣和热爱而从事某项工作,但这并不意味着他们不需要或不期望得到外部的认可和奖励。

"是否接受激励是个人的选择"强调了个体的自主性。每个人都有权根据自己的价值观和目标来决定是否响应外部激励。这种选择权是个人自由的体现,然而这并不意味着组织可以忽视激励机制的建立和完善。相反,组织有责任提供激励,以确保那些为组织目标做出贡献的个人能够得到公正的回报。

"绝不让'雷锋'吃亏,奉献者必当得到合理的回报"这一原则,体现了华为激励机制的精髓。这传达了一个明确的信息:无论员工是否出于个人兴趣而工作,组织都应确保他们的奉献得到合理的回报。这种回报不仅是对个人努力的认可,也是对人性基本面的尊重。

本书认为，在激励机制设计中，既要尊重个人的内在动机，又要承担起组织提供外部激励的责任。通过明确区分个人兴趣和组织激励，组织可以更有效地激发员工的潜力，提高工作效率，也能够建立起一个公平、公正的工作环境。

创业企业治理<注释>

第七十二条 创业是孤独的,孤独是勇敢的!在所有条件都具备的情况下,事情往往不可行。

道家强调顺应自然、无为而治,常常提到在不完美条件下行动的智慧。道家思想中的"无为而无不为"体现了一种在不具备所有理想条件下采取行动的智慧。

《道德经》第二十五章提及:"独立而不改,周行而不殆,可以为天下母。"这强调在孤独中坚持自我,这种独立与坚定是勇敢的体现。《道德经》第二十八章提及:"知其雄,守其雌,为天下溪。"这强调在孤独和隐忍中展现勇敢与智慧。《道德经》第二十三章提及:"故飘风不终朝,骤雨不终日。"老子通过这一自然现象来比喻人生中的逆境和困难。他认为,就像狂风暴雨不能持久一样,人生中的困难和逆境也是暂时的,最终会过去。

《道德经》第四十五章提及:"大成若缺,其用不弊。"这强调在看似不完美的条件下,行动依然可以取得成功。《道德经》第二十二章提及:"曲则全,枉则直。"这强调在不完美的环境中,通过灵活和适应性的行动可以达到目标。《道德经》第二章提及:"天下皆知美之为美,斯恶已;皆知善之为善,斯不善已。"这强调对立统一的思想,危机中孕育着机会。

兵家强调在不完美和危机条件下的智慧与勇敢,注重灵活应变和战略智慧。《孙子兵法·九地篇》提及:"投之亡地然后存,陷之死地然后生。"这强调在极端条件下勇敢和决断的重要性。《孙子兵法·兵势篇》提及:"乱生于治,怯生于勇,弱生于强。"这强调在不完美和对立条件下的行动智慧。《孙子兵法·虚实篇》提及:"兵无常势,水无常形。"这强调在不完美和变化的条件下灵活应变的重要性。

创业过程中交织着孤独与勇敢,创业者需要在不完美的条件下积极、快速地行动。这在道家和兵家的思想中有所体现。道家强调在孤独中坚持自我,并在不完美条件下采取行动的智慧;兵家强调在不完美和危机条件下的勇敢与灵活应变的重要性。

创业是充满挑战和不确定性的旅程,这要求创业者具备非凡的勇气和决心。在这条道路上,孤独常常是创业者的伴侣,创业者必须走出舒适区,面对未知的风险和挑战。这种孤独并非贬义,而是一种勇敢的体现,意味着创业者愿意独自承担起责任,面对困难和失败的可能性。

在所有条件都具备的情况下,事情往往不可行,这一观点揭示了创业的一个核心真理:完美的条件是罕见的,甚至可能是不存在的。创业者不能等待所有条件都成熟,因为市场环境、技术发展、竞争对手等因素总是在不断变化。如果创业者总是等待完美的时机,他们可能会错失宝贵的机会。因此,创业者需要在不完美的环境中积极行动,快速响应变化,灵活调整策略。

这种行动力和适应力是创业者成功的关键。他们必须学会在资源有限、信息不完全、风险未知的情况下做出决策。这要求创业者具备高度的自我驱动力、创新思维和解决问题的能力。同时，他们还需要具备坚韧不拔的精神，即使在面对失败和挫折时，也能够坚持下去，不断学习和成长。

> **第七十三条** 2008—2027年人类社会处于康德拉季耶夫周期的衰退期（2008—2017年）和萧条期（2018—2027年）。上一个康德拉季耶夫周期的衰退期（1929—1938年）和萧条期（1939—1948年）是在大萧条和第二次世界大战中度过的。2024—2027年是萧条期的末端，可能是创业的黄金时期。

道家思想强调顺应自然和时势，认为在变化和危机中蕴藏着机会。《道德经》第二十五章提及："人法地，地法天，天法道，道法自然。"这强调顺应自然法则，寻找适应时势的机会。《道德经》第二十八章提及："其白，守其黑，为天下式。"这强调在不确定和变化中保持冷静与洞察力，以寻找机会。《道德经》第四十二章提及："道生一，一生二，二生三，三生万物。万物负阴而抱阳，冲气以为和。"这强调自然界万物的循环变化，只有顺应自然规律，才能找到机会。

《道德经》第五十八章提及："祸兮福之所倚，福兮祸之所伏。"这强调危机中蕴藏着机会，福祸相依，只有顺应时势，才能在困境中找到机遇。《道德经》第二章提及："天下皆知美之为美，斯恶已；皆知善之为善，斯不善已。"这蕴含对立统一的思想，强调危机中孕育着机会。《道德经》第三十六章提及："将欲废之，必固兴之；将欲取之，必固与之。"这强调在危机和困境中，通过顺应时势和灵活应对，可以找到机会。

兵家强调在战争和危机中寻找战略机会，善于利用形势，灵活应对。《孙子兵法·兵势篇》提及："激水之疾，至于漂石者，势也。"这强调利用形势的力量，在危机中找到机会。《孙子兵法·虚实篇》提及："善攻者，敌不知其所守；善守者，敌不知其所攻。"这强调在不确定和变化中，通过灵活应对找到机会。《孙子兵法·九地篇》提及："投之亡地然后存，陷之死地然后生。"这强调在极端困境中，通过顺应时势和勇敢行动，找到生存和发展的机会。

经济周期的"衰退期"和"萧条期"尽管面临困境，但也孕育着机会。这一思想在道家和兵家的思想中都有体现。道家强调顺应自然和时势，在变化和危机中寻找机会；兵家强调在战争和危机中寻找战略机会，善于利用形势，灵活应对。

本书基于尼古拉·康德拉季耶夫的经济周期理论，提出了一个关于经济波动的长期预测。康德拉季耶夫周期，又称长波理论，认为资本主义经济会经历大约50年到60年一个周期的波动，包括复苏期、增长期、衰退期和萧条期四个阶段。

首先，人类社会目前所处的时期是康德拉季耶夫周期中的"衰退期"和"萧条期"。2008年标志着衰退期的开始，这与全球金融危机的时间点相吻合。随后，2018年进入萧条期，预计持续到2027年。这种经济周期的划分反映了对经济历史趋势的观察和分析。

其次，通过回顾历史，我们将当前周期与上一个康德拉季耶夫周期的衰退和萧条期相比较，指出上一个康德拉季耶夫周期的这两个阶段分别伴随着大萧条和第二次世界大战。这暗示了经济周期的长波理论与重大历史事件的关联，以及对经济和社会结构的深远影响。

最后,我们基于对经济周期波动的预测提出,2024—2027年可能是创业的黄金时期。在萧条期的末尾,市场将开始复苏,为新的创业活动提供机会。一般而言,在经济低谷期的末端,资源价格可能较低,竞争可能减少,这为有远见的创业者提供了进入市场的良好时机。

需要注意的是,康德拉季耶夫周期理论并非没有争议,其预测的准确性和科学性在经济学界存在不同看法。此外,经济周期的实际走势受到多种复杂因素的影响,包括技术创新、政策变动、国际关系等,这些因素都可能对经济周期产生非线性的影响。

> **第七十四条** "红颜薄命""天妒英才",以及好企业、成功的企业是极少数的,这才符合"天道"。

道家思想强调"道"的均衡与和谐,认为世界存在一种自然的平衡机制。

《道德经》第四十二章提出:"道生一,一生二,二生三,三生万物。万物负阴而抱阳,冲气以为和。"这强调世界万物的对立统一和自然平衡。《道德经》第五十八章提出:"祸兮福之所倚,福兮祸之所伏。"祸是福依靠的地方,福是祸潜伏的地方。这强调福祸相依,世界存在一种自然的平衡机制。

《道德经》第七十七章提出:"天之道,损有余而补不足。"这反映了自然界和社会生活中的一种平衡原则,即自然界和社会往往会调节过度的盈余,以补充不足之处,从而维持一种平衡状态。《道德经》第四十一章:"夫唯道,善贷且成。"这强调遵循自然法则,善于利用自然的平衡机制。

儒家强调中庸之道和世界的和谐,认为世界存在一种平衡和均衡的机制。

《论语·先进》提出:"子曰:'过犹不及。'"这强调中庸之道,世界存在一种平衡和均衡的机制。《论语·雍也》提出:"子曰:'质胜文则野,文胜质则史。文质彬彬,然后君子。'"这强调文质平衡,世界存在一种和谐的机制。《中庸》提出:"喜怒哀乐之未发,谓之中;发而皆中节,谓之和。"这强调中和之道,世界存在一种平衡的机制。

"红颜薄命"和"天妒英才"是我国古代两个充满哲理的成语,说的是美貌之人往往命运多舛,以及天赋出众的人才常常遭遇不幸或不公的命运。这两个成语反映了人们对于美好事物易逝和杰出人物遭遇不幸的感慨。世间的美好和卓越往往难以长久,仿佛宇宙间存在一种平衡机制,不允许任何事物或人过于完美或持久地占据优势地位。

延伸到商业领域,可以说成功的企业是少数。这可能是因为市场竞争激烈,资源有限,而企业的成功需要多种因素的完美结合,包括创新、管理、市场定位等。成功企业的稀缺性从某种程度上反映了社会和经济的自然选择机制。在这种机制下,只有那些能够适应环境变化、不断创新和优化的企业才能生存并取得成功。

同时,成功并非永恒不变,需要不断的努力和维护。企业和个人都需要认识到,成功是一个动态的过程,需要持续的投入和适应。在这个过程中,平衡和适应是关键,无论是个人在生活还是企业在经营中,都需要在追求利益最大化的同时,考虑可持续性和长远发展。

"天道"可以理解为自然法则或宇宙的运行规律。世界运行中的平衡机制既体现在自然法则中,也体现在人类社会和经济活动中。这种机制要求我们在追求个人或企业的成功时,也要考虑整体的平衡和可持续性,以实现长期和谐的发展。

> **第七十五条** 在极其艰难曲折的创业旅程中,"兄弟感情""情怀初心""德行人品"等都有赖于规则清晰合理所能带来的重要保障。

法家强调通过制度和法律来维持社会的平衡和秩序,认为只有通过严格的制度安排,才能保障道德和情感的稳定。

《韩非子·心度》认为:"为法也,所以平不夷、矫不直也。"《韩非子·外储说右下》认为:"故明主治吏不治民。"这强调通过制度和法律来管理社会,而不是依赖个人的道德和智慧。

《管子·明法解》认为:"法者,天下之程式也,万事之仪表也。"这强调法律和制度作为社会运行的基础,其清晰和合理性是保障社会秩序的关键。

《韩非子·五蠹》认为:"明主之国,无书简之文,以法为教;无先王之语,以吏为师。"这强调通过公正的制度和法度来实现动态治理,根据实际情况进行调整,以应对变化。

《商君书·壹言》认为:"法不察民之情而立之,则不成。"这强调制度安排需要考虑实际情况,确保其合理性和有效性。

《韩非子·有度》认为:"君臣上下贵贱皆守法而行,法不阿贵,刑过不避大臣,赏善不遗匹夫。"这强调法律面前人人平等,通过严格的制度安排,来保障各阶层之间的秩序和关系。

本书探讨了创业过程中人际关系和价值观的重要性,以及它们与清晰合理规则之间的关系。创业旅程充满艰难和曲折。在这样的背景下,"兄弟感情""情怀初心""德行人品"等人际关系和价值观因素是重要的。它们是团队凝聚力和企业文化的基石,对于维持团队稳定和推动企业发展具有重要作用。

然而,这些人际关系和价值观的维系不仅仅依赖情感或道德自觉,而且需要"规则清晰合理"作为重要保障。为了确保团队成员之间的信任与合作,并保持企业的核心价值观,企业必须建立一套明确、公正、合理的规则体系。这些规则可以包括工作流程、决策机制、奖励惩罚制度等,以期为团队成员提供一个共同遵守的行为准则。

通常,清晰合理的规则有助于减少不确定性和潜在冲突。在创业过程中,不确定性是不可避免的,而清晰的规则可以为团队成员提供稳定的预期,降低因误解或不一致的期望而产生的摩擦。同时,合理的规则也有助于确保团队成员的个人利益与企业的整体目标相一致,从而促进团队的协作与企业的长远发展。

此外,规则的清晰和合理还能够为"兄弟感情""情怀初心"和"德行人品"等提供支撑。当规则能够体现并强化这些价值观时,它们不再是抽象的概念,而是转化为具体、可执行的行为标准。这有助于团队成员在追求个人利益的同时,也能维护团队和谐与企业的道德标准。

最后,在创业和管理实践中,情感和价值观的重要性不容忽视,但其实现和维系需要依赖清晰合理的规则。这些规则不仅为团队成员提供了行为指导,而且为维护团队凝聚力和企业文化提供了坚实的基础。

> **第七十六条** 创业行为可能起于"关系",但亦很可能只成于"规则"。创业合伙人切实地回归人性的基本面,结合中国的现实情境,基于关系讲规则,可能是最为合理和可持续的企业成长与发展之道。

法家思想强调通过制度和法律来维持社会的平衡与秩序,认为只有通过严格的制度安排,才能保障人际关系与组织的稳定。

《韩非子·有度》提出:"法不阿贵,刑过不避大臣。"这强调法律面前人人平等,体现了严格制度安排的重要性,确保了管理的公正性和权威性。

《韩非子·心度》提出:"为法也,所以平不夷、矫不直也。"《韩非子·外储说右下》提出:"故明主治吏不治民。"这强调通过制度和法律来管理社会,而不是依赖个人的道德和智慧。

《韩非子·五蠹》提出:"明主之国,无书简之文,以法为教;无先王之语,以吏为师。"这强调通过公正的制度和法度来实现动态治理,根据实际情况进行调整,以应对变化。

《道德经》第二十五章提出:"道法自然。"道家强调顺应自然规律和内在秩序的重要性。在创业的语境中,这意味着创业者在建立规则和制度时,应考虑人性的基本面和中国的社会文化现实。这样的规则既能反映人际关系的温暖与信任,又能体现商业运作的严谨与规范。

本书探讨创业过程中"关系"与"规则"的相互作用及其对企业成长和发展的影响。创业行为可能起源于"关系"。在中国等注重关系网络的社会中,人际关系往往在创业初期扮演着重要角色。通过关系网络,创业者可以获得资源、信息、合作伙伴和市场机会等关键要素。关系可以为创业项目提供启动的动力和初期的支持,帮助创业者建立信任和合作的基础。

首先,虽然创业可能起于关系,但要实现真正的成功和持续发展,却很可能依赖"规则"。这里的"规则"指的是企业运营中明确的规章制度、机制规范、法律框架等。规则为企业提供了一个稳定和可预测的运营环境,确保了决策的透明度和公平性,降低了不确定性和风险。通过建立和遵循合理的规则,企业能够建立起有效的治理结构,提高管理效率,吸引投资,扩大市场。

其次,创业合伙人需要切实回归人性的基本面。创业者在追求个人和企业利益最大化的同时,需要认识到人性中的自利动机,并在此基础上建立合理的激励与约束机制。通过明确各自的权益与责任,合伙人能够在追求个人利益的同时,促进企业的共同发展。

再次,结合中国的现实情境,企业需要基于关系讲规则。在中国特定的社会文化背景下,企业在发展过程中需要平衡"关系"和"规则"两者之间的关系。企业不仅要利用关系网络来获取资源与机会,而且要建立和遵循规则,保障企业的稳定运营和长期发展。这种基于关系的规则意识有助于企业在复杂的市场环境中找到合理的成长路径。

最后,本书认为,将关系与规则相结合可能是最为合理和可持续的企业成长与发展之道。这种结合不仅体现了对人性基本面的理解,而且符合中国的实际情况和文化特点。通过在关系的基础上建立和遵循规则,企业能够在动态的市场环境中实现稳健和可持续的发展。

> **第七十七条** 如果创业团队不能"基于关系讲规则",那么很可能会像《明朝那些事儿》中提到的那样:在中国历史上,共同创业的人大多逃不过"四同"的结局:同舟共济→同床异梦→同室操戈→同归于尽。

法家强调以法治国,主张通过严格的法律和制度来治理国家和组织,避免因人际关系而导致的混乱和不公。这与"基于关系讲规则"的观点相符,法家认为规则和制度是维持秩序的关键。

《韩非子·五蠹》说:"圣人不期修古,不法常可,论世之事,因为之备。"这是说治理国家不必拘泥于古法,只要能使国家富强的方式都可以采用。这说明法家重视制度的作用。

《韩非子·定法》指出:"法者,治之端也。夫治国无法则乱,守法而治则安。"法家认为法律是治理的起点,没有法律的治理会导致混乱,遵守法律则能带来安定。

《韩非子·有度》指出:"法不阿贵,刑过不避大臣。"这强调法律面前人人平等,体现了严格制度安排的重要性,其能确保管理的公正性和权威性。

《商君书·壹言》指出:"法不察民之情而立之,则不成。"这强调制度安排需要考虑实际情况,确保其合理性和有效性。

《韩非子·五蠹》指出:"明主之国,无书简之文,以法为教;无先王之语,以吏为师。"这强调通过公正的制度和法度来实现动态治理,根据实际情况进行调整,以应对变化。

墨家主张"兼爱""非攻",强调公平和正义。在团队合作方面,墨家主张所有成员都应得到平等的对待,规则和制度是实现公平的方式之一。

《墨子·兼爱中》指出:"视人之国,若视其国;视人之家,若视其家;视人之身,若视其身。"墨子提倡"兼爱",即人人相爱、互相帮助,主张公平和实用的治理方式。

兵家强调战略和纪律,注重团队合作和有序的指挥。在团队合作方面,兵家强调纪律和规则的重要性,认为只有在严格的规则和纪律下,团队才能有效运作。

《孙子兵法·兵势篇》指出:"故善战者,求之于势,不责于人,故能择人而任势。"孙子强调,善于作战的人依靠的是形势而不是责备个人。这体现了规则和纪律的重要性。

创业团队需要"基于关系讲规则",否则可能导致内部矛盾与最终的失败。本书通过引用《明朝那些事儿》中的历史观点,以期帮助读者深入理解创业团队内部关系和规则的重要性。

首先,如果创业团队不能在关系的基础上讲求规则,那么团队的合作关系可能会经历从紧密到破裂的四个阶段,即"四同"的结局。这四个阶段分别是:同舟共济,是指创业初期团队成员为了共同的目标和梦想紧密合作;同床异梦,意味着随着时间的推移,团队成员可能在目标和利益上开始出现分歧;同室操戈,表示团队内部矛盾与冲突开始表面化,成员间可能因个人利益发生内斗;同归于尽,预示团队可能因为内斗和矛盾无法调和而走向瓦解。

其次,在创业过程中,仅依靠良好的关系是不够的,必须在此基础上建立清晰的规则和制度。规则可以为团队成员提供明确的行为准则和决策依据,有助于预防和解决可能出现的分歧和冲突。通过确立规则,团队可以维护合作的稳定性与持续性,避免因个人利益最大化而导致的内斗和瓦解。

再次,"基于关系讲规则"实际上强调的是一种平衡。在中国的商业文化中,关系往往在商业合作中占据重要地位。然而,单靠关系并不能保证合作的长期稳定,还需要有规则来加以规范和约束。这种平衡体现了对人性基本面的理解,即人们在追求自身利益的同时,也需要考虑团队的整体利益与长远发展。

最后,创业者在构建团队和推动企业发展的过程中,应重视规则的建立与执行。这不仅是对团队成员负责,也是对企业未来发展的保障。建立合理的规则体系可以促进团队成员之间的信任和尊重,维护团队的凝聚力,推动企业实现可持续增长与发展。

> **第七十八条** 创业企业不挣钱对创业团队来说可能是好事,因为创业企业即使是挣一分钱,创业团队也要面临"分钱的问题"和来自人性基本面的考验。

法家思想强调通过严格的制度和法律来维持社会的平衡和秩序,认为只有通过明确的规则,才能有效治理和分配利益,避免人性弱点带来的问题。

《韩非子·有度》提倡:"法不阿贵,刑过不避大臣。"这强调法律面前人人平等,体现了严格的制度安排,确保管理的公正性和权威性。利益分配也应在公平的规则下进行,避免因人性弱点导致的纷争。

《商君书·壹言》提倡:"法不察民之情而立之,则不成。"这强调制度安排需要考虑实际情况,确保其合理性和有效性。利益分配的规则需要结合团队成员的实际情况和人性特质。

《韩非子·五蠹》提倡:"明主之国,无书简之文,以法为教;无先王之语,以吏为师。"这强调通过公正的制度和法度来实现管理,根据实际情况进行调整,以应对利益分配中的人性考验。

墨家思想强调"兼爱"和"非攻",主张通过合作和相互支持来实现社会和谐,同时强调规则和公平在维持社会秩序中的重要性。

《墨子·兼爱中》提倡:"当兼相爱,交相利。"墨家强调合作和互助,这与团队成员需要团结合作以应对利益分配问题相符。

《墨子·尚贤中》提倡:"贤者举而上之,富而贵之,以为官长,不肖者抑而废之,贫而贱之,以为徒役。"这强调公平竞争和能力导向的分配,这可以用来指导创业团队的利益分配。

《墨子·尚同中》提出:"天子唯能壹同天下之义,是以天下治也。"墨子主张天子应统一天下的价值观和规则,从而实现社会的治理。这与创业团队需要一致的利益分配规则相符。

法家强调通过制度和法律来维持社会的平衡和秩序,认为只有通过严格的制度安排,才能有效治理和分配利益,避免人性弱点带来的问题。墨家则强调通过合作和公平竞争来实现社会和谐,同时强调规则和公平在利益分配中的重要性。

首先,如果创业企业没有盈利,团队成员可能不会面临"分钱的问题"。在没有利润的情况下,团队成员可能更专注于如何生存和发展,而不是如何分配利益。这种情况下,团队可能会展现出更多的团结和协作精神,共同面对外部挑战。

其次,一旦企业开始盈利,即使是挣到一分钱,团队就可能面临如何分配这些利益的问题。利益分配是一个复杂而敏感的问题,涉及每个团队成员的贡献、期望和公平性感知。如果处理不当,利益分配可能会引发团队内部的矛盾和冲突,甚至可能导致团队分裂。

再次，创业企业需要直面来自人性基本面的考验。当企业开始盈利时，团队成员可能会出于自身利益的考虑，提出不同的分配方案和要求。这种基于个人利益的动机可能会与团队的整体利益发生冲突，考验着团队成员的价值观和决策智慧。

最后，创业者在企业盈利之后，需要特别关注利益分配的问题，并在团队内部建立起公平、透明、合理的分配机制。这不仅有助于维护团队的稳定和团结，也是对团队成员人性基本面的一种尊重和引导。创业企业通过合理的利益分配，可以激发团队成员的积极性和创造力，推动企业持续发展。

创业企业在盈利后可能面临利益分配问题，以及这些问题对团队内部关系和人性的考验。在创业过程中，除了关注企业的盈利和发展，还需要重视团队内部的利益分配和价值观建设，以确保团队和企业的长远利益。

> **第七十九条** 良好的创业心态其实不是要准备好失败,而是要准备好如何成功以及成功后怎么办(基于关系讲规则/基于规则讲关系)?如果不为成功做好准备,不准备如何成功及成功后如何应对,你就不可能成功。

法家强调了制度、规则,以及在行动前做好充分准备的重要性。法家认为,成功来源于有效的制度和法律的实施,以及对可能情况的充分准备。《韩非子·有度》提到:"国无常强,无常弱。奉法者强则国强,奉法者弱则国弱。"这表明,成功与否在于对规则的执行和对制度的准备。

商鞅多次强调制度和法律对于国家治理和个人成功的重要性。《史记·商君列传》提到:"治世不一道,便国不法古。"这强调了根据实际情况制定合适的制度和法律的重要性。

创业团队在成功后需要清晰的规则来维持内部秩序。

《商君书·壹言》提到:"法不察民之情而立之,则不成。"这强调制度安排需要考虑实际情况,确保其合理性和有效性。成功后的规则需要结合团队成员的实际情况和人性特质。《韩非子·五蠹》提到:"故明主之国,无书简之文,以法为教;无先王之语,以吏为师。"这强调通过公正的制度和法度来实现管理,根据实际情况进行调整,以应对成功后的问题。

兵家强调战略和纪律,认为在成功后需要有明确的策略和规则来管理团队和利益分配,以确保持续的胜利和稳定。

《孙子兵法·军争篇》提到:"兵以诈立,以利动。"这强调在成功后要以利益为驱动,制定有效的策略和规则来管理团队。《孙子兵法·地形篇》提到:"视卒如婴儿,故可以与之赴深谿;视卒如爱子,故可与之俱死。"这强调领导与团队成员之间的关系,但这种关系必须在严格的纪律和规则之下进行。

此外,儒家经典《中庸》第二十章提到:"凡事预则立,不预则废。"这强调了预先规划和准备对于成功的重要性。在儒家思想中,这种预先的准备不仅仅是对具体事务的规划,也包括个人修养和道德实践的不断积累。通过不断的学习和修养,个人可以为面对生活中的各种挑战做好准备。

创业团队在准备如何成功以及成功后如何处理问题时,需要基于关系讲规则或基于规则讲关系,而不是仅仅基于关系讲关系。这涉及利益分配、团队管理和人性考验的问题。法家强调通过制度和法律来维持社会的平衡和秩序,认为只有通过明确的规则,才能有效治理和分配利益,避免人性弱点带来的问题;兵家则强调战略和纪律,认为在成功后需要有明确的策略和规则来管理团队和利益分配,以确保持续的胜利和稳定。

本书强调创业心态中对于人际关系和规则的平衡。在创业过程中,创业者应更加注重规则和原则,而不是仅仅依赖人际关系的亲密度。

首先,"基于关系讲规则"意味着在建立和维护人际关系时,创业者应明确规则和原则,确保所有的互动都是建立在公平、透明和可预测的基础上。这样做的目的是避免在创业过程中因为过分依赖个人关系而导致的潜在问题。例如,如果一个团队仅仅基于关系来分配资源和权力,可能导致团队内部的不公和效率低下。

其次,"基于规则讲关系"则进一步强调了规则在人际关系中的重要性。这意味着创业者在处理人际关系时,应以规则和原则为指导,而不是仅仅基于情感或个人偏好。这样的做法有助于建立一个更加稳定和可持续的工作环境,因为它减少了因为个人关系变化而带来的不确定性。

再次,"人性的基本面"是指每个人都追求自身利益最大化的倾向。在创业环境中,这可能表现为对金钱、权力和声誉的追求。因此,当创业者仅仅基于关系来处理事务时,可能使在困难时期大家团结一致,但在成功后,由于利益分配不均或规则不明确,团队可能会分裂。

最后,创业者要充分关注关系的动态性,人际关系是不断变化的,而规则和原则则提供了一种更加稳定和持久的指导。通过基于规则讲关系,创业者可以更好地管理团队,确保在成功之后能够维持团队的凝聚力和效率,避免利益分配不均或权力斗争导致的团队瓦解。

> **第八十条** 合伙人进入退出机制包括：进入退出的触发条件、进入退出的价格、进入退出的支付程序、进入退出的程序办理。

法家注重制度和规则的设立，强调通过明确的法令和制度来维护秩序和管理事务。关于合伙机制中的进入和退出等条款的设定，与法家对规则和程序的重视相吻合。

《史记·商君列传》提出："治世不一道，便国不法古。"这强调要根据具体情况制定合适的制度和法律的重要性。《韩非子·有度》提出："法不阿贵，绳不挠曲。"这强调了法律和制度的公正性和不变性。《韩非子·奸劫弑臣》提出："严刑重罚以禁其奸。"这强调了通过严格的法律来约束行为的重要性。《韩非子·定法》提出："法者，编著之图籍，设之于官府，而布之于百姓者也。"这强调了法律和制度的公开性和普遍性。

《商君书·定分》提出："名分已定，贪盗不取。"这说的是在治理和管理中，首先要明确各方的职责和权限。《商君书·修权》提出："国之所以治者三，一曰法，二曰信，三曰权。"这强调了法律作为国家治理基础的重要性。《管子·明法解》提出："法者，天下之程式也，万事之仪表也。"这强调了法律和制度作为行为准则和标准的重要性。

墨家虽然主要以"兼爱"和"非攻"著称，但在其组织和管理上也强调一些实际操作的程序和方法。《墨子·尚同下》提出："唯能以尚同一义为政，然后可矣！"这强调了在组织和管理中的一致性和程序的重要性。《墨子·尚同中》提出："天子唯能壹同天下之义，是以天下治也。"墨子主张天子应统一天下的价值观和规则，从而实现社会的治理。这与创业团队需要一致的利益分配规则相符。《墨子·尚贤中》提出："贤者举而上之，富而贵之，以为官长，不肖者抑而废之，贫而贱之，以为徒役。"这强调公平竞争和能力导向的分配，这可以用来指导创业团队的合伙人的进入退出机制的建构。

法家和墨家都强调规则、制度和程序的重要性，这与合伙人进入退出机制中的触发条件、价格、支付程序和办理程序的设定相符合。法家更注重制度的严密性和执行力，而墨家则兼顾实用性和操作性。

本书讨论合伙人进入和退出一个企业时所需考虑的关键机制，强调了明确的规则对于维护企业稳定性和合伙人利益的重要性。

第一，"进入退出的触发条件"是指决定合伙人可以加入或离开企业的具体情境或条件。这些条件可能包括但不限于合伙人的业绩表现、违反合作协议、企业战略调整、个人健康状况或其他预定的退出理由。明确的触发条件有助于在合伙人关系发生变化时，提供一个公正和透明的执行标准。

第二，"进入退出的价格"涉及合伙人加入企业时需要支付的金额或离开时其所持股权的价值。这通常基于企业当前的估值来确定，确保新合伙人的加入不会稀释原有合伙人的权益，同时确保退出的合伙人得到公平的回报。

第三，"进入退出的支付程序"描述了合伙人加入或退出时资金支付的具体步骤和时间安排。这可能包括支付方式、分期付款计划或与业绩挂钩的支付条件等。明确的支付程序有助于避免在资金流动过程中出现误解或争议。

第四,"进入退出的程序办理"涵盖了合伙人加入或退出时所需遵循的法律和行政程序。这包括但不限于合同的签订、股权的转让、公司章程的修改、工商注册信息的更新等。这些程序的明确化有助于确保合伙人的变动合法有效,同时保护企业运营免受不必要的干扰。

第五,尊重人性基本面。在合伙人机制中,设定明确的进入退出规则可以在合伙人追求个人最大利益的同时,减少潜在的冲突,促进团队的和谐与企业的稳定发展。

第六,在设计合伙人机制时,需要综合考虑多方面因素,确保合伙人在加入和退出过程中的权益得到妥善处理。这不仅有助于吸引和保留优秀的合伙人,而且有助于企业在面临合伙人变动时能够平稳过渡,维持企业战略和运营的连续性。

> **第八十一条** 创业企业的股权架构设计和股权分配事关公司利益格局和利益分配,是创业者和创业企业必须迈过去的"生死劫"。渡不过此劫,意味着创业企业在公司治理制度安排与机制设计层面存在先天不足,极有可能陷入内斗、散伙倒闭的境地,或者暂时成功却留下诸多不知何时爆发且可能致命的后遗症。

法家思想强调制度的重要性,认为好的制度和法令是国家和组织成功的关键。同样,企业的股权架构设计也可以被视为一种制度安排。

《韩非子·有度》主张:"法不阿贵,绳不挠曲。"主张法不阿贵,刑过不避大臣,说的是法律和制度需要公正和明确,不应因人而异。《韩非子·有度》主张:"国无常强,无常弱。奉法者强则国强,奉法者弱则国弱。"这强调规则和制度的执行是成败的关键。

《荀子·君道》主张:"法者,治之端也。"这强调法律和制度在治理中的基础性作用,股权架构设计和股权分配应从法律和制度的角度出发,确保公正和秩序。《韩非子·难势》提到:"夫势者,名一而变无数者也。势必于自然,则无为言于势矣。吾所为言势者,言人之所设也。"这讨论了"势"(即权力和地位)的重要性,强调权力是人为设定的,是治理的基础。《韩非子·主道》主张:"主道者,使人臣必有言之责,又有不言之责。"这强调君主应通过明确的责任和规则来管理臣下,以避免内部隐患。

《商君书·定分》主张:"名分已定,贫盗不取。"这强调了明确分配责任和权利的重要性,类似于在企业中明确股权和利益分配。《商君书·修权》主张:"治国者,以法为本,以吏为末。"这强调了制度(法)的基础性作用,类似于企业治理中制度设计的重要性。

兵家思想关注整体战略布局,强调计划和组织对于成功的重要性。企业的股权架构设计类似于战略布局。

《孙子兵法·谋攻篇》主张:"知可以战与不可以战者胜。"这强调了解和掌控内外部条件的重要性。《孙子兵法·始计篇》主张:"夫未战而庙算胜者,得算多也。"这说明了在行动之前进行详细计划和计算的重要性。

墨家强调"兼爱"和"非攻",主张通过合作和相互支持实现社会和谐,同时强调规则和公平在维持社会秩序中的重要性。

《墨子·兼爱中》主张:"当兼相爱,交相利。"墨家强调合作和互助,这与创业企业需要团结合作以应对股权架构设计和分配问题相符。《墨子·尚贤中》主张:"贤者举而上之,富而贵之,以为官长,不肖者抑而废之,贫而贱之,以为徒役。"这强调公平竞争和能力导向,股权架构设计和股权分配应基于公平竞争和能力评估。《墨子·尚同中》提出:"天子唯能壹同天下之义,是以天下治也。"墨子主张天子应统一天下的价值观和规则,从而实现社会的治理。这与创业团队需要一致的利益分配规则相符。

此外,通过将儒家思想中的一致性原则应用于股权架构设计和股权分配,创业者和企业可以确保公司治理结构的稳定性和有效性,从而帮助公司顺利度过成长的"生死劫",实现长期稳定的发展。《论语·子路篇第十三》主张:"名不正,则言不顺;言不顺,则事不成。"这强调正确的名声和言辞对于行为和结果的重要影响。孔子认为,如果名义不正,那么随之而来的言行也会不合理,进而导致事情无法顺利完成。这里的"正名"涉及名分、地位与实际行为的一致性。这在股权设计和分配中同样适用。

本书认为创业企业在公司治理方面面临的一个关键挑战,即股权架构设计和股权分配的重要性,它们对企业长远发展具有重大影响。

首先,股权架构设计和股权分配对公司利益格局和利益分配具有决定性作用。股权架构不仅决定了谁是公司的股东,而且决定了股东之间的权利和义务关系。股权分配则涉及股东们在公司盈利和决策中的份额。这两者共同构成了公司内部的利益分配机制,影响着公司的稳定性和发展方向。

其次,股权架构设计和股权分配可以称为创业者和创业企业的"生死劫",对创业成功与否至关重要。如果处理不当,企业可能会因为内部利益分配不公或治理结构不合理而陷入内斗,导致团队分裂甚至企业倒闭。这是因为在人性基本面的驱动下,每个人都追求自身利益的最大化,如果股权分配不能满足合伙人的期望和贡献,就可能引发矛盾和冲突。

再次,即使创业企业在短期内取得成功,如果股权架构和分配存在问题,也可能留下长期隐患。这些隐患可能包括股东之间的利益冲突、决策僵局、关键股东的过度控制等,它们可能在任何时候爆发,并对企业造成致命的打击。因此,一个合理的股权架构和公平的股权分配是企业持续健康发展的基石。

最后,在公司成立之初,创业者就应重视股权架构设计和股权分配问题。这需要创业者具有前瞻性的思维,通过合理的制度安排和机制设计,确保公司治理结构的科学性和公平性。同时,创业者还需要考虑人性的基本面,通过建立透明的利益分配机制和有效的监督制衡机制,平衡不同股东的利益,促进团队的和谐与合作。

> **第八十二条** 在精神层面达成共识,在情感层面建立信任和纽带还远远不够,创始团队和创业公司要想走得顺、走得远,合理的股权架构设计和公平的股权分配不可或缺。

创业团队和企业不仅需要在精神和情感层面达成共识,还需要通过合理的股权架构设计和公平的股权分配来确保企业能够顺利和长远的发展。这一观点与法家和墨家的思想较为契合,法家强调对制度和法律的严格执行,而墨家强调合作和公平。

法家思想重视制度和法律框架的重要性,认为组织的成功依赖明确的规则和合理的制度安排。对于创业公司来说,股权架构和分配的设计可以看作是制度的一部分。《韩非子·定法》提到:"法者,编著之图籍,设之于官府,而布之于百姓者也。"这强调法律和规则的公开性和普遍性,类似于企业需要透明和合理的股权架构。《韩非子·有度》提到:"国无常强,无常弱。奉法者强则国强,奉法者弱则国弱。"这强调法律和制度的执行对于组织成功的重要性。

《韩非子·有度》提到:"法不阿贵,刑过不避大臣。"法律面前人人平等,严格的制度安排可以避免因人性弱点导致的纷争,这与股权架构设计和分配的公平性息息相关。《商君书·定分》提到:"名分已定,贪盗不取。"这强调分配原则的重要性,只有明确了分配原则,才能实现有效治理。这与股权架构设计和股权分配的原则制定相符。

墨家强调"兼爱"和"非攻",主张通过合作和公平的分配来实现社会和谐,同时强调规则和公平在维持社会秩序中的重要性。

《墨子·兼爱中》提到:"当兼相爱,交相利。"墨家强调合作和互助,股权设计和分配应基于合作和互利。《墨子·尚贤中》提到:"贤者举而上之,富而贵之,以为官长,不肖者抑而废之。"说的是提拔贤能的人,抑制不肖的人。股权分配应基于公平竞争和能力评估。《墨子·尚同中》提出:"天子唯能壹同天下之义,是以天下治也。"墨子主张天子应统一天下的价值观和规则,从而实现社会的治理。这与创业团队需要一致的利益分配规则相符。

儒家强调伦理和道德,注重团队内部的和谐和公平,认为在管理和分配利益时要有仁爱和公正的原则。

《论语·学而》提到:"礼之用,和为贵。"这强调和谐的重要性,股权设计和分配需要考虑团队的和谐。《孟子·梁惠王上》提到:"不患寡而患不均,不患贫而患不安。"这强调公平分配的重要性,股权设计和分配需要确保公平和稳定。

本书认为,创业成功除了需要精神和情感层面的共识与信任,还需要合理的股权架构设计和公平的股权分配作为基础。

首先,在精神层面达成共识和在情感层面建立信任与纽带,这对于创业团队而言是非常重要的。这意味着团队成员需要共享愿景、价值观和目标,彼此之间建立起深厚的信任关系。这种精神和情感上的紧密联系有助于团队在面对挑战时保持团结和动力。

其次,仅依靠精神和情感的联系是不够的。创业团队要想实现长远发展,还必须在更为实际的层面——股权架构设计和股权分配上做出明智的决策。合理的股权架构能够确保公司的决策过程透明、高效，并且能够适应公司发展过程中出现的各种情况。公平的股权分配则能够反映每个团队成员的贡献和价值，确保他们的利益得到妥善保护。

再次，股权设计和分配直接关系到每个团队成员的切身利益，是激发团队成员积极性和创造性的关键因素。如果股权分配不公或存在争议，可能导致团队内部矛盾和冲突，甚至可能导致团队分裂。因此，确保股权分配的公平性是维护团队稳定性和推动公司发展的重要条件。

最后，创业者在创业初期就应重视股权架构的设计和股权的分配。这不仅涉及法律和财务的技术问题，而且是对团队成员之间关系和公司未来发展进行长远规划。通过建立合理的股权架构和公平的股权分配机制，可以为创业公司的稳健发展打下坚实的基础，使团队能够走得更顺、更远。

> **第八十三条** 创业之初或合伙人加入初期,创始人和其他创业合伙人最有可能开诚布公地友好协商股权架构设计和股权分配的问题。

法家思想以重视法律、制度和权力结构的合理安排著称,强调通过制度化的手段来保证组织的长治久安。《韩非子·定法》主张:"法者,编著之图籍,设之于官府,而布之于百姓者也。"这强调法律和规则的公开性和普遍性,可类推为企业需要透明和合理的股权架构来确保各方利益。《商君书·定分》主张:"名分已定,贪盗不取。"这说明了在治理中明确分配责任和权力的重要性,可类推为创业团队在创业初期明确股权和利益分配,以避免未来的冲突。

墨家强调"兼爱"和"非攻",主张通过合作和公平的分配来实现社会和谐,同时强调规则和公平在维持社会秩序中的重要性。《墨子·兼爱中》主张:"当兼相爱,交相利。"这强调互爱和互利的原则。在创业初期,通过协商确保股权分配的公平是实现互利的关键。《墨子·兼爱上》主张:"故天下兼相爱则治,交相恶则乱。"这强调相互理解与合作的必要性,与创始人和合伙人之间的坦诚协商一致。《墨子·尚贤中》主张:"贤者举而上之,富而贵之,以为官长,不肖者抑而废之。"这说的是提拔贤能的人,抑制不肖的人。股权分配应基于公平竞争和能力评估。

儒家思想重视和谐与人际关系,强调通过沟通和协商来达成共识,特别是在建立关系的初期阶段。《论语·学而》主张:"礼之用,和为贵。"这强调和谐的重要性,股权设计和分配需要考虑团队的和谐。《孟子·梁惠王上》主张:"不患寡而患不均,不患贫而患不安。"这强调公平分配的重要性,股权设计和分配需要确保公平与稳定。《论语·颜渊》主张:"君子和而不同,小人同而不和。"这强调君子之间的和谐与开放的沟通,与合伙人之间的友好协商相符。

兵家思想强调战略和计划的重要性,特别是在初期阶段,制定明确的规则和目标是成功的关键。《孙子兵法·谋攻篇》主张:"知可以战与不可以战者胜。"这强调在行动之前进行充分计划的重要性,类似于在创业初期就股权问题进行规划和协商。《孙子兵法·谋攻篇》主张:"上下同欲者胜。"这强调统一意志和目标的重要性,与创业团队在初期达成共识的必要性相一致。

本书认为,在创业的早期阶段或合伙人新加入的时期,创始人和合伙人之间就股权架构设计和股权分配问题进行坦诚友好协商,往往是最合适的时机。

首先,在创业之初或合伙人加入初期,团队成员通常对企业的未来充满憧憬和热情,愿意为了共同的目标和愿景付出努力。在这个阶段,团队成员之间的关系相对简单,利益关系尚未固化,因此更容易就股权分配问题达成共识。此时,创始人和其他合伙人更有可能以开放的心态来讨论和确定各自的股权比例,为公司的长期发展打下坚实的基础。

其次,创业初期进行股权架构设计和股权分配的讨论,有助于明确每个合伙人的角色、职责和期望。通过友好协商,团队成员能够确保自己的贡献得到公正的认可,也能够清楚了解和接受自己在公司中的地位和权益。这种坦诚的沟通有助于建立团队成员之间的信任,为后续的合作奠定坚实基础。

再次,及时的股权架构设计和公平的股权分配对于预防未来的冲突和分歧至关重要。随着公司的发展,合伙人之间的利益关系可能变得更加复杂。如果在创业初期没有妥善处理这些问题,后期可能会因利益分配不公而引发团队矛盾和冲突。因此,在创业初期合伙人就进行股权分配的讨论和决策,可以避免未来可能出现的问题,确保公司的稳定发展。

最后,创业者在创业过程中要重视股权架构设计和股权分配的重要性,并抓住创业初期或合伙人加入初期这一关键时机,进行坦诚友好的协商。这不仅有助于维护团队的和谐与团结,也是对每个团队成员利益的尊重和保护。通过合理的制度安排,可以激发团队成员的积极性和创造力,推动公司实现持续健康的发展。

第八十四条 任何人说"先好好做事情,等事情做好了再谈股权"这样看起来合理、体贴甚至充满豪气的话,都非常值得警惕。

《荀子·性恶》指出:"人之性恶,其善者伪也。"荀子认为人性本恶,人的善行只是表面现象,背后可能隐藏着不可告人的动机。因此,对于他人的承诺和善意,应保持警惕,不应轻易相信。这样的承诺可能是为了暂时获得信任和合作,而最终可能无法兑现。

《管子·禁藏》指出:"法者天下之仪也。"管子认为法律是治理国家的基本准则,是衡量一切事物的标准。没有法律和制度的保障,口头承诺不能作为衡量标准,容易导致不公平和纠纷。法家主张通过法律和制度来确保公平和正义,避免人性的弱点导致的问题。

《商君书·定分》认为:"法令者,民之命也,为治之本也,所以备民也。"这强调了法令在治理国家中的核心作用,认为法令是民众生活的保障。

墨家强调"兼爱""非攻",注重实际效益,反对空谈。墨家也重视公平与对权利的保障,认为实际行动比空谈更加重要。《墨子·兼爱中》指出:"夫爱人者,人必从而爱之;利人者,人必从而利之;恶人者,人必从而恶之;害人者,人必从而害之。"这强调了爱和互利的双向性,认为人与人之间的关系是相互影响的。

儒家更加注重道德与伦理,强调信义与诚实。在儒家思想中,讲信义和诚实是为人之本。《论语·为政》指出:"人而无信,不知其可也。大车无輗,小车无軏,其何以行之哉?"这句话强调了信用的重要性。

本书提醒创业团队成员对那些建议推迟讨论股权分配的话语保持警惕,即使这些话语表面听起来合理、体贴,甚至充满豪气。

首先,当有人说"先好好做事情,等事情做好了再谈股权"时,这种建议可能听起来是在鼓励团队专注工作和项目的成功,而不是过早地关注个人利益。然而,这种观点实际上忽视了股权分配对于确保团队成员之间长期合作关系的重要性。股权不仅是对个人贡献的认可,也是团队成员之间建立信任和承诺的基础。

其次,推迟讨论股权分配可能导致未来出现更多的问题和冲突。当项目或企业发展到一定程度,再回头讨论股权分配可能更加困难,尽管此时每个人的贡献和价值可能已经更加明确,但可能伴随着更大的利益纠葛。相反,如果在早期阶段就明确股权分配,可以减少后期因利益分配不公而产生的争议和不满。

再次,推迟讨论股权的做法可能掩盖对团队成员贡献的不公平对待现象。如果某个成员在没有明确股权的情况下做了大量的工作,投入了大量资源,而最终在项目成功后却没有得到相应的回报,这可能导致他们感到被利用和欺骗。这不仅损害了个人权益,还会破坏团队的凝聚力。

最后,在创业初期就明确股权分配非常重要。这不仅是对每个团队成员劳动和投入的尊重,也是确保团队能够长期稳定发展的关键。通过早期的坦诚对话和协商,可以建立一个公平、透明、合理的股权架构,为团队成员提供一个共同努力和分享成功的基础。

> **第八十五条** 股权架构不合理的公司不能投资;控制权存在显著问题的公司不能长期投资;(动态)激励相容问题没有解决的公司不能全力以赴地投资。

法家强调制度和权力的重要性,认为治理国家必须有严格的法律和制度,以防止权力失控和利益冲突。

《管子·禁藏》提及:"法者天下之仪也。"管子认为法律是治理国家的基本准则,同样地,公司治理也需要有明确的规则和标准。股权架构和控制权问题必须通过合理的制度设计来解决。

《韩非子·定法》提及:"法者,编著之图籍,设之于官府,而布之于百姓者也。"这强调了法律和制度的明确性与透明性,可类推为企业需要透明且合理的股权架构。《商君书·定分》:"名分已定,贪盗不取。"这一论点强调在治理中明确分配责任和权利的重要性,可类推为在企业中明确股权和利益分配。《史记·商君列传》提及:"有功者显荣,无功者显辱。"这强调激励机制的重要性,可类推为公司需要有效的激励机制来确保员工和管理层目标一致。

兵家注重战略、控制和激励机制,认为在军事和公司治理中,合理的控制和激励机制是成功的关键。

《孙子兵法·始计篇》提及:"夫未战而庙算胜者,得算多也;未战而庙算不胜者,得算少也。"孙子强调战略规划和事前的准备,股权架构和控制权的问题类似于战争中的战略安排,必须事先进行周密规划和设计,而不是等问题出现后再解决。《孙子兵法·谋攻篇》提及:"上下同欲者胜。"这强调统一意志和目标的重要性。在企业中,这意味着股东和管理层需要在目标和激励机制上达成一致,以确保公司长期成功。《孙子兵法·谋攻篇》提及:"知可以战与不可以战者胜。"这强调行动之前必须进行充分的计划和评估,类似于投资前需要评估公司股权架构和控制权的合理性。

在投资决策中,考虑公司的股权架构、控制权分配以及激励机制是否合理至关重要。这些因素直接关系到公司的治理结构和长期发展潜力。《论语·子路》提及:"名不正,则言不顺;言不顺,则事不成。"这强调了正确的名声和言辞对于行为和结果的重要影响。孔子认为,如果名义不正,那么随之而来的言行也会不合理,进而导致事情无法顺利完成。这里的"正名"涉及名分、地位与实际行为的一致性。

本书提供了投资或治理公司时应考虑的三个关键因素:股权架构的合理性、控制权的稳定性以及激励相容问题的解决情况。

首先,股权架构不合理的公司不值得投资。股权架构是公司治理的基础,决定了公司的决策过程和利益分配机制。一个合理的股权架构能够确保公司决策的透明性与公平性,并保护关键利益相关者的利益。股权架构不合理导致公司决策被不合适的人或团队操控,或者导致严重的利益分配不公,影响公司的长期稳定发展和关键利益相关者的权益。

其次,控制权存在显著问题的公司不适合进行长期投资。控制权问题通常涉及公司关键利益相关者之间的权力平衡,以及公司内部监督机制的有效性。公司的控制权不稳定或存在争议可能导致公司战略决策受阻,影响公司的战略执行和市场竞争力。长期投资者需要对公司的控制权稳定性充满信心,以确保其投资能够获得持续的增长和回报。

再次,没有解决(动态)激励相容问题的公司不适合全力以赴地投资,即所谓的"all in"。激励相容是指公司能够通过合理的激励机制,使关键利益相关者的行为与公司长期利益保持一致。如果公司未能解决激励相容问题,关键利益相关者可能会追求个人短期利益,而忽视公司的长期发展。这种情况下,公司的业绩可能无法持续稳定地增长,给投资者带来潜在风险。

最后,投资者在考虑投资一家公司时,需要对公司的治理结构和内部机制进行全面的评估。投资者不仅要关注公司的财务表现和市场前景,还要深入分析公司的股权架构、控制权安排以及激励机制,确保这些因素能够支持公司的长期稳定发展。这体现了对人性基本面的理解,以及如何通过合理的制度设计来引导和激励人们的行为,使之符合公司的长期利益。

> **第八十六条** 合理的股权分配与股权架构设计是良好公司治理的基石。股权架构影响公司治理的所有方面以及公司管理的所有重要方面。

法家思想强调制度和权力的合理配置,认为治理国家和组织必须依赖严格的法律和制度。合理的股权分配与架构设计可以看作是一种制度安排,类似于法家所强调的法律和制度。

《管子·禁藏》认为:"法者天下之仪也。"管子认为法律是治理国家的基本准则,同样,合理的股权分配与架构设计是公司治理的基本准则,影响着公司各个方面的管理,合理的制度和规则能确保公司健康运行。

墨家思想强调"兼爱"和"非攻",主张公平和合理的分配,反对不公平和不合理的占有。这与合理的股权分配与架构设计的理念有相似之处。

《墨子·兼爱上》认为:"故天下兼相爱则治,交相恶则乱。"墨子提倡"兼爱",强调公平和合理的分配,这与公司治理中强调合理的股权分配和架构设计相似。只有在公平合理的基础上,才能实现公司的稳定和发展。《墨子·尚贤上》认为:"故古者圣王之为政,列德而尚贤,虽在农与工肆之人,有能则举之,高予之爵,重予之禄,任予之事,断予之令。"墨子强调了选拔贤才和实现民众利益的重要性。

股权架构是公司治理的基石,决定了公司的控制权分配、决策过程以及利益相关者之间的关系。一个合理的股权架构能够促进有效的公司治理,从而影响公司管理的所有重要方面。

《论语·子路篇》认为:"名不正,则言不顺;言不顺,则事不成。"正确的名声和言辞对于行为和结果有重要影响。孔子认为,如果名义不正,那么随之而来的言行也会不合理,进而导致事情无法顺利完成。这里的"正名"涉及名分、地位与实际行为的一致性。通过将儒家思想应用于股权架构的设计,公司可以确保名义和实质的一致性,建立一个合理、透明、高效的治理结构,从而促进公司的长期稳定发展。

本书强调股权分配和股权架构设计在公司治理中的核心作用,以及它们对公司管理各个方面的深远影响。

首先,合理的股权分配是良好公司治理的基石。股权分配决定了公司收益权、经营权、控制权的归属,以及关键利益相关者的权益,这直接关系到公司的战略决策过程和利益分配机制。公平合理的股权分配能够确保所有关键利益相关者的利益得到妥善保护,从而增强利益相关者对公司的信任和支持,为公司的稳定发展打下坚实的基础。

其次,股权架构设计影响公司治理的所有方面。股权架构不仅涉及股权的分配比例,还涉及收益权、经营权、控制权的均衡配置和激励相容问题。一个清晰的股权架构有助于明确股东和管理层等关键利益相关者的职责和权力,提高公司治理的透明度和效率。同时,良好的股权架构还能够吸引更多的投资者和其他利益相关者,提升公司的市场竞争力。

再次,股权架构对公司管理的所有重要方面都有影响。一个合理的股权架构设计能够促使公司管理层在做出经营管理决策时,充分考虑所有关键利益相关者的利益,避免因管理层的个人利益而导致的决策失误。此外,良好的股权架构设计有利于收益权、经营权、控制权的均衡配置和激励相容,还能够激励管理层和员工,提高他们的工作积极性和创造力。

最后,公司在成立之初或进行重大变革时,需要重视股权分配和股权架构设计。这不仅是对公司未来发展的规划,也是对关键利益相关者利益的尊重和保护。合理的股权分配和股权架构设计,可以建立起一个公平、透明、高效的公司治理机制,为公司的长期稳定发展提供有力保障。

> **第八十七条** 通过迟迟不给其他创始人股权的方式以保证自己控制权和私利的创始人的格局和动机非常值得怀疑,同时,这样的做法也相当愚蠢,暴露了创始人对公司治理制度和机制的无知或漠视。

法家主张以法治国,强调法律和制度的重要性。在公司治理方面,法家会主张建立一套完善的制度来确保所有创始人和合伙人的权益得到保障,避免因为个人私利而破坏整体利益。

《韩非子·有度》认为:"法不阿贵,绳不挠曲。"韩非子强调法律和制度的公正性和一致性,这与反对创始人为了私利控制权的行为相符。公司的治理制度必须公正,不能因个人私利而受到破坏。

儒家思想强调仁德、公正和领导者的格局,认为领导者应有高尚的动机和宽广的胸怀,公平对待所有合伙人,不能因私利而损害公共利益。

子曰:"君子喻于义,小人喻于利。"孔子认为,君子应以义为重,而不是以利为重。创始人应有高尚的动机和格局,以公司的长远发展为重,而不是为了私利来控制公司。

孟子曰:"人有不为也,而后可以有为。"孟子强调,有些事情是不能做的,只有这样才能有所作为。创始人为了私利控制公司的行为是不可取的,应尊重公司的治理制度,这样才能推动公司的健康发展。

子曰:"己所不欲,勿施于人。"这体现了儒家倡导的互惠互利、公平公正的原则。

子曰:"其身正,不令而行;其身不正,虽令不从。"领导者的道德行为对组织的影响深远。

此外,墨家主张"兼爱""非攻",强调公平和正义。在公司治理方面,墨家主张所有合伙人都应得到平等的对待,不应因为个人的地位或者权力而有所偏颇。《墨子·兼爱中》认为:"视人之国,若视其国;视人之家,若视其家;视人之身,若视其身。"墨子提倡"兼爱",即人人相爱,互相帮助,主张公平和实用的治理方式。

本书批评了一种在创业过程中可能出现的行为,即某些创始人通过延迟给予或者不给其他创始人股权的方式来确保自己的控制权和私利,这种行为背后的动机和格局是值得怀疑的。

首先,这种行为背后的动机可能并不纯粹。创始人如果迟迟不给予其他创始人股权,可能是出于对个人控制权和私利的追求。这种行为可能基于一种短视的自利心态,忽视了团队合作和共同发展的重要性。在人性基本面的驱动下,每个人都希望追求自身利益的最大化,但这种行为显然是一种过度的自利行为,可能会损害团队的整体利益和公司的长期发展。

其次,这种做法是愚蠢的。延迟给予或者不给股权来保持控制权,可能会破坏团队成员之间的信任和合作精神。其他创始人和团队成员可能会感到被欺骗或不被尊重,从而导致团队士气的下降和人才的流失。长期来看,这种行为可能会对公司的声誉和市场竞争力产生负面影响。

再次,这种行为暴露了创始人对公司治理制度和机制的无知或漠视。一个合理的公司治理结构和治理机制不仅可以有效保障创始人的控制权,而且能够平衡不同关键利益相关者的利益,确保公司的决策过程透明和公正。如果创始人忽视了这一点,可能导致糟糕的公司治理,增加公司运营的风险。这种行为表明创始人可能没有充分理解公司治理的重要性,或者故意忽视这一点,以便维护自己的私利。

最后,在创业过程中,创始人应具有宽广的格局和正确的动机。通过合理的股权分配和公司治理机制,可以建立一个公平、透明、高效的公司治理结构,促进团队成员之间的合作和公司的长期发展。

> **第八十八条** 投资机构需要在制度安排与机制设计层面实现更高层次的"赋能型投资",避免"猫抓老鼠"和"零和博弈"。对赌回购实际上突破了"有限责任"的概念,变成了某种意义上的债权融资,背离了创始人和投资人的有限责任逻辑。

墨家提倡"兼爱""非攻"和公平,主张通过合理的制度和公正的合作实现社会的和谐与进步。墨子的观点特别强调利益的公平分配和合作共赢,这与现代投资中强调"赋能型投资"的理念相符。

《墨子·兼爱上》认为:"故天下兼相爱则治,交相恶则乱。"墨子提倡"兼爱"和"非攻",墨家强调公平和合作。投资机构通过合理的制度安排和机制设计,实现合作共赢,避免对赌回购这种"零和博弈"的方式,符合墨家的思想。

《墨子·尚贤上》认为:"故古者圣王之为政,列德而尚贤,虽在农与工肆之人,有能则举之,高予之爵,重予之禄,任予以事,断予之令。"墨子强调了选拔贤才和实现民众利益的重要性。

儒家强调仁爱、公正和长期的和谐关系,认为领导者和治理者应具备仁德和宽广的胸怀,注重长远发展和合作共赢。这与"赋能型投资"中强调避免短期对立和零和博弈的思想高度契合。

子曰:"君子喻于义,小人喻于利。"孔子认为,君子应以义为重,而不是以利为重。投资机构应注重长期的合作与共赢,而不是短期的利益争夺,避免"猫抓老鼠"和"零和博弈"的做法。

孟子曰:"人有不为也,而后可以有为。"孟子强调,有些事情是不能做的,只有这样才能有所作为。对赌回购等方式实际上突破了"有限责任",违背了合理的制度设计,投资机构应通过合理的制度安排,实现对创始人的赋能和支持。

本书主要探讨投资机构在进行股权投资时应采取的策略和原则,以及这些策略对创始人和投资人关系的影响。

首先,投资机构应实现"赋能型投资",这是一种更高层次的投资理念。与传统的投资方式相比,赋能型投资更注重为被投资企业提供价值增值服务,如公司治理、管理咨询、市场拓展、技术升级等,而不是仅提供资金。这种投资方式有助于建立长期稳定的投资关系,促进企业的可持续发展。

其次,当前一些投资机构采取的"猫抓老鼠"和"零和博弈"的做法不可取。这导致投资方和被投资方之间的对立关系,如投资方通过设置严苛的业绩对赌条款,迫使被投资企业在短期内追求高业绩,而忽视长期发展。这也导致双方陷入"零和博弈",即一方的获益往往以另一方的损失为代价。

再次,"对赌回购"的做法实际上突破了"有限责任"的原则,变成了某种意义上的债权融资。在股权投资中,投资者应承担有限责任,即其损失不超过其投资额。然而,对赌回购条款可能要求创始人在企业未达到业绩目标时,以个人资产回购股份,这实际上加重了创始人的责任,使其超出了有限责任的范围。

最后,这种做法背离了创始人和投资人的有限责任逻辑。在健康的投资关系中,创始人和投资人应共同承担企业经营的风险和收益。然而,对赌回购等条款可能破坏这种平衡,使创始人面临过度的风险,而投资人则可能获得超出其投资额的回报。

综上所述,投资机构在制度安排与机制设计上需要采取合作、赋能的方式,避免对立和"零和博弈",尊重和维护创始人和投资人的有限责任原则,以促进双方的共赢和企业的长远发展。

家族企业治理〈注释〉

> **第八十九条** 一般而言，携人民群众以令诸侯（集众人之私成天下之公），远好过于挟天子（存在强烈的关键人风险）以令诸侯（通常是为了一己私利）。

墨家思想强调"兼爱""非攻"和通过集体力量实现公共利益，主张通过集体的力量和合作来实现社会的和谐与公平，这与"携人民群众以令诸侯"的观点相符。

《墨子·兼爱》提及："当兼相爱，交相利。"墨子强调通过互爱和互助实现共同利益，这与集众人之私成天下之公的思想一致。

《墨子·尚贤上》认为："故古者圣王之为政，列德而尚贤，虽在农与工肆之人，有能则举之，高予之爵，重予之禄，任予以事，断予之令。"墨子强调了选拔贤才和实现民众利益的重要性。

儒家思想强调仁德、礼仪和社会和谐，认为治理者应仁慈、公正，并且以人民的利益为重，这与"携群众以令诸侯"的观点相符。

子曰："君子喻于义，小人喻于利。"孔子强调，君子应以义为重，而不是以利为重，这与依靠人民群众的公共利益而不是单一权威的私利的思想一致。

《孟子·尽心下》提及："民为贵，社稷次之，君为轻。"孟子强调，人民的利益高于一切，这与"携人民群众以令诸侯"的观点相符，表明治理者应以人民的利益为重，而不是依靠单一权威来实现目标。

《孟子·公孙丑下》提及："得道者多助，失道者寡助。寡助之至，亲戚畔之；多助之至，天下顺之。"孟子认为，君主应以民为本，实行仁爱的政策，这样才能得到人民的拥护和支持。人民的支持是政治稳定和国家长治久安的关键。

本书通过历史典故的比喻，阐述了在公司治理中依靠集体智慧与力量相比依赖单一关键人物的优劣。

首先，"携人民群众以令诸侯"是"走群众路线"，实现与人民的激励相容，通过集中众人的力量和利益来实现更广泛的目标。这种做法汇聚不同人的力量和智慧，共同推动组织的发展。在这个过程中，基于激励相容的原则和逻辑，每个人的私人利益被合理地整合和引导，以服务于更大的公共利益，即"集众人之私成天下之公"。

其次，"挟天子以令诸侯"则是指依靠控制或影响关键人物（如"天子"）来行使权力或施加影响。这种方法存在"强烈的关键人风险"，因为过度依赖单一人物可能导致组织在该人物出现问题时遭受重创。此外，这种方式可能更多地服务于个人私利，而不是集体或公共的利益。

再次，基于激励相容的原则和逻辑，依赖人民群众的力量通常远好于依赖单一关键人物。人民群众的力量和智慧可以为组织提供更稳定和持久的支持,而依赖单一关键人物可能因为个人局限性或私利而导致短视或不稳定的决策。

最后,在公司治理中,应重视集体的作用和力量,避免过度依赖关键人物的风险。通过合理的制度安排和激励机制,可以激发集体成员的积极性和创造力,促进组织目标的实现。

> **第九十条** 通过合理的制度安排与机制设计,可以实现控制权是你家的,经营权是"人民代表"的,收益权是"人民"的和你家的。这样足以应对当前的情境。

法家思想强调制度和法律的重要性,认为通过严格的法制和合理的制度安排,可以确保社会的秩序和稳定。法家注重制度设计,以实现有效的治理和控制,符合论述中所强调的通过制度创新来平衡不同利益相关者需求的理念。

《管子·禁藏》认为:"法者天下之仪也。"管子认为法律和制度是治理国家的基本准则,通过合理的制度安排,可以实现有效的治理和控制,这与观点中的"合理的制度安排与机制设计"一致。

《韩非子·有度》认为:"法不阿贵,绳不挠曲。"韩非子强调法律和制度的公正性和一致性,这与通过合理的制度安排实现权力和收益的分配相符。

墨家思想强调"兼爱""非攻"和公共利益,主张通过集体的力量和合作来实现社会的和谐与公平。墨家强调通过制度和机制实现共同利益,这与企业治理中的制度创新和利益平衡的理念相符。

《墨子·兼爱中》认为:"当兼相爱,交相利。"墨子强调通过互爱和互助实现共同利益,这与通过制度安排实现企业长期稳定和健康发展的理念一致。

《墨子·尚贤上》认为:"故古者圣王之为政,列德而尚贤,虽在农与工肆之人,有能则举之,高予之爵,重予之禄,任予以事,断予之令。"墨子强调了选拔贤才和实现民众利益的重要性。

儒家思想强调仁德、礼仪和社会和谐,认为治理者应仁慈、公正,并且通过合理的制度和礼仪实现社会的和谐与稳定。儒家强调领导者的德行和制度建设,符合论述中提到的企业治理模式。

《孟子·滕文公上》提到:"有恒产者有恒心,无恒产者无恒心。"孟子强调通过合理的财产分配实现社会的稳定,这与观点中的收益权共享相符。

《孟子·公孙丑下》提到:"得道者多助,失道者寡助。寡助之至,亲戚畔之;多助之至,天下顺之。"孟子认为,君主应以民为本,实行仁爱的政策,这样才能得到人民的拥护和支持。

孟子认为,人民的支持是政治稳定和国家长治久安的关键。《孟子·尽心下》指出:"民为贵,社稷次之,君为轻。"将儒家思想中的民本理念应用于企业治理,可以实现权力和利益的合理分配,提高企业的透明度和责任感,增强员工的参与感和归属感,从而促进企业的长期稳定发展。

本书提出一种通过合理制度安排与机制设计来平衡不同利益相关者权益的社会化企业治理模式,强调控制权、经营权和收益权的均衡配置与动态激励相容。

首先,"控制权是你家的",意味着在家族企业或由创始人主导的企业中,最终控制权归属于某个特定的家族或个人。控制权的明确归属对于家族企业治理与传承至关重要，也有助于快速决策和保持企业的长期战略方向。

其次，"经营权是'人民代表'的"，这里的"人民代表"可以理解为基于动态股权激励计划和动态股权治理平台，由员工或利益相关者选举产生的代表，或者是那些被授权管理企业日常运营的管理层。这种安排旨在确保企业经营管理由拥有管理才能的关键人力资本负责，更加贴近员工和市场，能够及时响应变化，同时使管理层的行为更加透明和负责任。

再次，"收益权是'人民'的和你家的"，强调了收益权的共享性。在这里，"人民"指的是企业的员工、股东和其他利益相关者，而"你家"则指的是家族企业的所有者或控制者的家。这种收益权的分配机制旨在平衡所有者和员工的利益，确保企业的利润能够在不同利益相关者之间公平分配，从而激励各方共同努力，推动企业的发展。

最后，这样的制度安排与机制设计可以应对当前复杂的情境。这表明在不断变化的市场和经济环境中，灵活而合理的治理结构和治理机制是企业适应环境和成功的关键。通过确保控制权、经营权和收益权的均衡配置与动态激励相容，企业不仅能够吸引和留住人才，还能够激发员工的积极性和创造力，同时保护所有者的权益。

综上所述，合理的制度安排与机制设计可以实现企业控制权、经营权和收益权的均衡配置与动态激励相容，以应对复杂的情境。这种社会化企业治理模式不仅体现了对人性基本面的理解，即人们追求自身利益最大化的倾向，也强调了通过制度创新来平衡不同关键利益相关者的需求，实现企业的长期稳定和健康发展。

> **第九十一条** 智商和情商是不稳定遗传的,服从中值回归定律,这是人类社会保持活力的关键之一。因而在一定程度上,培养接班人是一个伪命题,尤其是在经营管理层面。

道家思想强调顺应自然,尊重事物的自然发展规律,反对刻意人为干预。道家认为,事物自有其自然的规律,过多的干预反而会适得其反。这与观点中提到的"智商和情商是不稳定遗传的,服从中值回归定律"相契合,因为这反映了对自然规律的尊重和对人类社会保持活力的理解。

《道德经》第二十五章提及:"人法地,地法天,天法道,道法自然。"老子强调一切事物应遵循自然规律,这与观点中提及的智商和情商的遗传不稳定性以及培养接班人是个伪命题的思想一致。

《道德经》第八十一章讲到:"圣人之道,为而不争。"老子认为,圣人的治理之道是顺应自然规律而不与之争,这种思想可以应用到管理和选拔人才上,强调自然选择和制度保障。

《庄子·大宗师》提及:"夫道,有情有信,无为无形;可传而不可受,可得而不可见。"庄子强调,事物的本质是自然且不可强求,这与观点中对智商和情商的自然回归和对接班人培养的质疑相符。

《易·系辞上》指出:"易有太极,是生两仪,两仪生四象,四象生八卦。"这说的是万物的生成和变化都是从最简单的原则和状态开始,逐渐分化和发展出复杂多样的现象。将道家思想中的演进和变化概念应用于人才培养与选拔,可以更好地理解为什么在经营管理层面培养接班人是一个复杂的问题。

法家思想强调制度和法律的重要性,认为通过制度和法律可以有效治理社会,减少个人能力的不确定性对社会的影响。这与观点中提到的"培养接班人是伪命题,尤其是在经营管理层面"相符合,因为法家更关注通过制度和规则来维持社会秩序和活力,而不是依赖个人的能力。

《韩非子·定法》:"法者,宪令著于官府,刑罚必于民心。"韩非子强调法律在治理国家中的核心作用,认为法律应明确并深入人心。

《韩非子·五蠹》提及:"圣人不期修古,不法常可,论世之事,因为之备。"法家重视制度的作用,而不是依赖个人的能力。

《韩非子·五蠹》提及:"……以法为教;……以吏为师。"法家强调制度和法律的重要性,而不是依赖个人的德行和能力。

本书探讨智商和情商的遗传特性,以及它们对社会活力的影响,并提出了对培养接班人概念的质疑,特别是在经营管理层面。

首先,智商和情商是不稳定遗传的,服从中值回归定律。中值回归定律是指一个群体中的极端特征(如高智商或高情商)在下一代中往往会向平均水平靠拢的现象。这意味着,即便父母拥有非常高的智商或情商,他们的子女也不一定能继承这些特质,子女的情商和智商可能回归到人群的平均水平。这一现象有助于保持人类社会的多样性和活力,因为新的一代总是在不同的能力和特质上展现出新的组合。

其次,由于智商和情商的这种遗传特性,培养接班人在一定程度上是一个伪命题。特别是在经营管理层面,这意味着单纯依赖先天遗传的智力和情感能力来寻找和培养领导者可能并不是最有效的策略,因为即使某个人天生具有高智商和高情商,这些特质也可能无法在下一代中得以延续,从而影响企业长期的人才规划和发展。

最后,社会活力的保持非常重要。社会活力来源于个体之间的差异性和多样性,这些差异性在不断变化和更新中推动社会的进步。如果社会成员的能力高度同质化,社会可能失去创新和适应变化的能力。

> **第九十二条** 伯乐相马的逻辑并不靠谱,伯乐会不会看走眼?千里马会一直是千里马吗?只有坚持"赛马不相马"的逻辑,才有可能在长期制度与机制保障层面解决中国企业接班人和企业传承的问题。

法家思想强调制度和法律的重要性,认为通过严格的法制和合理的制度安排,可以确保社会的秩序和稳定。法家主张通过制度和机制来进行治理和管理,而不是依赖个人的判断和能力。

《韩非子·有度》提及:"法不阿贵,绳不挠曲。"法家强调法律和制度的公正性和一致性,通过制度安排来管理和解决问题,而不是依赖个体的判断。《韩非子·有度》提及:"法之所加,智者弗能辞,勇者弗能争。"这强调了制度的重要性以及对个人判断的限制。

《韩非子·五蠹》提及:"明主之国,无书简之文,以法为教;无先王之语,以吏为师。"这强调制度和法令的重要性,而非依赖个人判断。《韩非子·五蠹》还强调:"圣人不期修古,不法常可,论世之事,因为之备。"说的是治理国家不拘泥于传统的方式,只要能使国家富强,任何有效的方法都值得采纳。这说明制度的重要性。

墨家主张"兼爱"和"非攻",强调公平和实用,在人才选拔上也倾向于根据个人的实际能力和贡献,而非个人的主观判断。《墨子·亲士》提及:"故虽有贤君,不爱无功之臣;虽有慈父,不爱无益之子。"说的是即使是贤明的君主,也不会宠爱没有功劳的臣子。这说明墨家在选拔人才时注重实际贡献。《墨子·尚贤上》提及:"故官无常贵,而民无终贱,有能则举之,无能则下之。"这强调根据实际表现和贡献来决定地位。

道家主张顺应自然,不过多干预,强调让人才自然脱颖而出。这与"赛马不相马"的思路有一定的契合。《道德经》第八十一章提及:"圣人之道,为而不争。"老子认为,圣人的治理之道是顺应自然规律而不与之争,这种思想也可以应用到人才选拔上,强调自然选择。《道德经》第三十七章提及:"无为而无不为。"《道德经》第三十七章提及:"道常无为而无不为。"这强调顺应自然的发展,不过多干预。

本书通过引用"伯乐相马"的典故,质疑企业依赖个别领导者识别和选拔接班人的传统做法,并提出了"赛马不相马"的逻辑作为解决企业接班人和传承问题的一种新思路。

首先,"伯乐相马"的故事强调了伯乐凭借其卓越的洞察力挑选出千里马的能力。然而,本书认为,即使是伯乐这样的高明识别者,也可能看走眼,无法百分之百准确地识别出真正的人才。这种不确定性源于人的主观判断总是有局限性,也可能受到个人偏好、环境因素等多重影响。

其次,"千里马"会一直是"千里马"吗?这暗示了某个人即使在某个时期表现出色,他也不能保证在未来的所有情况下都能保持同样的优秀表现。人的能力、动力和环境适应性可能会随着时间和环境的变化而变化,因此,依赖静态的评估来确定接班人可能存在风险。

再次,"赛马不相马"的逻辑旨在通过建立公平、透明的竞争机制来选拔人才,而不是依赖某个人的主观判断。在这种机制下,所有潜在的接班人都有机会展示自己的能力,并通过实际表现来证明自己的适合度。这种方法能够适应快速变化的市场环境和企业发展需求。

最后,只有通过长期制度与机制的保障,才能有效解决中国企业接班人和企业传承的问题。这意味着企业需要基于动态股权激励计划和动态股权治理平台来完善人才选拔、培养和评估体系,确保企业能够在不同的发展阶段找到合适的领导者,实现企业的稳定传承和持续发展。

> **第九十三条** 家族企业治理与传承,要在控制权、监督权、收益权层面"有为",坚守控制权整体传承和收益权整体传承的基本原则;在经营权层面则要"无为"和"去家族化",基于动态股权治理平台实现"赛马不相马"和"无为而治"。

道家思想强调"无为而治",即通过顺应自然、减少人为干预来实现治理的最佳效果。这与在经营权层面"无为"和"去家族化"的思想高度契合。

《道德经》第三章中提及:"为无为,则无不治。"这一思想强调,通过不干预来实现治理的高效和顺畅。

《道德经》第五十七章中提及:"我无为而民自化,我好静而民自正,我无事而民自富,我无欲而民自朴。"老子强调"无为而治",通过减少干预使事物自然发展,这与在经营权层面"无为"和"去家族化"的思想相一致。

《道德经》第六十章中提及:"治大国,若烹小鲜。"老子强调治理应尽量减少干预,让事物自然发展,这与"无为而治"和"赛马不相马"的思想一致。

法家思想强调通过制度和法律来维持控制权和监督权的重要性,以确保治理的有效性和公平性。这与在控制权和收益权层面"有为"的思想高度契合。

《淮南子·氾论训》指出:"治国有常,而利民为本;政教有经,而令行为上。"治理中有固定原则和规则,这与好的公司治理中核心逻辑和基本原则的理念相契合。

《韩非子·五蠹》提及:"明主之国,无书简之文,以法为教;无先王之语,以吏为师。"这强调依靠法令和制度而非个人传统进行治理。

《韩非子·外储说右下》提及:"明主治吏不治民。"这强调通过制度和法律来治理,而不是依赖个人的判断,这与在控制权和监督权层面"有为"的思想一致。

本书探讨家族企业治理与传承的策略,强调了在不同权力层面应采取的不同方法,并提出了基于动态股权治理平台的社会化企业治理模式。

首先,在家族企业的治理与传承中,控制权和监督权层面应"有为"。这意味着家族企业需要在控制权和监督权方面建立明确的原则和制度,确保企业的决策和监督机制能够正常运作。控制权的整体传承和收益权的整体传承是家族企业维持其特色和稳定发展的关键,因此家族企业需要坚守这些基本原则。

其次,家族企业在经营权层面应采取"无为"和"去家族化"的策略。这里的"无为"并不是指放任不管,而是指在经营层面减少家族成员对日常经营活动的直接干预,转而依靠专业的管理团队和市场机制来驱动企业的运营。同时,"去家族化"强调了在经营层面减少家族成员的影响,引入外部专业人才和现代企业制度,以提高企业的管理水平和市场竞争力。

再次,"赛马不相马"和"无为而治"是实现经营权层面"无为"策略的具体方法。通过建立动态股权治理平台,企业可以根据员工和管理层的实际表现和贡献来动态调整股权分配。这种机制鼓励公平竞争和优秀人才的脱颖而出,而不是依赖家族身份或主观判断来选拔人才。

最后,家族企业在治理与传承中,需要平衡"有为"与"无为"的策略,以及家族特色与现代企业制度的结合。通过在控制权和监督权层面坚持原则和制度,在经营权层面引入现代管理理念和市场机制,家族企业可以实现长期的稳定传承和创新发展。

> **第九十四条** 家族企业传承的基本原则是收益权与控制权的整体传承,这与千古第一阳谋"推恩令"的方向相反。家族企业需要设计控制权和收益权的整体传承平台。

法家思想强调集中权力和法律制度的严格执行,以确保国家的稳定与控制。"推恩令"是一种策略,通过分封的方式来削弱诸侯的权力,这种权力的分散与家族企业强调的整体传承相反。

《韩非子·扬权》认为:"事在四方,要在中央;圣人执要,四方来效。"这强调了中央集权的重要性,与家族企业控制权的集中传承有异曲同工之妙。

《韩非子·定法》指出:"法者,宪令著于官府,刑罚必于民心。"韩非子强调法律在治理国家中的核心作用,认为法律应明确并深入人心。

墨家思想强调"兼爱""非攻""节用""尚贤",尤其注重实际效果和公平公正的制度安排。墨家主张通过合理的制度设计来确保利益的公平分配,这与家族企业需要设计控制权和收益权整体传承平台的思想相符。

《墨子·兼爱上》认为:"故天下兼相爱则治,交相恶则乱。"说的是通过制度保障来实现公平与和谐。这与家族企业传承中通过合理制度设计来确保整体传承的思想一致。

儒家重视家族和社会的伦理秩序,强调和谐与稳定,虽然不直接讨论经济权力的传承,但其思想可以在收益权和控制权的整体传承中找到共鸣。《孟子·梁惠王上》认为:"上下交征利,而国危矣。"这句话提醒我们权力和利益的争夺会导致不稳定,因此在家族企业传承中需要明确权力和收益的分配。

道家提倡顺应自然、无为而治的思想,这可以与家族企业中强调自然传承的理念相结合。《道德经》第五十七章认为:"我无为而民自化,我好静而民自正,我无事而民自富,我无欲而民自朴。"这强调通过不干预实现自我调节的秩序,在家族企业中可理解为在经营权上适度放权,允许自然发展。

本书探讨家族企业传承的基本原则,并将其与历史上的"推恩令"政策进行了对比,提出了家族企业应建立控制权和收益权的整体传承平台。

首先,家族企业传承的基本原则是收益权与控制权的整体传承。这意味着,在家族企业的传承过程中,企业应保持的整体利益和控制权在家族内部的连续性,确保企业的长期稳定和家族利益的最大化。收益权的整体传承关注家族成员能够持续分享企业创造的经济价值,而控制权的整体传承则确保家族对企业发展方向和重大决策的持续影响力。

其次,"推恩令"是中国古代的一项政策,其目的是通过削弱诸侯的权力来加强中央集权。与此相反,家族企业传承的原则强调保持家族对企业的集中控制和利益享有,而不是削弱或分散这些权力。这种传承方式有助于维护家族的团结和企业的战略一致性。

再次,为了实现这些原则,家族企业需要设计专门的传承平台或工具。控制权整体传承平台将家族对家族企业的控制权视为一个整体,并配合家族治理结构、家族宪法、股权架构设计、公司章程和合伙协议等机制,以确保企业控制权按照家族的意愿和规则进行传承。收益权整体传承平台则通过有限合伙企业将家族收益权集合在一起,同时配合股权架构设计、利润分配政策、家族信托等机制,以确保家族成员能够公平地分享企业的经济成果。

最后,家族企业在传承过程中需要考虑特定的需求和挑战。通过建立有效的传承平台,家族企业可以更好地应对这些挑战,确保企业的顺利传承和家族利益的长期保护。这体现了对人性基本面的理解,即家族成员追求自身及共同利益最大化的倾向,以及如何通过合理的制度安排来满足这一需求,同时保持企业的稳定和持续发展。

> **第九十五条** 家族企业作为集团公司,对其旗下的子公司、控股公司、关联公司适合采用"推恩令"的逻辑,并应贯彻"走群众路线"和"把支部建在连上"的原则。

法家思想强调通过制度设计和分权来实现有效治理,尤其是通过明确职责和权力分配来巩固中央权威。法家认为,治理国家和组织应依赖法律和制度,而非个人的德行或才能。

《韩非子·外储说右下》提到:"明主治吏不治民,治法不治事。"这表明明主应通过治理官吏来间接管理百姓,而非直接干预民众事务。这种分权思想与家族企业通过子公司、控股公司和关联公司实现分权管理的逻辑高度契合。

《韩非子·五蠹》认为:"明主之国,无书简之文,以法为教;无先王之语,以吏为师。"说的是明主通过法律和官吏来治理国家,主张以法律为教化,以官吏为执行者。这与家族企业通过制度和分权来管理子公司、控股公司的逻辑一致。

法家还强调法律的明确性和执行力,正如《商君书·定分》所言:"法令者,民之命也,为治之本也。"这与"推恩令"逻辑中通过分权和制度化来巩固权威的思想一致。

兵家思想注重实际效果和组织管理,强调通过合理的组织结构和指挥体系来确保军队的战斗力和凝聚力。"走群众路线"和"把支部建在连上"的原则与兵家思想中的基层组织和实际管理相符。

《孙子兵法·谋攻篇》提及:"上下同欲者胜。"孙子强调上下统一的目标和行动,这与通过基层组织和群众路线来确保组织的凝聚力和战斗力的思想一致。

《孙子兵法·行军篇》提及:"令之以文,齐之以武,是谓必取。"孙子强调通过合理的组织和纪律来确保军队的战斗力,这与家族企业通过合理的组织结构和基层组织来确保管理效果的思想相符。

此外,《孟子·尽心下》提及:"民为贵,社稷次之,君为轻。"这强调以民为本的治国原则,将人民的福祉放在国家和君主之上。这与"走群众路线"的理念相契合。家族企业作为集团公司,在管理子公司、控股公司和关联公司时,采用"推恩令"的逻辑,即广泛地推广恩惠和利益,确保所有层级的员工都能受益。

《孟子·公孙丑下》提及:"得道者多助,失道者寡助。寡助之至,亲戚畔之;多助之至,天下顺之。"孟子强调君主应以民为本,实行仁爱的政策,这样才能得到人民的拥护和支持。孟子认为,人民的支持是政治稳定和国家长治久安的关键。

本书提出家族企业在集团公司层面对旗下子公司、控股公司、关联公司管理的一种策略,即借鉴"推恩令"的逻辑,同时强调走群众路线和把支部建在连上的原则。

第一,"推恩令"的逻辑在这里是指将权力和利益下放,类似于古代分散权力以避免地方势力过于集中而对中央构成威胁的做法。在家族企业集团公司的背景下,这意味着集团公司应对其子公司和关联公司实行一定程度的分权,让其拥有更大的自主性和决策能力,从而激发它们的活力和创新能力。

第二,"走群众路线"是指企业应密切联系并依赖员工和利益相关者,了解他们的需求和期望,使他们参与到企业的决策和运营中来。这种做法有助于提高员工的归属感和积极性,也能够使企业的决策更加贴近市场和客户需求。

第三,"把支部建在连上的原则"强调的是将控制权延伸到旗下子公司、控股公司、关联公司。在现代企业治理中,这一原则可以被理解为在监督权威、信息优势、激励相容三个层面系统思考,以便在各个子公司和关联公司中建立强有力的管理和监督体系,确保集团公司的决策和价值观得到贯彻和实施。

第四,这种治理策略也体现了对人性基本面的理解。分权和走群众路线可以满足人们追求自身利益最大化的需求,也可以通过有效的治理和监督体系来引导和激励员工,使他们的行为符合企业的整体利益。

第五,家族企业集团公司在管理旗下公司时,应采取一种既能够激发子公司活力,又能够确保集团整体利益和战略目标的治理策略。通过合理的权力下放和群众路线的实践,家族企业可以建立一个更加灵活、高效和有竞争力的企业集团。

> **第九十六条** 家族企业治理与传承需要从家族宪法、股权架构设计、配套的公司章程和合伙协议、动态股权激励计划、团队激励机制设计等方面着手,这是一个系统工程。

法家思想强调通过严格的法制和制度设计来维持社会的秩序和权力结构。法家注重通过系统性的制度安排来实现有效治理,这与家族企业治理与传承的系统工程相符。

《韩非子·定法》指出:"法者,宪令著于官府,刑罚必于民心。"韩非子强调法律在治理国家中的核心作用,认为法律应明确并深入人心。

《商君书·定分》认为:"法令者,民之命也,为治之本也,所以备民也。"商鞅强调法令是治理国家的根本,是民众生活的保障。《管子·明法》指出:"以法治国,则举错而已。"管子强调通过法律来治理国家,认为法律是治理的基础。

兵家思想注重实际效果和组织管理,强调通过合理的组织结构和指挥体系来确保军队的战斗力和凝聚力。兵家重视系统性的战略规划和战术安排,这与家族企业治理与传承的系统工程相符。

《孙子兵法·始计篇》指出:"谋定而后动,知止而有得。"孙子强调在行动之前要有详细的谋划,这与家族企业需要通过系统的规划和设计来实现治理与传承的思想一致。

《孙子兵法·谋攻篇》指出:"上下同欲者胜。"孙子强调上下统一的目标和行动,这与通过系统的激励机制来确保团队凝聚力和战斗力的思想相符。

此外,儒家强调家族伦理和治理的重要性,主张治理应基于道德和伦理原则。《孟子·离娄上》指出:"不以规矩,不成方圆。"儒家强调规矩和规范的重要性,这与家族企业治理中的制度和章程设计相似。

本书强调家族企业治理与传承的复杂性和系统性,指出这需要从多个关键方面进行全面规划和设计。

第一,家族企业治理的基石是"家族宪法",它的作用类似于国家宪法在国家治理中的作用,为家族成员提供行为准则和决策框架。家族宪法通常包含宗旨与原则、家族整体传承、股权变动原则、家族企业收益权、收益权分享比例、婚姻与权益、家族企业控制权、家族企业监事会、家族代表选举规则、家族企业经营权、家族企业激励机制、家族发展基金以及家族宪法修订等内容,确保家族成员在企业治理和传承过程中能够遵循共同的原则和目标。

第二,股权架构设计是家族企业治理中的核心组成部分。合理的股权架构能够确保家族成员的权益得到保护,同时为企业的稳定发展提供支持。股权设计需要考虑如何平衡家族成员的控制权和企业的融资需求,以及如何在家族内部公平分配股权,以及关联的收益权、经营权和控制权。

第三,配套的公司章程和合伙协议是企业治理的法律基础。这些文档规定了企业的组织结构、运营方式和决策程序,为家族成员和外部股东提供明确的合作和运营指南,是确保企业按照既定规则运作的关键法律文件。

第四,动态股权激励计划是激发家族成员和关键员工积极性的重要工具。通过将个人利益与企业绩效挂钩,动态股权激励计划能够鼓励管理层和员工为实现企业目标而努力工作,同时有助于吸引和保留人才。

第五,团队激励机制设计也是家族企业治理的关键环节。家族企业及其子公司、控股公司和关联公司动态股权激励计划的动态部分和动态收益权分享计划,按照"股权分配与股权架构设计""团队贡献指数和团队分配计划""多层次团队互评机制""复杂团队层次分配机制""基于过程激励的 Applause 系统"[1]等相关规则所确定的权重进行分享。

第六,家族企业治理与传承是一个系统工程,需要综合考虑上述各个方面,并确保它们之间协调一致。这要求家族企业领导者具备前瞻性思维和战略规划能力,以确保企业的长期稳定和家族利益的最大化。

---

[1] 这些都是本书作者唐跃军团队自主研发的公司治理与团队激励机制算法模型及软件工具。

> **第九十七条** 社会化企业治理模式基于核心人力资本,贯彻"of the people, by the people, for the people"的理念,只有这样的企业才有可能长期成功并持续发展。

兵家思想注重实际效果和组织管理,强调通过合理的组织结构和指挥体系来确保战斗力和凝聚力。兵家特别关注上下同心同德,这与社会化企业治理模式强调核心人力资本及其激励相容的思想相符。

《孙子兵法·谋攻篇》提出:"上下同欲者胜。"孙子强调上下统一的目标和行动,这与企业通过分享收益权、经营权和控制权来实现员工与企业目标一致的思想一致。

《孙子兵法·行军篇》提出:"令之以文,齐之以武,是谓必取。"这说的是通过合理的组织和纪律来确保军队的战斗力,这与企业通过合理的治理模式来确保长期成功的思想相符。

墨家思想注重社会公平、公正和集体利益,强调"兼爱""非攻""节用""尚贤",特别是关注通过合理的制度安排和选贤任能来实现社会的长远发展。这与社会化企业治理模式强调与核心人力资本分享收益权、经营权和控制权的思想相符。

《墨子·尚贤上》提出:"夫尚贤者,政之本也。"墨子强调选贤任能的重要性,这与企业治理模式重视核心人力资本的思想一致。

《墨子·尚贤上》提出:"故官无常贵,而民无终贱,有能则举之,无能则下之。"这说的是通过公平的制度任用贤能,使每个人都有机会,这与企业分享收益权、经营权和控制权的思想一致。

《墨子·兼爱中》提出:"当兼相爱,交相利,此圣王之法,天下之治道也,不可不务为也。""兼相爱,交相利"是圣王的法则,也是天下得以治理的道路。社会化企业治理模式强调的是一种以人为本、共同参与和共享成果的治理理念,这与墨家思想中的"兼相爱,交相利"原则不谋而合。在这种模式下,企业的成功和持续发展依赖对核心人力资本的有效激励和治理。

《墨子·兼爱上》提出:"故天下兼相爱则治,交相恶则乱。"墨子强调通过制度保障来实现公平和谐,这与企业通过分享权利来实现长远发展的思想一致。

此外,《孟子·公孙丑下》提出:"得道者多助,失道者寡助。寡助之至,亲戚畔之;多助之至,天下顺之。"孟子强调君主应以民为本,实行仁爱的政策,这样才能得到人民的拥护和支持。孟子认为,人民的支持是政治稳定和国家长治久安的关键。

本书提出一种社会化企业治理模式,强调企业的成功和持续发展依赖核心人力资本的有效利用和激励,并认为这种模式是企业长期成功和持续发展的关键。这里的"社会化企业治理模式"指的是一种将企业的利益与员工的利益紧密结合的管理方式,使企业经营不仅仅是为了股东的利益,也是为了员工的利益。

"of the people, by the people, for the people"这一表述借鉴了林肯在盖底斯堡演说

中的著名论断,原指民主政府的性质,即"民有、民治、民享"。在这里被用来描述一种理想的企业治理状态。在这种状态下,企业是由人民拥有(of the people),由人民治理(by the people),并且为人民的利益服务(for the people)。这种模式认为,企业的成功不仅仅依赖企业控制者的决策,而且需要所有员工的参与和贡献。

"核心人力资本"是指企业中最有价值的员工,他们通常拥有关键技能、知识或才能,对企业的成功至关重要。这些人力资本的激励相容意味着他们的个人目标与企业的目标是一致的。换句话说,当员工的个人利益与企业的利益对齐时,他们更有可能为公司的成功做出贡献。

这种治理模式认为,只有当员工感到自己是企业的一部分,并且他们的工作对企业的成功有直接影响时,他们才会更加投入和忠诚。这种参与感和归属感可以提高员工的工作满意度和生产力,从而推动企业的长期成功和可持续发展。

从人性的基本面的角度来看,每个人都有追求自身利益最大化的倾向。在社会化企业治理模式中,企业通过确保员工的利益与企业的利益一致,可以激发员工的积极性和创造力,使他们更愿意为实现企业目标而努力。这种模式认识到,员工不仅是劳动力,而且是企业成功的关键因素,他们的参与和贡献对于企业的长期发展至关重要。

> **第九十八条** 家族企业需要致力于构建并长期维系社会化企业治理模式,基于三权分立原则推动关键利益相关者收益权、经营权和控制权的社会化与动态激励相容,以此促进持续经营和有序传承。

兵家思想注重实际效果和组织管理,强调通过合理的组织结构和指挥体系来确保战斗力和凝聚力,尤其关注上下同心同德,这与家族企业通过社会化治理模式实现收益权、经营权和控制权的分享,进而促进持续经营和有序传承的思想相符。

《孙子兵法·谋攻篇》指出:"上下同欲者胜。"孙子强调上下统一的目标和行动,这与企业通过分享收益权、经营权和控制权来实现员工与企业目标一致的思想相符。

《孙子兵法·行军篇》指出:"令之以文,齐之以武,是谓必取。"这说的是通过合理的组织和纪律来确保军队的战斗力,这与企业通过合理的治理模式来确保长期成功的思想相符。

《孙子兵法·谋攻篇》指出:"将能而君不御者胜。"孙子强调赋予将领自主权,这与企业通过分享经营权和控制权来激励核心人力资本的思想一致。

墨家思想注重社会公平、公正和集体利益,强调"兼爱""非攻""节用""尚贤",特别关注通过合理的制度安排和选贤任能来实现社会的长远发展。这与家族企业通过社会化企业治理模式来实现收益权、经营权和控制权的分享,以促进持续经营和有序传承的思想相符。

《墨子·尚贤上》指出:"故官无常贵,而民无终贱,有能则举之,无能则下之。"这说的是通过公平的制度任用贤能,使每个人都有机会,这与企业分享收益权、经营权和控制权的思想一致。

《墨子·兼爱上》指出:"故天下兼相爱则治,交相恶则乱。"墨子强调通过制度保障来实现公平和谐,这与企业通过分享权利来实现长远发展的思想一致。

《墨子·兼爱中》指出:"当兼相爱,交相利,此圣王之法,天下之治道也,不可不务为也。""兼相爱,交相利"是圣王的法则,也是天下得以治理的道路。家族企业在追求长期发展和有序传承的过程中,确实需要构建一种社会化企业治理模式,这种模式强调利益相关者之间的合作与共赢。将墨家思想中的合作共赢原则应用于家族企业的治理,可以促进企业与利益相关者之间的和谐关系,增强企业的创新能力和市场竞争力,实现企业的长期稳定发展和有序传承。

法家思想强调通过严格的法律和制度设计来维持社会的秩序和权力结构,注重实际效果和效率。法家认为,通过合理的制度和法律安排,可以实现社会的长治久安,这与家族企业通过三权分立和社会化治理模式来实现企业的持续经营和有序传承的思想相符。

《韩非子·定法》指出:"法者,宪令著于官府,刑罚必于民心。"韩非子强调法律在治理国家中的核心作用,认为法律应明确并深入人心。

《韩非子·有度》指出:"法不阿贵,绳不挠曲。"说的是通过法律和制度来实现公平治理,这与企业通过社会化治理模式来确保公平和持续发展的思想一致。

此外,《孟子·公孙丑下》指出:"得道者多助,失道者寡助。寡助之至,亲戚畔之;多助之至,天下顺之。"孟子的仁政思想强调君主应以民为本,实行仁爱的政策,这样才能得到人民的拥护和支持。孟子认为,人民的支持是政治稳定和国家长治久安的关键。

本书强调家族企业为了实现持续经营和有序传承,必须建立并维护一种社会化企业治理模式。这种模式的核心是将企业的收益权、经营权和控制权与关键利益相关者共享,从而实现企业治理的民主化和社会化。

首先,家族企业往往面临着控制权和经营权高度集中的问题,这可能导致决策的单一化和风险的集中。通过推动三权分立原则,即收益权、经营权和控制权的分离,家族企业可以引入更多的利益相关者参与企业的治理。这种分离有助于平衡不同利益相关者的权利和责任,提高企业的透明度和问责性。

其次,社会化企业治理模式强调与关键利益相关者分享权力。这里的"关键利益相关者"不仅包括家族成员,还包括员工、供应商、客户、社区等对企业有重要影响的各方。通过分享收益权、经营权和控制权,家族企业可以激发这些利益相关者的积极性和创造力,使他们更加关心企业的发展和成功。

再次,动态激励相容机制是社会化企业治理模式的核心。这意味着家族企业需要设计出能够适应变化的激励机制,确保利益相关者的行为与企业的目标保持一致。这种激励机制应能够反映人性的基本面。合理的激励可以引导利益相关者的行为,使他们为实现个人利益而努力工作,也为企业创造价值。

最后,这种治理模式对于家族企业的有序传承至关重要。家族企业的传承往往伴随着权力和资源的转移,这可能导致内部矛盾和冲突。通过建立社会化企业治理模式,家族企业可以确保权力的平稳过渡,减少传承过程中的不确定性和风险。同时,这也有助于培养下一代家族成员和其他利益相关者的责任感和领导能力,为企业长期发展打下坚实基础。

> **第九十九条** 在家族企业内部依据收益权、控制权、经营权分立原则建立科学合理的监督制衡机制、引入市场机制促进合理竞争、实现家族及其他重要利益相关者的动态激励相容,推动中国家族企业治理模式向三元公司治理模式或社会化企业治理模式转变。

法家思想强调通过严格的法律和制度设计来维持社会的秩序和权力结构,注重实际效果和效率。法家认为,合理的制度和法律安排,可以实现社会的长治久安,这与家族企业通过三权分立和社会化治理模式来实现企业的持续经营和有序传承的思想相符。

《韩非子·定法》指出:"法者,宪令著于官府,刑罚必于民心。"韩非子强调法律在治理国家中的核心作用,认为法律应明确并深入人心。这与企业通过合理的制度安排来实现长远发展的思想一致。

《韩非子·有度》认为:"法不阿贵,绳不挠曲。"法通过法律和制度来实现公平治理,这与企业通过社会化治理模式来确保公平和持续发展的思想一致。

唐代欧阳询《艺文类聚》认为:"治国无其法则乱,守法而不变则衰。"这强调法律的重要性,同时指出需要适应变化的灵活性。

《韩非子·有度》指出:"法不阿贵,绳不挠曲。"法家强调通过法律和制度来实现公平治理,这与企业通过社会化治理模式来确保公平与持续发展的思想一致。

墨家思想注重社会公平、公正和集体利益,强调"兼爱""非攻""节用""尚贤",尤其关注通过合理的制度安排和选贤任能来实现社会的长远发展。这与家族企业通过社会化企业治理模式来实现收益权、经营权和控制权的分享,进而促进持续经营和有序传承的思想相符。

《墨子·尚贤上》指出:"故官无常贵,而民无终贱,有能则举之,无能则下之。"说的是通过公平的制度任用贤能,使每个人都有机会,这与企业分享收益权、经营权和控制权的思想一致。

《墨子·兼爱上》指出:"故天下兼相爱则治,交相恶则乱。"墨子强调通过制度保障来实现公平与和谐,这与企业通过分享权利来实现长远发展的思想一致。

兵家思想注重实际效果和组织管理,强调通过合理的组织结构和指挥体系来确保战斗力和凝聚力。这与家族企业通过社会化治理模式实现收益权、经营权和控制权的分享,进而促进持续经营和有序传承的思想相符。

《孙子兵法·谋攻篇》指出:"上下同欲者胜。"孙子强调上下统一的目标和行动,这与企业通过分享收益权、经营权和控制权来实现员工与企业目标一致的思想一致。

《孙子兵法·行军篇》指出:"令之以文,齐之以武,是谓必取。"说的是通过合理的组织和纪律来确保军队的战斗力,这与企业通过合理的治理模式来确保长期成功的思想相符。

《孙子兵法·谋攻篇》指出:"将能而君不御者胜。"孙子强调赋予将领自主权,这与企业通过分享经营权和控制权来激励核心人力资本的思想一致。

此外,《孟子·公孙丑下》指出:"得道者多助,失道者寡助。寡助之至,亲戚畔之;多助之至,天下顺之。"孟子的仁政思想强调君主应以民为本,实行仁爱的政策,这样才能得到人民的拥护和支持。孟子认为,人民的支持是政治稳定和国家长治久安的关键。

本书提出中国家族企业治理模式转型的策略,即从传统的治理模式向三元公司治理模式或社会化企业治理模式转变,以提高企业的治理效率和竞争力。

首先,在家族企业内部根据收益权、控制权和经营权的分立原则建立监督制衡机制对家族企业治理与传承至关重要。家族企业需要明确区分并合理安排这三种权力,从监督权威、信息优势和激励相容三个方面构建有效的内部监督和制衡机制。这样可以确保家族成员和其他关键利益相关者的行为符合企业的整体利益,防止权力滥用和决策失误。

其次,引入市场机制促进合理竞争是提高家族企业竞争力的关键。市场机制的引入意味着家族企业需要在内部引入动态股权激励计划,构建动态股权治理平台,并通过竞争激发创新与效率。基于动态激励相容原则的制度安排与机制设计可以促使员工和管理层提高业绩,推动企业资源的合理配置。

再次,实现家族及其他重要利益相关者的动态激励相容是确保企业长期稳定发展的重要因素。动态激励相容机制要求企业的激励政策能够随着外部环境、企业内部情况以及关键利益相关者行为的变化而调整,从而确保家族成员和关键利益相关者的目标与企业的长期目标保持一致。这种机制有助于激发各方的积极性和创造力,推动企业持续进步。

最后,推动中国家族企业治理模式向三元公司治理模式或社会化企业治理模式转变,是适应现代企业制度和市场经济的需要。三元公司治理模式或社会化企业治理模式强调收益权、控制权、经营权的分立与协调,进而实现关键利益相关者收益权、控制权、经营权的动态激励相容。这种转变有助于家族企业突破传统的局限,建立更加开放、透明和高效的治理结构。

科创企业治理 <注释>

> **第一百条** 创新能力的提升主要依赖关键人力资本的动态激励相容和有助于激发创新的制度环境的不断变革,而这两点又以合理的制度安排和机制设计为前提。因此,唯有合理的制度安排和机制设计可以让中国企业立于不败之地。

法家思想强调通过严格的法律和制度设计来维持社会的秩序和权力结构,注重实际效果与效率。法家认为,通过合理的制度和法律安排,可以实现社会的长治久安,也可以促进社会的创新和发展。

《韩非子·定法》指出:"法者,宪令著于官府,刑罚必于民心。"韩非子强调法律在治理国家中的核心作用,认为法律应明确并深入人心。

《韩非子·有度》认为:"法不阿贵,绳不挠曲。"法家强调通过法律和制度来实现公平治理,这与通过公平和合理的制度安排来激发创新的思想一致。

墨家思想注重社会公平、公正和集体利益,强调"兼爱""非攻""节用""尚贤",特别关注通过合理的制度安排和选贤任能来实现社会的长远发展。这与创新能力的提升依赖合理的制度安排和机制设计的思想相符。

《墨子·尚贤上》认为:"夫尚贤者,政之本也。"墨子强调选贤任能的重要性,这与通过合理的制度安排来激发关键人力资本的创新能力的思想一致。

《墨子·尚贤上》认为:"故官无常贵,而民无终贱,有能则举之,无能则下之。"说的是通过公平的制度任用贤能,使每个人都有机会,这与通过合理的机制设计来实现动态激励相容的思想一致。

道家思想强调顺应自然、无为而治,也注重变革和创新。道家认为,只有通过合理的制度安排和自然的方式,才能实现社会的长治久安和发展。

《道德经》第六十章认为:"治大国,若烹小鲜。"道家强调通过合理的制度安排和轻干预的方式来治理国家,这与通过合理的制度和机制来激发创新能力的思想相符。

《道德经》第八章认为:"上善若水,水善利万物而不争,处众人之所恶,故几于道。"道家强调通过自然和谐的方式来实现治理,这与通过合理的制度安排来激发创新能力的思想一致。

《道德经》第二十九章认为:"将欲取天下而为之,吾见其不得已。天下神器,不可为也,为者败之,执者失之。"道家强调通过顺应自然的方式来治理天下,这与通过合理的制度安排和机制设计来激发创新能力的思想一致。

本书强调创新在中国发展中的核心地位,并指出创新能力的提升依赖关键人力资本的激励和制度环境的优化,最终归结为制度安排和机制设计的重要性。

首先,"只有创新可以救中国",这突出了创新在推动国家经济发展、社会进步和技术突破中的关键作用。在全球化和技术快速发展的背景下,创新是提升国家竞争力和应对未来挑战的重要途径。

其次,创新能力的提升主要依赖关键人力资本的动态激励相容和有助于激发创新的制度环境的不断变革。关键人力资本指的是那些对创新活动有重要贡献的人才,如科研人员、工程师、企业家等。动态激励相容意味着需要有一套能够根据人才表现和贡献进行调整的激励机制,以确保这些人才能够持续投入到创新活动中。

再次,论述强调了制度环境的重要性。一个有利于创新的制度环境要同时解决创新的机会与资源、创新的收益分享以及创新的风险分担问题,这包括知识产权保护、市场准入规则、金融支持政策等。这些因素共同构成了创新活动的社会土壤。制度环境的不断变革意味着要不断优化和更新这些制度,以适应创新活动的新需求。

最后,合理的制度安排和机制设计是提升创新能力、实现企业发展的关键。这是因为,只有通过合理的制度安排和机制设计,才能创造出有利于创新的制度环境,确保人力资本的激励相容。这种制度安排和机制设计需要考虑人性基本面,即人们追求自身利益最大化的倾向,通过合理的激励和约束,引导人们的行为朝着创新和国家发展的目标前进。

> **第一百零一条** 作为典型的技术高度密集型、人力资本高度密集型企业，科创企业面临的人力资本的动态性问题要比一般企业更为严重，因此其非常需要在公司治理层面做动态性的制度安排与机制设计。动态是科创企业治理的灵魂，能动态的一定要动态！

法家思想强调通过严格的法律和制度设计来维持社会的秩序和权力结构，但也注重权变和灵活治理，以适应不断变化的环境和情况。这与科创企业需要通过动态的制度安排和机制设计来应对人力资本的动态性问题相符。

《韩非子·定法》提到："法者，宪令著于官府，刑罚必于民心。"这表明法律应明确并深入人心，同时根据实际情况进行调整。法家还强调灵活应变，正如《韩非子·五蠹》所言："明主之国，无书简之文，以法为教；无先王之语，以吏为师。"《吕氏春秋·察今》认为："治国无法则乱，守法而弗变则悖。"治理国家没有法则就会混乱，守法而不变通就会出错。这与科创企业通过动态性的制度安排和机制设计来应对人力资本动态性问题的逻辑契合。

兵家思想注重实际效果和组织管理，强调通过合理的组织结构和指挥体系来确保战斗力和凝聚力，也强调适应变化和创新以应对不同的战局。这与科创企业需要通过动态的制度安排和机制设计来应对人力资本的高度动态性问题相符。

《孙子兵法·虚实篇》指出："兵无常势，水无常形，能因敌变化而取胜者，谓之神。"《孙子兵法·兵势篇》指出："激水之疾，至于漂石者，势也。"孙子强调动态变化的力量和势能。《孙子兵法·兵势篇》指出："故善战者，求之于势，不责于人，故能择人而任势。"孙子强调因势利导，利用形势的动态变化来取得胜利。

道家思想强调顺应自然、无为而治，这同样包含了对动态变化的理解和适应。这与科创企业需要通过动态的制度安排和机制设计来应对人力资本的动态性问题相符。

《道德经》第八章指出："上善若水，水善利万物而不争，处众人之所恶，故几于道。"水的特性是不断变化和适应环境，道家强调顺应自然的动态性。《道德经》第九章指出："持而盈之，不如其已；揣而锐之，不可长保。"这强调事物的动态变化和适度原则。《道德经》第八十一章指出："圣人不积，既以为人己愈有，既以与人己愈多。"这强调动态的资源流动和共享。

佛教的《金刚经》中提到"一切有为法，如梦幻泡影，如露亦如电，应作如是观"，这句话强调了世间万物的无常和变化性。在科创企业治理中，这可以被理解为对变化的深刻认识和适应。企业应认识到市场和技术的变化是不断发生的，就像梦幻泡影一样短暂和易变。因此，企业需要像《金刚经》所建议的那样，以一种开放和适应性的态度来观察和应对这些变化。

此外，"利害有常势，取舍无定姿"（唐·韩愈《君子法天运》），企业在处理事务时需要根据具体情况灵活应对，而不是一成不变。在公司治理中，企业需要考虑不同利益相关者

（如股东、管理层、员工、客户、社区等）的长期利益和期望。同时，企业要充分注意到，不同利益相关者的需求和期望可能会随着时间和情境的变化而变化，公司需要灵活地调整策略，以满足这些不断变化的需求。

本书强调科创企业的特性以及动态治理机制在这类企业成功中的核心作用。

首先，科创企业被定义为人力资本高度密集型和技术高度密集型企业，其核心竞争力在于人才和技术创新能力。人力资本包括员工的知识、技能、经验和创新能力，而技术密集则强调了企业在研发和应用新技术方面的能力。这两者是科创企业推动发展、获得竞争优势的关键资源。

其次，"动态是科创企业治理的灵魂"中的"动态"是指企业治理结构和机制需要具有适应性和灵活性，能够快速响应外部环境变化和内部发展需求。在科技迅速发展和市场需求不断演变的背景下，科创企业必须能够灵活调整其战略方向、组织结构、激励政策等，以维持其竞争力。

再次，"能动态的一定要动态"表明科创企业在治理上应采取主动变革的态度。这可能涉及基于动态股权激励计划和动态股权治理平台动态调整股权结构以激励关键人才。动态治理还可能包括建立开放的创新体系，与外部伙伴合作，整合内外部资源以推动企业发展。

从次，动态治理的理念也体现了对人性基本面的理解。由于每个人都追求自身利益最大化，科创企业需要通过合理的激励机制来引导员工的行为，使他们的个人目标与企业的发展目标一致。动态治理能够确保激励机制与员工的贡献和市场价值保持同步，从而激发员工的潜力和创造力。

最后，科创企业要想在激烈的市场竞争中立于不败之地，就必须拥抱变化，不断进行治理创新。通过建立灵活的治理结构和激励机制，科创企业能够更好地吸引和保留人才，促进技术创新，实现可持续发展。

> **第一百零二条** 不管对于什么企业,人力资本是根本,实现关键人力资本动态激励相容的制度安排和机制设计是根本中的根本。

法家思想强调通过严格的法律和制度设计来维持社会的秩序和权力结构,同时注重实际效果和效率。法家认为,通过合理的制度和法律安排,可以实现社会的长治久安,并激励人力资本的有效利用。

《韩非子·定法》提到:"法者,宪令著于官府,刑罚必于民心。"这表明法律应明确并深入人心,同时根据实际情况进行调整。法家还强调灵活应变,正如《韩非子·五蠹》所言:"明主之国,无书简之文,以法为教;无先王之语,以吏为师。"

墨家思想注重社会公平、公正和集体利益,尤其关注通过合理的制度安排和选贤任能来实现社会的长远发展。这与人力资本的动态激励相容的制度安排和机制设计密切相关。

《墨子·尚贤上》指出:"夫尚贤者,政之本也。"墨子强调选贤任能的重要性,提倡通过合理的制度安排和选拔人才来提升国家治理和创新能力,这与通过合理的制度安排来实现关键人力资本的动态激励相容的思想一致。

《墨子·尚贤上》指出:"故官无常贵,而民无终贱,有能则举之,无能则下之。"说的是通过公平的制度任用贤能,使每个人都有机会,这与通过合理的机制设计来实现动态激励相容的思想一致。

兵家思想注重实际效果和组织管理,强调通过合理的组织结构和指挥体系来确保战斗力和凝聚力,也强调适应变化和创新以应对不同的战局。这与企业需要通过动态的制度安排和机制设计来应对人力资本的高度动态性问题相符。

《孙子兵法·虚实篇》指出:"兵无常势,水无常形,能因敌变化而取胜者,谓之神。"《孙子兵法·兵势篇》指出:"故善战者,求之于势,不责于人,故能择人而任势。"孙子强调适应变化和创新,主张因势利导,利用形势的动态变化来取得胜利。这与通过合理的制度安排来应对动态性问题的思想一致。

《孙子兵法·兵势篇》指出:"激水之疾,至于漂石者,势也。"孙子强调动态变化的力量和势能,这与通过合理的制度安排来激发企业的人力资本动态性和创新能力的思想一致。

本书强调人力资本在任何组织中的核心地位。人力资本是指组织中员工的知识、技能、经验和创造力等无形资产,这些资产对组织的长期成功至关重要。为了充分发挥人力资本的潜力,必须建立一套有效的激励机制。

"实现关键人力资本动态激励相容的制度安排和机制设计"意味着组织需要充分注意到人力资本的动态性,构建有效的制度安排与机制设计,在企业内部引入市场机制,实现关键人力资本收益权、经营权和控制权的动态激励相容,以便持续激励关键员工。这里的"激励相容"是指激励机制要与员工的利益相一致,确保员工在追求个人利益的同时,也能推动组织目标的实现。

从人性的基本面的角度来看,每个人都希望追求自身利益最大化。因此,一个有效的激励机制应能够识别并满足员工在收益权、经营权和控制权方面的核心需求,同时确保这些需求的满足与组织的目标相一致。这样,员工在追求个人利益的过程中,也会自然而然地为组织创造价值。

为了实现这一点,组织可以在收益权、经营权和控制权方面采取多种激励措施,以便能够激发员工的积极性和创造力,使他们更愿意为组织的成功做出贡献。同时,组织还需要建立透明的沟通渠道和反馈机制,确保员工能够在必要时提出建议或反馈。

> **第一百零三条** 只有动态激励相容可以对抗和修养人性,顺应人性的基本面。动态激励相容是激励机制(锦标赛理论)、培养机制、评价机制和筛选机制(赛马不相马),也是企业文化。

法家思想强调通过严格的法律和制度设计来维持社会的秩序和权力结构,注重实际效果和效率。法家通过合理的制度和法律安排,实现对人性的管理和激励。

《韩非子·五蠹》指出:"明主之国,无书简之文,以法为教;无先王之语,以吏为师。"法家强调应变和灵活治理,这与通过动态的制度安排和机制设计来应对动态性问题的思想一致。

《韩非子·显学》认为:"夫圣人之治国,不恃人之为吾善也,而用其不得为非也。"韩非子强调统治者应通过法律和制度来约束人们的行为,而不是依赖道德自觉。

《吕氏春秋·察今》提出:"治国无法则乱,守法而弗变则悖。"强调法律和制度的变通和灵活性,这与通过合理的制度安排来实现人力资本的动态激励相容的思想一致。

《韩非子·显学》指出:"圣人明于治人,故不恃人之为我善也,恃其不得为我不善也。"法家强调制度的重要性,而不是依赖个人的德行。

墨家思想注重社会公平、公正和集体利益,尤其关注通过合理的制度安排和选贤任能来实现社会的长远发展。这与人力资本的动态激励相容的制度安排和机制设计密切相关。

《墨子·尚贤上》指出:"故官无常贵,而民无终贱,有能则举之,无能则下之。"说的是通过公平的制度任用贤能,使每个人都有机会,这与通过合理的机制设计来实现动态激励相容的思想一致。

《墨子·尚贤上》指出:"夫尚贤者,政之本也。"说的是通过合理的制度安排和选拔人才来提升国家治理和创新能力,这与实现关键人力资本的动态激励相容的思想一致。

兵家思想注重实际效果和组织管理,强调通过合理的组织结构和指挥体系来确保战斗力和凝聚力,也强调适应变化和创新以应对不同的战局。这与企业需要通过动态的制度安排和机制设计来应对人力资本的高度动态性问题相符。

《孙子兵法·虚实篇》指出:"兵无常势,水无常形,能因敌变化而取胜者,谓之神。"孙子强调适应变化和创新,这与通过合理的制度安排来应对动态性问题的思想一致。

《孙子兵法·兵势篇》指出:"激水之疾,至于漂石者,势也。"孙子强调动态变化的力量和势能,这与通过合理的制度安排来激发企业的人力资本动态性和创新能力的思想一致。

《孙子兵法·兵势篇》指出:"故善战者,求之于势,不责于人,故能择人而任势。"孙子强调因势利导,利用形势的动态变化来取得胜利,这与通过合理的制度安排来应对企业的动态性问题的思想一致。

本书强调动态激励相容原则的重要性,认为它是对抗和修养人性,即引导和塑造员工行为的关键。企业应将动态激励相容的基本原则和基本逻辑贯彻到激励机制、培养机制、评价机制、筛选机制和企业文化等各个层面,只有这样才能有效"对抗和修养人性,顺应人性的基本面"。

"顺应人性的基本面"意味着企业在设计激励机制时,需要考虑员工追求自身利益最大化的天性。这种追求可能表现为对金钱、权力、声誉等的渴望。因此,企业需要通过激励机制来满足员工的这些需求,同时确保这些需求的满足能够促进企业的整体目标。

动态激励相容的核心在于通过不断调整和优化激励机制来激发员工的积极性和创造力。这种激励机制不是静态的,而是引入团队贡献指数与团队分配计划、团队层级分配机制、多层次团队互评机制等,根据员工的表现、组织的目标和市场环境的变化进行动态调整。例如,实施锦标赛理论,即在员工之间创造一种健康的竞争环境,可以激励他们追求卓越,从而推动组织目标的实现。

培养机制是体现动态激励相容的另一个重要组成部分。培养机制主要是根据公司战略需要和员工的工作表现和专业技能情况,为员工提供必要的培训和发展机会,帮助他们提升技能和能力,以适应组织的发展需求。员工的成长和进步对实现组织目标至关重要,这也满足了员工追求个人职业发展的需求。

评价机制则确保员工的表现能够得到公正和客观的评估。基于动态激励相容的逻辑,企业可以变革和创新团队激励机制,引入团队贡献指数与团队分配计划、团队层级分配机制、多层次团队互评机制等,以确保优秀的表现得到认可和奖励。通过这种方式,员工能够看到自己的努力和贡献被认可,从而增强他们的工作动力。

筛选机制(赛马不相马)强调的是选拔过程的公平性和基于绩效的原则。基于动态激励相容的逻辑,企业引入团队贡献指数与团队分配计划、团队层级分配机制、多层次团队互评机制等,确保员工的选拔和晋升应基于他们的能力、表现和贡献,而不是其他非绩效因素。这种机制有助于确保组织内部的人才结构是最优的,并且能够动态地适应组织发展的需要。

企业文化是体现动态激励相容的另一个关键方面。一个积极的企业文化必须基于动态激励相容的原则持续塑造员工的行为和价值观,使其与组织的愿景和目标相一致。企业文化的动态性体现在能够随着组织的发展和外部环境的变化而进化,以保持其相关性和吸引力。

> **第一百零四条** 为什么要讨论人力资本的收益权、经营权、控制权？其实，这只是一个常识而已，在公司治理层面企业需要"把人当人看"。

墨家思想注重社会公平、公正和集体利益，尤其关注通过合理的制度安排和选贤任能来实现社会的长远发展。这与人力资本的收益权、经营权、控制权的制度安排密切相关。

《墨子·尚贤上》提到："故官无常贵，而民无终贱，有能则举之，无能则下之。"说的是通过公平的制度任用贤能，使每个人都有机会，这与通过合理的机制设计来实现人力资本的收益权、经营权、控制权的思想一致。

《墨子·尚贤上》提到："夫尚贤者，政之本也。"说的是通过合理的制度安排和选拔人才来提升国家治理和创新能力，这与实现人力资本的收益权、经营权、控制权的思想一致。

儒家思想强调仁义礼智信，特别重视人伦关系和个人的道德修养，提倡"仁者爱人"，在治理中强调"以人为本"。

《论语·颜渊》提到："樊迟问仁。子曰：'爱人。'"儒家强调爱人、尊重人，这与在公司治理层面"把人当人看"的思想一致。

《孟子·尽心下》提到："民为贵，社稷次之，君为轻。"孟子强调民本思想，认为民众是国家的根本，这与在公司治理层面重视人力资本的收益权、经营权、控制权的思想一致。

本书提出一个关于公司治理和人力资本的核心观点，即在讨论和设计公司治理结构和治理机制时，应重视人的因素，认识到员工不仅是企业运营的工具，而是具有独立意志和利益的个体。

首先，论述指出讨论人力资本的收益权、经营权、控制权的重要性。这些权力分别代表了关键人力资本在企业中获得经济回报的权力、参与企业经营决策的权力，以及对企业发展方向进行控制的权力。这些权力的讨论和确立是公司治理中不可或缺的部分，因为它们直接关系到员工的参与感、归属感和对企业的忠诚度。

其次，"把人当人看"强调了在公司治理中应尊重每个员工的个体价值和需求。这意味着企业在制定政策和决策时，不仅要考虑经济效益和股东利益，还要考虑关键人力资本的福祉和发展。这将促进关键人力资本的积极性和创造力，从而提高企业的整体竞争力。

再次，将人力资本的这些权利纳入公司治理的讨论，实际上是对人性基本面的一种回应。通过确保关键人力资本在收益权、经营权、控制权方面的权益，企业能够更好地满足员工的这些基本需求，从而激发他们的潜力和动力。

最后，在公司治理中，应超越传统的以资本为中心的观念，转向更加重视人的价值和贡献的治理模式。这种模式认为，员工不仅是企业成功的参与者，也是企业创新和发展的推动者。通过合理地分配和保障关键人力资本的收益权、经营权、控制权，企业能够建立起更加公正、透明和有活力的治理结构。

> **第一百零五条** 华为创始人任正非提倡"以奋斗者为本,长期坚持艰苦奋斗"。在其他公司,这可能只是领导口号和墙上的标语,而华为则通过"虚拟受限股制度"和"TUP 计划"等具体的制度安排和机制设计将其落实,逐步拥有了"以奋斗者为本、长期坚持艰苦奋斗"的企业文化及价值观。

法家强调通过严格的法律和制度来约束和管理人性,认为道德和文化的养成需要制度和机制的支持和保障。华为通过制度安排和机制设计来实现企业文化和价值观的落实,体现了法家的思想。

《韩非子·五蠹》主张:"明主之国,无书简之文,以法为教;无先王之语,以吏为师。"法家强调法律和制度的教化作用。

《商君书·君臣》主张:"是以明王之治天下也,缘法而治,按功而赏。"说的是明确的奖惩制度是维护社会秩序的关键,企业可通过制度安排确保激励机制的实施,这与"以奋斗者为本"的理念相符。

《韩非子·心度》主张:"为法也,所以平不夷、矫不直也。"《韩非子·外储说右下》主张:"故明主治吏不治民"法家认为制度和法律是治理的核心。

华为的创始人任正非提倡的"以奋斗者为本、长期坚持艰苦奋斗"的理念,是华为企业文化的核心部分。这种理念强调员工的个人奋斗和对公司长期目标的承诺,这不仅是一种口头上的鼓励,更是通过具体的制度和机制来实现的。

"以奋斗者为本"意味着公司重视那些愿意为公司付出额外努力的员工,并将他们视为公司成功的关键。这种理念鼓励员工超越日常工作的要求,追求卓越和创新。华为通过"虚拟受限股制度"和"TUP 计划"等激励机制,让员工能够分享公司的成长和成功,从而激发员工的积极性与忠诚度。

"长期坚持艰苦奋斗"强调持续努力和面对挑战的重要性。在华为,这不仅是一种工作态度,而且是一种生活方式。员工被鼓励不断学习、提升技能,以适应快速变化的市场和技术环境。这种文化培养了韧性和适应力,使华为能够在竞争激烈的全球市场中保持领先地位。

通过这些制度安排和机制设计,华为成功地将企业文化和价值观融入员工的日常工作中。员工不仅是为了薪水而工作,而且是为了实现个人价值和公司愿景而奋斗。这种文化的形成使华为能够吸引并留住那些愿意为共同目标努力的人才,同时为公司创造了一个持续创新和进步的环境。

总而言之,华为的这种企业文化和价值观的实现,是通过将理念转化为具体的行动和激励机制来实现的。这不仅提升了员工的工作动力和忠诚度,也为公司的长期发展奠定了坚实的基础。这种以人为本,强调奋斗和长期承诺的文化,是华为能够在众多竞争对手中脱颖而出的关键因素之一。

> **第一百零六条** 初期的野蛮生长,对 2008 年前的中国市场有一定的合理性。从 2009 年开始,我国在战略资本演进层面已经整体上进入了新时代,即人力资本主导的时代。在这个时期,不诚实地回到人性基本面的企业是没有长期发展前景的。

墨子认为,国家的治理和繁荣依赖贤良之士的选拔和使用。他提出"故官无常贵,而民无终贱,有能则举之,无能则下之"(《墨子·尚贤上》),主张不拘一格地选拔人才,无论其出身如何,只要有才能就应被提拔使用。这一思想与现代企业管理中重视人力资本的理念不谋而合。在墨子看来,贤良之士是"国家之珍,社稷之佐也",他们能够为国家带来治理和繁荣。墨子强调,贤者应具备"厚乎德行,辩乎言谈,博乎道术"的品质,即他们不仅要有高尚的道德品质,而且要有善于辩论的口才和广博的知识技能。

道家则主张"无为而治",认为最好的治理方式是顺应自然,不过度干预,让万物按照自己的规律自然发展。道家认为,人应追求内在的和谐与平衡,而不是外在的名利。这一思想与论述中提到的"企业需要认识到员工追求自身利益最大化的基本人性"有一定的相似性。老子在《道德经》第四十九章中提到:"圣人无常心,以百姓心为心。"说的是圣人没有私心,而是以民众的需求为出发点。

法家注重制度和法律,通过合理的制度设计来管理和激励人力资本,以确保国家或组织的高效运作。《韩非子·五蠹》指出:"明主之国,无书简之文,以法为教;无先王之语,以吏为师。"这强调了通过制度化的管理来实现对人力资本的有效激励,提示企业需要建立公平和透明的制度安排。《韩非子·定法》还提到:"法者,宪令著于官府,刑罚必于民心。"法家承认利益在推动人行动中的重要性,提示企业在制度设计中要考虑员工的利益驱动。

儒家强调"仁"和"义",认为人性本善,主张通过教育和修养来提升人的道德水平。儒家倡导的"仁政"和"德治"理念,强调领导者应以德服人,关心民众的福祉,这与论述中提到的"诚实地回到人性基本面"有一定的契合之处。例如,孟子曾说:"民为贵,社稷次之,君为轻。"(《孟子·尽心下》)这强调以民为本的思想。

本书回顾中国市场发展的两个阶段,并指出企业在新时代下需要高度重视人力资本,并顺应人性基本面。

2008 年前的中国市场,可被称为"初期野蛮生长"阶段。在这个阶段,市场处于快速发展期,许多企业依靠低端劳动力红利迅速扩张并占领市场份额,有的企业也采取了一些不够规范甚至野蛮的手段。

从 2009 年开始,中国市场进入了一个新的时代,即"人力资本主导的时代"。在这一时代,企业的竞争力越来越依赖关键人力资本的知识、技能和创造力。人力资本成为企业最宝贵的资源,对企业的创新和持续发展起着决定性作用。

在人力资本主导的时代,企业需要"诚实地回到人性基本面"。这意味着企业需要认识到员工追求自身利益最大化的基本人性,包括金钱、权力、声誉等,并在此基础上建立合理的激励机制和治理制度。只有尊重和满足员工的基本需求,企业才能吸引和留住人才,激发员工的潜力和创造力。

如果企业在新时代下仍然不诚实地忽视人性基本面,将失去长期发展前景。这是因为在人力资本主导的市场中,企业的竞争力和生存能力与其对人才的重视程度密切相关。如果企业不能建立公平、透明、有利于关键人力资本动态激励相容的制度安排与机制设计,就无法在激烈的市场竞争中立足。

> **第一百零七条** 创新需要在制度安排与机制设计层面解决：创新的机会和资源从哪里来？创新的收益如何分配和占有？创新的风险如何分担？否则，推动创新基本上是一句空话，最多依赖企业家个体去创新，而这至少是不可持续的，范围也很有限。

法家思想强调制度和法律的重要性，认为通过合理的制度安排可以实现社会的有序发展和创新。这与论述中提到的需要制度安排与机制设计来推动创新的观点相吻合。

《管子·住法》主张："法者，天下之至道也。"这强调了法律和制度的重要性。《韩非子·心度》主张："为法也，所以平不夷、矫不直也。"《韩非子·外储说右下》主张："故明主治吏不治民"说的是通过法律和制度来治理国家，认为合理的制度安排是创新和发展的基础。《韩非子·定法》认为："法者，宪令著于官府，刑罚必于民心。"韩非子强调法律在治理国家中的核心作用，认为法律应明确并深入人心。《商君书·定分》提出："法令者，民之命也，为治之本也，所以备民也。"商鞅强调法令是治理国家的根本，是民众生活的保障。

墨家思想强调"尚贤"和"兼爱"，同时重视实用和功利，反对奢侈浪费和权力滥用，主张通过合理的制度安排来实现社会的和谐与公正，并促进创新。

《墨子·辞过》主张："去无用之费，圣王之道，天下之大利也。"这体现了对资源合理利用的倡导。《墨子·尚贤上》主张："夫尚贤者，政之本也。"说的是通过合理的制度安排推崇贤能，为创新提供人力资本和制度环境。《墨子·兼爱中》主张："夫爱人者，人亦从而爱之；利人者，人亦从而利之。"说的是通过合理的制度安排，实现互利互惠，为创新提供制度保障。

本书探讨创新在制度安排和机制设计层面的需求，强调为创新提供支持和保障的重要性。

首先，创新不仅仅依赖灵感和创意，还需要得到制度和机制上的支持。企业或组织需要建立一种环境，其中创新的机会和资源可以被识别、获取并有效利用。这可能涉及资金的投入、技术的研发、人才的培养等方面，确保有足够的资源来支持创新活动。

其次，创新收益的分配和占有问题至关重要。在人性基本面的驱动下，每个人都希望追求自身利益最大化。因此，创新的收益如何公平合理地分配给参与创新的个人或团队，是激励创新的关键。这需要明确的奖励机制和利益分配政策，确保创新者能够获得与其贡献相匹配的回报。

再次，创新风险的分担问题需要企业高度关注。创新往往伴随着不确定性和风险，如果没有合适的风险分担机制，个人或团队可能因担心失败的后果而不敢尝试。因此，企业需要设计风险管理策略，如购买保险、引入风险基金、培养容错文化等，以减轻创新者的心理和经济负担。

最后，如果这些问题没有在制度和机制层面得到解决，推动创新就可能成为一句空话。依赖企业家个体去创新可能既不可持续,范围也有限。这表明创新需要成为组织文化的一部分,需要集体的努力和系统的保障,而不仅仅是个别企业家的责任。

综上所述,创新在制度安排和机制设计上的必要条件,包括资源的获取、收益的分配、风险的分担等方面。这不仅体现了对人性基本面的理解,即追求自身利益最大化的倾向,也强调了通过合理的制度安排来满足这一需求,从而激发和维持组织的创新活力。

> **第一百零八条** 新质生产力的关键在于"创新",而除了关键人力资本的培养和积累,创新的关键在于适合创新和有助于激发创新的制度环境,这要求在制度安排与机制设计层面解决:创新的机会和资源、创新的收益分享、创新的风险分担所关联的问题,否则无法持续有效、系统全面地推动创新。

法家强调通过严格的法律和制度来管理和引导人性,认为治理需要依赖合理的制度和机制。法家思想中的制度设计与创新所需的制度环境有一定的契合。

《韩非子·心度》指出:"为法也,所以平不夷、矫不直也。"《韩非子·外储说右下》指出:"故明主治吏不治民"这强调制度和法律是治理的核心。《韩非子·五蠹》指出:"明主之国,无书简之文,以法为教;无先王之语,以吏为师。"法家强调法律和制度的教化作用。法家主张通过制度安排来实现企业的长期发展和创新。

兵家注重通过合理的组织结构和制度安排来确保战斗力和凝聚力,也强调适应变化和创新。兵家的思想与"创新的收益分享、创新的风险分担"非常契合。

《孙子兵法·谋攻篇》指出:"上下同欲者胜。"兵家强调上下同心,这与创新的收益分享和风险分担相契合,通过合理的制度安排来确保团队内部的凝聚力和共同目标。《孙子兵法·虚实篇》指出:"兵无常势,水无常形,能因敌变化而取胜者,谓之神。"兵家强调灵活应变和创新,通过合理的制度安排来激发创新能力。

墨家强调选贤任能和合理的制度安排,认为国家的治理和繁荣依赖贤良之士的选拔和使用,这与创新所需的制度环境相契合。

《墨子·尚贤上》指出:"故官无常贵,而民无终贱,有能则举之,无能则下之。"这强调公平选拔人才,不拘一格地选拔贤能,有助于形成一个适合创新的制度环境。《墨子·尚贤上》指出:"此固国家之珍,而社稷之佐也。"说的是贤良之士对国家治理和繁荣至关重要,强调重视人力资本和创新。《墨子·尚贤上》指出:"夫尚贤者,政之本也。"这强调通过合理的制度安排和选拔人才来提升国家治理和创新能力,与推动创新的制度环境相契合。

本书强调创新在新质生产力发展中的核心地位,并指出了创新成功所需的关键要素,包括人力资本的培养、积累以及支持创新的制度环境。企业要想持续有效地推动创新,需要在制度安排与机制设计层面解决:创新的机会和资源、创新的收益分享、创新的风险分担所关联的问题。

首先,"创新"是发展新质生产力的关键。在当今快速变化的经济环境中,创新被视为推动经济增长和维持企业竞争力的主要驱动力。创新不仅包括产品、服务和技术创新,还包括制度、管理、商业模式和市场创新。

其次,除了关键人力资本的培养和积累,创新的关键在于建构适合创新和有助于激发创新的制度环境。这意味着,为了促进创新,需要有一个能够支持和激励人们发挥创造力和创业精神的环境。这涉及创新的机会和资源、创新的收益分享、创新的风险分担等多个方面。

再次,在制度安排与机制设计层面需要解决的三个核心问题:创新的机会和资源、创新的收益分享、创新的风险分担。这些问题的解决对于建立一个有利于创新的生态系统至关重要。具体来说:①企业需要有机会接触和利用创新资源,如资金、技术、人才和信息。这可能需要政策支持、市场准入规则的制定和资源配置机制的优化;②创新的成果应通过合理的收益分享机制分配以激励参与者。这包括确保创新者能够获得与其贡献相匹配的经济回报和认可,从而激发持续的创新动力;③创新活动通常伴随着不确定性和风险。有效的风险分担机制可以降低创新的门槛,鼓励更多的尝试和实验。这可能涉及风险投资、保险、政府补助等多种形式。

最后,如果这些制度和机制层面的问题没有得到妥善解决,就无法持续有效、系统全面地推动创新。这意味着创新不仅是个体或团队的独立活动,更需要整个社会和经济体系的支持来激发和维持整个社会的创新活力。

> **第一百零九条** 美国创新体系的固有特征——强大的知识产权保护制度、创新的高回报前景以及强大的"政府—大学—产业"联系——激发了创造力,鼓励了创新,促进了创业。

法家思想强调通过严格的法律和制度来管理和引导人性,重视法律和制度对社会的规范作用,强调以法治国。与现代知识产权保护的概念相似,法家认为明确的法律和规章制度能够维护社会秩序和保护创新成果。

《管子·住法》提到:"法者,天下之至道也。"这强调了法律的重要性。《韩非子·心度》提到:"为法也,所以平不夷,矫不直也。"《韩非子·外储说右下》提到:"故明主治吏不治民。"制度和法律是治理的核心,通过制度来保障创新和知识产权,与现代创新体系中的知识产权保护相似。

《韩非子·五蠹》提到:"明主之国,无书简之文,以法为教;无先王之语,以吏为师。"法家强调法律和制度的教化作用,通过制度保障创新的高回报前景和激励机制,通过法律和制度来保障创新和创业的环境。

墨家强调选贤任能和合理的制度安排,认为国家的治理和繁荣依赖贤良之士的选拔和使用。这与创新体系中的高回报前景和联系机制相契合。

《墨子·尚贤上》提到:故"官无常贵,而民无终贱,有能则举之,无能则下之。"公平选拔人才,不拘一格地选拔贤能,有助于形成一个适合创新的制度环境。《墨子·尚贤上》提到:"此固国家之珍,而社稷之佐也。"贤良之士对国家治理和繁荣至关重要,这强调重视人力资本和创新。《墨子·尚贤上》提到:"夫尚贤者,政之本也。"这强调通过合理的制度安排和选拔人才来提升国家治理和创新能力,与推动创新的制度环境相契合。

兵家注重通过合理的组织结构和制度安排来确保战斗力和凝聚力,也强调适应变化和创新。兵家的思想与"创新的高回报前景"和"强大的'政府—大学—产业'联系"非常契合。

《孙子兵法·谋攻篇》提到:"上下同欲者胜。"兵家强调上下同心,与创新的高回报前景和"政府—大学—产业"联系相契合,通过合理的制度安排来确保团队内部的凝聚力和共同目标。《孙子兵法·虚实篇》提到:"兵无常势,水无常形,能因敌变化而取胜者,谓之神。"兵家强调灵活应变和创新,通过合理的制度安排来激发创新能力。

本书指出了美国创新体系的几个关键特征和要素,这些特征和要素共同作用激发创造力、鼓励创新和促进创业。

首先,强大的知识产权保护制度是美国创新体系的一个显著特点。知识产权保护确保了创新者的发明和创意能够得到法律上的承认和保护,从而为他们提供了追求经济利益的保障。这种保护机制减少了创新成果被侵权的风险,激励了个人和企业投入资源进行研发和创新活动。

其次,创新的高回报前景是美国创新体系的另一个重要特征。在美国,创新往往与高收益潜力联系在一起,特别是在高科技领域。这种高回报的潜力吸引了大量投资,包括风险资本,为创新项目提供了必要的资金支持。同时,这也鼓励了创业者和企业家承担风险,投身于创新事业。

再次,强大的"政府—大学—产业"联系构成了美国创新体系的第三个关键特征。这种联系通过各种合作项目、研究资助和技术转让等形式,促进了知识和技术的交流与应用。政府在其中扮演了重要的角色,通过提供资金支持、政策引导、招标采购和市场监管来促进创新。大学则作为知识和人才的源泉,与产业界紧密合作,推动科研成果的商业化。

最后,这三个特征共同作用,形成了一个有利于创新和创业的环境。在这个环境中,个人的创造力得到了充分的发挥,创新活动得到了有效的激励和支持,创业精神得到了鼓励和培养。这种环境不仅促进了新产品和服务的开发,也为经济增长和社会进步提供了动力。

> **第一百一十条** 多数投资者其实没有真正意义上的风险意识和风险担当,风险管理理念和管理工具落后、机械,无法在制度安排与机制设计层面实现更高层次的"赋能型投资",仍停留在"猫抓老鼠"的层次上,最终只能导致双输。

法家思想强调通过严格的法律和制度来管理和引导人性,认为治理需要依赖合理的制度和机制。这与风险管理和制度安排的理念相契合。

《韩非子·心度》认为:"为法也,所以平不夷,矫不直也。"《韩非子·外储说右下》认为:"故明主治吏不治民。"说的是制度和法律是治理的核心,通过制度安排和机制设计来管理风险。

《韩非子·五蠹》认为:"明主之国,无书简之文,以法为教;无先王之语,以吏为师。"法家强调法律和制度的教化作用,通过制度安排来实现风险管理和风险担当。

兵家注重通过合理的组织结构和制度安排来确保战斗力和凝聚力,也强调适应变化和风险管理。兵家的思想与风险管理和制度安排的理念相契合。

《孙子兵法·谋攻篇》认为:"上下同欲者胜。"兵家强调上下同心,通过合理的制度安排来确保团队内部的凝聚力和共同目标,从而有效管理风险。

《孙子兵法·虚实篇》认为:"兵无常势,水无常形,能因敌变化而取胜者,谓之神。"兵家强调灵活应变和风险管理,通过合理的制度安排来应对变化和不确定性。

道家主张"无为而治",认为最好的治理方式是顺应自然,制度有为而不是瞎折腾,不过度干预,让万物按照自己的规律自然发展。这与风险管理中的平衡与和谐理念相契合。

《道德经》第四十八章认为:"为学日益,为道日损。损之又损,以至于无为,无为而无不为。"说的是通过减少干预来实现治理,这与通过合理的制度安排来实现风险管理和避免过度干预相契合。

《道德经》第八章认为:"上善若水。水善利万物而不争,处众人之所恶,故几于道。"说的是顺应自然,通过平衡和和谐来实现治理,这与风险管理中的平衡与和谐理念相契合。

《道德经》第二十九章认为:"将欲取天下而为之,吾见其不得已。天下神器,不可为也,为者败之,执者失之。"道家强调不可强行干预,通过顺应自然来实现治理,这与通过合理的制度安排来实现风险管理相契合。

本书探讨投资者在风险管理和投资策略方面存在的问题,以及这些问题对投资结果的影响,提出多数投资者需要在制度安排与机制设计层面实现更高层次的"赋能型投资",而非停留在简单的风险管理层次。

首先,许多投资者缺乏真正意义上的风险意识和风险担当。投资者对于潜在的风险因素,或者出现的风险往往缺乏有效的应对措施。这种短视和被动的态度,可能导致他们在市场波动时作出非理性的决策,从而增加了投资失败的可能性。

其次,投资者的风险管理理念和管理工具较为落后和机械。一些投资者仍然依赖传统的、可能不够精准或适应性不强的风险评估方法,而没有采用更为先进的风险管理技术和策略。这种落后的风险管理方式可能无法准确评估和控制投资风险,限制了投资机构在复杂多变的市场环境中做出灵活反应的能力。

再次,投资者仍停留在"猫抓老鼠"的层次,这种监督制衡逻辑实际上是存在问题的,同时导致投资者与被投资企业之间存在一种对抗性的关系,而非合作共赢的关系。投资者既需要对企业进行控制和监督,又需要为企业提供价值和支持,尤其是在制度安排与机制设计层面的"赋能型投资",以便持续有效地拓展企业创新和发展的空间,提升投资的长期回报。

最后,这种落后的风险管理理念和对抗性的投资关系最终只会导致双输。如果投资者既无法有效地管理和控制风险,又不能在制度安排与机制设计层面为企业提供有效的支持和赋能,那么在市场不利的情况下,企业可能面临更大的经营困难,而投资者也可能因此遭受损失。

> **第一百一十一条** 风险投资（venture capital，VC）/私募股权（private equity，PE）机构在投后管理层面的制度安排与机制设计较为薄弱，可能缺乏合理有效的投后管理系统，只有投后关怀系统、投后烧香系统，甚至投后磕头系统。本应专注于"治理赋能"的投后管理，最终却沦为"投后关怀""投后烧香"，甚至"投后磕头"。

法家思想重视制度安排与机制设计，最为直接地与制度化管理和风险控制相关，强调通过严格的制度和法律来实现治理目标。

《韩非子·心度》指出："为法也，所以平不夷、矫不直也。"这强调治理应依赖法律和制度，而非个别人的能力和关系。风险投资（VC）/私募股权（PE）投后管理应通过制度化安排，而非情感、祈祷等非正式手段来进行风险控制和治理赋能。

《韩非子·外储说右下》指出："故明主治吏不治民。"这强调治理应通过制度和规则来管理，而不是依靠个人的主观判断。投后管理需要系统化和专业化的制度设计。

兵家思想虽然主要应用于军事，但其对组织管理和治理的见解同样适用于企业管理、风险控制和企业治理。

《孙子兵法·谋攻篇》指出："上下同欲者胜。"兵家强调通过合理的制度安排，确保组织内部的凝聚力和共同目标。投资机构应通过合理的制度安排与机制设计来确保团队和被投企业目标一致，实现激励相容。

《孙子兵法·虚实篇》指出："兵无常势，水无常形，能因敌变化而取胜者，谓之神。"兵家强调灵活应变，通过制度安排与机制设计来应对不确定性。VC 和 PE 机构需要动态调整其策略，以应对市场和企业变化的需求。

中国的风险投资（VC）和私募股权投资（PE）机构在投后管理方面存在不足。这些机构在制度安排和机制设计上显得较为薄弱，未能建立起合理有效的投后管理系统；相反，更多依赖非专业、非正式、非系统的"投后关怀系统""投后烧香系统"和"投后磕头系统"。这种做法表现为一种对创业者的关怀和祈祷项目成功的被动态度，而非积极参与企业治理赋能。

"投后关怀系统"主要是指投资机构仅仅通过电话问候等方式为创业者提供情绪价值，而非深入参与企业的日常管理和决策。"投后烧香系统"则是一种更为消极的态度，投资机构仅仅祈祷项目顺利进行，而不是主动进行风险控制和管理。而"投后磕头系统"则形象地描述了投资机构在资金投入后，对创业者的过度依赖，即投资机构在投后管理中缺乏主动权和必要的控制力。

投后管理本应是一个系统化、专业化的过程，旨在通过积极参与企业治理，帮助企业提升运营效率和创造价值，从而实现投资回报。然而，由于缺乏合理有效的投后管理系统，投资机构未能充分发挥其在企业治理中的作用，也未能有效地为被投企业提供制度安排与机制设计层面的赋能和增值服务。这不仅影响了投资机构自身的投资回报，而且对被投企业的成长和成功造成不利影响。

> **第一百一十二条** 创新的成本越低（或者收益越高），就越容易产生创新，这其实是一个常识。

法家思想强调通过合理的制度设计来激励行为，认为治理需要依赖严格的法律和机制。这与创新成本低和收益高带来的激励效果相契合。

法家思想注重实效和功利，强调通过制度和政策引导人们的行为。《韩非子·五蠹》提到："夫言行者，以功用为之的彀者也。"这表明法家认为言行应以实际功效为目标，而创新的低成本或高收益正是符合这一原则。此外，《韩非子·难二》提到："利之所在，民归之；名之所彰，士死之。"这说明法家认为人的行为受利益驱动，创新的低成本或高收益会自然吸引人们去追求。

墨家强调选贤任能和合理的制度安排，认为国家的治理和繁荣依赖贤良之士的选拔和使用，并通过制度来实现社会和个人利益的最大化。这与创新成本低和收益高的激励作用相契合。墨家思想强调实用主义和功利主义，主张"兴利除害"，认为社会行为应以实际效益为导向。《墨子·兼爱中》提到："仁人之所以为事者，必兴天下之利，除去天下之害，以此为事者也。"这表明墨家重视对天下有利的行为，而创新的低成本或高收益正是符合"兴天下之利"的原则。此外，《墨子·非乐上》提到："利人乎，即为；不利人乎，即止。"进一步说明墨家以实际利益为行动准则，创新的低成本或高收益自然会推动人们去追求创新。

《墨子·尚贤上》主张："故官无常贵，而民无终贱，有能则举之，无能则下之。"这强调公平选拔人才，不拘一格地选拔贤能，有助于降低创新的成本，提高创新的收益。

《墨子·尚贤上》主张："夫尚贤者，政之本也。"这强调通过合理的制度安排和选拔人才来提升国家治理和创新能力，与降低创新成本和提高创新收益相契合。

道家主张"无为而治"，认为最好的治理方式是顺应自然，不过度干预，让万物按照自己的规律自然发展。这种思想与降低创新成本和提高创新收益的理念相契合。

《道德经》第四十八章主张："为学日益，为道日损。损之又损，以至于无为，无为而无不为。"这强调通过减少干预来实现治理，与通过降低创新成本来激励创新行为相契合。

《道德经》第八章主张："上善若水。水善利万物而不争，处众人之所恶，故几于道。"这强调顺应自然，通过减少不必要的干预来降低创新的成本，从而激发创新行为。

本书阐述了创新成本与收益对创新活动的影响，强调经济激励在促进创新中的关键作用，并指出通过合理的政策和市场机制设计来激发创新的重要性。

首先，当创新的成本降低时，或者当创新带来的收益增加时，创新更有可能发生。这是因为在人性基本面的驱动下，个人和企业都会寻求以最小的成本获得最大的收益。如果创新的成本较低，意味着为了实现创新所需的投入较少，这降低了进入门槛，使更多的个人和企业愿意尝试新的想法和方法。

其次，创新的潜在收益较高将为创新者提供更大的激励。高收益前景可以补偿研发过程中的不确定性和风险,吸引更多的资源和人才投入到创新活动中。这种高收益可能来自新产品或服务的市场潜力、技术突破带来的竞争优势,或是创新带来的社会和环境效益。

再次,经济激励是影响创新决策的重要因素。这个原理在经济学和商业实践中被广泛接受,并被用来解释为什么在某些市场和环境中创新活动更为活跃。

最后,政策制定者、企业管理者和创业者,要促进创新,需要考虑如何通过降低成本和提高收益来激发创新动力。这可能涉及提供研发补贴、税收优惠、知识产权保护等措施来降低创新成本,以及通过市场机制和政策支持来提高创新的潜在收益。

第一百一十三条 人力资本密集且具有战略性的公司,都应尝试不同投票权结构的公司治理制度安排和治理机制设计。

墨家强调选贤任能和合理的制度安排,认为国家的治理和繁荣依赖贤能之士的选拔和使用,这与公司治理制度安排和治理机制设计相契合。

《墨子·尚贤上》主张:"故官无常贵,而民无终贱,有能则举之,无能则下之。"这主张公平选拔人才,不拘一格地选拔贤能,有助于形成一个合理的治理制度安排,激发人力资本的作用,实现控制权的合理配置与动态激励相容。

法家思想强调通过严格的法律和制度来管理和引导人性,认为治理需要依赖合理的制度和机制。这与公司尝试不同投票权结构的公司治理制度安排相契合。

《韩非子·心度》主张:"为法也,所以平不夷、矫不直也。"《韩非子·外储说右下》主张:"故明主治吏不治民。"制度和法律是治理的核心,可通过合理的制度安排和机制设计来确保组织的有效治理。

《韩非子·五蠹》主张:"明主之国,无书简之文,以法为教;无先王之语,以吏为师。"法家强调法律和制度的教化作用,通过制度安排来实现有效治理和人力资本的最大化利用,也可通过法律和制度来实现有效治理和人力资本的激发。

兵家注重通过合理的组织结构和制度安排来确保战斗力和凝聚力,也强调适应变化和灵活性。兵家的思想与公司尝试不同投票权结构的治理制度安排和治理机制设计相契合。

《孙子兵法·虚实篇》主张:"兵无常势,水无常形;能因敌变化而取胜者,谓之神。"这强调根据环境和条件的变化灵活调整策略,与根据公司特定需求调整治理结构的理念相符。

《孙子兵法·谋攻篇》主张:"知彼知己,百战不殆。"在公司治理中,应了解自身人力资本的特性和市场环境,以设计合适的投票权结构和治理机制。

本书强调人力资本在公司治理中的核心地位,并建议人力资本密集且具有战略性的公司探索和实施不同投票权结构的公司治理制度安排和治理机制设计。

首先,"人力资本密集"指的是公司的价值在很大程度上依赖员工的知识、技能和创造力。而"人力资本具有战略性"则进一步强调了这些员工对公司长期成功和竞争优势的重要性。

其次,当公司认识到人力资本的战略重要性时,它更有可能采取行动来保护和增强这一资本的价值。这可能包括通过不同的投票权结构来确保关键员工或团队在公司决策过程中拥有更大的影响力。例如,通过双重股权结构,创始人和核心团队可以保持对公司战略方向的控制,即使他们的经济利益(股份)可能被稀释。

再次,不同的投票权结构和治理机制设计可以为公司提供灵活性,使其能够根据市场变化和内部需求进行调整。这种灵活性对于人力资本密集的公司尤为重要,因为人力资本具有显著的动态性,同时这些公司通常需要快速适应技术变革和市场竞争。

最后,为了更好地利用和保护其人力资本,公司需要创新治理模式。这不仅有助于公司实现短期目标,而且有助于确保公司的长期可持续发展。通过确保关键员工的利益与公司的利益一致,公司可以激发员工的潜力,促进创新,并最终实现更大的市场成功。

综上所述,本书提倡的是一种以人为本的公司治理模式,这种模式认识到人力资本的战略价值,并试图通过创新的治理结构和机制来最大化这种价值,同时确保员工的个人利益得到满足。这种模式有助于公司在竞争激烈的市场中保持领先地位,并实现长期的成功和增长。

> **第一百一十四条** 技术创新产生的影响不一定全是好的。例如,等人工智能真正发展起来,可能有些人只能获得维持基本生存的基本收入。因此,从技术创新的角度来看,消费降级是不可避免的,而且会长期持续下去。

法家主张通过法律与制度来治理社会,适应变化,管理不确定性。法家思想适用于由技术创新引发的社会经济变迁、不确定性和伦理困境,特别是在制度设计和公共政策的构建上。

《韩非子·心度》提及:"为法也,所以平不夷、矫不直也。"《韩非子·外储说右下》提及:"故明主治吏不治民。"这强调制度优先于个体能力,适用于依赖制度安排来管理技术创新的社会影响。

《史记·商君列传》提及:"治世不一道,便国不法古。"这强调制度创新的重要性,适用于探讨如何通过新的制度安排来应对技术创新带来的新挑战。

墨家注重社会公平和资源的合理分配,主张通过制度来实现普遍福利,这与技术创新可能导致的不平等和消费降级问题相符。

《墨子·尚贤》提及:"故官无常贵,而民无终贱,有能则举之,无能则下之。"墨家主张不拘一格选拔贤能,通过制度化措施促进社会公平,这与在技术创新中需要关注社会正义与经济平等相一致。《墨子·非乐》提及:"故治国者,不可以不知利害。"墨子强调在治理中必须清楚利害关系,这与在技术创新背景下如何平衡技术收益和社会影响的思考相一致。

本书在此探讨技术创新,特别是人工智能(artificial intelligence,AI)对社会经济结构的潜在影响。当 AI 技术发展到一定阶段,可能会有一些人只能依赖政府提供的基本收入来维持生活。这种基本收入通常是为了保障人们的基本生存需求,而不是为了支持更高层次的消费或储蓄。

从这个角度来看,技术创新可能会带来一种新的社会现象,即大多数人的收入水平将不足以支持传统的消费模式。这种收入水平的下降可能导致消费降级,即人们更多地转向基本和必需的商品和服务,而减少对非必需品的消费。这种现象可能会长期持续,因为技术进步和自动化的趋势可能会持续减少对人力的需求。

在人性的基本面的框架下,这种变化可能会引起深刻的社会和心理影响。人们追求自身利益最大化的天性可能会受到挑战,一些人会发现自己无法通过传统的工作和职业途径来实现这一目标。这种收入和消费能力的下降可能导致社会不满和紧张,因为人们会感到自己的努力没有得到应有的回报,或者他们的生活质量无法有效改善甚至持续下降。

技术创新需要伴随着相应的社会政策和经济调整,以保护那些因技术变革而处于不利地位的人群,确保技术进步的成果能够更公平地分配给社会各阶层,避免造成大规模的社会不平等和经济分化。如果大多数人的收入依赖政府提供的基本收入,那么政府将需要考虑如何平衡财政负担和社会责任,同时确保社会稳定和经济健康。

总之,技术创新虽然带来了许多积极的变化,但也可能导致一些深刻的社会经济问题。因此,社会在推动技术进步的同时,也要关注其对社会结构和个人生活的影响,并通过合理的制度安排与机制设计来缓解这些影响。

行至水穷处<注释>

> **第一百一十五条** 东方哲学(道家、儒家、法家、墨家、兵家、佛家等)和祖先信仰,更加符合现实,因此也更具生命力。如果道家去玄幻,儒家去虚伪,法家去机械,墨家去幻想,兵家去狡诈,佛家去虚无,也许会更臻完美。

　　东方哲学和祖先信仰能够更好地反映并应对现实世界的需求,在现代社会中更具适用性和生命力。东方哲学包括道家、儒家、法家、墨家、兵家和佛家思想,各自代表了不同的思想流派和生活哲学,在历史的长河中形成了丰富的文化传统。

　　道家强调自然和谐,如果去除玄幻成分,其思想将更具现实应用价值;儒家强调仁义礼智信,如果去除虚伪成分,其思想将更具现实指导意义;法家强调法律和制度,如果去除机械成分,其思想将更具灵活性和人性化;墨家强调"兼爱""非攻",如果去除幻想成分,其思想将更具现实操作性;兵家强调战略战术,如果去除狡诈成分,其思想将更具公正性和道德性;佛家强调修行解脱,如果去除虚无成分,其思想将更具现实指导意义。

　　道家强调自然无为,顺应自然,不干预万物的发展,认为"道"是宇宙的根本规律,所有事物都应顺其自然发展。道家还强调柔弱的力量,认为柔弱能够战胜刚强。《道德经》中有许多相关论述,例如,第二章"天下皆知美之为美,斯恶已;皆知善之为善,斯不善已",强调对立统一;第三章"不尚贤,使民不争;不贵难得之货,使民不为盗;不见可欲,使民心不乱",主张减少外在干预;第四十八章"为学日益,为道日损。损之又损,以至于无为,无为而无不为",强调通过减少干预来实现有效治理。

　　道家哲学主张顺应自然与内在的和谐,去除玄幻意味着剥离那些超自然和神秘主义的元素,使道家思想更加聚焦于如何在现实世界中寻找平衡与自然的生活方式。这样的道家哲学可以帮助现代人在快节奏的生活中找到宁静与内心的平和。

　　儒家思想强调仁义礼智信,主张通过道德修养和礼教来实现社会和谐,提出"修身齐家治国平天下"的理念,认为个人修养和家庭治理是国家治理和世界和平的基础。《论语》中有许多相关论述,例如,《论语·为政篇》提到"为政以德,譬如北辰,居其所而众星共之",强调德治与道德感化;《论语·颜渊篇》提到"樊迟问仁。子曰:'爱人。'"强调仁爱,主张通过爱人来实现社会和谐;《孟子·尽心下》中的"民为贵,社稷次之,君为轻",进一步强调了民本思想。

　　儒家哲学注重社会秩序和人际关系,去除虚伪则意味着摒弃表面的礼节和形式主义,转而强调真诚与实质的道德行为。这样的儒家思想有助于促进更加真实和健康的社会关系,符合现代人对诚信与透明度的需求。

　　法家强调通过严格的法律和制度来管理社会,认为治理需要依赖合理的制度和机制,主张赏罚分明与权术运用。《韩非子》中有诸多相关论述。例如,《韩非子·心度》提到:"为法也,所以平不夷、矫不直也。"这强调制度和法律是治理的核心;《韩非子·五蠹篇》提到"明主之国,无书简之文,以法为教;无先王之语,以吏为师",强调法律和制度的教化作用。

法家哲学强调法治和制度的重要性,去除机械则意味着摒弃那些僵化与不灵活的规则,使法律和制度更加人性化和适应社会变化。这样的法家思想有助于建立一个既有序又灵活的社会环境。

墨家强调"兼爱""非攻",主张通过和平与博爱来实现社会的繁荣,提倡节俭和有效利用资源。《墨子》中有诸多相关论述,例如,《墨子·兼爱》提到"兼相爱,交相利",强调博爱和平等对待他人;《墨子·非攻上》提到"是故圣人不贵斗勇",主张反对战争与掠夺;《墨子·尚贤上》提到"故官无常贵,而民无终贱,有能则举之,无能则下之",强调公平选拔人才,不拘一格地选拔贤能。

墨家哲学主张"兼爱"与"非攻",去除幻想意味着摒弃那些理想化且难以实现的愿景,转而关注实际可行的社会改革与和平策略。这样的墨家思想可以促进社会的和谐与稳定。

兵家注重通过合理的战略与战术来实现胜利,强调知己知彼与灵活应变。《孙子兵法》中有许多相关论述,例如,《孙子兵法·谋攻篇》提到"知彼知己,百战不殆",强调了解自己与对手的重要性;《孙子兵法·用间篇》提到"用间有五:有因间、有内间、有反间、有死间、有生间",强调运用间谍与情报来实现战术优势;《孙子兵法·虚实篇》提到"兵无常势,水无常形,能因敌变化而取胜者,谓之神",进一步强调灵活应变和适应变化的重要性。

兵家哲学关注战略与战术,去除狡诈则意味着摒弃那些不道德和欺诈性的行为,转而强调智慧与正直(阳谋)。这样的兵家思想有助于培养一个以诚信和道德为基础的竞争环境。

佛家强调修行与解脱,主张通过内心的修炼来达到涅槃,提出四谛和八正道的修行路径,认为一切现象都是无常和空性的。例如,《金刚经》中的"一切有为法,如梦幻泡影,如露亦如电,应作如是观",强调无常与幻象;《心经》中的"色不异空,空不异色;色即是空,空即是色",强调空性,主张通过理解空性来实现内心的平静。

佛家哲学追求内心的平静与解脱,去除虚无则意味着摒弃那些消极与逃避现实的倾向,转而强调积极面对生活的态度与精神实践。这样的佛家思想可以帮助现代人在面对挑战时保持坚韧与乐观。

祖先信仰强调尊敬和祭祀祖先,以表达孝道和感恩,认为祖先的灵魂能够保佑子孙后代的平安与幸福,注重家族的繁衍与传承,维护家族的荣耀与传统。例如,《礼记·祭义篇》中的"祭者,所以明孝也",强调祭祀祖先是为了彰显孝道;《论语·学而》中的"慎终追远,民德归厚矣",强调慎重地对待父母的终老和追念先祖能够使民众的道德风尚归于厚。

去除这些哲学思想中的某些不切实际或过时的元素,可以使它们更加符合现代社会的需求,从而具有更强的生命力。东方哲学和祖先信仰在现代社会中的实用性和适应性更强,能够为现代人提供智慧和指导,帮助人们更好地理解自己和周围的世界,实现个人与社会的和谐发展。

> **第一百一十六条** 管理本是经世致用之学,为何要用"哲学"来装点?管理的理论、方法、工具其实是高度情境依赖的,也不便形而地上升为"哲学"。如果一定要这样做,是不是会陷入"道理都懂,但就是做不好"的境地?

道家强调顺应自然和实际,不拘泥于形式和过多的理论,主张返璞归真。《道德经》第四十八章指出:"为学日益,为道日损。损之又损,以至于无为。"道家强调减少人为的复杂性,顺应自然,以实现真正的效用。这与管理学强调实用和情境依赖性相似。《道德经》第五十八章指出:"其政闷闷,其民淳淳;其政察察,其民缺缺。"道家提倡简化治理,这与管理学追求实用和避免过度复杂的哲学思考相符。

法家注重实际效果和制度的适应性,避免空谈理论。《韩非子·心度》指出:"明主之治也,法与时移而禁与能变。"这强调根据实际情况调整策略,与管理学的情境依赖性相符。《韩非子·心度》指出:"法与时转则治,治与世宜则有功。"这强调法律和制度应根据现实情况调整,以实现有效治理。

兵家注重战略的实用性和灵活性,根据具体情况制定作战策略。《孙子兵法·虚实篇》指出:"兵无常势,水无常形;能因敌变化而取胜者,谓之神。"这强调灵活应变,与管理学的情境依赖性一致。《孙子兵法·谋攻篇》指出:"知彼知己,百战不殆。"在管理中,管理者应了解自身和外部环境,以制定合适的策略,这与情境依赖性相符。《孙子兵法·用间篇》指出:"用间有五:有因间、有内间、有反间、有死间、有生间。"兵家强调知己知彼、灵活应变以及具体情境下的情报运用,通过具体的情况和情境来制定策略、调整策略和制定战术,而不是依赖抽象的哲学理念。

墨家注重实用性和具体操作,主张"兼爱""非攻",注重实用和节俭,反对无谓的浪费和形式主义。墨家认为治理需要依赖具体的措施和方法,而不是抽象的哲学理念。墨家思想与管理学的情境依赖性相符,注重实践和具体应用。《墨子》指出:"凡足以奉给民用,则止。"这体现了墨家对经济管理的实用主义思想。《墨子·尚贤上》指出:"故官无常贵,而民无终贱,有能则举之,无能则下之。"墨家重视选贤任能,强调根据才能而不是身份地位进行选拔和任用。

道家主张无为而治,强调顺应自然规律,不过度干预。在管理上,道家可能会主张给予个体更多的自由和空间,让管理更加自然和灵活。在《道德经》第三十七章中老子说:"道常无为而无不为。"这可以理解为在不干预的状态下,万物能自然发展和创新。

本书质疑将管理学与哲学机械地结合在一起的必要性(用哲学来包装管理学)。管理学作为一门实践学科,而不是形而上的所谓"管理哲学",管理的理论、方法和工具高度依赖具体情境,并且如果一味地强调形而上,用哲学来包装管理学,可能陷入"道理都懂,但就是做不好"的管理困境。

首先,管理学本质上是一门应用学科,其目的是解决实际问题,推动组织和社会的发展。管理学的理论、方法和工具都是针对具体的管理实践设计的,需要在特定的情境中发挥作用。

其次,管理学上升到哲学层面的必要性存疑。哲学通常关注更为抽象和普遍的问题,追求普遍真理和智慧。而管理学则更侧重于具体的实践和操作,需要解决的是特定情境下的具体问题。管理学与哲学在目标和方法上存在显著的差异。

再次,如果管理学过度形而上化,可能会脱离实际,陷入"道理都懂,但就是做不好"的困境。这反映了一个现实问题:理论知识如果无法与实践相结合,可能就会失去其应有的价值和意义。

最后,在探讨管理学的理论和实践时,我们应保持对实际情境的敏感性和适应性。管理学的理论、方法和工具虽然可以提供指导,但它们的有效性很大程度上取决于是否能够适应特定的管理环境和组织需求。

> **第一百一十七条** 毛主席认为:"全局的深层决定性规律,生出一切战略战术。""欲动天下者,当动天下之心,而不徒在显见之迹。动其心者,当具有大本大源。""抓住主要矛盾,抓住主要矛盾的主要方向。"毛主席主张要善于把具体问题追到根源上思考、把局部问题放在整体中思考,把当前问题放在过程中思考。

道家强调顺应自然规律,把握事物的本质和根本。《道德经》第二十五章主张:"人法地,地法天,天法道,道法自然。"这句话强调"道"(宇宙的根本原理和最终实相)是自然而然存在的,而不是由任何外在力量所创造或控制的。它既是宇宙万物生成的源头,也是它们遵循的自然法则。毛主席所说的"全局的深层决定性规律"与"道法自然"有相似之处,都强调要超越表面现象,深入探究事物的本质和根本规律。

《道德经》第五十一章主张:"道生之,德畜之,物形之,势成之。是以万物莫不尊道而贵德。"这句话强调了道(规律)和德(内在品质)是万物的根本。《道德经》第四十二章主张:"道生一,一生二,二生三,三生万物。"道是万物的本源,万物都遵循道的规律。这与毛主席提到的"全局的深层决定性规律,生出一切战略战术"相契合。

《道德经》第五十八章主张:"祸兮,福之所倚;福兮,祸之所伏。"祸福相依,体现了对立统一的哲学思想,这强调要看到事物的对立面和联系,与毛主席提到的"抓住主要矛盾,抓住主要矛盾的主要方向"相呼应。

兵家强调战略战术的重要性,认为要善于抓住战争的主要矛盾和关键。《孙子兵法·始计篇》主张:"兵者,诡道也。故能而示之不能,用而示之不用,近而示之远,远而示之近。"说的是用兵之道在于诡诈,要善于隐藏自己的真实意图和行动。这体现了兵家对战略战术的重视,与毛主席提到的"全局的深层决定性规律,生出一切战略战术"相契合。

《孙子兵法·兵势篇》主张:"故善战者,求之于势,不责于人。"说的是善于作战的人,要善于利用形势,而不是单纯责怪部下。这强调了抓住战争的主要矛盾和关键,与毛主席提到的"抓住主要矛盾,抓住主要矛盾的主要方向"相呼应。

儒家强调中庸之道,即在复杂多变的情况下寻求平衡和谐。《论语·子罕》主张:"子绝四:毋意,毋必,毋固,毋我。"这强调不要固执己见,要灵活应对,与毛主席主张的把具体问题追到根源上思考有相似之处。

儒家注重道德修养和人心的教化,强调从内在改变人的行为。《论语·学而》主张:"君子务本,本立而道生。"说的是君子致力于根本,根本确立了,道就会产生。这强调了抓住事物的根本,与毛主席提到的"动其心者,当具有大本大源"相呼应。

法家强调法治和对国家治理的系统性思考,重视抓住国家治理的根本问题。《管子·治国》主张:"故治国之道,必先富民。民富则易治也,民贫则难治也。"

这些观点深刻地体现了毛主席对战略和战术的深刻理解,以及对解决问题的独到方法。

  首先,"全局的深层决定性规律,生出一切战略战术",强调在制定战略和战术时,必须深入挖掘和理解影响全局的根本性、规律性因素。这意味着,战略和战术不是孤立的、随意的,而是基于对全局规律的深刻洞察。这种全局观要求我们在制定任何计划或策略时,都要考虑其对整体局势的影响和长远后果。

  其次,"欲动天下者,当动天下之心,而不徒在显见之迹。动其心者,当具有大本大源。"这揭示了影响和改变人们行为的深层次因素。在这里,"动天下之心"意味着要触及人们内心深处的信念和价值观,而不仅仅是表面的行动或现象。这要求人们在处理问题时,不仅要关注表象,更要深入问题的核心,即人性的基本面。通过理解和影响这些根本因素,可以更有效地引导和激励人们。

  最后,"抓住主要矛盾,抓住主要矛盾的主要方向"体现了毛主席对矛盾论的深刻理解。在复杂的社会现象中,存在许多矛盾,但总有一些是主要的,决定了事物发展的方向。通过识别和解决这些主要矛盾,我们可以有效地推动事物的发展。这同样适用于个人和集体的行为,因为每个人都在追求自身利益最大化,而主要矛盾往往与这些利益紧密相关。

  毛主席主张要善于把具体问题追到根源上思考,把局部问题放在整体中思考,把当前问题放在过程中思考。这要求我们在面对问题时,不仅要看到问题的表面,还要深入问题的本质;不仅要关注局部,还要考虑全局;不仅要应对当前,还要考虑长远。这种系统思考方式有助于我们更全面、更深入地理解问题,从而制定出更有效的解决方案。

> **第一百一十八条** 世间其实没有所谓最好,可能只有最适合。战略选择的精髓不在于最好,而在于最适合。一切不匹配的选择注定都将是悲剧。

道家思想强调顺应自然和无为而治,认为一切事物都应顺其自然,适应环境的变化,而不是追求绝对的"最好"。

《道德经》第八章主张:"上善若水。水善利万物而不争,处众人之所恶,故几于道。"道家强调顺应自然和环境,水能适应各种形态,是"道"最适合的象征。《道德经》第二十二章主张:"曲则全,枉则直,洼则盈,敝则新,少则得,多则惑。"道家强调适应和变通,而只有适应环境的变化才能保持长久。《庄子·内篇·养生主》第三篇主张:"吾生也有涯,而知也无涯。以有涯随无涯,殆已!"庄子提倡应顺应自然,不要过分追求知识,而是要遵循自然的道理,保持生命的平衡和健康。

法家思想强调根据具体情况制定法律和制度,管理和治理需要依赖合适的制度和机制,而不是追求绝对的"最好"。

《韩非子·五蠹》主张:"明主之国,无书简之文,以法为教;无先王之语,以吏为师。"法家强调法律和制度的教化作用,根据具体情况制定合适的法律和制度,而不是追求绝对的"最好"。《韩非子·用人》主张:"明主之治也,法与时移而禁与能变。"这强调根据实际情况调整策略。《韩非子·心度》主张:"法与时转则治,治与世宜则有功。"这强调法律和制度应根据现实情况调整,以实现有效治理。

兵家思想强调根据具体战场情况制定策略和战术,强调灵活应变和适应环境,而不是追求绝对的"最好"。

《孙子兵法·虚实篇》主张:"兵无常势,水无常形,能因敌变化而取胜者,谓之神。"兵家强调灵活应变,根据具体情况调整策略和战术。《孙子兵法·谋攻篇》主张:"知彼知己,百战不殆。"兵家强调知己知彼,根据具体情况制定合适的策略。

本书提出一个关于选择和适配性的观点,强调了在战略决策中"最适合"的重要性,而不是单纯追求"最好"。

首先,世间并不存在绝对的"最好",因为"最好"往往是相对的,依赖特定的情境和条件。这意味着,在不同的环境和背景下,所谓的"最好"可能并不适用或有效。这种观点挑战了普遍适用的最优解的概念,提醒人们在做决策时要考虑具体情况。

其次,"最适合"是战略决策应遵循的逻辑。这里的"最适合"指的是与特定情境、需求和条件相匹配的选择。这种选择可能不是理论上或表面上的"最佳",但是能够最有效地满足当前的需求和目标。在战略决策中,找到最适合的方案意味着决策者要深入了解自身的优势、劣势、机会和威胁,以及外部环境的特点。

再次,"选择的精髓不在于最好,而是最适合",这表明战略选择时的关键在于找到与自身情况最匹配的方案。这种选择能够确保资源得到最有效的利用,目标得到最合理的实现。

最后,"一切不匹配的选择注定都将是悲剧"强调了不恰当的选择可能带来的负面后果。如果一个组织或个人选择了与其能力、价值观或市场定位不匹配的策略,可能走向失败或挫折的结局。

第一百一十九条

> 人们无疑可以也应痛恨敌人,但人们不能因为痛恨而停止向敌人认真学习。这也许是痛恨并战胜敌人最好的方式。

兵家思想强调"知己知彼",通过了解敌人来制定策略和战术,是取得胜利的关键。兵家认为对敌人的学习和了解是战胜敌人的必要手段。

《孙子兵法·谋攻篇》提到:"知彼知己,百战不殆。"兵家强调通过对敌人的了解,来制定策略,从而战胜敌人。《孙子兵法·用间篇》提到:"用间有五:有因间、有内间、有反间、有死间、有生间。"兵家强调通过间谍和情报手段了解敌人,从而制定有效的战术。《孙子兵法·谋攻篇》提到:"故知胜有五:知可以战与不可以战者胜,识众寡之用者胜,上下同欲者胜,以虞待不虞者胜,将能而君不御者胜。"兵家强调知己知彼,了解敌人的情况是胜利的关键因素之一。

法家思想强调通过严格的法律和制度来管理社会,注重实用性和具体操作性。在面对敌人时,法家也主张通过学习和了解敌人来制定相应的策略,从而取得胜利。

法家思想注重实效和策略,强调通过理性分析和学习敌人的弱点来达到目的。《韩非子·六反》提到:"夫欲得力士而听其自言,虽庸人与乌获不可别也;授之以鼎俎,则罢健效矣。"这表明法家主张通过实践和学习来判断敌人的强弱,而非被情感所左右。此外,《韩非子·五蠹》提到:"世异则事异,事异则备变。"进一步说明法家强调根据实际情况调整策略,包括对敌人的学习和应对方式。

本书提出了一个关于如何处理与竞争对手或敌人关系的观点,强调即使在存在敌意的情况下,学习和理解对方的重要性。

首先,人们可以对敌人感到痛恨,这是一种很自然的情感反应。在商业竞争、政治斗争或其他形式的竞争中,对手之间的敌对关系可能会引发负面情绪。

其次,人们不能因为痛恨而停止对敌人的认真学习。"认真学习"指的是深入理解敌人的策略、优势、弱点及他们的行为模式。这种学习不是出于对敌人的赞赏或同情,而是为了更全面地了解对手,从而找到应对他们的方法。

最后,认真学习敌人,可能是战胜敌人最好的方式。这是因为,了解敌人可以帮助我们发现他们的弱点,预测他们的行为,并制定出更有效的对策。这种策略上的了解和准备,比单纯的情感反应更能提高我们战胜对手的可能性。

> **第一百二十条** 只有选择祖国的人,祖国才会选择他!你都不爱祖国母亲,让祖国母亲怎么爱你?不要总想着挖祖国母亲的"墙脚"。

墨家思想强调"兼爱"和"非攻",主张博爱和平等对待他人,认为爱国是每个公民的责任,只有爱国的人才能得到国家的庇护和支持。

《墨子·兼爱中》提及:"当兼相爱,交相利。"墨家强调"兼爱",主张通过博爱和互相帮助来实现社会的和谐,这其中也包括爱国。《墨子·非攻上》提及:"是故圣人不贵斗勇。"墨家主张非攻,反对战争,强调和平与爱国。《墨子·尚同上》提及:"上同而下比,民不偷。"墨家强调团结与一致,主张国家和人民应团结一致,共同爱国。

儒家思想强调忠君爱国,认为个人的命运与国家的命运紧密相连,倡导以德治国和仁爱之心。儒家认为,忠于国家和君主是每个公民的责任,只有爱国的人才能得到国家的保护与支持。

《论语·颜渊》提及:"樊迟问仁。子曰:'爱人。'"儒家强调仁爱,主张通过爱他人来实现社会和谐,这也包括爱国。《论语·泰伯》提及:"曾子曰:'吾日三省吾身:为人谋而不忠乎?与朋友交而不信乎?传不习乎?'"儒家强调忠诚和责任,主张个人应对国家和社会尽责。《孟子·梁惠王上》提及:"老吾老以及人之老,幼吾幼以及人之幼。天下可运于掌。"儒家强调爱国和爱民,通过爱护自己的家人和国家来实现社会的和谐与稳定。

通过一种情感上的呼唤,本书强调了个人与祖国之间的相互责任和忠诚的重要性。

首先,本书用情感化的语言表达了对祖国的热爱,认为只有当个人忠诚于自己的祖国时,祖国才会给予个人相应的认可和支持。这里的"选择祖国",意味着在关键时刻站在祖国一方,维护祖国的利益与荣誉,以及在行动和言论上表现出对祖国的忠诚。

其次,"祖国母亲"这一比喻将祖国拟人化,强调了个人与国家之间的亲密关系和情感纽带。个人在追求自身利益的同时,也应考虑对国家的责任和忠诚,体现了个人利益与集体利益之间的平衡。

再次,"不要总想着挖祖国母亲的'墙脚'"中的"挖墙脚"是一个比喻,指的是损害国家利益的行为。这句话警告人们不应为了个人利益而做出损害国家利益的事情,强调个人行为对国家整体利益的影响。

最后,个人与国家之间的关系是相互的,个人的忠诚与贡献能够获得国家的回报与支持。这种相互选择与相互支持的关系,是建立在相互尊重和理解的基础上的。

第一百二十一条

人生是一个过程，不要动不动或者有事没事就思考人生。行动起来，直面问题，在人生路上不断升级打怪（经世致用）就可以了。

儒家思想强调学以致用、关注现实问题，以及对社会和国家的实际治理。《礼记·大学》提出："格物、致知、诚意、正心、修身、齐家、治国、平天下。"这一系列步骤体现了儒家思想从提升个人道德修养到承担社会责任的逐步扩展，强调个人在社会中的作用，以及通过个人的努力实现社会和谐的理想。《礼记·学记》提出："君子如欲化民成俗，其必由学乎！"儒家强调通过学习和教育来实现对社会的治理。

张载在《张子语录》中提出："为天地立心，为生民立命，为往圣继绝学，为万世开太平。"这高度概括了儒家理想，展现了对个人修养、社会责任、文化传承以及天下太平的深刻思考。宋代朱熹继承和发扬了儒家的实用主义思想，强调学问要与实际应用相结合。

王阳明的心学强调知行合一，主张实践和行动的重要性。《传习录》提出："知是行之始，行是知之成。"说的是知道是行动的开始，行动是知道的完成。王阳明强调知行合一，认为知识必须通过实践和行动来实现。

法家思想注重实效和功利，强调通过实际行动解决问题，而非空谈理论或沉迷于无意义的思考。《韩非子·五蠹》提到："世异则事异，事异则备变。"这表明法家主张根据实际情况采取行动，强调解决问题而非空谈。此外，《商君书·更法》提到："苟可以强国，不法其故；苟可以利民，不循其礼。"进一步说明法家注重实效，主张通过实际行动解决问题。因此，法家思想与"经世致用"的理念高度契合，支持通过行动直面问题，而非空谈人生意义。

本书表达了一种实用主义的生活哲学，强调行动与实践的重要性，倡导通过"经世致用"的方式来实现个人的价值与人生的意义。

首先，本书推崇"经世致用"的理念，强调将知识应用于实际生活，解决现实问题。这种理念倡导务实的态度，通过实际行动来实现价值和目标，而不仅仅停留在理论和空谈中。

其次，"人生是一个过程"，即人们看待人生的态度应是过程导向的，而不是结果导向的。人生的价值在于经历和体验，而不仅仅是达成某个预定的目标或结果。这种过程导向的人生观鼓励人们积极迎接生活中的挑战，享受每个当下，而非过度焦虑未来的不确定性。

再次，"不要动不动或者有事没事就思考人生"这一看法，可能有些偏离传统观点。在许多人看来，人生是充满意义的，值得不断探索与思考。然而，本书认为，个人过分沉溺于对人生意义的思考，可能会陷入无谓的困扰与迷茫，反而忽视了实际生活中的行动与实践。

最后，本书强调"行动起来直面问题，在人生路上不断升级打怪（经世致用）就可以了"。这里的"升级打怪"是一个比喻，指在人生旅途中不断面对和解决各种挑战和问题。这一观点鼓励人们采取积极的态度，通过实际行动来克服困难，实现自我提升和成长。

> **第一百二十二条** 好课程和好老师的价值其实在于理论与基于理论的独立思考。熟悉和理解理论的发展脉络与逻辑框架,基于理论反思之前的实践,并进一步在实践中尝试质疑和修正理论,才是真正意义上的学习。

儒家强调学习与思考的结合。子曰:"学而不思则罔,思而不学则殆。"这句话强调了学习与思考的结合,认为学习需要通过思考来深化理解。同时,儒家重视实践和反思。子曰:"温故而知新,可以为师矣。"说的是通过回顾和反思已有的知识,学习者可以获得新的理解,从而达到教学相长的效果。《论语·述而》:"默而识之,学而不厌,诲人不倦"。这强调在学习过程中积累知识并进行反思。

道家重视自然的法则和自发的秩序,强调顺应自然、反思自身。《道德经》第四十八章指出:"为学日益,为道日损。损之又损,以至于无为。"这一思想强调通过减少人为干预,达到自然状态,提倡对现有理论的反思和简化。

兵家强调在战争实践中灵活运用理论,注重对形势的判断和策略的调整。《孙子兵法·虚实篇》提及:"故形人而我无形,则我专而敌分。"孙子强调灵活变化,依据实际情况调整策略,这种对实践中理论的灵活运用反映了对理论的深刻理解和独立思考。

在此,本书强调教育中理论学习和独立思考的重要性。

首先,好课程和好老师的价值不仅在于传授知识,更在于引导学生深入理解和掌握理论。这种理论学习不是简单的记忆和重复,而是要理解理论的发展过程、内在逻辑和框架结构。

其次,本书认为学习的核心是将理论应用于实践,并在实践中进行反思。这意味着学习不仅是一个被动接受的过程,更是一个主动参与和实践的过程。通过将理论应用于实际情境,学生能够更好地理解理论的实际意义,并在实践中发现理论的局限性或适用性。

再次,本书提倡在实践中质疑和修正理论。这是一种批判性思维的体现,鼓励学生不要盲目接受现有理论,而是通过实践来检验理论的有效性,并在必要时对其进行修正。这样的过程不仅能够促进理论的发展,也能培养学生的独立思考能力。

最后,虽然人们往往倾向于选择那些能够直接带来利益的知识和技能(即"干货"),真正意义上的学习却应超越这种短期利益的追求。只有深入的理论学习与实践反思,才能实现个人能力和理解的长期提升。这种学习方式虽然可能需要更多的时间和努力,但它能够带来更深远的影响和更持久的价值。

商道法自然　制度赋新能

实践应用篇

公司治理案例

娱乐之外的公司治理暗战：
通过有限合伙企业实现控制权和收益权分离

教学参考：娱乐之外的公司治理暗战

引言

2016年8月14日凌晨，演员王宝强通过微博发布了离婚声明："现因马蓉与我经纪人宋喆的婚外不正当两性关系，严重伤害了婚姻、破坏了家庭，我郑重决定解除我与马蓉的婚姻关系，同时解除宋喆的经纪人职务。在此过程中我将依法处理好一切事宜，尽力将因此给双方父母和两个尚未成年的孩子造成的伤害降到最低，希望他们继续拥有平静的生活。"

该微博的发布可谓石破天惊，那几日，王宝强婚变的相关消息几乎"秒杀"一切头条，持续刷屏。最受大众关注的除与婚姻不忠相关的各种令人津津乐道的娱乐八卦、狗血情结外，莫过于王宝强从演员转型为商人的商业版图及其离婚涉及的财产分割问题。为了深入分析这一事件，我们根据天眼查全国企业信息查询系统（http://www.tianyancha.com）及部分网络公开报道的资料，逐步揭示了王宝强旗下公司的股权结构及股权治理机制的演变。

接下来，从公司治理的角度，本书将重点分析以下几个问题：

（1）随着股权结构和股权治理机制的演变，特别是通过有限合伙企业实现控制权与收益权分离后，王宝强、马蓉等核心利益相关者在公司中所拥有的权益（控制权、收益权）发生了什么重要变化？

（2）通过设立共青城宝亿嵘投资管理合伙企业（有限合伙），并引入"自然人（王宝强）+ 有限合伙"这一股权架构，王宝强与马蓉离婚之后，双方在公司中的权益（控制权、收益权）将如何变动？

通过对上述问题的分析，可以揭示控制权竞争和保障的内在机理。具体而言，采用有限合伙的形式来实现股权控制权与收益权的分离，可以极为有效地保障作为普通合伙人（GP）的创业者或团队的控制权，进而在中国法律环境中，实现与西方成熟市场类似甚至更好的"同股不同权"的治理效果（"同股同权"不一定是合理的安排）。

王宝强旗下公司股权架构的演变

王宝强旗下公司的旗舰公司是于王宝强与马蓉结婚第二年的2010年8月20日成立的北京宝亿嵘影视传媒有限公司（2015年5月4日更名为北京宝亿嵘影业有限公司）。该公司是一家专业从事影视项目研发、策划、制作、宣发、艺人经纪的综合性传媒公司，主要依托王宝强的品牌形象及相关资源优势，与国内外一流的编剧、导演、制片人、制片公司、营销公司、发行公司等保持长期稳定的合作关系。表3-1是北京宝亿嵘影业有限公司的基本信息。

表 3-1　北京宝亿嵘影业有限公司基本信息（截至 2017 年 4 月 23 日）

统一社会信用代码	91110116560377228M	组织机构代码	560377228
注册号	110105013151251	经营状态	存续
公司类型	其他有限责任公司	成立日期	2010-08-20
法定代表人	任晓妍	营业期限	2010-08-20—2030-08-19
注册资本	2 000 万人民币	发照日期	2016-08-17
登记机关	怀柔分局		
企业地址	北京市怀柔区杨宋镇凤翔三园 11 号 C 楼 106 室		
经营范围	电影摄制、电影发行、广播电视节目制作、组织文化艺术交流活动（不含演出）、公关策划、会议及展览服务、经济贸易咨询、影视策划、文化娱乐经纪服务。（本企业依法自主选择经营项目并开展经营活动。涉及电影发行、广播电视节目制作、电影摄制等需依法审批的项目，将在相关部门批准后依照批准内容开展经营活动。企业不得从事本市产业政策中禁止和限制类项目的经营活动。）		

北京宝亿嵘影视传媒有限公司最初注册资本为 125 万元（后逐步增资至 2 000 万元）。公司成立初期，股东为马蓉和王建永（王宝强的哥哥），分别持股 90%（可能存在代持的情况）和 10%。马蓉担任公司法定代表人、执行董事和经理，拥有绝对控制权。2016 年 8 月 17 日，公司法定代表人、执行董事和经理由马蓉变更为任晓妍（详情请参见延伸阅读 1）。2012 年 8 月 8 日，公司注册资本增加至 500 万元，股东结构也发生了变化。此时，马蓉持股 95%，王建永持股 5%。根据北京宝亿嵘影视传媒有限公司的财务信息，2010 年，公司尚未开展实际业务，2011 年，公司实现营收 1.25 万元。2010 年和 2011 年，公司的资产总额分别为 115.2 万元和 113.96 万元，负债总额分别为 6 000 元和 8 192 元，净利润分别为 -2.74 万元和 -2 764 元。2012 年，北京宝亿嵘影视传媒有限公司首次实现盈利，全年营收为 4.52 万元，净利润为 1 761 元，资产总额也增至 452.16 万元。本次工商变更信息情况如图 3-1 所示。

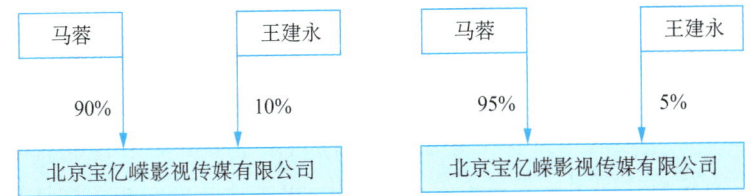

工商变更信息：
1. 北京宝亿嵘影视传媒有限公司变更信息
变更时间：2012-08-08
变更项目：实收资本（金）
变更前：125 万元
变更后：500 万元

变更时间：2012-08-08
变更项目：认缴的出资额、认缴的出资方式、认缴的出资时间、实缴的出资额、实缴的出资方式、实缴的出资时间
变更前：1 马蓉，出资 450 万元，自然人股东；2 王建永，出资 50 万元，自然人股东
变更后：1 马蓉，出资 475 万元，自然人股东；2 王建永，出资 25 万元，自然人股东
资料来源：天眼查网站.北京宝亿嵘影视传媒有限公司工商变更信息[EB/OL].[2016-08-19]. http://www.tianyancha.com/.

图 3-1　北京宝亿嵘影视传媒有限公司工商变更信息情况

2014年8月19日,由北京宝亿嵘影视传媒有限公司出资设立的宝亿嵘影视传媒无锡有限公司(2015年4月28日更名为乐开花影视传媒无锡有限公司)正式成立。公司注册资本为300万元,法定代表人为马蓉。2016年8月30日,公司法定代表人发生变更,由马蓉变更为任晓妍。本次工商变更信息情况如图3-2所示。

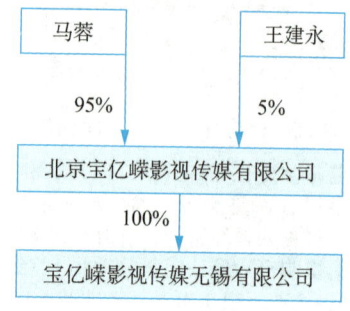

工商变更信息:
1. 乐开花影视传媒无锡有限公司变更信息
变更时间:2016-08-30
变更项目:法定代表人变更
变更前:马蓉
变更后:任晓妍

变更时间:2015-04-28
变更项目:名称变更
变更前:宝亿嵘影视传媒无锡有限公司
变更后:乐开花影视传媒无锡有限公司
资料来源:天眼查网站。乐开花影视传媒无锡有限公司工商变更信息[EB/OL].[2016-10-07]. http://www.tianyancha.com/。

图3-2 乐开花影视传媒无锡有限公司工商变更信息情况

2014年9月15日,任晓妍(王宝强现任经纪人)向北京宝亿嵘影视传媒有限公司增资,并持有公司25%的股份。此举使马蓉的持股比例降至75%。与此同时,公司注册资本增至1 000万元。王宝强的亲哥哥王建永,除担任北京宝亿嵘影视传媒有限公司监事一职,之后再也没有持有任何王宝强名下公司的股份,也未在其他公司担任任何职务。本次工商变更信息情况如图3-3所示。

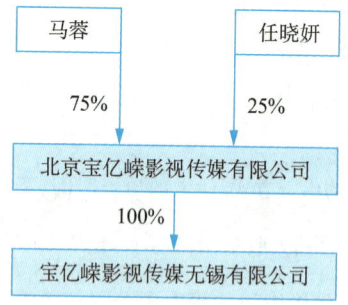

工商变更信息:
1. 北京宝亿嵘影视传媒有限公司变更信息

变更时间:2014-09-15
变更项目:注册资本
变更前:500 万元
变更后:1 000 万元

变更时间:2014-09-15
变更项目:投资人
变更前:1 马蓉,自然人股东;2 王建永,自然人股东
变更后:1 马蓉,自然人股东;2 任晓妍,自然人股东
资料来源:天眼查网站.北京宝亿嵘影视传媒有限公司工商变更信息[EB/OL].[2016-10-07].http://www.tianyancha.com/。

图 3-3　北京宝亿嵘影视传媒有限公司工商变更信息

2015 年 1 月,浙江诸暨升维传媒有限公司进入乐开花影视,并持有该公司 40%的股份。本次工商变更信息情况如图 3-4 所示。

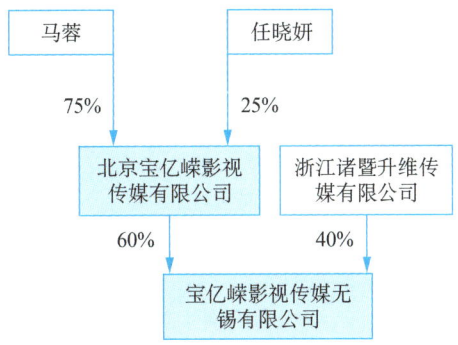

工商变更信息:
1. 宝亿嵘影视传媒无锡有限公司变更信息
变更时间:2015-01-15
变更项目:企业类型变更
变更前:有限责任公司(自然人投资或控股的法人独资)
变更后:有限责任公司

变更时间:2015-01-15
变更项目:股东变更
变更前:北京宝亿嵘影视传媒有限公司
变更后:北京宝亿嵘影视传媒有限公司,浙江诸暨升维传媒有限公司
资料来源:天眼查网站.宝亿嵘影视传媒无锡有限公司工商变更信息[EB/OL].[2016-08-19].http://www.tianyancha.com/。

图 3-4　宝亿嵘影视传媒无锡有限公司工商变更信息情况

2015 年 1 月 4 日,北京宝亿嵘影视传媒有限公司全资子公司——北京宝亿星程影视文化传媒有限公司成立(该公司于 2016 年 5 月 25 日更名为北京新融科技有限公司,具体信息见延伸阅读3)。2015 年 12 月 16 日,北京宝亿嵘影业有限公司的另一全资子公司——宝亿嵘影业(上海)有限公司成立。两家子公司注册资本均为 300 万元,法定代表人均为马蓉。2015 年,由北京宝亿嵘影视传媒有限公司参与发行并联合出品的电影《奔跑吧兄弟》《不可思议》和《唐人

街探案》陆续在全国院线上映。根据猫眼票房数据,三部影片最终共斩获票房13.67亿元。

2016年3月23日,北京宝亿嵘影业有限公司股东会通过决议,完成了一项重要的股权调整。原先由马蓉和任晓妍出资的北京宝亿嵘影业有限公司,经过股权转让,新增王宝强、宋喆、任晓妍三位出资方。具体股权转让路径如下:马蓉将其1 500万元的认缴出资额中的1 240万元平价转让给王宝强,260万元平价转让给宋喆。股权转让完成后,北京宝亿嵘影业有限公司的股东结构发生变化,王宝强持股62%,任晓妍持股25%,宋喆持股13%。至此,马蓉自公司成立近6年以来首次完全退出。

2016年3月,天津孔雀山文化传媒有限公司成立,王宝强为唯一的自然人股东(具体股权比例未公开,以 x%代替)。该公司以联合出品的方式参与了电影《大唐玄奘》的制作。本次工商变更信息情况如图3-5所示。

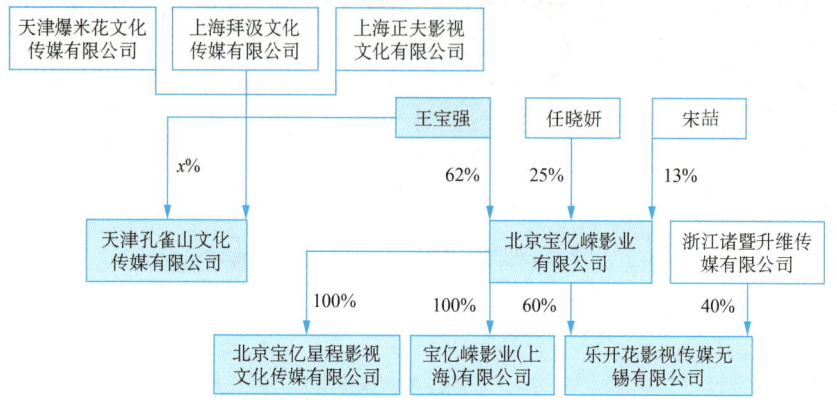

工商变更信息:
1. 北京宝亿嵘影业有限公司变更信息
变更时间:2016-03-25
变更项目:投资人
变更前:1 马蓉,自然人股东;2 任晓妍,自然人股东
变更后:1 王宝强,自然人股东;2 任晓妍,自然人股东;3 宋喆,自然人股东
资料来源:天眼查网站.北京宝亿嵘影业有限公司工商变更信息[EB/OL].[2016-08-19]. http://www.tianyancha.com/.

图3-5 北京宝亿嵘影业有限公司工商变更信息情况

公司治理暗战的"关键之役"

首先,本节对"关键之役"中的核心——有限合伙企业做一点必要的说明。有限合伙企业由普通合伙人(General Partner,GP)和有限合伙人(Limited Partner,LP)组成。普通合伙人对合伙企业债务承担无限连带责任,拥有公司事务管理权,有限合伙人以其认缴的出资额为限对合伙企业债务承担责任,一般没有公司事务管理权①。这意味着,有限合

---

① 《合伙企业法》第二条第三款规定,有限合伙企业由普通合伙人和有限合伙人组成,普通合伙人对合伙企业的债务承担无限连带责任,有限合伙人以其认缴的出资额为限对合伙企业债务承担责任。该种合伙企业不同于普通合伙企业,由普通合伙人与有限合伙人组成,前者负责合伙的经营管理,并对合伙债务承担无限连带责任,后者不执行合伙事务,仅以其出资额为限对合伙债务承担有限责任。相对于普通合伙企业,有限合伙企业允许投资者以承担有限责任的方式参加合伙成为有限合伙人,有利于刺激投资者的积极性。并且,有限合伙企业可以使资本与智力实现有效的结合,即拥有财力的人作为有限合伙人,拥有专业知识和技能的人作为普通合伙人,这样使资源得到整合,对市场经济的发展起到积极的促进作用。

伙企业实现了控制权与收益权的分离,即普通合伙人(GP)拥有控制权或投票权,而有限合伙人(LP)拥有收益权,这是国外私募基金的主要组织形式,我们耳熟能详的黑石集团、红杉资本都是合伙制企业。2007年6月1日,《中华人民共和国合伙企业法》正式施行,为有限合伙企业提供了法律基础。

2016年4月8日,北京宝亿嵘影业有限公司的股东会决议显示,公司决定设立共青城宝亿嵘投资管理合伙企业(有限合伙),成为新股东。此举标志着北京宝亿嵘影业有限公司首次引入"自然人(王宝强)+有限合伙"的股权结构。在这一结构中,王宝强出资100万元(占股5%),共青城宝亿嵘投资管理合伙企业出资1900万元(占股95%)。本次工商变更信息情况如图3-6所示。

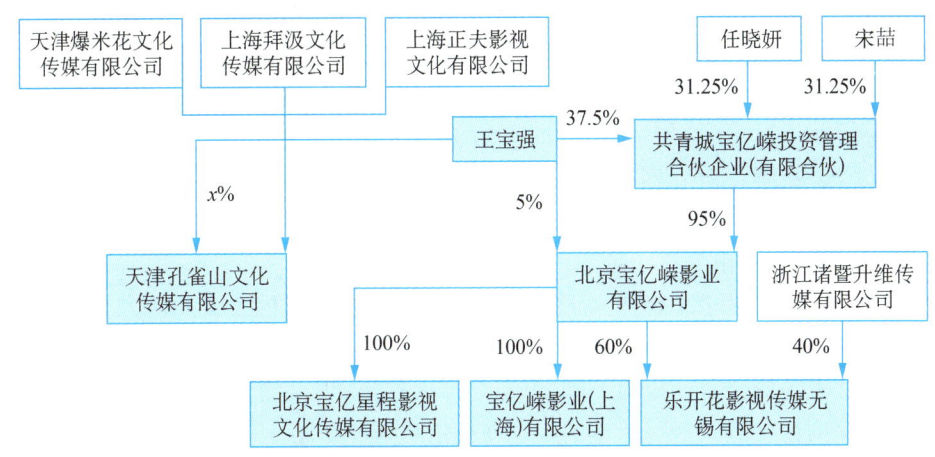

工商变更信息:
1. 北京宝亿嵘影业有限公司变更信息
变更时间:2016-04-19
变更项目:投资人
变更前:1 王宝强,自然人股东;2 任晓妍,自然人股东;3 宋喆,自然人股东
变更后:1 共青城宝亿嵘投资管理合伙企业(有限合伙),法人股东;2 王宝强,自然人股东

变更时间:2016-04-19
变更项目:企业类型
变更前:有限责任公司(自然人投资或控股)
变更后:其他有限责任公司
资料来源:天眼查网站.北京宝亿嵘影业有限公司工商变更信息[EB/OL].[2016-08-19].http://www.tianyancha.com/.

图3-6 北京宝亿嵘影业有限公司工商变更信息情况

共青城宝亿嵘投资管理合伙企业上述1 900万元出资构成为:王宝强出资转让1 140万元,任晓妍出资转让500万元,宋喆出资转让260万元。在共青城宝亿嵘投资管理合伙企业320万元的注册资本中,王宝强出资120万元,占37.5%;宋喆出资100万元,占31.25%;任晓妍出资100万元,占31.25%。至此,王宝强将北京宝亿嵘影业有限公司的全部控制权牢牢揽入怀中[王宝强作为GP,拥有管理权,实际控制权为100%(5%+95%)]。同时,有限合伙的架构也实现了公司控制权和收益权的分离。上述出资转让比例与注册资本比例差异如表 3-2 所示。

表 3-2　出资转让比例与注册资本比例差异

投资人	出资转让(万元)	比例	注册资本(万元)	比例	比例差异
王宝强	1 140	60%	120	37.5%	-22.5%
任晓妍	500	26.32%	100	31.25%	4.93%
宋喆	260	13.68%	100	31.25%	17.57%
总计	1 900	100%	320	100%	

由表 3-2 中的出资转让比例与注册资本比例差异可知,王宝强似乎吃了"大亏",注册资本比例比出资转让比例少了 22.5%;任晓妍则占了一点"小便宜",注册资本比例比出资转让比例多了 4.93%;而宋喆则大占"便宜",注册资本比例比出资转让比例多了 17.57%。这可能是换取马蓉和宋喆对设立共青城宝亿嵘投资管理合伙企业"大力支持"所付出的代价,也为 2016 年 4 月 19 日和 2016 年 4 月 29 日北京宝亿星程影视文化传媒有限公司、宝亿嵘影业(上海)有限公司分别从北京宝亿嵘影业有限公司剥离转让埋下了伏笔。随后,利用宋喆与马蓉的"特殊关系",在 2016 年 5 月 13 日实施投资人(股权)变更,由马蓉替代宋喆,从而使宋喆彻底出局。

2016 年 4 月 19 日与 2016 年 4 月 29 日,由马蓉担任法定代表人的两家公司——北京宝亿星程影视文化传媒有限公司和宝亿嵘影业(上海)有限公司,分别由北京宝亿嵘影业有限公司的法人独资公司变更为王帅、冯超自然人独资(很可能为代持),马蓉的法定代表人身份亦被这两位自然人替代。本次工商变更信息情况如图 3-7 所示。

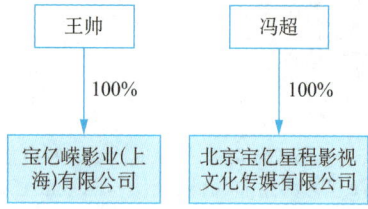

工商变更信息
1. 宝亿嵘影业(上海)有限公司变更信息
变更时间:2016-04-19
变更项目:法定代表人
变更前:马蓉
变更后:王帅

变更时间:2016-04-19
变更项目:投资人
变更前:1 北京宝亿嵘影视传媒有限公司 法人股东
变更后:1 王帅 自然人股东

变更时间:2016-04-19
变更项目:企业类型
变更前:有限责任公司(法人独资)
变更后:有限责任公司(自然人独资)

变更时间:2016-04-19
变更项目:董事(理事)、经理、监事
变更前:(注:标有*标志的为法定代表人)1 马蓉*,执行董事;2 任晓妍,经理;3 于松亚,监事
变更后:(注:标有*标志的为法定代表人)1 王帅*,执行董事;2 任晓妍,经理;3 于松亚,监事
资料来源:天眼查网站.宝亿嵘影业(上海)有限公司工商变更信息[EB/OL].[2016-08-19].http://www.TIANYANCHA.com/。

2. 北京宝亿星程影视文化传媒有限公司变更信息

变更时间:2016-04-29
变更项目:法定代表人变更
变更前:马蓉
变更后:冯超

变更时间:2016-04-29
变更项目:投资人(股权)变更
变更前:北京宝亿嵘影业有限公司
变更后:冯超

变更时间:2016-04-29
变更项目:企业类型变更
变更前:一人有限责任公司(自然人投资或控股的法人独资)
变更后:一人有限责任公司(自然人独资)
资料来源:天眼查网站.北京宝亿星程影视文化传媒有限公司工商变更信息[EB/OL].[2016-08-19].http://www.tianyancha.com/。

图 3-7　宝亿嵘影业(上海)有限公司、北京宝亿星程影视文化传媒有限公司工商变更信息情况

在 2016 年 5 月召开的共青城宝亿嵘投资管理合伙企业股东大会中,宋喆的股东身份被变更为马蓉,最终宋喆被踢出北京宝亿嵘影业有限公司。共青城宝亿嵘投资管理合伙企业的股权结构因此发生变化,变更为王宝强(股权占比 37.5%)、任晓妍(股权占比 31.25%)、马蓉(股权占比 31.25%)。本次工商变更信息情况如图 3-8 所示。

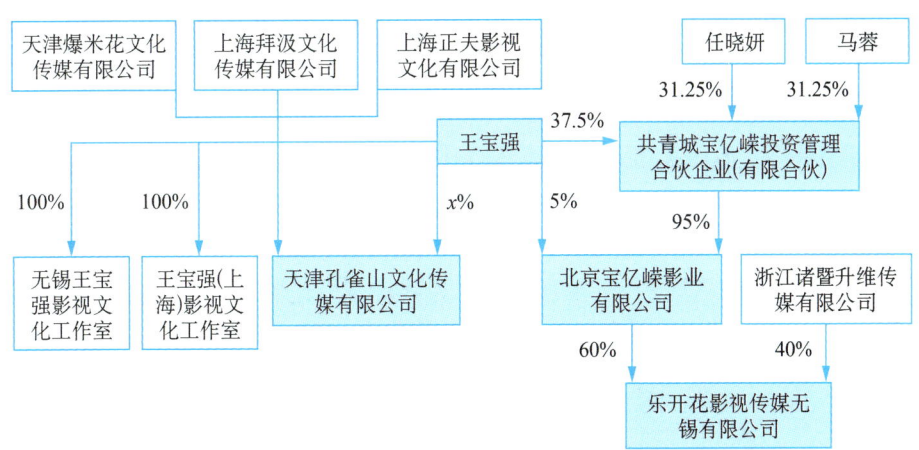

工商变更信息:
1. 王宝强(上海)影视文化工作室,法定代表人王宝强,成立时间 2012-04-26,为王宝强个人独资企业;无锡王宝强影视文化工作室,法定代表人王宝强,成立时间 2014-07-09,注册资本 100 万元,为王宝强个人独资企业。

2. 北京宝亿嵘影业有限公司变更信息

变更时间：2016-05-13

变更项目：投资人（股权）变更

变更前：投资人：王宝强，出资额：120万元，股权占比：37.5%，出资方式：货币，出资时间：无；投资人：宋喆，出资额：100万元，股权占比：31.25%，出资方式：货币，出资时间：无；投资人：任晓妍，出资额：100万元，股权占比：31.25%，出资方式：货币，出资时间：无

变更后：投资人：王宝强，出资额：120万元，股权占比：37.5%，出资方式：货币，出资时间：无；投资人：任晓妍，出资额：100万元，股权占比：31.25%，出资方式：货币，出资时间：无；投资人：马蓉，出资额：100万元，股权占比：31.25%，出资方式：货币，出资时间：无

资料来源：天眼查网站.王宝强（上海）影视文化工作室、北京宝亿嵘影业有限公司工商变更信息[EB/OL].[2016-08-19].http://www.tianyancha.com/.

图3-8 王宝强（上海）影视文化工作室、北京宝亿嵘影业有限公司工商变更信息情况

离婚后股权怎么分？

由于双方持股的北京宝亿嵘影业有限公司、共青城宝亿嵘投资管理合伙企业（有限合伙）、无锡王宝强影视文化工作室、王宝强（上海）影视文化工作室、天津孔雀山文化传媒有限公司均在婚后设立，如果双方并未签订财产协议，则无论王宝强先生如何使自己逐步成为股东及实际控制人、如何稀释马蓉的持股比例，这些操作也仅仅是强化了王宝强对公司的实际控制力，最大限度地降低离婚对公司经营运作的不良影响，相应地节省了诉讼成本（不用担心对方转移资产而申请财产保全），但双方名下所持的公司股权及出资依法仍将作为夫妻共同财产予以分割。

（1）双方合计持有的共青城宝亿嵘投资管理合伙企业（有限合伙）的68.75%财产份额及王宝强个人持有的北京宝亿嵘影业有限公司5%的股权、无锡王宝强影视文化工作室100%的股权、王宝强（上海）影视文化工作室100%的股权、天津孔雀山文化传媒有限公司x%的股权都将作为夫妻共同财产予以分割。

（2）共青城宝亿嵘投资管理合伙企业（有限合伙）持有的北京宝亿嵘影业有限公司95%的股权价值将列入共青城宝亿嵘投资管理合伙企业（有限合伙）资产进行评估，而北京宝亿嵘影业有限公司持有的乐开花影视传媒无锡有限公司60%的股权价值及公司持有的23项商标权亦将列入北京宝亿嵘影业有限公司资产进行评估。

根据锦天城（深圳）律师事务所高级合伙人郭璇玲律师的专业意见，我们假设两人均分相应股权及财产份额，可以进行如下初步测算：

作为北京宝亿嵘影业有限公司、共青城宝亿嵘投资管理合伙企业（有限合伙）至关重要的"核心人物"，法院应会支持王宝强继续作为共青城宝亿嵘投资管理合伙企业（有限合伙）的GP。因此，王宝强、马蓉离婚前后的权益变化为（表3-3和图3-9）：

表3-3 王宝强、马蓉离婚前后的权益变化

公司	离婚前/离婚后	王宝强		马蓉	
		控制权	收益权	控制权	收益权
北京宝亿嵘影业有限公司	离婚前	100%	40.625%	0	29.688%
	离婚后	97.5%	35.156%	2.5%	35.156%

(续表)

公司	离婚前/离婚后	王宝强		马蓉	
		控制权	收益权	控制权	收益权
共青城宝亿嵘投资管理合伙企业（有限合伙）	离婚前	100%	37.5%	0	31.25%
	离婚后	100%	34.375%	0	34.375%
王宝强（上海）影视文化工作室	离婚前	100%	100%	0	0
	离婚后	50%	50%	50%	50%
无锡王宝强影视文化工作室	离婚前	100%	100%	0	0
	离婚后	50%	50%	50%	50%
天津孔雀山文化传媒有限公司	离婚前	x%	x%	0	0
	离婚后	$x/2$%	$x/2$%	$x/2$%	$x/2$%

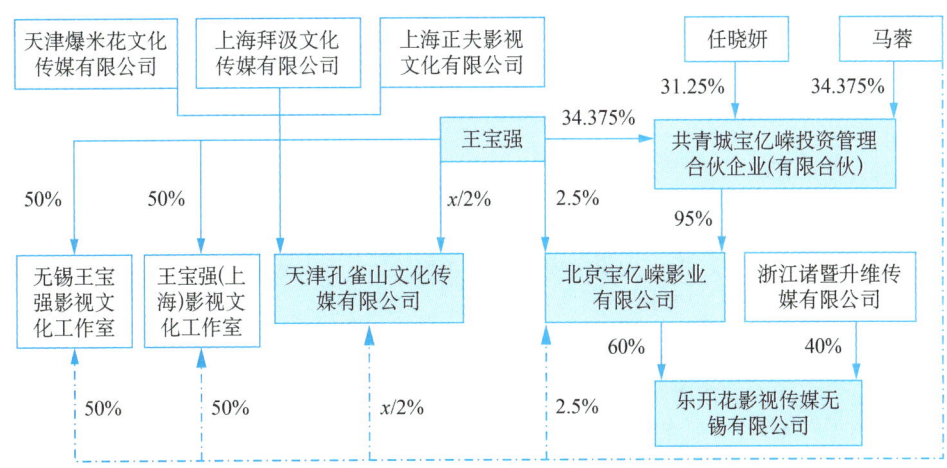

图 3-9　王宝强、马蓉离婚前后的权益变化[①]

王宝强在离婚后对北京宝亿嵘影业有限公司的控制权（投票权）变为 97.5%。这意味着即使在通常意义的绝对多数条款下，王宝强依然可以百分之百控制公司，马蓉作为小股东享有的 2.5% 投票权并无实质性作用。

---

① 实线箭头表示离婚前，虚线箭头表示离婚后。

> **延伸阅读 1**

北京宝亿嵘影业有限公司变更信息

变更时间:2016-08-17
变更项目:法定代表人
变更前:马蓉
变更后:任晓妍

变更时间:2016-08-17
变更项目:董事(理事)、经理、监事
变更前:(注:标有＊标志的为法定代表人)1 马蓉＊,执行董事;2 马蓉＊,经理;3 王建永,监事
变更后:(注:标有＊标志的为法定代表人)1 任晓妍＊,执行董事;2 任晓妍＊,经理;3 王建永,监事

变更时间:2016-05-18
变更项目:住所
变更前:北京市怀柔区杨宋镇凤翔东大街9号A座8316室
变更后:北京市怀柔区杨宋镇凤翔三园11号C楼106室

变更时间:2016-05-18
变更项目:经营范围
变更前:电影摄制;电影发行;广播电视节目制作。组织文化艺术交流活动(不含演出);公关策划;会议及展览服务;经济贸易咨询;影视策划。企业依法自主选择经营项目,开展经营活动;电影发行、广播电视节目制作、电影摄制以及依法须经批准的项目,经相关部门批准后依批准的内容开展经营活动;不得从事本市产业政策禁止和限制类项目的经营活动。
变更后:电影摄制;电影发行;广播电视节目制作。组织文化艺术交流活动(不含演出);公关策划;会议及展览服务;经济贸易咨询;影视策划;文化娱乐经纪服务。企业依法自主选择经营项目,开展经营活动;电影发行、广播电视节目制作、电影摄制以及依法须经批准的项目,经相关部门批准后依批准的内容开展经营活动;不得从事本市产业政策禁止和限制类项目的经营活动。

变更时间:2016-04-19
变更项目:投资人
变更前:1 王宝强,自然人股东;2 任晓妍,自然人股东;3 宋喆,自然人股东
变更后:1 共青城宝亿嵘投资管理合伙企业(有限合伙),法人股东;2 王宝强,自然人股东

变更时间:2016-04-19
变更项目:企业类型
变更前:有限责任公司(自然人投资或控股)
变更后:其他有限责任公司

变更时间:2016-03-25
变更项目:投资人
变更前:1 马蓉,自然人股东;2 任晓妍,自然人股东
变更后:1 王宝强,自然人股东;2 任晓妍,自然人股东;3 宋喆,自然人股东

变更时间:2015-08-26
变更项目:注册资本

变更前:1 000 万元
变更后:2 000 万元

变更时间:2015-05-04
变更项目:企业名称
变更前:北京宝亿嵘影视传媒有限公司
变更后:北京宝亿嵘影业有限公司

变更时间:2015-05-04
变更项目:经营范围
变更前:组织文化艺术交流活动(不含演出);公关策划;会议及展览服务;经济贸易咨询;影视策划。
变更后:电影摄制;电影发行;广播电视节目制作。组织文化艺术交流活动(不含演出);公关策划;会议及展览服务;经济贸易咨询;影视策划。依法须经批准的项目,经相关部门批准后依批准的内容开展经营活动。

变更时间:2014-09-15
变更项目:注册资本
变更前:500 万元
变更后:1 000 万元

变更时间:2014-09-15
变更项目:投资人
变更前:1 马蓉,自然人股东;2 王建永,自然人股东
变更后:1 马蓉,自然人股东;2 任晓妍,自然人股东

变更时间:2014-05-27
变更项目:住所
变更前:北京市朝阳区石门村路 1 号东院(百富家园东区)非配套公建 8 层 1 单元 809
变更后:北京市怀柔区杨宋镇凤翔东大街 9 号 A 座 8316 室

变更时间:2012-08-08
变更项目:实收资本(金)
变更前:125 万元
变更后:500 万元

变更时间:2012-08-08
变更项目:认缴的出资额,认缴的出资方式,认缴的出资时间,实缴的出资额,实缴的出资方式,实缴的出资时间
变更前:1 马蓉,出资 450 万元,自然人股东;2 王建永,出资 50 万元,自然人股东
变更后:1 马蓉,出资 475 万元,自然人股东;2 王建永,出资 25 万元,自然人股东

资料来源:天眼查网站.北京宝亿嵘影业有限公司工商变更信息[EB/OL].[2016-10-07].http://www.tianyancha.com/company/1373971063.

共青城宝亿嵘投资管理合伙企业(有限合伙)变更信息

变更时间:2016-05-13
变更项目:执行合伙企业事务的合伙
变更前:王宝强
变更后:王宝强

变更时间:2016-05-13
变更项目:投资人(股权)变更
变更前:投资人:王宝强,出资额:120万元,股权占比:37.5%,出资方式:货币,出资时间:无;投资人:宋喆,出资额:100万元,股权占比:31.25%,出资方式:货币,出资时间:无;投资人:任晓妍,出资额:100万元,股权占比:31.25%,出资方式:货币,出资时间:无
变更后:投资人:王宝强,出资额:120万元,股权占比:37.5%,出资方式:货币,出资时间:无;投资人:任晓妍,出资额:100万元,股权占比:31.25%,出资方式:货币,出资时间:无;投资人:马蓉,出资额:100万元,股权占比:31.25%,出资方式:货币,出资时间:无

资料来源:天眼查网站.共青城宝亿嵘投资管理合伙企业(有限合伙)工商变更信息[EB/OL].[2016-10-07].http://www.tianyancha.com/company/2352431505。

延伸阅读3

北京新融科技有限公司变更信息

变更时间:2016-05-25
变更项目:企业名称
变更前:北京宝亿星程影视文化传媒有限公司
变更后:北京新融科技有限公司

变更时间:2016-05-25
变更项目:经营范围
变更前:组织文化艺术交流活动(不含演出);设计、制作、代理、发布广告;影视信息咨询、公共关系服务、策划创意服务;投资管理;承办展览展示、会议服务;服装设计、珠宝设计、舞台灯光设计;音乐培训、舞蹈培训、美术培训;音乐创作;摄影扩印服务;版权代理;影视制作技术咨询;租赁影视器材、影视服装;销售工艺品、文化用品。企业依法自主选择经营项目,开展经营活动;依法须经批准的项目,经相关部门批准后依批准的内容开展经营活动;不得从事本市产业政策禁止和限制类项目的经营活动。
变更后:技术开发、技术转让、技术咨询、技术服务;组织文化艺术交流(不含演出);投资管理;租赁影视器材;经济信息咨询;旅游信息咨询;票务代理(不含航空机票销售代理);家庭劳务服务;数据处理;计算机系统服务;会议服务;销售计算机、软件及辅助设备、工艺品、文化用品。企业依法自主选择经营项目,开展经营活动;依法须经批准的项目,经相关部门批准后依批准的内容开展经营活动;不得从事本市产业政策禁止和限制类项目的经营活动。

变更时间:2016-04-19
变更项目:法定代表人
变更前:马蓉
变更后:王帅
变更时间:2016-04-19
变更项目:投资人
变更前:1 北京宝亿嵘影视传媒有限公司 法人股东
变更后:1 王帅 自然人股东

变更时间:2016-04-19
变更项目:企业类型
变更前:有限责任公司(法人独资)
变更后:有限责任公司(自然人独资)

变更时间:2016-04-19
变更项目:董事(理事)、经理、监事
变更前:(注:标有 * 标志的为法定代表人)1 马蓉 *,执行董事;2 任晓妍,经理;3 于松亚,监事
变更后:(注:标有 * 标志的为法定代表人)1 王帅 *,执行董事;2 任晓妍,经理;3 于松亚,监事

资料来源:天眼查网站. 北京新融科技有限公司工商变更信息[EB/OL].[2016-10-07]. http://www.tianyancha.com/company/2358328139。

> **延伸阅读 4**

宝亿嵘影业（上海）有限公司变更信息

变更时间：2016-08-18
变更项目：章程备案
变更前：2016-04-25 章程备案
变更后：2016-08-15 章程备案

变更时间：2016-08-18
变更项目：法定代表人变更
变更前：冯超
变更后：杨新刚

变更时间：2016-08-18
变更项目：投资人（股权）变更
变更前：冯超
变更后：杨新刚

变更时间：2016-04-29
变更项目：法定代表人变更
变更前：马蓉
变更后：冯超

变更时间：2016-04-29
变更项目：投资人（股权）变更
变更前：北京宝亿嵘影业有限公司
变更后：冯超

变更时间：2016-04-29
变更项目：企业类型变更
变更前：一人有限责任公司（自然人投资或控股的法人独资）
变更后：一人有限责任公司（自然人独资）

变更时间：2016-04-29
变更项目：章程备案
变更前：无
变更后：2016-04-25 章程备案

资料来源：天眼查网站.宝亿嵘影业（上海）有限公司工商变更信息［EB/OL］.［2016-10-07］.http://www.tianyancha.com/company/2340593302。

> 延伸阅读5

乐开花影视传媒无锡有限公司变更信息

变更时间:2016-08-30
变更项目:法定代表人变更
变更前:马蓉
变更后:任晓妍

变更时间:2016-08-30
变更项目:经营范围
变更前:广播电视节目的制作、发行(不得制作时政新闻类广播电视节目);设计、制作、代理和发布各类广告;组织文化艺术交流活动;剧本创作;利用自有资金对外投资;资产管理(不含国有资产)。(依法须经批准的项目,经相关部门批准后方可开展经营活动)
变更后:广播电视节目的制作、发行(不得制作时政新闻类广播电视节目);设计、制作、代理和发布各类广告业务;组织文化艺术交流活动;剧本创作;利用自有资金对外投资。(依法须经批准的项目,经相关部门批准后方可开展经营活动)

变更时间:2016-08-30
变更项目:股东名称变更
变更前:北京宝亿嵘影视传媒有限公司,浙江诸暨升维传媒有限公司
变更后:北京宝亿嵘影业有限公司,浙江诸暨升维传媒有限公司

变更时间:2015-04-28
变更项目:名称变更
变更前:宝亿嵘影视传媒无锡有限公司
变更后:乐开花影视传媒无锡有限公司

变更时间:2015-01-15
变更项目:企业类型变更
变更前:有限责任公司(自然人投资或控股的法人独资)
变更后:有限责任公司

变更时间:2015-01-15
变更项目:股东变更
变更前:北京宝亿嵘影视传媒有限公司
变更后:北京宝亿嵘影视传媒有限公司,浙江诸暨升维传媒有限公司

变更时间:2014-11-04
变更项目:经营范围
变更前:设计、制作、代理和发布国内广告业务;组织文化艺术交流活动;剧本创作;利用自有资金对外投资;资产管理(不含国有资产)。(依法须经批准的项目,经相关部门批准后方可开展经营活动)
变更后:广播电视节目的制作、发行(不得制作时政新闻类广播电视节目);设计、制作、代理和发布各类广告;组织文化艺术交流活动;剧本创作;利用自有资金对外投资;资产管理(不含国有资产)。(依法须经批准的项目,经相关部门批准后方可开展经营活动)

资料来源:天眼查网站.乐开花影视传媒无锡有限公司工商变更信息[EB/OL].[2016-10-07]. http://www.tianyancha.com/company/2345565774.

中国公司治理：传统智慧与现代实践

延伸阅读 6

网络报道所列的王宝强商业版图

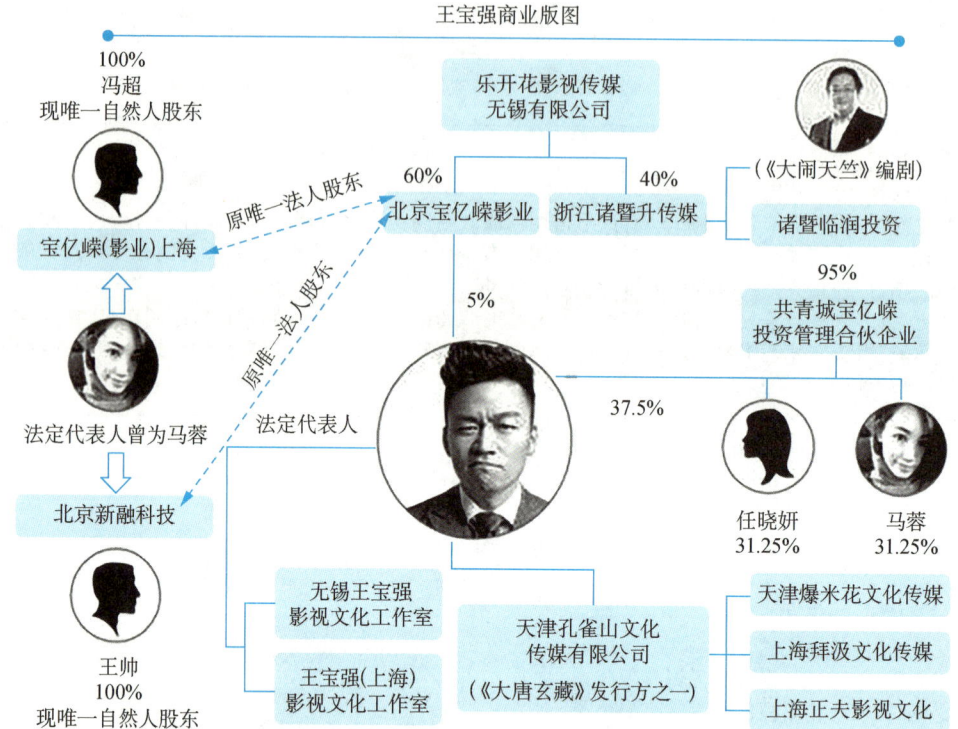

资料来源：腾讯网. 王宝强的商业版图[EB/OL]. [2016-08-19]. http://ent.qq.com/a/20160819/013045.htm?qqcom_pgv_from=tips.

Roadstar：
死于团队内斗的创业明星

明星创业团队的明星创业企业

2017年3月14日，佟显乔、衡量、周光作为联合创始人共同发起成立深圳星行科技有限公司（以下简称星行科技或Roadstar），开启了一段颇为"难忘"的创业之旅。星行科技的经营范围包括自动驾驶技术从咨询、开发到售后的一整套服务，计算机系统服务，计算机软硬件开发与咨询等。据国家企业信用信息公示系统的资料，星行科技的法定代表人、总经理和董事长均为佟显乔，董事为衡量、陈昱，公司监事则由周光担任①。星行科技基础信息如图3-10所示。

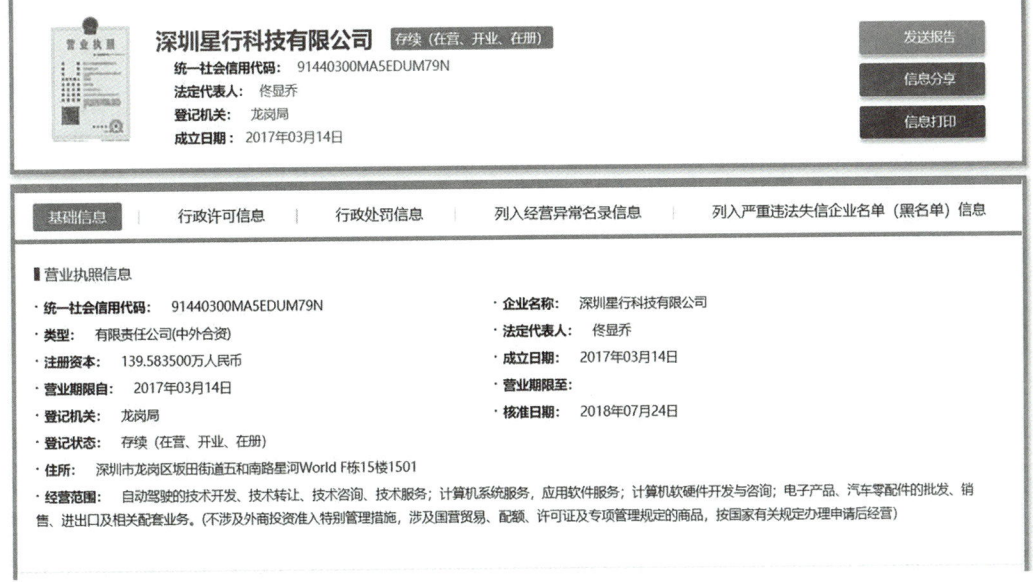

图3-10　星行科技基础信息

2016年，佟显乔、衡量、周光三人在合伙创业之前均供职于百度无人车团队的美国研究所②，在各自负责的技术领域颇有建树。在此之前，他们各自有着在谷歌、苹果、特斯拉、

---

① 网易智能. 独家｜Roadstar.ai 内讧背后是佟显乔的 CEO 保卫战［EB/OL］.（2019-01-22）［2022-11-12］. https://www.163.com/tech/article/E64IC4LC00098IEO.html.

② 网易智能. 独家｜Roadstar.ai 内讧背后是佟显乔的 CEO 保卫战［EB/OL］.（2019-01-22）［2022-11-12］. https://www.163.com/tech/article/E64IC4LC00098IEO.html.

英伟达、百度等公司工作的经历,如图3-11所示,积累了丰富的自动驾驶实战经验,技术背景颇为"强悍"。

- 佟显乔曾供职于Apple特殊项目组(无人车研发)以及NVIDIA自动驾驶算法组。博士毕业于弗吉尼亚理工无人车方向,从事无人车的定位、地图和导航等算法的研究。
- 衡量毕业于清华大学,在斯坦福大学的GPS Lab获得电气工程专业博士学位(EE PhD),毕业后在Google地图街景组和Tesla Autopilot组从事研发工作,主攻自动驾驶领域软硬件架构、传感器、定位等方向。
- 周光毕业于清华大学数理基础科学班,而后进入德州大学攻读人工智能博士;他曾在2015年大疆全球开发者大赛上获得第一名。毕业后,周光进入百度硅谷无人车团队。

图3-11 星行科技创始人履历

星行科技自然人股东包括周光、佟显乔、衡量、那小川,同时拥有一众颇有实力的机构投资者。天眼查公开信息显示,星行科技的融资看起来颇为顺利,相继完成两次融资并创下高新科技公司单轮融资记录。如表3-4所示,2017年,成立仅3个多月的Roadstar就获得了来自云启资本等投资机构千万美元级别的天使轮融资;2018年5月,Roadstar更是获得双湖资本和深创投集团联合领投,云启资本、招银国际、元璟资本跟投的A轮1.28亿美元融资[①],颇受投资机构追捧。Roadstar的融资过程如表3-4所示。

表3-4 Roadstar的融资过程

序号	披露日期	交易金额	融资轮次	估值	比例	投资方	新闻来源
1	2018-05-15	1.28亿美元	A轮	9.14亿美元	—	深创投 双湖资本 七熹投资 元璟资本 招银国际资本 云启资本	Roadstar获1.28亿美元A轮融资,由双湖资本和深创投集团联合领投
2	2018-03-08	未披露	股权融资	—	—	贵邦投资	—
3	2017-06-26	千万美元级别	天使轮	—	—	云启资本 耀途资本 Ventech China 松禾资本	三剑客组建Roadstar,希望打造中国实力最强的L4自动驾驶团队

资料来源:天眼查网站. Roadstar的融资过程[EB/OL]. [2022-12-02]. https://www.tianyancha.com/company/3062374573.

图3-12和图3-13显示,佟显乔是星行科技的实际控制人,在3位创业伙伴中持有最多股份。此外,佟显乔还是深圳路星科技合伙企业(有限合伙)、深圳行星科技合伙企业

---

① 网易智能. 独家|Roadstar. ai内讧背后是佟显乔的CEO保卫战[EB/OL]. (2019-01-22)[2022-11-12]. https://www.163.com/tech/article/E64IC4LC00098IEO.html.

(有限合伙)的执行事务合伙人(GP)①,掌握这两家有限合伙企业的控制权。星行科技的另外一位焦点人物周光,则持有星行科技 14.16%的股权并担任公司监事,其对外头衔为联合创始人兼首席科学家,还作为有限合伙人(LP)持有深圳行星科技合伙企业(有限合伙)1%的股权份额②(图 3-13)。表 3-5 为星行科技股东信息列表。

表 3-5 星行科技股东信息列表

序号	股东(发起人)	持股比例	最终受益股份	认缴出资额(万元)	认缴出资日期
1	佟显乔 大股东实际控制人最终受益人 限制消费令被执行人	23.613 11%	40.989 81%	32.96	2017-07-14
2	深圳路星科技合伙企业(有限合伙)	17.552 22%	17.552 22%	24.5	2017-07-14
3	周光 被执行人	14.163 57%	14.163 57%	19.77	2017-07-14
4	衡量 被执行人	14.163 57%	14.339 09%	19.77	2017-07-14
5	瑞启(香港)投资有限公司	5.970 12%	5.970 12%	8.333 3	—
6	上海云奇网创创业投资中心(有限合伙)	4.477 61%	4.477 61%	6.25	—
7	杭州云嘉创业投资合伙企业(有限合伙)	2.985 09%	2.985 09%	4.166 7	—
8	深圳松禾远望一号投资企业(有限合伙)	2.985 09%	2.985 09%	4.166 7	—
9	宁波耀途投资合伙企业(有限合伙)	2.985 09%	2.985 09%	4.166 7	—
10	共青城七熹投资管理合伙企业(有限合伙)	2.985 09%	2.985 09%	4.166 7	—
11	贵邦 2 号(平潭)股权投资合伙企业(有限合伙)	2.985 09%	2.985 09%	4.166 7	—
12	Ventech China III SICAR	2.985 09%	2.985 09%	4.166 7	—
13	那小川 被执行人	2.149 25%	2.149 25%	3	2017-07-14

资料来源:天眼查网站.星行科技(Roadstar)股东信息列表[EB/OL].[2022-12-02].https://www.tianyancha.com/company/3062374573.

---

① 网易智能.独家|Roadstar.ai 内讧背后是佟显乔的 CEO 保卫战[EB/OL].(2019-01-22)[2022-11-12].https://www.163.com/tech/article/E64IC4LC00098IEO.html.

② 网易智能.独家|Roadstar.ai 内讧背后是佟显乔的 CEO 保卫战[EB/OL].(2019-01-22)[2022-11-12].https://www.163.com/tech/article/E64IC4LC00098IEO.html.

中国公司治理:传统智慧与现代实践

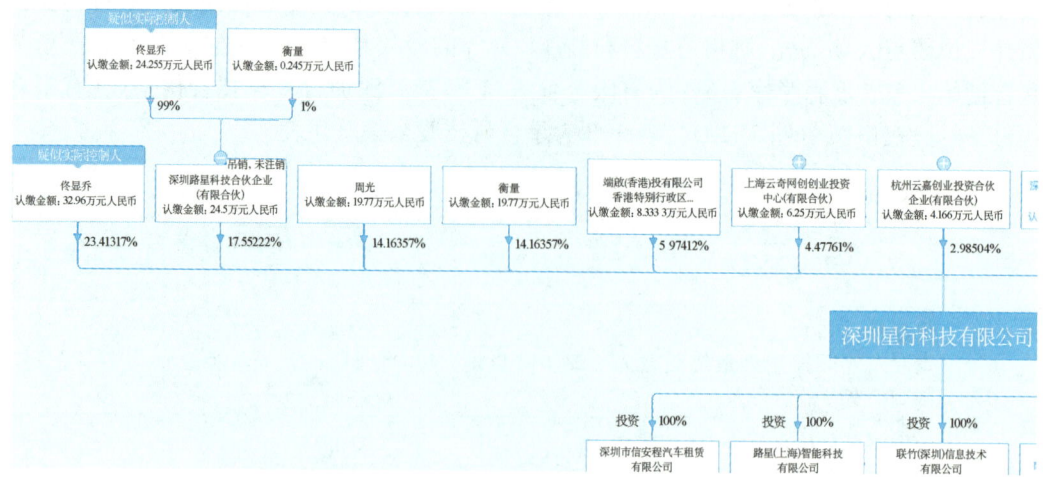

图3-12 星行科技(Roadstar)部分股权架构示意图

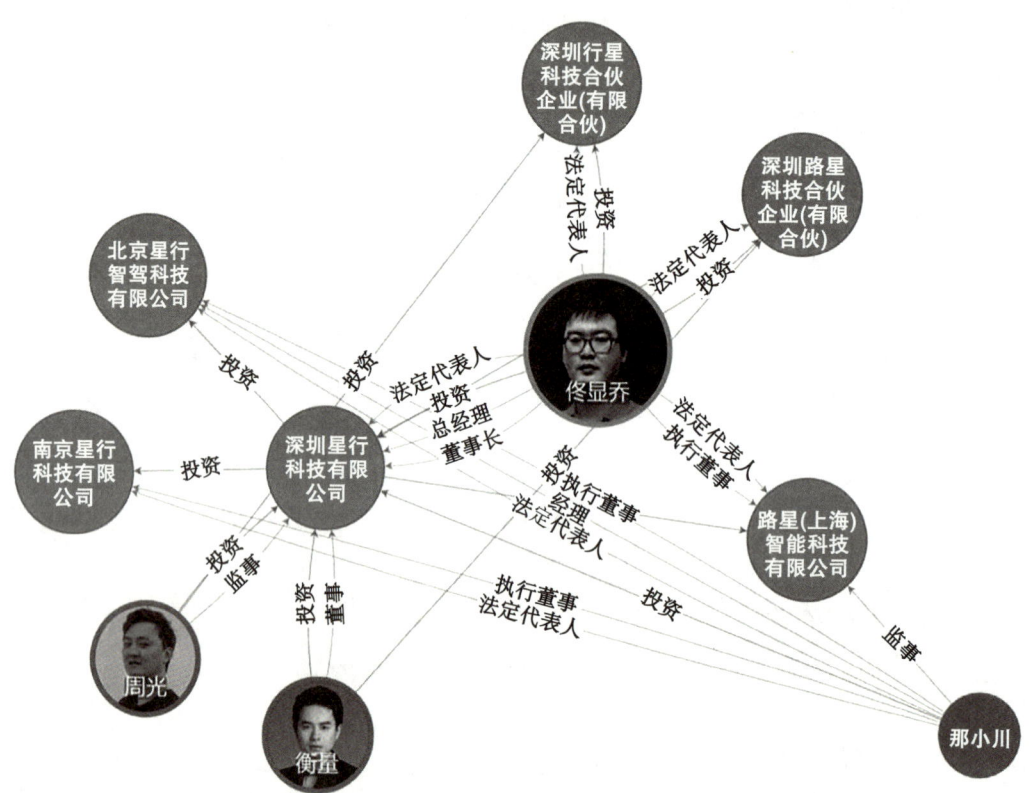

图3-13 星行科技(Roadstar)创始人关系图

Roadstar曾是无人车行业的领头羊,创造了无人车公司A轮融资的最高纪录,为众多投资机构所热烈追捧。如前述所言,Roadstar在已经完成的两轮融资中大受投资者青睐,凭借其过硬的技术背景和良好的发展前景斩获1.28亿美元的融资。

2018年11月,Roadstar成为乌镇世界互联网大会首次合作的初创无人车公司。在大会期间，Roadstar在官方媒体下榻的酒店投放了多辆自动驾驶车提供接驳服务[1]。但令人扼腕叹息的是，就在公司前景一片光明之时，一则罢免联合创始人的公告，彻底改变了Roadstar的命运。

创业团队内斗之"无间道"

2019年1月21日，Roadstar在其官方微信公众号发布公告，罢免联合创始人兼首席科学家周光在公司的一切职务，立即生效[2]。随后，CEO佟显乔和CTO衡量将媒体记者拉入微信群中，声称将回应一切疑问[3]。实际上，Roadstar创始团队不和的消息早已在自动驾驶行业内外流传，这则公告只是将创业团队的矛盾放到了明面上。

Roadstar官方微信公众号发布的公告称，周光存在利用职权私藏公司重要技术资料的嫌疑，同时还涉嫌有意进行数据造假、损害公司名誉、假公济私收受回扣等问题。不过，事件似乎并没有那么简单，彼时的周光，刚刚参加完东京车展[4]。就在公告发布的同一天下午，获知消息的周光同样将记者拉进微信群，并宣布将对外发表声明以维护自身权益[5]。

2019年1月21日晚7点前后，在网络上出现了一份名为《星行科技全体投资人》的声明。该声明指出，投资人不支持CEO佟显乔和CTO衡量解除周光职务的决定，认为该决定没有取得外部投资人的支持，与投资协议相悖，也违反了相关程序，因而不具备相应的效力；投资人在公告中强烈建议团队成员平静下来，通过充分沟通，努力消除矛盾和分歧。随后，该声明得到了Roadstar天使轮投资机构及A轮投资机构的证实。有投资人向外界表示，在公司官方微信公众号发布消息之前，没有收到来自佟显乔和衡量方面的相关信息，发布的消息中涉及周光的相关内容也不属实[6]。不过，令人遗憾的是，尽管一众投资人不赞同解除周光职务，但实际情况是，周光已经失去了对公司的管理权[7]。

2019年1月22日，有Roadstar内部员工向外界爆料，公司突然开除部分来自市场、人事、技术部门的员工。衡量告知记者，违反公司制度，有损公司利益是上述员工被公司

---

[1] 李勤. 团队内讧、投资人撤资，中国首家无人车公司猝死之谜[EB/OL]. (2019-04-01)[2022-11-12]. https://www.guancha.cn/industry-science/2019_04_01_495881.shtml.
[2] 网易智能. 独家 | Roadstar.ai内讧背后是佟显乔的CEO保卫战[EB/OL]. (2019-01-22)[2022-11-12]. https://www.163.com/tech/article/E64IC4LC00098IEO.html.
[3] 知乎. 国内自动驾驶创业公司Roadstar.ai罢免创始人周光[EB/OL]. (2019-01-22)[2022-11-12]. https://zhuanlan.zhihu.com/p/96369988.
[4] 网易智能. 独家 | Roadstar.ai内讧背后是佟显乔的CEO保卫战[EB/OL]. (2019-01-22)[2022-11-12]. https://www.163.com/tech/article/E64IC4LC00098IEO.html.
[5] 邰小平. 被指数据造假、收受回扣，这家公司创始人被开了，投资人却说No！[EB/OL]. (2019-01-21)[2022-11-12]. http://static.nfapp.southcn.com/content/201901/21/c1866818.html.
[6] 网易智能. 独家 | Roadstar.ai内讧背后是佟显乔的CEO保卫战[EB/OL]. (2019-01-22)[2022-11-12]. https://www.163.com/tech/article/E64IC4LC00098IEO.html.
[7] 蔡浩爽. Roadstar内讧门：被"罢免"CTO首次发声[EB/OL]. (2019-01-21)[2022-11-12]. https://baijiahao.baidu.com/s?id=1623873476117324872&wfr=spider&for=pc.

开除的原因。目前,部分被开除的员工正在寻求劳动仲裁①。

2019年1月24日,Roadstar创业团队内斗事件一波未平一波又起。这一天是Roadstar即将发放2019年1月份工资及2018年年终奖的前一天,公司人力资源部上午发邮件要求全体员工进行工作述职与自评,以此决定公司每位员工的个人绩效发放与年终奖系数。不过,据投资人透露的消息,此前,衡量方面已经申领了用于发放年终奖的资金②。

2019年1月25日,Roadstar投资人发出《全体投资人股东致佟显乔和衡量的公开信》,投资人在信中称:佟显乔和衡量的一系列不当行为极大地损害了公司及股东的核心权益;投资人股东对此不予认可,并要求相关责任人承担全部责任;敦促现任CEO衡量按既定计划发放工资及年终奖金③。

2019年1月26日,被罢免CTO、联合创始人周光在沉默了足足5天的时间后终于站出来发声。周光及其代表律师声明,将通过法律途径维护个人声誉及公司权益。Roadstar基础架构与模拟器总监刘轩在文件上签字表示了支持:"我们绝对不能容忍我们技术团队的成果被恶意扣上造假的不实之名。"

短短6天,一系列劲爆的团队内斗戏码轮番上演,让人眼花缭乱。Roadstar创业团队内斗,双方各执一词,争辩的焦点在于:未经董事会及投资人股东同意,CEO衡量是否有权解除联合创始人周光的所有职务、解除部分员工的劳务合同;联合创始人兼首席科学家周光数据造假、收受回扣、私藏代码、与投资人利益输送等行为是否属实。

对于罢免CTO周光一事,时任星行科技CEO衡量表示:"按照公司章程,CEO有权任免CTO。投资人的声明是无效的,后续会由董事会来确定公司未来的管理架构。"来自风投行业的一位业内人士则表示,一般根据公司章程或董事会章程的具体约定条款来判定一家公司的CEO是否拥有罢免CTO的权力。通常情况下,公司作出重大事项相关的决策需要按照相应的规范召开董事会会议,通过投票表决程序进行正式的确认。

至于外部投资人在声明中认为"解除周光职务的决定程序上违反了与投资人的相关协议",则需要投资人出示相关协议文本才能做进一步的判断。同时,还需要明确投资协议是否与最新的公司章程冲突,一般情况下,公司章程的法律效力和约束力大于投资协议。如果的确有相关条款约定该事项,且与公司章程的约定不冲突,那么罢免CTO周光的决定是不能生效的,至少投资人可以主张需要履行董事会相关决议程序。不过,因投资协议内容复杂敏感,涉及的利益相关者众多,投资人方面表示暂时并不方便将其公开披露。

Roadstar这家曾经的明星无人驾驶公司倒下的速度竟和崛起的速度一样之快,才创

---

① 蔡浩爽.Roadstar内讧门:被"罢免"CTO首次发声[EB/OL].(2019-01-21)[2022-11-12].https://baijiahao.baidu.com/s?id=16238734761173248728&wfr=spider&for=pc.
② 蔡浩爽.Roadstar内讧门:被"罢免"CTO首次发声[EB/OL].(2019-01-21)[2022-11-12].https://baijiahao.baidu.com/s?id=16238734761173248728&wfr=spider&for=pc.
③ 蔡浩爽.Roadstar内讧门:被"罢免"CTO首次发声[EB/OL].(2019-01-21)[2022-11-12].https://baijiahao.baidu.com/s?id=16238734761173248728&wfr=spider&for=pc.

立两年多就已经进入清盘状态。这似乎是谁也不曾预料到的，更可笑的是，在资本寒冬里，Roadstar 这一无人驾驶公司并非死于资金缺乏，而是团队内部斗争。据称，创始人之间的矛盾冲突似乎由来已久。Roadstar 的外部投资人在访谈中也多次指出，“很早就知道创始人之间有分歧，但没想到事情会到这种地步”。

从公司创立之初，可以肯定的是，Roadstar 三位创始人之间的争斗就已经显现。三位创始人佟显乔、周光、衡量，再加上之后加入的那小川之间不断上演的错综复杂、纠结不已的内斗戏码，精彩程度不亚于电影《无间道》。这一系列斗争让包括投资人在内的一众利益相关者看得着实有点目瞪口呆、心惊肉跳。

明星创业企业的惨淡结局

因利而聚，以内讧而亡。Roadstar 惨淡的结局是：项目遭投资方清盘，Roadstar 很不幸成为中国市场第一家倒下的无人驾驶公司；合伙人之间的相互诉告也有了初步结果，但三个闹崩的创始人的苦涩并未彻底终结，三人还得联合承担上亿元的连带债务。Roadstar 清盘、仲裁公告如图 3-14 所示。

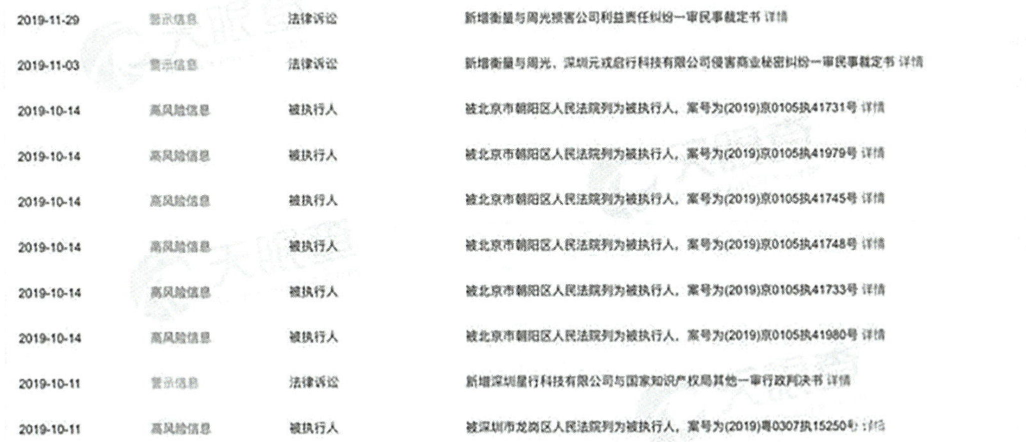

2019-11-29	警示信息	法律诉讼	新增衡量与周光损害公司利益责任纠纷一审民事裁定书 详情
2019-11-03	警示信息	法律诉讼	新增衡量与周光、深圳元戎启行科技有限公司侵害商业秘密纠纷一审民事裁定书 详情
2019-10-14	高风险信息	被执行人	被北京市朝阳区人民法院列为被执行人，案号为(2019)京0105执41731号 详情
2019-10-14	高风险信息	被执行人	被北京市朝阳区人民法院列为被执行人，案号为(2019)京0105执41979号 详情
2019-10-14	高风险信息	被执行人	被北京市朝阳区人民法院列为被执行人，案号为(2019)京0105执41745号 详情
2019-10-14	高风险信息	被执行人	被北京市朝阳区人民法院列为被执行人，案号为(2019)京0105执41748号 详情
2019-10-14	高风险信息	被执行人	被北京市朝阳区人民法院列为被执行人，案号为(2019)京0105执41733号 详情
2019-10-14	高风险信息	被执行人	被北京市朝阳区人民法院列为被执行人，案号为(2019)京0105执41980号 详情
2019-10-11	警示信息	法律诉讼	新增深圳星行科技有限公司与国家知识产权局其他一审行政判决书 详情
2019-10-11	高风险信息	被执行人	被深圳市龙岗区人民法院列为被执行人，案号为(2019)粤0307执15250号 详情

图 3-14　Roadstar 清盘、仲裁公告

最新的结果是，按照投资轮次，最近一轮的投资人有希望拿回自己大部分的投资款，可以避免陷入血本无归的境地[①]；早期的投资人则放弃现金补偿，其之前所持的股份将转移到新创立的公司。佟显乔、周光和衡量三位联合创始人要承担团队内斗酿成的苦果，必须共同承担超过 1 亿元的连带债务赔偿责任。

尽管 Roadstar 作为有限责任公司，不必承担无限责任，但是其合伙人团队在投融资过程中，签下的投资协议中附加了连带责任条款。因此，合伙人团队依然需要补齐投资总额

① 新浪科技. RoadStar 结局：VC 清盘止损，三位创业者承担 1 亿债务[EB/OL]. (2019-12-03)[2022-11-12]. http://tech.sina.com.cn/csj/2019-12-03/doc-iihnzhfz3320442.shtml.

跟账面余额之间的差额①。因为是后续加入的联合创始人,那小川不在承担连带责任的范围之内。

在公司清盘过程中,Roadstar昔日同在一个战壕的三位联合创始人之间的诉讼也相互展开:①周光以"名誉权侵害"为由,将佟显乔、衡量和Roadstar公司告上法庭,取得胜诉。②周光因"撤销职务纠纷"向法院起诉Roadstar,但因证据不足被法院驳回②。③周光和深圳元戎启行被衡量以"侵害商业秘密"为由告上法庭,但是因"在法定期限内未预交诉讼费",案件自动撤回。Roadstar联合创始人互诉案一审判决书如图3-15所示。

周光与深圳星行科技有限公司、佟显乔名誉纠纷一审民事判决书

发布日期:2019-09-17　　　　浏览:87次

广东省深圳市龙岗区人民法院
民事判决书

(2019)粤0307民初4278号

原告:周光,男,1986年4月2日出生,汉族,户籍地址:四川省犍为县。
委托诉讼代理人:李先云,北京德恒律师事务所律师。
委托诉讼代理人:吕亚妹,北京德恒律师事务所律师。
被告:深圳星行科技有限公司(以下简称星行科技公司),住所地:深圳市龙岗区坂田街道五和南路星河****1501,统一社会信用代码:91440300MA5EDUM79N。
法定代表人:佟显乔。
委托诉讼代理人:李小恺,北京市华海律师事务所律师。
委托诉讼代理人:兰卫东,北京市华海律师事务所律师。
被告:佟显乔,男,1986年11月2日出生,汉族,户籍地址:黑龙江省佳木斯市向阳区。
被告:衡量,男,1983年8月23日出生,汉族,户籍地址:陕西省汉中市汉台区。
被告佟显乔、被告衡量共同委托诉讼代理人:胡明,北京市问天律师事务所律师。
原告诉三被告名誉权纠纷一案,本院受理后,依法组成合议庭公开开庭进行了审理。原告及其委托诉讼代理人李先云、被告星行科技公司委托诉讼代理人李小恺、被告佟显乔与衡量共同委托诉讼代理人胡明到庭参加了庭审,本案已审理终结。

本院认为,自然人享有名誉权,自然人的人格尊严受法律保护。是否构成侵害名誉权的责任,应当根据受害人确有名誉损害的事实、行为人行为违法、违法行为与损害后果之间有因果关系、行为人主观上有过错来认定。被告星行科技公司在其公众号上发布《深圳星行科技有限公司关于处理周光违纪行为的公告》,公告具体描述了周光的几个违纪行为,而本案三被告均未提供证据证明公告所述的周光违纪行为属实,另外,从网易、新浪等多家网站报道内容看得,被告佟显乔、衡量直接或间接向相关媒体提供有损原告名誉的言论,因被告佟显乔系被告星行科技公司的董事长、法定代表人,被告衡量系被告星行科技公司的总经理,该两被告的行为应视为系代表星行科技公司的行为,所产生的法律责任应由被告星行科技公司承担。被告星行科技公司将与内部员工发生的争议通过受众不特定的公众号及向媒体公开的方式进行公开发布,发布时将有损原告名誉内容予以发布,被告的行为具有明显的主观故意,必会导致原告社会评价的降低,构成了对原告名誉权的侵害。原告请求判令被告星行科技公司停止侵权行为,删除在微信公众号上发布《深圳星行

---

① 新浪科技.RoadStar结局:VC清盘止损,三位创业者承担1亿债务[EB/OL].(2019-12-03)[2022-11-12]. http://tech.sina.com.cn/csj/2019-12-03/doc-iihnzhfz3320442.shtml.
② 新浪科技.RoadStar结局:VC清盘止损,三位创业者承担1亿债务[EB/OL].(2019-12-03)[2022-11-12]. http://tech.sina.com.cn/csj/2019-12-03/doc-iihnzhfz3320442.shtml.

科技有限公司关于处理周光违纪行为的公告》,合法有据,本院予以支持。原告请求判令被告星行科技公司在相关网站、报纸上公开向其书面赔礼道歉、消除影响、恢复名誉,合法有据,本院予以支持,综合考虑本案侵权影响的范围,本院认为由被告星行科技公司在网易、新浪网及《深圳特区报》上公开刊登道歉信方式可足以消除事件的不良影响、恢复原告的名誉,在网站及报纸刊登道歉信内容须先经本院审查。原告请求判令被告星行科技公司赔偿精神抚慰金1元,合法有据,本院予以支持。原告请求判令被告星行科技公司赔偿公证费5240元,因被告星行科技公司的侵权行为,原告为固定证据而支出的公证费,属维权的合理支出,本院予以支持。原告还请求判令被告星行科技公司赔偿律师费3万元,因该请求无具体法律依据,本院不予支持。

综上,依照《中华人民共和国民法总则》第一百零九条、第一百一十条、《中华人民共和国侵权责任法》第十五条、第三十四条之规定,判决如下:

一、被告深圳星行科技有限公司立即停止侵权行为,在本判决生效后十日内删除其微信公众号上发布的《深圳星行科技有限公司关于处理周光违纪行为的公告》,并在网易、新浪网站及《深圳特区报》上公开向原告周光书面赔礼道歉、消除影响、恢复名誉;(在网站及报纸刊登道歉内容需先经本院审查)

二、被告深圳星行科技有限公司应于本判决生效后十日内向原告周光支付精神损害抚慰金1元;

三、被告深圳星行科技有限公司应于本判决生效后十日内向原告周光支付公证费5240元;

四、驳回原告周光的其他诉讼请求。

案件受理费681元(原告已预交),由原告负担580元,被告星行科技公司负担101元。

如不服本判决,可在判决书送达之日起十五日内,向本院递交上诉状,并按对方当事人的人数提出副本,上诉于广东省深圳市中级人民法院。

图 3-15 Roadstar 联合创始人互诉案一审判决书

其中,由于在采访中佟显乔和衡量对周光的一系列评价(图 3-16),周光所主张的"名誉权侵害"胜诉。除删除既有文章外,佟显乔和衡量还需要公开赔礼道歉。

新浪科技:网络上有匿名评价称周光"人性恶劣,狂妄自大,心胸狭窄",二位怎么看这个评价?

佟显乔、衡量:这几个词汇,确实符合周光的特征。

新浪科技:网上有爆料称,周光挑起了创始人之间,创始人和投资人之间的矛盾。

佟显乔、衡量:爆料有一些夸张成分在里面,"挑起"这个词我也不太喜欢,但确实起到了一些坏的作用。投资人关注在我们公司的时间只有一部分,有一些事情了解不充分是很正常的。我们这么多投资人和股东,大家意见不一致也是正常的。周光的行为导致了公司的内讧、混乱以及和投资人之间的问题,这确实有原因在里面。总体来说投资人对我们还是很支持的

图 3-16 Roadstar 名誉权官司中佟显乔、衡量锐评周光

因"发布公众号文章被开除",周光向佟显乔和衡量提起诉讼,但同样因证据不足被驳回上诉请求[①]。法院驳回周光起诉民事裁定书如图 3-17 所示。

---

① 新浪科技. RoadStar 结局:VC 清盘止损,三位创业者承担 1 亿债务[EB/OL].(2019-12-03)[2022-11-12]. http://tech.sina.com.cn/csj/2019-12-03/doc-iihnzhfz3320442.shtml.

本院认为，本案为公司决议撤销纠纷。《中华人民共和国公司法》第二十二条规定，原告主张撤销被告关于罢免原告所有职务的董事会决议，首先应举证证明相关董事会召开并作出决议，但本案中，无证据证明被告曾于2019年1月21日曾召开董事会并作出决议，故无法认定原告所主张撤销的董事会决议召集程序、表决方式是否违反法律行政法规和章程规定，或决议内容是否违反章程规定。原告提交的微信公众号"Roadstar"2019年1月21日发出的公告，被告不予确认其真实性，原告也未举证证明该公众号为被告官方公众号，故对该证据的真实性本院不予确认，并且，该公告内容也不属于公司法第二十二条可撤销的范围。综上，原告的诉讼请求证据不足，本院不予支持。综上，依照《中华人民共和国公司法》第二十二条、《中华人民共和国民事诉讼法》第六十四条的规定，判决如下：

驳回原告的诉讼请求。

案件受理费100元（原告已预交），由原告承担。

图3-17　法院驳回周光起诉民事裁定书

此外，在诉讼中，衡量把周光和元戎启行联系在了一起。这基本印证了另一则传闻，即周光和 Roadstar 的早期团队成员一起组建了新公司元戎启行，周光目前担任该公司的顾问。如此，外部投资机构和 Roadstar 的工程师团队在内讧纷争之后究竟站在了谁的身后，已经非常明显①。

是非成败皆在转瞬之间。一度创下单轮融资纪录的"明日之星"Roadstar 俨然已经成为令人唏嘘不已的"明日黄花"。Roadstar 创业团队上演的这场团队内讧闹剧足以震惊或警醒行业内外的诸多相关人士。在这个案例尘埃落定之际，投身创业大潮的合伙精英们或多或少明白了一件事：合能共赢，散则皆输②。

一般而言，创业是一段艰难曲折的旅程。在其中，兄弟感情重不重要？重要；情怀初心重不重要？重要；德行人品重不重要？重要。可以说，这些都极其重要，但是在极其艰难曲折的创业旅程中，"兄弟感情""情怀初心""德行人品"等都有赖于规则清晰合理带来的重要保障。

不可否认关系在中国经济、政治、文化等层面的重要性。在中国市场，深谙关系并在其中游刃有余的，不乏其人；以"兄弟感情""情怀初心""德行人品"等大行忽悠之道的，不乏其人。创业行为可能起于"关系"，但亦很可能只能成于"规则"。创业合伙人切实地回归人性的基本面，结合中国的现实情境，基于关系讲规则，可能是最为合理且可持续的企业成长与发展之道。

实际上，如果只讲关系不讲规则，那么人性的将基本面决定"可共患难不可共富贵"。通常在创业之初或后续合伙人加入初期，创始人和其他创业合伙人最有可能开诚布公地友好协商公司治理的制度安排和机制设计问题，即使偶有小小争吵，也远好过之后兄弟阋墙的公司治理纷争和分崩离析的惨痛结局。

明星创业企业 Roadstar 的续集

2019年9月，专注于L4级自动驾驶全栈解决方案的深圳元戎启行科技有限公司（简

---

① 新浪科技. RoadStar 结局：VC 清盘止损，三位创业者承担1亿债务[EB/OL]. (2019-12-03)[2022-11-12]. http://tech.sina.com.cn/csj/2019-12-03/doc-iihnzhfz3320442.shtml.

② 新浪科技. RoadStar 结局：VC 清盘止损，三位创业者承担1亿债务[EB/OL]. (2019-12-03)[2022-11-12]. http://tech.sina.com.cn/csj/2019-12-03/doc-iihnzhfz3320442.shtml.

称元戎启行)获得了近 5 000 万美元的 Pre-A 轮融资(图 3-18)。除了作为领投机构的复星锐正,该轮融资的主要参与方有金沙江资本、云启资本、VentechChina、松禾资本等 VC 机构,与 Roadstar 的早期的投资方几乎一致①。

融资历程 1

序号	披露日期	交易金额	融资轮次	估值	比例	投资方	新闻来源
1	2019-09-24	近5 000万美元	Pre-A轮	-		•复星锐正资本 •金沙江资本 •云启资本 •Ventech China •松禾资本 •耀途资本 •远望资本 •七熹投资 •复星集团	元戎启行获近5000万美元融资 加速自动驾驶落地进程

图 3-18 元戎启行 Pre-A 轮融资历程

在阶段性摆脱 Roadstar 创业团队内斗带来的纷争之后,元戎启行的进展还算不错。元戎启行用改装之后的国产东风,在军运会上提供任意点之间的 RoboTaxi 服务。此后,元戎启行在商业模式的构建上迈出了重要的一步,开启了传感方案的商业化售卖。遗憾的是,元戎启行的估值已不复 Roadstar 高光时刻的 9 亿美元,其 2019 年的估值在 3 亿美元至 5 亿美元之间,但足可以排进第二梯队②,假以时日,仍然有重回巅峰甚至超越巅峰的机会。

后续的进展是,东风汽车集团在元戎启行的助力下,获得了湖北省第一张乘用车自动驾驶路测牌照;元戎启行和多家知名企业在全国多地开展自动驾驶相关合作,在深圳、北京两地布局了研发中心,分别获得了杭州、武汉、深圳等地的测试及试运营许可,进行了大量的道路测试和试运营。

---

① 新浪科技. RoadStar 结局:VC 清盘止损,三位创业者承担 1 亿债务[EB/OL]. (2019-12-03)[2022-11-12]. http://tech.sina.com.cn/csj/2019-12-03/doc-iihnzhfz3320442.shtml.

② 新浪科技. RoadStar 结局:VC 清盘止损,三位创业者承担 1 亿债务[EB/OL]. (2019-12-03)[2022-11-12]. http://tech.sina.com.cn/csj/2019-12-03/doc-iihnzhfz3320442.shtml.

> 延伸阅读1

对话Roadstar投资人:一家自动驾驶公司之死(一)

自动驾驶初创公司Roadstar成立于2017年,如今已人去楼空。造成这一局面的直接导火线是,2019年1月21日Roadstar两名联合创始人佟显乔、衡量发布《深圳星行科技有限公司关于处理周光违纪行为的公告》(以下简称公告),问责另一名联合创始人周光的若干行为。

1月21日当天,周光在一个包含十余家媒体的微信群发声,表示将在1月22日与Roadstar投资人、团队技术负责人等接受采访,正面回应被"罢免"一事。但在1月22日上午,该微信群被解散,并称"最新消息暂以投资人联合公告为准"。1月26日,周光发表个人声明,否认公告中的指控,并表示将通过法律途径维护个人名誉及公司权益。1月27日,雷锋网联系周光就这件事进行说明,但他以"临时有事,不在深圳"为由推脱了邀约。此后,周光对外保持沉默。

接下来的两个月,佟显乔、衡量、那小川对媒体的回应使舆论呈现一边倒,与Roadstar有关的矛头全都指向了周光。但令人意外的是,Roadstar的投资人却几乎全部站在周光这一边。Roadstar的一名投资人表示,随着佟显乔、衡量将内部矛盾公开化,最初对佟显乔、衡量两人采用温和方式解决问题的幻想被打破,他甚至态度强硬地评价这一行为:"明显是敬酒不吃吃罚酒。"

早在矛盾公开化之前,Roadstar的内讧传闻就已经在自动驾驶圈传开了:先是佟显乔、周光、那小川密谋让衡量出局;随后是周光倒向衡量,"对抗"佟显乔、那小川;接着是佟显乔不再担任Roadstar CEO、那小川离开董事会,衡量担任代理CEO,周光担任CTO;最后是佟显乔、衡量"罢免"周光。

四位当事人佟显乔、周光、衡量、那小川的经历,活脱脱像一部剧情反转不断的《无间道》电影。Roadstar的一位投资人则用"惊天动地"四个字来形容这场内斗。

在已经对话Roadstar创始人(主要是佟显乔和衡量)、Roadstar技术总监、中高层员工等相关知情人士,从Roadstar公司视角获取相关信息的基础上,雷锋网尝试从投资人的视角,记录在A轮融资后,Roadstar这家最有潜力晋升国内一线自动驾驶之列的新创公司,在创始人与投资人的博弈下是如何走向停摆清盘的?雷锋网希望从投资人视角,讲清楚他们对这一事件的态度。

本文的投资人包括投资人A、投资人B、投资人代表1、投资人代表2。他们均为Roadstar天使轮投资方。至于Roadstar A轮投资人为何没有发声,据雷锋网了解,主要原因之一是A轮投资人正在对Roadstar公司、三位创始人、那小川进行法律仲裁。

2019年4月3日,雷锋网发布了《独家内幕|自动驾驶公司Roadstar之死》。当天晚上,在一个有天使轮投资人、周光在场的微信群里,一位投资代表表达了如下几点:①周光不发声是有人要求的;②我们投资人不希望此事成为闹剧,也不希望此事变得很脏;③几位创始人陷入泥潭,投资人是不愿意看到的。

"不能狗咬你,你就咬回去。要不和他们有什么区别?"周光当天在微信群里表示,"好好的公司被他们搞成这样。"这是自"1月21日事件"发生以来,周光首次正面回应佟显乔、衡量、那小川对他的"攻击"。

1月25日与1月29日,也就是在佟显乔、衡量宣布"罢免"周光的几天后,雷锋网分别与Roadstar两位天使轮投资人进行了对话。4月3日,雷锋网联系了周光,希望获得"一对一"沟通的机会。4月4日,周光回应称,律师建议先不以个人身份接受采访,投资人会委派代表,包括投资人代表、离职员工代表接受采访。

为了更好地理解Roadstar走向清盘的来龙去脉,有必要先了解Roadstar较为重要的时间轴信息:

2017年5月,Roadstar的天使轮950万美元融资正式敲定。按照规划,这笔钱足够支撑Roadtstar30人团队18个月的开销。

2018年3月,Roadstar官方宣布获得1.28亿美元A轮融资。

2018年5月,在Roadstar A轮资金到位后,那小川购买了理财产品,随后投资风控方花了3个月时间追回这笔款项。

2018年6月—2018年9月11日,因违规操作(购买理财产品、违规报销等事件)、投资人与其协商沟通无果,佟显乔、那小川被"罢免",佟显乔不再担任Roadstar CEO一职,那小川不再担任Roadstar董事。

2018年9月11日后,衡量担任代理Roadstar CEO,周光担任Roadstar CTO。

2018年12月16日,董事会委派投资人代表进入Roadstar,担任运营副总裁。

2019年1月21日,周光带领技术团队在日本参展,佟显乔、衡量在Roadstar官方公众号发布公告宣布周光"违纪","罢免"周光。

以下是1月25日(投资人A)、1月29日(投资人B)、4月4日(投资人代表1和投资人代表2),雷锋网与Roadstar四位投资代表的对话(雷锋网新智驾在不影响阅读的基础上,对文中提问顺序进行了编辑与删减)。本文主要讨论了以下话题:

那小川购买理财产品是Roadstar重大管理失责问题的导火索吗?

除购买理财产品,Roadstar创始人还有哪些违规行为?

内讧的争端源于谁?9月11日董事会后,佟、那退出争夺公章始末。

衡量担任代理CEO是否合格?

董事会委派投资人进入Roadstar。

"罢免"周光,投资人怎么看?

佟显乔、衡量私自召开董事会。

3位创始人之间的矛盾在哪里?

Roadstar将如何收场?

1. 投资人发声

雷锋网:先介绍一下,你所在的机构是如何接触到Roadstar这个项目的?

投资人代表1:Roadstar是一个比较特殊和优质的团队,我们也关注这个领域,出现新的机会,我们都会积极与相关项目接洽并且参与其中。

雷锋网:特殊在哪里?

投资人代表1:所谓"特殊",主要是因为他们技术背景比较强,这个团队的技术实力比较强,这是我们的一个判断。

雷锋网:你这边参与了Roadstar的天使轮投资还是A轮投资?

投资人代表1:我参与了天使轮。

雷锋网:你们两位中,有一位是A轮投资方?

投资人代表2:你可以理解为我们都是投资人代表。

雷锋网:方便透露你是哪个机构的吗?你当时是怎么认识他们3个人的?

投资人代表1:前面我也表述过,因为我们关注这个领域,所以这个领域里出现新的项目,我们都会接洽,而且这也是我们的投资风格。在当初聊过的众多自动驾驶项目里,我们选择了Roadstar。这是一个很简单的过程。

雷锋网:在参与天使轮投资之前,你是跟那小川接洽,还是跟佟显乔(周光、衡量)他们3个人一起聊这个事情?

投资人代表1:天使轮之前,我们肯定跟团队成员都见过面,然后才决定投资,这是我们一贯的风格。

雷锋网:Roadstar的方案打动了你们吗?

投资人B:他们往传感器融合的方向做,路线是对的,虽然真正做出来也花了1年多时间。他们最终在2017年年底做出了原型,产品在2018年年中上市。后来我对比其他自动驾驶公司,发现Roadstar的技术领先很多。

雷锋网:现在Roadstar的技术也是领先的,虽然"打了半年架"?

投资人B:对。关于这次争斗事件,投资人支持周光是有原因的。周光的品德和品性是这么多人里面最好的。一方面,通过和他们(3人)接触,我发现周光不以个人利益为出发点,始终关注公司的发展,宁愿为了公司放弃自己的利益。另一方面,感知技术基本上是周光做。整个自动驾驶行业赌的还是技术。我们投资人最后一起发声支持周光是有原因的。

雷锋网:现在外界的声音完全相反,好像在名声上把周光"拍死了"?

投资人B:不管外界怎么样,最后我们控制了钱,周光控制了团队。除人和钱外,还有什么东西?

2. 购买理财产品:Roadstar重大管理失责问题的导火索

雷锋网:2018年9月的董事会(即9月11日)之前,投资方对那小川有一个怀疑和调查。当时是谁向你们说怀疑他去做P2P理财,然后亏损了?

投资人代表2:这个事情我来解释一下。当时A轮投资款到账后(2018年3月28日,Roadstar宣布获得1.28亿美元A轮融资),大约在到账的3天到5天内,这笔钱便从我们托管的银行被划拨出去,购买了一些理财类型的产品。

由于他们购买的理财产品是非保本的,这违背了投资协议的核心条款。在这种情况下,我们作为投资机构,肯定会对这个事情高度重视。这是公司第一次出现重大管理失责问题的一个导火索。

雷锋网:对你们来说,触及你们风险红线的是一个理财产品?

投资人代表2:对。因为关于投资款的用途、用项以及投资款在没有用完之前存放的形式,在投资协议核心条款中有明确规定。

这是一个性质性的问题,我们不讨论它是 P2P 还是什么东西。就这件事情来说,这种行为在投资协议中是被不允许的。

雷锋网:那这件事情发生后,你们没有要求那小川出局?

投资人代表 2:没有。在这件事情发生的第一时间,我们的风控部门肯定要把本金安全性放在第一位,没错吧?

从他们购买理财产品到追回本金花了 3 个月时间,这期间我们进行了大量沟通工作。把本金追回来是我们当时做的第一件事情。这对投资机构来说,一定是首位的。

雷锋网:你说的这个沟通,是和创始团队沟通,还是和理财机构沟通?

投资人代表 2:都有大量沟通的。因为创始团队可能自身没有足够的能力赎回资金,所以我们要跟创始团队沟通,要求他们理解我们的行为。

我们还要跟理财机构沟通,希望理财机构知道我们的态度,这都需要沟通。

雷锋网:刚刚你有提到,在 A 轮融资到账几天后,那小川把钱转到了其它地方购买理财产品。中间花了大概 3 个月,一直到 8 月份前后,你们才把整个款项拿回来,对吗?

投资人代表 2:对,中间沟通经历了好几个月。

雷锋网:我看到一个截图,显示你们在 9 月 20 号左右强制赎回了理财产品,当时董事会已经开完了。

投资人代表 2:不是,应该在之前几个月,我们一直和理财机构不停地协调,这花了好几个月的功夫。你看到的应该是事情出来后的一个时间点,而不是赎回的实际时间。

雷锋网:你们赎回理财产品,需要一个金融机构来接盘吗?他们的态度是怎么样?他们觉得这个风险大吗?

投资人代表 2:我们这些投资机构都是非常具有职业性和契约精神的,我们在和被投企业(Roadstar)签订的协议中明确双方严格按照协议,双方按照协议的契约精神来操作。

由于他们违反了投资协议(购买理财产品),这本质上是一个性质问题。这种性质问题必须优先处理,而不是抱着侥幸心理,认为他们购买理财产品风险不大,等到期再说。任何机构都承担不了这样的责任。

投资人代表 1:我觉得理财产品的风险大小与这件事情的性质是无关的。

3. 除了购买理财产品,创始团队还有哪些违规行为?

雷锋网:除了购买理财产品,创始团队还有没有其它违规行为?

投资人代表 2:购买理财产品是一个导火索。后期我们发现,这个团队在技术以外的方面(管理方面、财务方面)明显缺乏经验。

我们先后对这个团队进行了两次审计工作。在两次审计工作中,我们发现了一些问题。例如,违规报销、车辆采购方面的问题,我们是通过审计发现的。

雷锋网:违规报销的主体是哪个创始人?

投资人代表 2:我们通过审计发现,一个违规报销的人就是对公司直接负责的责任人。

雷锋网:车辆采购问题是谁在主导?

投资人代表 2:如果我没有记错,他们应该是通过那小川这条线来进行车辆采购的。整个车队每年会有大量的车辆采购,这是非常正常的事情。但是有一些车是通过个人渠道购买,并且最后放了在佟显乔和那小川个人名下,这是我们不太认可的行为。

雷锋网:本来应归到 Roadstar 这个公司主体名下,而不应放在他们个人名下,是这么理解吗?

投资人代表2:这是当然的。

4. 内讧的争端源于谁?

雷锋网:投资人是什么时候开始知道他们3人内讧的?是8月份还是9月份开始知道这个事情的?

投资人A:差不多2018年8月就曝出来了,投资人就知道了。

雷锋网:那个时候内讧是为了让衡量离开?

投资人A:没有,让衡量离开是他们自己内部的(事情)。这个事从来没有让投资人知道,只是他们后来矛盾爆发,这些事情才被揭露出来。衡量那时明确想让佟显乔和那小川离开,所以就把过去的那些恩怨都说出来了。

雷锋网:之前他们私下想让衡量离开,是他们觉得衡量不作为还是觉得衡量在技术上真的就不行?

投资人A:我们一直觉得他学术造诣还不错,整体形象、背景也都不错。但是在实际工作过程中,确实有(人)说他缺乏能力。

衡量缺乏执行力,所以可能在公司里会遇到一些困难或者底下的人会觉得他只会说教,不亲手带着大家做事,老是指示。

他们要挤兑衡量肯定也是这个原因,觉得衡量在公司里没有贡献。

雷锋网:当时你们会决定让衡量离开吗?

投资人A:没有。从我们的角度讲,只要不对公司有害,大家都不会必须让某个人离开。大家一开始考虑的是让那小川离开。但佟显乔要力保那小川,而大家便觉得他做CEO也不合格,他便要跟那小川一起离开。

如果投资人那时候对衡量有意见,就不会让他去做代理CEO。现在回想起来,让衡量做代理CEO是一个最大的错误。本来他已经在低谷,把他捧上去又让他很快坠下来,他的心态就完全变了。

雷锋网:内讧,包括让衡量出局,或者说周光又联合衡量让佟显乔、那小川他们出局,投资人是否从一开始就站在周光这边?

投资人A:对,投资人从一开始就选择站在周光这边。投资人一开始判断错误,认为周光和衡量是可以和谐相处的,所以认为周光和衡量是一边的。但后来投资人发现,衡量不合格,只能支持周光,这也是无奈的选择。

雷锋网:B轮投资是什么时候敲定的?B轮投资泡汤了吗?

投资人A:差不多也是在2018年的七八月份。B轮投资估值8亿美元,有两个大牌机构参与了投资。

雷锋网:那投资也是因为这件事情就没有谈成吗?

投资人A:对。投资圈应该在2018年的八九月份就指出了公司内部的不和谐。

5. 911董事会后,佟显齐、那小川退出

雷锋网:早期接触的时候,有关注他们股权结构的分配问题吗?

投资人代表1：我们投的项目很多，各种各样的股权结构都见过。他们的股权结构相对比较均衡，早期我们并不觉得是一个特别大的问题。

投资人代表2：我补充一下，因为当时员工持股平台中佟显乔负责。我们尽调时，也发现佟显乔加上员工持股平台的控制股份达到了40%，明显高于另外两个人（每人平均大约14%）。所以实际控制权当时在佟显乔手上，并不是外面所说的股份完全平均。

投资人B：说实话，我们还是给他们太多信任了。没想到最后会分崩离析，简直是惊天动地。

雷锋网：说到员工持股平台，是指深圳的星行科技和路行科技这两个公司主体吗？

投资人代表2：对，持股平台的控制权在佟显乔手上。

雷锋网：这在法律上是他个人的？

投资人代表2：我们以工商注册为准，从这个角度看，员工持股平台的表决权在他手上。所以实际上公司的控制权刚开始的时候也是在佟显乔手上。

雷锋网：到2018年9月11号召开董事会的时候，你们才决定让佟显乔和那小川退出，还是此前已有一些沟通？

投资人代表2：没有，我们并没有在开始的时候让佟显乔退出。从股权结构来说，他掌握了员工持股平台，是这个公司的实际控制人，当时他是董事长、法人、CEO。我们当时协调，希望佟显乔在公司治理方面有一些进步。那小川由于财务方面的问题，包括购买理财产品等，明显触犯了我们的投资条款。所以我们与佟显乔协商，希望可以调整那小川的位置或者让那小川离开公司。但我们并没有拿下佟显乔个人的法定代表人位置、董事长位置和CEO位置，也没有要求他离开公司。即使在2018年9月的董事会后，我们的董事会决议也只是罢免那小川的董事席位。佟显乔仍然是公司董事，我们没有罢免他。

雷锋网：既然佟显乔当时没被罢免，为什么衡量成了CEO？

投资人代表2：佟显乔是被罢免了CEO一职，但我们保留了其董事职位。我们并没有在那个时间点让佟显乔出局。如果要让他出局，为什么会保留他的董事职位呢？

雷锋网：佟显乔作为一个CEO，得不到董事会半点支持吗？

投资人A：这是一个过程。投资人一开始在处理佟显乔和那小川的事情，没有想去追究佟显乔的责任。但后来，大家对佟显乔的个性包括能力有了更清晰的认识后，就放弃他了，这可能是在2018年8月到11月做的决定。

雷锋网：如果当初佟显乔同意让那小川出局，那这个CEO的位置还会是佟显乔的吗？

投资人A：会啊，因为投资人一开始没有罢免佟显乔，只给他提了一个要求，就是让那小川出局。

雷锋网：但我们听到的一个版本是，佟显乔不让他走是因为如果他走了，等于挨了周光的一记重拳，最后可能会导致佟显乔与周光的对立。

投资人A：还有一件事情，你应该看得出来，就是内部在搞斗争。本身来讲，财务总监（那小川）犯了错误，对于任何公司的CEO来说，哪怕（犯错的人）是你兄弟，也得被罢免，这个没得说。

雷锋网：但如果当时他那样做了，会不会对他自己也有影响？因为有那样的错误，投资人包括股东可能还是倾向于站在周光这边。

投资人A：一开始佟显乔保那小川，投资人对他（佟显乔）不满。因为你也知道，大家投了那么多钱，一直这么看重这个项目，并不希望CEO出局。

我们非常不想看到这个结果，所以不到万不得已是不会让CEO出局的。这个事情完全会影响融资和后续发展。实在没办法了，只能说他们自作自受。

雷锋网：实际上，佟显乔还可以管理公司？还是说他可以继续有一些招聘或财务方面的权力？

投资人代表2：当时保留了佟显乔的职位后，我们跟佟显乔处在协商的状态。不让他当CEO，并不是我们的初衷。

我们只是希望他作为公司实际控制人和CEO，对公司内部治理有一些促进作用。对于严重违反了投资协议的直接当事人，他应该去处理。我指的是像那小川那样的人，但佟显乔坚决不赞同这个事情。

在这样的情况下，我们没有办法。因为我们发现跟公司实际控制人协商公司治理，已经协商不下去了。我们也并没有安排任何人进来，只是对他们内部创始人进行位置调整。

这么说，几乎到了最后关头，我们仍然试图通过他们3人的内部调整和内部合作来解决问题，而并不是其他方式。

雷锋网：但是这种内部调整是在你们的主导下进行的吗？

投资人代表2：不能说是在我们的主导下进行的，这种说法我们投资人是不认同的。我们是严格按照投资协议、公司组织架构和制度来安排的。

雷锋网：有媒体报道，在9月份的董事会上，还有一个驱逐那小川的理由，即他隐瞒了创始团队内部的矛盾，对吗？

投资人代表2：对，我们在仲裁理由中写得比较详细。

6. 争夺公章始末

雷锋网：争夺公章这件事，据了解是投资方主导的，投资方让周光去做这个事情。我们也看到一些截图，最后U盾和公章也是存放在投资方处的。针对这件事情，你们有什么解释？

投资人代表2：我觉得这是一种误传，包括所谓的械斗，也并没有发生。如果真的械斗，作为投资方，我们一定会通过向司法机关报案的形式合法合理解决。这是第一点。

第二点，当时我们投资人要求周光和衡量两人将公章保管好。我们并没有要将公章拿到投资方这边来，而是让他们把公章保管好，因为他们两个也是创始人。

但是，当他们两人去佟显乔处要求保管公章的时候，被拒绝了。当晚，佟显乔去了公司，把公章和U盾拿走了，人也联系不上。

作为投资机构来说，我们有非常大的顾虑。因为作为法定代表人，将公章和银行的U盾带在身上，人又不怎么联系得上，对我们的资金来说意味着极大的风险。

我们并不是说佟显乔一定会卷钱跑路，但从风控的角度至少要联系上这个人。人联系不上，东西也不在了，我们肯定有很大的顾虑。

雷锋网：他为什么要去抢公章？

投资人A：具体就不知道了。因为公司出具任何决议都要盖章，没有盖章的决议都是无效的。他可能是想把公章拿走，让公司做不了任何决议。

这几个联合创始人太幼稚了,是典型单纯的工程师,他们的学习曲线都很长,都有很大的能力提升空间。对我们投资人来讲,最大的失误就是在公司出现问题时没有早参与治理。

雷锋网:让另外两个没有法人身份的人去向财务讨要公章,是不是必然会导致一些对抗?这个操作流程是否有一些不妥之处?

投资人代表2:第一,事情是有前因后果的。第二,我们在过程中并没有要求他们两人去讨要,而是和公司内部进行协商。说到底,我们从头到尾,都是希望3个创始人共同协商解决问题。

雷锋网:那他们3个创始人是否试图把这一矛盾解决掉?

投资人代表2:比如说,我们要求周光、衡量跟佟显乔协商,但他们协商未果,我们也并没有采取任何措施。反而是在协商之后,佟显乔自己拿走公章,联系不上了。

雷锋网:后来为什么公章和U盾处于共管状态,这是佟显乔妥协了?

投资人代表2:共管是佟显乔自己签了字认可的。

雷锋网:他为什么突然愿意把公章交出来?

投资人代表1:这是协商的结果,另外也是对公司治理的尊重。

投资人代表2:我来补充一下公章的事情,大家可能对这个事情理解更清晰。

第一,当时,我们跟佟显乔协商完后,也只是要求对公章进行共管。为了不妨碍公司正常运营,对公司的人力章、合同章、财务章等,并没有进行任何共管。

第二,但凡我们投资机构需要使用公章,他们没有任何一次拒绝。我们必须保证公司绝对平稳地运行。

我再说一句,在我们进行仲裁后,我们也没有对公司任何一次财务审批或花销进行阻拦,公司的奖金发放没有晚过一天。这是没有任何问题的。

雷锋网:后来我们看到的结果是,U盾由深创投保管,为什么是深创投来做这个事情?据了解,深创投所占的股份并不是最大的,投资额也不是最多的。

投资人代表2:第一,我们投资机构互相之间是高度信任的。第二,深创投位于深圳,Roadstar也在深圳,从公司运营便捷性角度来看,U盾放在深创投最有利于公司的正常运营。我们如果把这些东西拿到了其他地方,那对公司的运营势必产生比较大的影响。

雷锋网:我听说在一系列公司矛盾的推动下,深创投一直是强硬的主导方,就您了解的情况,是这样的吗?

投资人代表1:我们的投资人之间,还是有良好沟通的。同时,在整个事情的解决上,大家的观点是高度一致的。

资料来源:雷锋网.对话Roadstar投资人:一家自动驾驶公司之死(一)[EB/OL].(2019-04-10)[2022-12-02].https://www.leiphone.com。有删改。

> **延伸阅读 2**

对话 Roadstar 投资人：一家自动驾驶公司之死(二)

1. 衡量担任代理 CEO

雷锋网：2018 年 9 月后，为什么会提议让衡量来做 CEO？周光有没有想过自己做 CEO，为什么最后选了衡量？

投资人代表 2：我们从头到尾，至少在 1 月 21 日前，都希望 3 个创始人内部协商解决问题。我们投资人甚至多次，应该说很多次坐在一起，从全国各地甚至从世界各地飞过来，把他们 3 个人聚到一起，希望他们冰释前嫌，放下个人恩怨跟矛盾，将公司往前推进。

因为只有这样，对他们、对公司员工、对资本方，才是共赢的结果。这是我们无数次努力做的事情。

所以，在佟显乔下来后，我们也从来没有想立刻派一个人进来。我们还是希望，内部能解决的问题，不到最后，不通过外部力量解决。

这时候我们选择了衡量，实际上也是衡量先毛遂自荐。从当时的角度看，我们还是想通过内部解决，没有考虑过外部，于是就答应了衡量这个诉求。

雷锋网：周光在这期间有自荐过吗？

投资人代表 2：周光也表达过这样的想法。客观地说，衡量表达想法在前，周光更多是在后期。发现衡量这方面能力比较弱，周光才表达的。一开始周光并没有太多这方面的想法。

雷锋网：董事会决定让衡量来做 CEO，是否有做过一些比较慎重的考虑？还是说他提了这个意见，就让他做 CEO，是否有从能力和经验上考虑他适不适合做一个初创公司的 CEO？

投资人代表 2：第一，我们一直寻求内部解决。第二，在衡量毛遂自荐后，我们分析了他的简历，至少从简历来看，他更年长，工作过的科技公司更多。我们认为他可以去尝试一下。

任命衡量时，我们设定为前 3 个月他代理 CEO。我们也是希望通过代理的形式，逐步看看他有没有这个能力，这也是一个测试的过程。

雷锋网：前 3 个月指 2018 年 9 月至 12 月吗？

投资人代表 2：是这么一个代理的过程。如果代理得不错，可以考虑将其扶正，这也是理所当然的事情，对不对？

雷锋网：衡量在做代理 CEO 期间，你们包括一些投资人、股东和董事会的人，或者公司层面的人，对他所做的事情满意吗？他是否比佟显乔更好？

投资人代表 2：我们一直期待他做得令人满意。说句实在话，作为投资机构，我们投这么多资金进来，一定特别希望他好。

雷锋网：据你们了解，衡量在做 CEO 的时候有哪些不作为或者说在做 CEO 的时候有哪些令你们不太满意的地方？

投资人A：细节我就不多讲了。他做CEO时，大部分工作是周光在管，人员大部分也是跟着周光的。我们曾经对一些员工做过访谈，这个肯定是很客观的。

衡量做CEO后，佟显乔和那小川招的那些负责人，我们觉得都不是最合适的人。

新的CEO上台，首先要代表投资人把佟显乔、那小川的事情处理好。衡量完全没有能力去设计佟显乔和那小川的退出补偿方案，也并未把他们（佟、那）当时的亲信开除。

技术那边，他没有影响力。技术那边的人也都不向着他，而是向着周光。所以，衡量在公司里没有任何公信力。3个月后投资人认为衡量缺乏做CEO的能力。

雷锋网：但当时把衡量推到那个位置，投资人或股东这边有没有义务去帮助他，让他学习这种管理能力或引导他去让公司走向正轨？

投资人A：我觉得每个人都有他的学习曲线。学习能力强的人在两三个月内就能上手，但衡量显然不具备这样的能力。

你和他交流了之后就能发现，这个人非常（柔）软，也有一点优柔寡断，缺乏决断力。尤其在公司内部有派系的情况下，衡量根本处理不了。

雷锋网：还有一个消息，在Roadstar内部有人说周光让他手下的人帮忙写推荐信，推选自己当CEO，这个事情你们知情吗？

投资人A：这个事情我从衡量那里听到过，但我没有去核实。我们觉得，不管周光是不是做过这个举动，在那个时间点上，衡量作为一个CEO，已经没有能力带公司往前走了。

所以那个时候周光提出当CEO我们也能理解。

雷锋网：经过这样的事情后，其实你们还是倾向于从外部引入一个CEO，不再从团队里推选一个CEO。

投资人A：对。衡量、佟显乔和那小川三人完全被投资人放弃。

现在所有投资人，已经站到他们的对立面，投资人不断给他们警告，告诉他们要启动所有法律程序，追究他们的法律责任。所以，这几个人不可能是投资人的选择。那接下来我们要做的事情，是通过法律手段重组这个公司，重组公司的过程中什么可能性都存在。

外部CEO是一个选择，但是从内部来看，目前并没有特别合适的人选。周光是一个非常好的技术人员，但不可能让一个CTO去接CEO的位置，或者说让一个技术人员去承担非技术人员的工作。

雷锋网：当时你们也在寻找外部CEO。我们也听到一些传闻。陈昱也想入局Roadstar，他可能是这里面最活跃的。

投资人代表2：我们有一个原则，我们在那个时间点，从来没有考虑让任何一家投资机构的任何一个人，作为长期的主导者进入公司。

雷锋网：听说王劲也要当CEO？

投资人B：我们和王劲聊过。Roadstar投资方希望王劲以投资人的身份进来，去帮公司做一些整合。

王劲的长处在于整合资源，无非是整合政府资源，搭团队。如果王劲以某种形式进来合作，找个COO配合他就好。我们有个天使投资人也想进来做COO（高爽），他管得蛮好的。王劲起到的是更加高层次的作用。例如，搞定一些合作关系，拿下一些单子。这点很重要。

当时的想法是,如果王劲以某种形式和周光合作,这个组合就很强大:有技术,又能搞定与政府的关系,与车厂的关系。王劲还是一汽的首席技术顾问。

雷锋网:王劲的背景和表达方式让一些人喜欢他。

投资人 B:王劲和周光也聊了不少。毕竟周光也是一个小天才,他是不服绝大多数人的,他还是佩服王劲的。还是得找周光佩服的人和他合作。

(雷锋网注:大年初四,王劲来深圳挖人,佟、衡愿意成建制归顺,与投资人谈,投资人希望 Roadstar 以不低于 4 亿元人民币的估值与中智行合并,因价格问题,王劲最后作罢。)

2. 董事会委派投资人进入 Roadstar

雷锋网:高爽(Roadstar 天使轮投资人)为什么会在 12 月份进入 Roadstar 担任运营 VP,你们当时是怎么考虑的?

投资人代表 1:当时公司已经出现了重大问题,如创始人之间的不协调。作为投资人,我们仍然抱着一个帮助他们的心态来协调公司运营,力求不让公司停摆。

同时在这样的情况下,我们也很难去外面临时找一个值得信任的人进来,这也不现实。所以,那时候我们协商派一个投资人代表进入公司,帮助公司运营。如此我们也能对任何情况的发生,做更快的反应。在这样的情况下,我们推举了高爽入场。

雷锋网:有人讲,高爽进场的时候,衡量是不同意的,这是什么情况?

投资人代表 2:我们还是那句话,我们做任何一个决定,包括让高爽介入,以及后面试图委派一个职业经理人形式的 CEO 进场,都是和这些创始人进行过沟通的,并且征得他们同意的。

雷锋网:这些事情是在达成共识的前提下,才往前推进的?

投资人代表 2:对。我们投资机构做事情,都是严格按照投资协议的契约精神来做,就投资协议约定外的事情,我们全部和创始人进行了沟通,并且征求了他们的同意。

我们给了这个公司极大的支持,即使在 2 月仲裁前,甚至在 1 月 21 日这个事情爆发后,我们都没有断过他们的资金。公司里所有人的年终工资、年终奖、日常开销,我们都没有断过。

雷锋网:我也看了聘用合同(Roadstar 与高爽的聘用合作),高爽全职在深圳工作?

投资人代表 1:高爽最早也是想进场过渡一下,待公司全部恢复正常运行后,肯定会离开,这是那时候的一个想法。高爽进场后,的确帮助公司解决了相当一部分问题。这是我们投资代表的一个正确决定。

雷锋网:他进场后,在 12 月 16 日到 1 月 21 日做了哪些你们觉得对 Roadstar 有帮助的事情?

投资人代表 2:高爽当时直接向董事会汇报,作为投资人代表进入 Roadstar。当时,在佟显乔和那小川的事情发生后,我们考虑,如果再让周光担任 CEO,客观来说,显得有些过于频繁更换领导层,给员工的感觉可能不好,难以让大家信服。我们投资人要对投资项目和员工负责。

当时,员工也可能有疑虑,担心是否最终能找到合适的领导人。在这种情况下,让高爽进入作为过渡安排是一个相对合适的决定。当时,我们也明确告知高爽,过渡期是 3 个月。

第一,确保公司运营不至于停滞,技术和项目得以继续推进。

第二,我们也与衡量和周光两人沟通过,而不是直接委派人选。我们最初是希望寻找一位外部 CEO 来接手。刚开始时,外部 CEO 类似于职业经理人。我们甚至考虑让这个职业经理人不直接持股,采取各种方式来保护创始人。

当时,佟显乔与管理层渐行渐远,投资人也在与衡量和周光讨论这种可行性。在他们明确表示"可以、同意"后,佟显乔也同意了这个方案。于是,我们开始在外部寻找合适的人选。我们希望通过 3 个月的时间,找到合适的人选。

客观来说,我们也是四处寻找,然而并没有找到特别合适的候选人。但到了 1 月 21 日,从 2018 年算起已经过去了 1 个月,矛盾终于爆发。

因此,我要重申,我们投资人做的每一件事,都是严格遵循投资协议的,所有事情都是在与创始人沟通协商并征求他们同意后推进的。毕竟,投资协议无法覆盖每一个细节,很多事情是在没有明确规定的情况下,我们与 3 位创始人事先沟通并达成一致后才进行的。

3. 1 月 21 日罢免周光

雷锋网:1 月 21 日周光带团队在日本,衡量和佟显乔发布了一个罢免周光的公告,你们当时看到是什么反应?他们有没有跟你们讨论过?

投资人代表 2:从来没有。

投资人代表 1:肯定没有。

投资人代表 2:不仅没有,而且这个消息连一点风声都没有透露出来。

投资人代表 1:我是通过媒体知道的。

投资人代表 2:每个人都是通过媒体知道的。

雷锋网:当时知道这个消息时,你们会不会觉得这个团队要崩溃了?Roadstar(内讧)这个问题已经摆到台面上,对外界公开了。

投资人代表 2:我想大家应该有同样的感觉,不光是我们这些投资人,可能整个资本圈或大众的反应都是一样的吧。

投资人代表 1:对。

雷锋网:那之后,你们做了哪些补救措施?还是觉得之前的努力都没有起到什么作用?

投资人代表 2:第一,在 1 月 21 日当天下午,我们就委派了在深圳的两家投资机构代表,紧急赶到 Roadstar 公司,询问究竟发生了什么事。

第二,进行危机处理。我们希望大家能够先坐下来,进行沟通,看看是否有更好的解决办法,而不是采取这么极端的方式。从当天下午一直到今天,我们都没有放弃与他们进行协商和谈判。

雷锋网:你们现在协商谈判的内容是什么?

投资人代表 2:现在我们不方便透露,因为我们已经进入了仲裁程序。我只能根据仲裁的程序和进度来判断。

雷锋网:你们是否给衡量和佟显乔机会?

投资人 B:已经公开撕破脸了,怎么给机会?只要不公开,事情都可以谈。甚至我们考虑过内部职位的调整。显然,这种情况就是"敬酒不吃吃罚酒"。

雷锋网:没有挽回的余地了吗?

投资人B:既然事情已经摆到台面上了,3个人还能回到之前的状态吗?不可能的。反而我们之前希望通过温和方式解决问题的想法,也彻底放弃了。

雷锋网:核心能力还是在周光身上吗?

投资人B:对。仔细分析一下公告,投资人们都是集体发声,站在周光这一边。

4. 私自召开董事会

雷锋网:如果真到了通过法律手段解决的地步,那佟显乔真的拿不到任何补偿,就这样退出了吗?

投资人A:这是肯定的。你可以看到,他们私自召开董事会,私自改选董事。在没有任何投资人同意的情况下就做这些,这完全违背了投资协议和公司章程,所有这些行为都是违法的。

雷锋网:私自召开董事会是指什么?

投资人A:他们自己召开了董事会,没有三方投资董事的出席。他们把周光开除了,把周光从董事会撤下来,换上了他们自己任命的董事,并对外宣称这是董事会的决定。现在他们说自己有董事席位,这也违背了董事会的决议机制。

雷锋网:董事会有7个席位吗?

投资人A:是的,管理团队有4个席位,投资人有3个席位。他们没有权力把周光从董事会撤掉。事后他们发了一封邮件通知投资人,说他们已经把周光从董事会撤下来,替换成了他们自己的人。这些做法非常幼稚。

雷锋网:但从结果来看,他们占了4席,投资人方面占了3席,那是不是他们的票数更多?

投资人A:这是投资人不认可的。你要召开董事会,投资人董事必须同意,不能随便改选董事。虽然我们给了管理团队4席,但我们并没有赋予他们随意决定的权利。任何董事会的决议都需要投资人董事同意,否则不能换掉管理团队委派的董事。

雷锋网:在这种情况下,是否需要遵循少数服从多数的原则?

投资人A:这个操作本身就是违法的,具体细节我不能再多说。

如果公司治理是这样的话,那投资人在董事会中完全没有权力,那就没有投资人愿意担任董事了。中国的所有创业公司都会确保管理团队占多数,比如董事会有7席,其中管理团队占5席,投资人占2席。但投资人从来没有赋予创业团队随意更换董事的权利。他们在董事会中随意更换董事,这是完全不尊重投资协议的行为。

雷锋网:你们参加了几次董事会?

投资人代表2:投资人董事代表当然要参与董事会,不参与董事会就无法召开会议,必须有投资人董事代表在场。

雷锋网:当时投票你们有参与吗?因为我知道据说董事会有7个投票席位,你们都在其中吗?

投资人代表1:投资人从未缺席过董事会会议。

投资人代表2:这是公司章程开展的董事规定的各方投票权利,我们始终严格按照契约精神执行。

5. 创始人之间的矛盾在哪里?

雷锋网:你们现在向创始团队提出仲裁,对象是3个人,还是其中2个人?

投资人代表2:仲裁信息已经公布了,我们会按照公开的内容来处理。

雷锋网:从你们的角度来看,3位创始人之间的矛盾在哪里?

投资人代表2:这是一个非常复杂的话题,今天不方便深入讨论,因为一旦展开可能会说不完。

雷锋网:那有没有最主要、最核心的一个矛盾?

投资人代表2:我们认为那小川在其中起到了非常负面的作用。我们的观点是,这3位工程师本质上并不是坏人,他们每个人都有能力,否则我们当初也不会投资,技术尽调也不会通过。但那小川的介入,造成了极大的破坏,这是绝对不能忽视的。

雷锋网:那小川的口碑似乎不是特别好?

投资人B:他做了很多投资人无法接受的事情。这样一个人在公司内部,给我们带来了很多困扰,也让一些谈判变得非常困难。后来,佟显乔和衡量受到了小川的影响,公然与所有投资人对抗。

雷锋网:最早的时候,佟显乔是CEO,衡量是CTO,周光是首席科学家。我们听到一个版本,周光曾想要担任CTO,让衡量担任首席科学家。

投资人代表2:这些细节情况我们不太清楚。因为在特殊情况下,投资机构一般不会深度介入公司的日常管理。

雷锋网:这3位创始人,从你们投资到矛盾爆发的这段时间里,他们在技术上的表现如何?

投资人代表2:从投资机构的角度来看,我们投的是一个团队,一个整体。对于这个行业来说,我们不会只看某一个人的能力,而是看整体的实力。刚开始时,3位创始人各司其职,做得非常好。因为他们相对单纯,社会经验也较少,后来那小川的介入,尤其是他对佟显乔个人的影响,导致了他们选择了不同的路线。

投资人代表1:从技术角度来说,我认为公司在行业内的影响力,包括同行和车厂对他们的认可,都是可以调查的。个人而言,在他们3人一致合作的时候,这家公司的技术是非常优秀的。

雷锋网:刚才有一位投资人代表提到,最大的矛盾推动者是那小川。根据你的观察,那小川在这其中的动机是什么?外界有说法是他想要获取衡量的股权份额,是否属实?

投资人代表2:我不好评价,你可以去了解他之前一些雇主对他的看法,可能会有更多的了解。我说的是在加入Roadstar之前,他的雇主对他的评价。

雷锋网:关于佟显乔和那小川的补偿方案,我们也了解了一些。最终没有谈拢,是因为他们对你们给出的价格不满意吗?

投资人代表2:是的,核心问题就是他们对价格不满意。

雷锋网:他们想要的价格你们能接受吗?

投资人代表2:我已经说过,在我们投资机构能接受的范围内,我们已经提出了最大诚意。客观而言,提供的价格已经远远超过了公允价格。我们已经尽了最大努力。

资料来源:雷锋网.对话Roadstar投资人:一家自动驾驶公司之死(二)[EB/OL].(2019-04-10)[2022-12-02].https://www.leiphone.com。

> 延伸阅读3

对话Roadstar投资人：一家自动驾驶公司之死（三）

雷锋网：你觉得Roadstar今天这样的局面，是什么导致的？

投资人代表1：我们多次提到过，每个人的诉求未能同步，导致了其行为与公司发展方向的偏差，最终造成了今天的局面。这种事情发生，对我们来说也是一种不幸。

雷锋网：Roadstar变成这样，你们觉得罪魁祸首是谁？

投资人A：那小川。最大的错误就是把那小川引入团队。因为同学关系，佟显乔受到他影响很大。

雷锋网：那你们怎么评价那小川的贡献？现在好像大家都认为他是罪魁祸首。

投资人A：他对公司早期并没有什么贡献。他要了3%的股份，并且在公司中占有一席之地，这也是佟显乔坚持要给的。后来他是否对公司融资有帮助，投资人也并未过多关注。

他不是财务出身，却担任财务职务，还自诩为联合创始人和首席战略官。所有这些，都是他想要在公司中扩大自己影响力的表现。然后，他做了很多让人难以理解的事，甚至设计了栽赃事件，让衡量去签20份投资协议等。从投资人的角度来看，真的很难理解这样的人。

雷锋网：我们前不久和那小川聊过，他觉得自己在早期帮助Roadstar敲定天使轮，达成了与丰田的合作，并拿下几百万美金的订单。

投资人A：丰田的项目已经被他毁了。他故意把这个项目搞砸了。在丰田那边，他说了很多关于公司的坏话，说周光被开除了，公司已经没技术了。结果丰田项目彻底泡汤。

说实话，对于天使轮的功劳给他一点佣金就够了，完全不需要给他3%的股份。

另外，衡量曾经告诉我，很多投资人见完那小川之后，甚至不想再见创始人。很多投资机构都被他给挡掉了。

雷锋网：是他觉得Roadstar应该找更好的战略投资者，还是其他原因？

投资人A：不是。我们当时也对接了很多投资人，第一时间都介绍给了那小川。但他很多时候是单独出去见投资人。所以，不能以为他说有很多贡献。所有资源都给了他，都是他去对接。

结果，他见的效果非常差。很多投资机构见完他后，就决定放弃，甚至没有再见到管理层。

雷锋网：一般来说，如果那小川去见投资人，CEO应该也会在场吗？

投资人A：对，但很多时候他是自己去见的。

雷锋网：按照正常流程应该是什么样的？

投资人A：正常情况下，重要的投资机构肯定不会让一个负责融资的人单独去见，而是应该让公司CEO，或者至少是联合创始人一起去。

那小川自己觉得自己是联合创始人，认为自己可以代表公司。几个我认识的投资机构见了那小川之后，反馈非常差，说见了他之后，对Roadstar的看法变得一般。他夸大了自己的作用。事实上，Roadstar 要融资其实很简单，找个财务顾问（FA），没有他也能搞定。

雷锋网：你们最开始对他是一个什么样的态度？

投资人 A：我们当时无所谓，这个对我们来讲不重要。我们投资天使轮的时候，并没有特别关注这个人的存在。

雷锋网：刚才听完你的这些描述，我们发现 Roadstar 开始有过高光时刻，到现在走向清盘或者解散，你觉得在这当中，谁需要对现在的结局负一个比较大的责任？

投资人代表 1：我觉得创始团队在处理内部之间出现的问题和矛盾时，由于年轻、幼稚或自私，未能妥善解决。对于每个人来说，都是一个教训。从投资人角度来看，这个项目也是一个很大的教训。但最终，这件事情，创始团队应该负主要责任。毕竟这是他们主导的公司。

雷锋网：现在闹到这个局面，投资人和股东这边有没有一些责任？

投资人 A：我觉得投资人一定是有责任的。第一，在处理这件事时，没有足够小心地对待佟显乔和那小川，特别是那小川这种人。投资人完全忽视了他，没有充分意识到这样的人可能会采取卑鄙手段去做事，还会做很多离间的事情。我们完全忽视了他的影响力。

第二，最大的失误是当时不应该让衡量代理 CEO。我觉得投资人在这件事上操作不当。现在来看，投资人做得太软了，应该更加强硬地处理。现在所有投资人的一致意见是，对方一分钱都拿不到，不会给他们任何补偿，直接走法律程序，把 3 个人清除出公司。如果最后清除不了，投资人肯定也会考虑新建一家公司，把所有人转移过去。从投资人的角度来看，至少这 3 个人完全被投资人抛弃了。

雷锋网：从投资者的角度来看，Roadstar 从之前出问题到现在这样一种结局，回想一下，你们有没有觉得错过了哪个时机？

投资人代表 2：应该这么说，从 2018 年 8 月他们矛盾爆发开始，不管是 A 轮，还是天使轮，十多家投资机构（和他们）进行了几百轮的谈判，包括与那小川、佟显乔和后来衡量之间。这并不夸张，真的是几百轮的谈判。我们一直在合法、合理、合规的范围内，包括后期愿意通过提供现金和股份等方式和平解决这些问题。

我们不方便透露具体金额，但从行业和公司创立的时间及规模来看，我们给出的现金和股份补偿的数量，远远超过了标准范围，可以说我们已拿出了最大诚意。

在这种情况下，谈了这么多轮，依然无法得到一个和平的解决方案。我们并不是追求投资人利益最大化，而是希望能寻找到一个和平的解决方案，能让公司继续运营，但依然没能得到这些人的认可。我们真可以说是尽了所有的力。

雷锋网：现阶段你们怎么收场？

投资人代表 2：我们还是盖棺定论吧。我们让律师通过合法合理的途径处理。不能说有什么具体的期待，只能说希望在合法合理范围内，最终这个事情能够有一个最好的结果。

资料来源：雷锋网. 对话 Roadstar 投资人：一家自动驾驶公司之死（三）[EB/OL]. (2019-04-10) [2022-12-02]. https://www.leiphone.com。

李子柒成长的烦恼：
不识股权架构套路的网红

教学参考：李子柒成长的烦恼：不识股权架构套路的网红

引言

古风短视频网红李子柒创作的视频具有"归园田居"般的恬淡和温暖，展现了中国的乡土生活，在海内外"圈粉无数"。李子柒的 YouTube 账号甚至数次创下"YouTube 中文频道最多订阅量"的吉尼斯世界纪录。如今，李子柒已不仅仅是一个网红名字，而且是一个具有强大商业价值的商标。然而，中学没毕业、对股权架构设计和公司治理所知甚少的视频创作者"李子柒"，和被杭州微念品牌管理有限公司建构、年营收超过 16 亿元、估值 50 亿元的庞大商业版图"李子柒"，两者之间似乎有一种令人颇为不安的撕裂感。

在经历数轮与多频道网络（multi channel network，MCN）机构杭州微念品牌管理有限公司的利益纠葛之后，李子柒选择断更并发起诉讼。在 2021 年 7 月 14 日更新"井盐"视频后，李子柒的账号开始断更；2021 年 10 月 25 日，由李子柒持股 49% 的四川子柒文化传播有限公司，正式起诉杭州微念品牌管理有限公司及其法定代表人刘同明。现实的商业纷争总是残酷的，不仅因为"触动利益比触动灵魂还要难"，而且因为一旦在股权架构设计和公司治理层面留下先天性的制度安排与机制设计缺陷，往往会导致合作双方之间出现覆水难收的惨淡局面。实际上，如果解决不了股权分配和股权架构设计的动态性问题，合作双方迟早会出现矛盾和纠纷，甚至散伙。

清气网红云飞扬，古风纷呈世人殊

1990 年，李子柒出生于四川绵阳的一个农村。在李子柒年幼时，父母离婚，她跟随父亲一起生活。6 岁时父亲去世，李子柒常常被继母打骂。此后，爷爷奶奶便将她接回了家。她从小不仅会做各种农活，还跟着做过乡厨、木工且会编制竹器的爷爷学会了做饭和手工。在她读小学五年级时，爷爷去世，奶奶开始独自抚养她，两人的生活更加艰苦。

14 岁时，中学没有毕业的李子柒前往城市打工谋生，她曾在综艺节目中讲述过这段长达 8 年的漂泊经历。"露宿过公园的椅子，吃了两个月的馒头，当服务员 1 个月工资 300 元。19 岁时开始在酒吧当 DJ，不是因为喜欢音乐，只是因为工资高。"

2012 年，李子柒回到家乡照顾生病的奶奶，靠种菜和开淘宝店维持生活。不久后，在美拍平台发布吉他音乐短视频的弟弟积累了一些粉丝，他建议李子柒也拍短视频来提升店铺的销量。于是，李子柒开始在美拍平台发布一些搞笑的农村生活视频，如徒手掰西瓜、拍黄瓜等，然而播放效果不太理想。

2015 年，李子柒开始拍摄自己真正熟悉、擅长的事——做饭，还加上了喜欢的古风元素,这也成为她人生的转折点。一个短视频往往要拍摄几天,"淘宝店销量没提高,反而直接关店了"。李子柒开始专注于提升视频内容质量。在一次偶然中,她发布的视频"香喷喷的小烤鸡"在全网播放量达到30亿次。这一年,李子柒突然"红了",她的微博粉丝也从10万飙升到1 000万。与那些学院派、主流媒体、大机构策划出来的热闹完全不同,李子柒无意之间开创了一个风格和流派。

2016年3月,李子柒向视频制作达人"密码大叔"请教剪辑、特效制作方法,还购置了一台旋转屏单反相机。2016年3月25日,春暖花开,桃花笑靥,李子柒推出了她的第一条美食短视频——桃花酒的做法。视频由单机位固定镜头拍摄,画面字幕粗糙凌乱,但配乐弥补了画面缺陷。自此,她的核心创意——自拍自导古风美食的做法基本成型,其视频点击量不断提高。4月4日,清明粑粑的做法;4月10日,腌笃鲜的做法;4月18日,以槐花为料理;4月24日,樱桃酒的做法;4月27日,古香古食枇杷罐头……

此后几年,李子柒日出而作,日落而息,春华秋实,播种收获。三月折花,四月酿酒,五月采果,六月煨酱,七月做饼。李子柒不止拍摄了几十种农作物"一生系列"美食视频,还用视频记录了传统乡村生活和乡土生活中的独特产物,小到采花、酿酒、烹煮、做食,大到养蚕、缫丝、制衣、做笔、造床。李子柒呈现了一种充满着浓郁烟火气的"归园田居"生活,让国内外无数观众了解到缫丝、竹编、酿酒、造纸等东方非物质文化遗产。

"火了"之后,李子柒的视频点击量都直逼千万。视频在传到海外后,也引起了不少外国网友的关注。海外网友表示,"她正在告诉我们一个我们不了解的中国""我太喜欢她了,仙气飘飘的生活让人向往"。2018年,李子柒的原创短视频在海外运营3个月后获得了视频平台YouTube的白银创作者奖牌,粉丝数突破百万。同年8月,李子柒的天猫旗舰店正式开业。

2019年8月,李子柒成为非遗推广大使,《人民日报》、新华社、共青团中央、中央电视台也纷纷报道、夸赞这位"讲好中国故事"的四川女生,网友更是调侃"一个李子柒,抵得上一千个CGTN"[①]。

2021年2月2日,李子柒以1 410万订阅量刷新了由其创下的"YouTube中文频道最多订阅量"的吉尼斯世界纪录。其实在2020年3月,李子柒也曾"消失"过整整2个月,但当时并没有诸多异常迹象和猜测。随后,李子柒回归并发布了一支耗时近1年时间打造的"蓝印花布制作"视频,立马登上微博热搜。

懵懂网红遇大叔,商业版图埋隐患

2016年6月,李子柒做了两件重要的事情。一是在6月20日,父亲节这天,她做了一道奶奶所说的父亲最喜欢的一道菜——炒土豆丝。这期视频第一次打上了红底白字的李子柒logo。二是在6月22日,她更换了微博头像,头像照片上她戴着红色面纱,回眸凝望,这正是现在人们所熟悉的李子柒形象——东方的优雅神秘、古风古典的韵味。

此时,26岁的李子柒专注于创作,还没有得到商业的启蒙,她不知道,远在杭州的那位

[①] 中国国际电视台(China Global Television Network,CGTN)。

名叫刘同明的大叔,已经盯上刚刚走红的她许久了。2016年8月29日,刘同明及其创办的杭州微念品牌管理有限公司毫不犹豫地抢先申请注册了李子柒商标(这为后续双方的冲突埋下了伏笔)。在完成申请流程后,2016年9月,刘同明给李子柒发了一条洽谈合作的私信,称赞其视频内容,并聊起各种网红商业模式、时代趋势、公司能力,称可以帮助她,让视频被更多人看到。的确,杭州微念品牌管理有限公司在当时属于微博深度合作公司,在MCN领域颇有名气,如今郭富城的太太方媛、林小宅、阿沁、仲尼等,都是与该公司签约并被成功打造的网红。

李子柒很快作了回复,欣然接受对方的合作邀约。只是彼时彼刻,她还全然不知,作为杭州微念品牌管理有限公司创始人的刘同明,在与她见面之前的8月29日,已经悄悄申请了李子柒商标。为了说服新晋网红李子柒合作,刘同明相当有诚意地直接从杭州跑到四川,与她约了一顿火锅并进行了详谈,此后逐渐取得她的信任。双方最终达成的合作框架是,李子柒负责内容创作,杭州微念品牌管理有限公司负责推广。李子柒此时还没有意识到,他们可能签订的是一份有严重缺陷甚至不平等的合约。至少,刘同明没有据实以告,自己已经悄悄申请注册了李子柒商标(表3-6)。在确定合作后,杭州微念品牌管理有限公司开始为李子柒提供微博资源推广的长期服务。资源推广对当时初涉江湖的李子柒来说可谓如虎添翼,此后,11月,李子柒的"兰州牛肉面"视频爆火,之后,她随后的每支古风美食视频播放量都稳定在500万次以上。

表3-6 李子柒商标申请情况

商标名称	类别	申请时间	商品服务
李子柒	29	2016年8月29日	干食用菌(2912)、水果罐头(2903)、腌制蔬菜(2905)、加工过的坚果(2911)、以水果为主的零食小吃(2904)、豆腐制品(2913)、酸奶(2907)、鱼肉干(2902)、蛋(2906)、肉(2901)
	03	2016年8月29日	个人或动物用除臭剂(0309)、肥皂(0301)、个人或动物用除臭剂(0306)、芳香精油(0305)、口红(0306)、化妆品(0306)、干花瓣与香料混合物(香料)(0308)、香水(0306)、美容面膜(0306)、空气芳香剂(0310)、牙膏(0307)
	35	2016年8月29日	广告(3501)、货物展出(3501)、商业调查(3502)、特许经营的商业管理(3502)、组织商业或广告交易会(3502)、组织商业或广告展览(3502)、为商品和服务的买卖双方提供在线市场(3503)、市场营销(3503)、计算机数据库信息系统化(3506)、寻找赞助(3508)
	05	2016年8月29日	减肥药(0501)、饮食疗法用或医用谷类加工副产品(0501)、膳食纤维(0501)、营养补充剂(0502)、中药袋(0506)、人和动物用微量元素制剂(0501)、人参(0501)、护肤药剂(0501)、蛋白质膳食补充剂(0502)、防风湿手环(0506)
	30	2016年8月29日	蜂蜜(3005)、咖啡(3001)、豆沙(3007)、甜食(糖果)(3004)、饼干(3006)、以谷物为主的零食小吃(3006)、以谷物为主的零食小吃(3010)、冰淇淋(3013)、茶饮料(3002)、龟苓膏(3005)、谷类制品(3008)

2017年4月,李子柒制作秋千的视频全网播放量高达8 000万次,点赞超过100万次,再次出圈。树大招风,一些人开始质疑她背后有专业团队,她只是负责出镜的一员。5月,李子柒宣布暂停更新,在微博上主动站出来回应质疑,用8张长图和视频证据详细讲述了自己拍摄视频的成长之路。同时,因质疑风波"受伤"的李子柒开始接受团队协助、注册公司等想法,自己则专注视频内容和享受生活。

2017年7月20日,李子柒与杭州微念品牌管理有限公司共同成立四川子柒文化传播有限公司,双方从合约模式转为合资公司模式,达成合作关系。其中,李子柒持有49%的股份,负责日常运营,专注于内容本身;杭州微念品牌管理有限公司拥有51%的股份,提供后台支持,负责内容分发、渠道推广、品牌合作等,且开始筹备创立李子柒品牌,并将其于2018年推出。有了李子柒这张王牌,杭州微念品牌管理有限公司受到了资本的青睐,如新浪微博、华映资本、琢石资本、辰海资本等,其在2020年7月还获得了字节跳动旗下公司的"象征性"投资。

天眼查信息显示,李子柒属于四川子柒文化传播有限公司的"最终收益人"之一,"实际控制人"则是刘同明。杭州微念品牌管理有限公司控制着社交账号、天猫店铺、员工团队、螺蛳粉工厂这几个重要方面。李子柒自己最初注册的平台只有微博美拍,而B站、抖音、西瓜视频等的账号,都由杭州微念品牌管理有限公司负责运营,其YouTube账号也由杭州微念品牌管理有限公司委托给海外公司代运营,完全不受李子柒的控制。

此外,天猫旗舰店的经营者相关资质显示,注册企业为"杭州微念品牌管理有限公司"。李子柒在长文中也提到过原因:天猫旗舰店开店公司必须成立1年及以上,合资新公司无法满足条件。杭州微念品牌管理有限公司官方曾表示,品牌选品以李子柒的意见为主,"她有一票否决权"。

然而,李子柒仅持有四川子柒文化传播有限公司49%的股份,且在杭州微念品牌管理有限公司中没有任何持股(图3-20)。此前亦有一家供应商向媒体透露,李子柒对产品和运营的参与度、话语权不大。例如,出现负面评价最多的爆款螺蛳粉,就是杭州微念品牌管理有限公司为了迎合销售数据而生产的。螺蛳粉工厂"广西兴柳"的大股东也是杭州微念品牌管理有限公司,从股权结构上看,其与李子柒根本没有直接关系(图3-20)。

在人员方面,天眼查数据显示,四川子柒文化传播有限公司参保人员0人,杭州微念品牌管理有限公司参保人员504人,也就是说,四川子柒文化传播有限公司其实是一个空壳公司,可能只有李子柒最亲密的几名助手和部分商标版权属于双方合资的四川子柒文化传播有限公司,而李子柒品牌等相关人员都归属杭州微念品牌管理有限公司。天眼查显示,四川子柒文化传播有限公司拥有207个已注册通过的李子柒相关商标和3首相关音乐作品的著作权。

因此,四川子柒文化传播有限公司可能唯一的营收方式就是将商标授权给杭州微念品牌管理有限公司及其下属的杭州尔西文化传媒有限公司、启运承天(北京)文化有限公司、广西兴柳食品有限公司、杭州微念姜桂余辛实业有限公司和杭州新一文化传播有限公司,然后通过股东分红的形式将部分收益给到李子柒本人,具体的商标授权方式和收益分成模式则没有向外界透露。

商业利益动人心,股权架构套路深

目前,庞大商业版图"李子柒"已经基本成型。李子柒这个 IP 带来的收入主要有食品销售和 YouTube 两大板块。

2017 年,李子柒曾短暂地为古风美妆品牌"羽西"站过台,但效果不太好。而且,一般网红靠植入广告创造营收的商业天花板很低,头部网红的广告费也仅在千万级别。此外,李子柒清新脱俗的风格显然不适合直播带货,坚持长期不接广告以免损害形象的李子柒和杭州微念品牌管理有限公司都明白,自创品牌才拥有最可观的变现潜力。

2018 年 8 月 17 日,李子柒天猫旗舰店上线。6 天后,这个当时仅有 5 款产品的店铺销售额便突破千万元。海豚智库显示(图 3-19),李子柒品牌 2020 年销售额为 16 亿元,同比增长 300%,在中国新消费品牌中排名第 22 位,且其广告营销费用明显低于其他品牌。目前,李子柒品牌已与《人民日报》、故宫食品、《国家宝藏》推出多款联名产品。其中全店最火爆的螺蛳粉,月销量一度超过 150 万份,常常断货,成为淘宝方便速食大赏第一名,即单价 34.7 元的螺蛳粉,单月创造的营收超过 5 000 万元人民币。2020 年,仅靠螺蛳粉一项产品,李子柒就为杭州微念品牌管理有限公司贡献了超 3 亿元的利润,销售额高达 16 亿元。可以说,在杭州微念品牌管理有限公司先后获得七轮融资,公司估值达到 50 亿元的过程中,李子柒起到了极为重要的作用。

2020 年 5 月,柳州螺蛳粉的日产量达 300 万袋,而李子柒牌螺蛳粉能占到其中的 1/4 以上,且供不应求。不过有消息人士指出,李子柒牌螺狮粉由广西中柳代工生产,桂花坚果藕粉来自杭州万隆,辣椒酱来自四川寇大香,均与其视频里的手工制作没有关系,却比代工厂同款产品贵了几成。为了提升产量、把控品质,2020 年 8 月,李子柒和杭州微念品牌管理有限公司宣布在柳州投资建厂,完成了"先代工,再合作办厂,最后独立拿地建厂"的商业闭环。

在线下销售渠道方面,李子柒品牌已进入盒马、世纪联华、家乐福、山姆会员店等超市及便利店,还在活动期间开过几家快闪实体店。其中,北京前门店面不到一星期营业额突破千万元,不过其并未开设长期实体店铺。

YouTube 广告分成也是李子柒品牌的重要收入来源。目前李子柒在 YouTube 平台上视频的最高播放量为 6 378 万次,平均播放量为 1 568 万次,播放总量十多亿次。根据平台规则,每千次播放量的收益在 7.04~13.37 元,粉丝来源地区越发达,该数值越高,而李子柒粉丝主要来源于美国。NoxInfluencer 平台数据显示,李子柒账号单月分成在 360 万元到 720 万元人民币,年收入在 4 000 万元人民币以上。

在李子柒和刘同明、杭州微念品牌管理有限公司合作之初,短视频还没有形成商业气候,在商业变现方面,李子柒对刘同明和杭州微念品牌管理有限公司显然抱有极高的期待。直到 2017 年 7 月 20 日,李子柒与杭州微念品牌管理有限公司才共同出资 100 万元成立四川子柒文化传播有限公司,李子柒占 49% 的股份,担任公司的执行董事和法定代表人;杭州微念品牌管理有限公司则持股 51%,并由刘同明担任公司监事。然而,四川子柒文化传播有限公司其实是一家空壳公司。此时,李子柒 IP 的核心资产——李子柒商标已

2021最具成长性的中国新消费品牌 TOP 100 排行榜

Beta2.0 非最终版（2021.2.6）

序号	公司	2020年销售规模（亿元）	同比增长	赛道	成立时间
1	SHEIN	500	150%	服装饰品	2012
2	三只松鼠	103	1.25%	食品	2012.02
3	Anker	88	31.34%	智能家居	2011
4	喜茶	49.5	40.00%	饮料酒水	2012.05
5	babycare	43	80.00%	母婴	2016.06
6	完美日记	35	15.47%	美妆个护	2015.07
7	奈雪的茶	30	22.40%	饮料酒水	2014.05
8	古茗	30		饮料酒水	2018.06
9	7分甜	30	50.00%	饮料酒水	2012.07
10	植护	30	50.00%	母婴	2018.05
11	WIS	30	15.38%	美妆个护	2013.03
12	花西子	27.54	143.72%	美妆个护	2016.07
13	元气森林	27	309.00%	饮料酒水	2016.04
14	江小白	25	-16.67%	饮料酒水	2015.03
15	纽西之谜	25	400%	美妆个护	2011
16	小罐茶	25	71.23%	饮料酒水	2014.12
17	薇诺娜	23	18.37%	美妆个护	2014.12
18	RELX悦刻	22	43%%	其他	2018.01
19	敷尔佳	20		美妆个护	2015
20	锅圈食汇	18		食品	2019.07
21	大希地	18	73.00%	食品	2012.08
22	李子柒	16	300.00%	食品	2015
23	简爱酸奶	15	25.00%	饮料酒水	2014.11
24	睿蜜润秀	15	25.00%	服装饰品	2014.03
25	HomeFacialPro	14	40.00%	美妆个护	2015.03
26	自嗨锅	14	180.00%	食品	2018.05
27	Ubras	14		服装饰品	2016.05
28	TINECO添可	14	418.52%	智能家居	2012.08
29	小仙炖	12	200.00%	食品	2012.07
30	蕉内BananaIn	11	233.33%	服装饰品	2015.07

图 3-19　李子柒品牌 2020 年销售额及其排名

资料来源：海豚智库。

经完成了注册，而所有者是杭州微念品牌管理有限公司，与四川子柒文化传播有限公司无关。随着李子柒 IP 冉冉升起，杭州微念品牌管理有限公司加快了李子柒系列商标申请注册，2017 年 9 月 5 日到 2019 年 9 月 12 日，又申请了 47 个与李子柒商标相关的商标。

至此，李子柒已不仅是一个网红名字，而且成为一个具有强大商业价值的商标。杭州微念品牌管理有限公司作为李子柒商标的所有者，被赋予了强大的品牌能量，通过以下四种路径开始进行商业变现。

第一种方式是李子柒 IP 的变现。这包括微博的李子柒小店、天猫的李子柒旗舰店。同时，李子柒品牌已入驻线下商超和便利店。公开数据显示，李子柒 IP 直营和 IP 品牌授权每年可以带来超过 20 亿元的收入。

第二种方式是广告分成。其中，李子柒视频在海外 YouTube 平台，每年仅视频广告分成就有 4 000 多万元。

第三种方式是成立品牌运营的实体公司。杭州微念品牌管理有限公司分别持有了广西柳州两家从事螺蛳粉生产的公司，负责供应链和营销。但这两家实体公司都没有李子柒的股份，李子柒螺蛳粉也成为国民现象级产品。

第四种方式是接受资本的加持。杭州微念品牌管理有限公司有22大股东,包括微创投、华映资本、辰海资本、字节跳动等知名投资机构。它们显然都冲着李子柒这个国民现象级IP而来。刘同明占杭州微念品牌管理有限公司19.45%的股份,公司估值据坊间传言达50亿元,但股东名录里没有李子柒。

以上4种李子柒IP的商业变现中既不见李子柒,也不见四川子柒文化传播有限公司。有关李子柒的品牌资产大多在杭州微念品牌管理有限公司手里,李子柒无法享受到个人IP流量带来的商业利益。李子柒到底能拿多少钱,取决于刘同明的个人偏好。这可能是史上最不平等的商业合作关系,李子柒创造的贡献越来越大,但是却没有得到必要的收益保障。

为了进一步理清李子柒和刘同明、杭州微念品牌管理有限公司之间的纠纷并找到其中的根本原因,我们需要明确杭州微念品牌管理有限公司和四川子柒文化传播有限公司的股权架构,否则只会雾里看花,停留在表面"公说公有理,婆说婆有理"一般的不明所以。根据天眼查最新数据绘制的股权架构如图3-20所示。

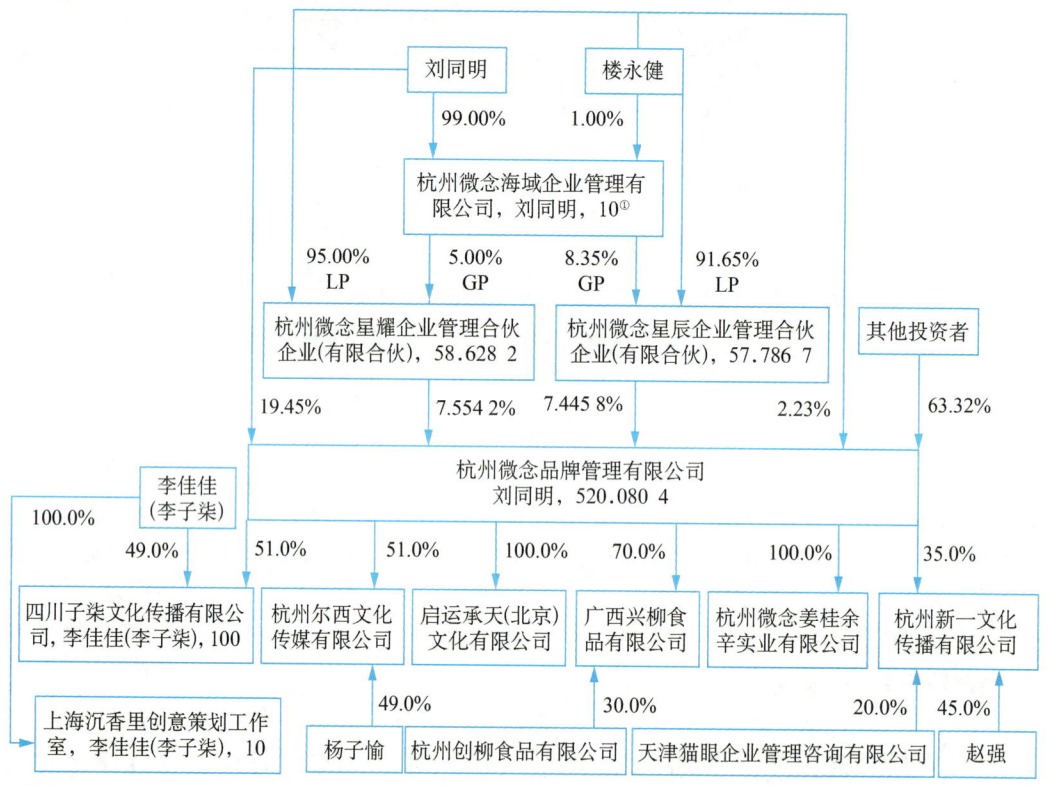

图3-20 杭州微念品牌管理有限公司/四川子柒文化传播有限公司的股权架构①

刘同明为杭州微念品牌管理有限公司设计的股权架构相当"巧妙",以极少量的投入,至少在外部投资者大规模进入之前掌握了绝对的控制权。根据表3-7所列的杭州微念品

---

① 方框中数字为各公司注册资本,单位为万元。

牌管理有限公司股东名录及权益明细表数据,再结合图3-20所示的股权架构图计算可得,刘同明初期掌握的投票权为82.24%[34.45%÷(1-58.11%)],目前的投票权为34.45%(19.45%+7.4458%+7.5542%),其拥有一票否决权,同时其收益权至少为20.44%[19.45%+99.00%×(5.00%×7.5542%+8.35%×7.4458%)]。

杭州微念品牌管理有限公司与李佳佳(李子柒)分别持有四川子柒文化传播有限公司51%和49%的股权,因为通常情况下简单多数就可以做决策了(重大决策才需要2/3绝对多数),这样的股权比例安排导致李子柒无法影响四川子柒文化传播有限公司的日常经营管理决策,同时也使绝大部分由李子柒创造或带来的、原本应该沉淀在四川子柒文化传播有限公司的资源和资产被与李子柒毫无股权关联的杭州微念品牌管理有限公司占有,进而谋取巨大商业利益的根本原因。

来自多个渠道的信息显示,李子柒和她的小团队专注于内容创作,各平台账号、天猫旗舰店、螺蛳粉工厂都主要由杭州微念品牌管理有限公司掌控,而图3-20所示的股权架构图显示,李子柒并没有杭州微念品牌管理有限公司的股份,双方合资的四川子柒文化传播有限公司名下除了部分商标版权,几乎是一个空壳。杭州微念品牌管理有限公司股东名录及权益明细如表3-7所示。

表3-7 杭州微念品牌管理有限公司股东名录及权益明细

股东	持股比例	最终受益股份	认缴出资额(万元)	认缴出资日期
刘同明	19.45102%	20.44028%	150.9592	2020-11-07
罗一	3.85058%	3.85058%	29.8843	2018-04-17
楼永健	2.22830%	16.23904%	17.2938	2018-06-25
吴云晓	1.36075%	1.36075%	10.5608	—
杭州微念星耀企业管理合伙企业(有限合伙)	7.55421%	7.55421%	58.6282	2040-12-31
杭州微念星辰企业管理合伙企业(有限合伙)	7.44579%	7.44579%	57.7867	2040-12-31
苏州铧兴志豪创业投资中心(有限合伙)	10.49617%	10.49617%	81.4607	2021-07-01
北京微梦创科创业投资管理有限公司	10.00827%	11.16490%	77.6741	2020-11-12
苏州工业园区八二五二期新媒体投资中心(有限合伙)	8.65731%	8.65731%	67.1893	2020-11-11
福建辰海妙创业投资合伙企业(有限合伙)	6.13049%	6.13049%	47.5787	2020-11-19
厦门为来卓识股权投资基金合伙企业(有限合伙)	5.10918%	5.10918%	39.6523	2020-11-20
上海众源一号股权投资基金合伙企业(有限合伙)	4.53585%	4.53585%	35.2027	2018-04-09

(续表)

股东	持股比例	最终受益股份	认缴出资额（万元）	认缴出资日期
青岛秋实辰星投资合伙企业(有限合伙)	2.235 05%	2.235 05%	17.346 2	2021-07-01
杭州汉欣投资合伙企业(有限合伙)	2.232 11%	2.232 11%	17.323 4	2017-08-08
广州琢石成长股权投资企业(有限合伙)	1.975 37%	1.975 37%	15.330 8	2017-08-08
杭州弘帆天盛股权投资合伙企业(有限合伙)	1.764 23%	1.764 23%	13.692 2	2019-08-20
北京量子跃动科技有限公司	1.371 29%	1.371 29%	10.642 6	2021-07-01
澄迈新日投资管理中心(有限合伙)	1.172 53%	1.172 53%	9.100 0	2018-07-10
共青城灏海辰星投资合伙企业(有限合伙)	0.940 52%	0.940 52%	7.299 4	2019-08-31
常熟华映常赫投资咨询中心(有限合伙)	0.843 87%	0.843 87%	6.549 3	2019-08-20
宁波梅山保税港区辰海玖安文化传播合伙企业(有限合伙)	0.474 71%	0.474 71%	3.684 2	2020-11-19
珠海聚力永晋股权投资合伙企业(有限合伙)	0.162 4%	0.162 4%	1.260 4	2020-11-20

资料来源：天眼查网站. 杭州微念品牌管理有限公司相关信息[EB/OL]. [2022-02-08]. https://www.tianyancha.com/company/3453795217。

接近杭州微念品牌管理有限公司的消息人士透露，"李子柒与杭州微念品牌管理有限公司之间的对接人文化和专业程度不高，且公司不让其他人接触李子柒，这积累了一些问题。此外，杭州微念品牌管理有限公司给李子柒安排的公关团队，也几乎没有能工作超过半年的"。从李子柒助理2021年8月26日的微博编辑记录可以看到，她将李子柒每天在绿洲App①给大家"报平安"改为了"问好"。李子柒助理选择绿洲App而不是微博，可能和社交账号的掌控权有关。

由此可见，中学没毕业的视频创作者"李子柒"和被杭州微念品牌管理有限公司建构、年营收16亿元多的庞大商业版图"李子柒"之间似乎有一种撕裂感。虽然李子柒的地位无可替代，运营团队似乎任何一家公司都可以胜任，但杭州微念品牌管理有限公司当前已发展成为一家深入供应链上游的新消费食品品牌公司，李子柒也难以和这项主要营收剥离。

尽管李子柒的权益显著受损，但是需要承认的是，李子柒在2016年后的快速成长，同杭州微念品牌管理有限公司的投资与助推具有直接关系。MCN项目的孵化风险比较大，一将功成万骨枯，"单打独斗"往往很难做大做强，成功的艺人和网红背后往往有一个强大团队，李子柒若想单独实现商业变现也并非易事。

---

① 绿洲App是一款新浪微博出品的移动端时尚社交应用软件。绿洲App主打"清新社交"路线，以图文分享为主，被称为内地版instagram。在绿洲App，用户更多分享生活琐碎，而非宣传、推广等内容，因此，与对微播账号的掌控权相比，博主对绿洲账号的掌控权更大。

网红意欲战资本，商海纷争徒奈何

虽然2021年7月14日更新"井盐"视频后李子柒断更超过1年。其间，其本人没有为"李子柒"品牌3周年进行宣传，而只出现在农民丰收节、央视谈论"乡村振兴"、共同富裕的节目中。

2021年8月26日，李子柒的助理连发两条微博，一条提醒大家不要轻信被他人冒用李子柒名义发的诈骗短信，并称已经向公安机关报备；另一条回应停更一事，说李子柒需要时间整理现实问题，也需要不断学习。

2021年8月29日，李子柒深夜在绿洲App吐槽"半夜被恶心到了，这么快就按捺不住了么"，网友发现李子柒秒删的回复内容有提到"资本真的是好手段"，不过第二天助理声称只是对冒名诈骗进行报警。

从2021年9月开始，粉丝及网友们陆续察觉出异常，除了报警诈骗、李亚鹏挖团队传言、冒名月饼等事件，还猜测李子柒在股权架构中吃亏，如果她和杭州微念品牌管理有限公司"闹掰"，可能最终会颗粒无收。不过，李子柒助理发微博辟谣，表示不存在团队被挖问题，李子柒只是在整理与第三方公司的问题。

2021年9月23日，消失了两个多月的李子柒以"四川农耕文化形象大使"的身份公开露面，出现在当地农民丰收节现场。9月28日，李子柒断更后首次接受了新华社的采访，并表示"从开始到今天为止，所有的内容都是自己主导、自己构思"。

2021年10月14日，有媒体报道称，杭州微念品牌管理有限公司的投资方承认近期李子柒和杭州微念品牌管理有限公司确实有矛盾，并指出矛盾与品牌收入有关。次日，李子柒助理在微博辟谣称，自2017年7月四川子柒文化传播有限公司成立后，李子柒就与杭州微念品牌管理有限公司没有经纪合约了，希望大家"不造谣、不传谣"。

最终，双方的争端于2021年10月25日"实锤"，由李子柒持股49%的四川子柒文化传播有限公司正式起诉杭州微念品牌管理有限公司、刘同明，立案法院为四川省绵阳市中级人民法院（图3-21）。杭州微念品牌管理有限公司被冻结2100万元，杭州微念品牌管理有限公司的投资股权亦被冻结，被执行企业为广西兴柳食品有限公司，执行法院为四川省绵阳市中级人民法院，冻结期限从2021年12月29日到2024年12月28日。

实际上，李子柒的反击在2020年就开始了。她反击的第一步是从商标申请开始的。四川李子柒公司的法定代表人是李子柒。2020年3月4日，在其主导下，开始申请"李子柒LIZIQI"这一商标。尽管她一口气向国家知识产权局申请了17个商标，但结果是被一一驳回。驳回的理由是与已注册在案的李子柒商标的冲突。真所谓，李子柒让"李子柒LIZIQI"没有了活路。反击的第一步遭遇了重大挫折。

接着，李子柒开始了反击的第二步，2020年6月8日，李子柒注册了上海沉香里创意策划工作室。不过，可能由于"竞业禁止"问题，成立工作室的想法搁浅，并没有后续动作。兜兜转转之下，李子柒或许受到了高人指点，走出了第三步，这一步可能是软磨硬泡，也可能是步步惊心。但就结果而言，李子柒完成了惊天逆转，杭州微念品牌管理有限公司同意将所持有的所有李子柒商标权利转让给四川李子柒文化传播公司。从2021年3月19日

案号	(2021)川07民初382号
身份	被告
当事人	原告：四川子柒文化传播有限公司 被告：杭州微念品牌管理有限公司、刘同明
立案日期	2021-10-25
开庭日期	-
结束日期	-
公告/法院	绵阳市中级人民法院
承办法官	-
助理法官	-
案件状态	审

图 3-21 四川子柒文化传播有限公司正式起诉杭州微念品牌管理有限公司、刘同明

开始正式启动转让程序，到 6 月 13 日，大部分有关李子柒的商标都转让成功了。转让过程中还发生了一个小插曲，杭州微念品牌管理有限公司由于其品牌管理的不专业，在转让时弄丢了李子柒商标 30 个类别的权利。而这没有人发现，也没有人去弥补。从这一刻开始，四川子柒文化传播有限公司才称得上是一家有价值的公司。不过，事情还未结束。商标转过来了，但商标内含的众多权利实现还有待明晰，李子柒商标的授权体系还需要重建。例如，杭州微念品牌管理有限公司旗下众多实体使用了李子柒品牌，其品牌授权费用怎么算，是否溯及既往利益分成，以及未来利益如何分成等问题。

1 个月后，2021 年 7 月 14 日，李子柒发了最后一篇与创作有关的微博，这是一篇关于盐的创作。盐是百味之首，这当然是巧合，却来得正是时候，李子柒尝到了资本的滋味——似乎每一步未来之路，早已被资本设计好了。几分愤然之下，李子柒选择了消失和断更。消息传出，江湖震惊⋯⋯

回首 2018 年和 2019 年，杭州微念品牌管理有限公司共申请了 70 个"李子柒"商标，涵盖餐饮住宿、烟草烟具、健身器材、手工器械、教育娱乐、啤酒饮料等多个国际分类。不过，天眼查 2021 年 10 月 27 日的信息显示，杭州微念品牌管理有限公司在此前申请的"李子柒"相关商标均被标注为商标无效，商标流程状态变更为无效、等待驳回复审等（第五次大规模申请商标被驳回）。

根据新的《商标法》，对恶意侵犯商标专用权，情节严重的，可以根据权利人实际损失、侵权人侵权获利、商标许可使用费的合理倍数所确定数额的一倍以上、三倍以下确定赔偿数额。而就目前现有的信息来看，四川子柒文化传播有限公司持有李子柒、子柒商标，其商标在规定范围内使用合法合规，故主管部门驳回杭州微念品牌管理有限公司注册的"李子柒"相关商标是有法律依据的。不过,杭州微念品牌管理有限公司依然拥有和李子柒品牌有关的155个美术类作品的著作权,其中大多是商品插画、字体等,如"李子柒品牌logo""蓝印花布""柳州螺蛳粉""书法体——子柒"。

其实,除了商标之外,更为重要的是,天眼查信息显示,杭州微念品牌管理有限公司控制着社交账号、天猫店铺、员工团队、螺蛳粉工厂这几个重要方面,B站、抖音、西瓜视频等的账号均由杭州微念品牌管理有限公司负责运营,YouTube账号也由杭州微念品牌管理有限公司委托给海外公司代运营,天猫旗舰店的经营者相关资质显示注册企业为"杭州微念品牌管理有限公司"。这些重要的资源和资产原本应当由杭州微念品牌管理有限公司与李子柒共同持股的四川子柒文化传播有限公司拥有。

正是注意到这一点,此前,曾有人在微博发文称,"李子柒和杭州微念的纠纷,是因资本引起的企业内部股权斗争,李子柒此后可能不再控制'李子柒'这个IP,也就是说她可能不再是'李子柒'了"。考虑到杭州微念品牌管理有限公司和四川子柒文化传播有限公司目前的股权架构,上述说法成真的可能性颇大。

在乱花渐欲迷人眼的纷争中,粉丝和网友大多选择支持李子柒。"我们喜欢的是带有烟火气的李子柒这个人,而不是单纯地想去为一个叫作'李子柒'的冷冰冰的商标符号买单。"这是一位网友在话题为"杭州微念申请李子柒商标被全部驳回"的热搜下留下的一句话。大家发自内心地喜爱这位在海内外"圈粉无数"的"顶流"短视频博主。她的视频具有"归园田居"般的恬淡和温暖,展现了中国的乡土生活。

然而,现实的商业纷争总是残酷的,因为"触动利益比触动灵魂还要难",而且,一旦在股权架构设计和公司治理层面留下先天性的制度安排与机制设计缺陷,往往会导致覆水难收的惨淡局面。对此,李子柒一方除了选择"停更"和"诉讼",进行"杀敌一千,自损八百"的抗争,就唯有徒叹奈何了。实际上,在李子柒事件"纠纷"发生之前,也曾有过当事网红在与背后的MCN机构产生纠纷后失去账号和粉丝的案例。对于网红与内容创业者来说,核心资源是个人的IP品牌、口碑与自媒体的权益。目前,摆在李子柒面前的有以下几个需要争取的权利。

一是微博账号的权利(其他平台账号及其相关权益也是如此),账号关注量达2 763.6万。不得而知的是,她是否与杭州微念品牌管理有限公司签署了不利的合约,导致她失去了微博账号的管理权及相关利益权。

二是收回或理顺目前转入四川李子柒文化传播公司名下的所有李子柒商标的授权。这一项需要专业的规划并进行重新梳理。

三是重新独立运营李子柒这个品牌。其中,最需要考虑的问题是,在体系内相对独立运营还是在散伙后完全独立。这将是一个极为复杂、耗时、艰难的过程。

四是进行股权重构,改造四川子柒文化传播有限公司的公司治理结构,着重引入动态的股权分配和股权架构设计。目前,杭州微念品牌管理有限公司占51%、李子柒占49%的股权结构已经不合时宜、不尽合理。

五是主张自己在杭州微念品牌管理有限公司层面的权益。除部分商标外,李子柒相关的重要资源和资产目前依然在杭州微念品牌管理有限公司的掌控下,但是李子柒并未直接或间接持有杭州微念品牌管理有限公司的股权,无法合理享受到个人IP流量带来的商业利益。

对于刘同明、杭州微念品牌管理有限公司及一众外部投资机构来说,过去几年,受益于与李子柒的不平等合约,要其将已经到手的利益再拿出来的行为,可谓是一种灵魂的洗礼,也是对其良知的拷问,需要其极为艰难地突破人性的基本面。

双方如果结束合作,势必会面临公司如何清算,收益如何分配,商标权如何归属等一系列相当棘手的问题。我们无从得知双方当时签订的合资合同对商标及股权权益等做了何种具体规定(MCN机构在投融资条款上往往比较周全和苛刻)。如果没有明确约定则需要谈判协商,一旦协商不成,围绕商标等核心利益的公司解散之争必然爆发。

杭州微念品牌管理有限公司说明

杭州微念
昨天 19:30 来自 微博 weibo.com

微念公司说明

近期,有关四川子柒文化传播有限公司(下称"子柒文化")诉杭州微念品牌管理有限公司(下称"微念公司")一事受到外界广泛关注,关于"李子柒"IP和品牌的传闻和报道陆续出现。微念公司本着保护"李子柒"IP和品牌的初衷,从未进行回应。今日(2021年11月1日),我们正式收到四川省绵阳市中级人民法院的诉讼通知,公司将依照法律程序应诉,并做出如下说明:

微念公司成立于2013年,2016年成为微博MCN全面合作伙伴,同年与李佳佳女士展开合作,一MCN公司的形式共同孵化"李子柒"IP和品牌。

2016年,公司创始人刘同明先生与李佳佳女士进行了深度沟通,最终确立双方合作模式:李佳佳女士负责内容创造与发布,微念公司负责运营与探索商业模式。凭借相互认可与坚持,公司和"李子柒"IP拒绝了通过广告快速变现的机会与诱惑,把精力投入自主品牌上,希望在传播文化的同时,有一份持续的、不消耗IP的收入保障发展。历经5年创业,微念从一家MCN公司逐步成长为东方美食文化新消费品公司。

自双方合作以来,公司为保证一个安宁的创作环境,从未干涉过李佳佳女士的内容创造,也从未想过、从未控制过任何@李子柒的相关平台账号。李佳佳女士在内容创作上才华出众,对中国传统文化的诠释感动了亿万网友,对"李子柒"IP和品牌的塑造有着无可替代的贡献。微念公司则在品牌策划、IP运营推广、资金投入、产品研发、搭建供应链和销售渠道等方面辛勤付出,最终让双方共同的梦想一步步走向现实。

微念公司深知,能够在创业路上与李佳佳女士相识、合作是非常幸运的。正因如此,公司珍惜这份情谊,珍惜"李子柒"IP和品牌。早在一年多前,微念公司就提出李佳佳女士的股权计划和合作模式方向,并在股东同意下签署了相关股份安排、合作费用的协议方案,我们曾多次与李佳佳女士就股权等权益事项展开沟通,但未有实质性进展,最终导致如今的局面,微念公司是有责任的。

即便是现在,微念公司与李佳佳女士在发现美好生活、向海内外传播中华文化等理念上,已久(依旧)保持着高度一致。公司愿意就双方合作内容、合作方式等问题进行持续坦诚的沟通,衷心希望双方能够解开心结,继续携手前进。

一直以来,微念都是一家专注的创业公司,无意占用更多的公共资源,也深知背后需要肩负的责任。创业不易,塑造一个品牌更难,"李子柒"IP和品牌依然处于成长阶段,无论结果如何,微念公司都衷心希望"李子柒"IP和品牌能够继续助力中国传统文化的世界传播。

对于过往的合作、我们共同的付出,微念始终无怨无悔。

再次感谢大家的关心。

杭州微念品牌管理有限公司
2021年11月1日

以人力资本为核心的公司治理模式：
Huawei、OPPO、vivo 的共同选择

教学参考
Huawei、
OPPO、vivo
的共同选择

引言

负利率的来袭意味着"货币资本主义"的核心逻辑发生了根本性的变化，换言之，货币不再像之前那样稀缺和值钱了，更不再是推动经济发展的唯一战略性资本，相反地，人力资本或知识资本正在逐步演变为更重要的战略性资本。随着战略资本的演进，尽管已经进入"劳动雇佣资本"的时代，但是《中华人民共和国公司法》及与其相关的其他法律和基于此构建的、一般的中国公司治理机制依然遵循"资本雇佣劳动"的基本逻辑，即物质资本完全主导公司治理，机械地强调"同股同权"①。这不仅罔顾"人"已成为关键因素的事实，而且无法实现"人"这个因素的市场竞争和激励相容。鉴于法律、制度环境变革的滞后性，在目前的情境下，最为可能的途径是借由股权治理平台，间接实现人力资本的剩余索取权和剩余控制权，构建以人力资本为核心的共有、共享、共治的公司治理模式。

在此，我们可以从华为技术有限公司（以下简称华为）、广东欧珀移动通信有限公司（以下简称 OPPO）和步步高通信科技有限公司（以下简称 vivo）"不约而同"的股权结构和股权治理机制的设计中窥见以人力资本为核心的公司治理模式的雏形。

负利率来袭

银行业是世界上最古老的行业之一。老百姓把钱存放在银行，银行支付存款利息给储户。银行再将这些存款外贷给其他人或企业，收取更高的贷款利息，通过存贷之间的利差来赚取利润。这样的商业安排似乎天经地义，几百年来一直都是这样。但现在这个延续了几百年的传统可能正发生颠覆性的变化，而产生这个变化的根本原因就是负利率。

在负利率下，银行不需要向储户支付利息。相反地，储户如果想要把钱存在银行里，需要付钱给银行。银行向其他企业或机构发放贷款时，也未必能够收到贷款利息。更可能的情况是，银行需要支付利息以求其他人或企业向其贷款。这看起来似乎是一个非常疯狂的主意。但这个疯狂的主意在世界上一些发达国家，如瑞士、日本和瑞典等，已经成为现实。

2016 年 3 月 15 日，日本央行公布货币政策会议决议，决定维持现有负利率及 QE（量化宽松）政策不变，货币储备基金免于实施负利率。在此前的 1 月 29 日，日本央行以 5：4 的投票意外通过了实施负利率的政策，日本央行 1 月货币政策会议的表态为"若有必要，

---

① 见《中华人民共和国公司法》第一百二十七条"同种类的每一股份应当具有同等权利"。

将进一步降低负利率"。继日本央行实行负利率后,欧洲央行在负利率的道路上走得更远。2016年3月10日,欧洲央行下调主要再融资利率5个基点至0,下调隔夜贷款利率5个基点至0.25%,下调隔夜存款利率10个基点至-0.4%,以上调整自3月16日起生效。

负利率的来袭意味着"货币资本主义"的核心逻辑发生了根本性的变化,换言之,货币不再像之前那样稀缺和值钱了,亦不再是推动经济发展的战略性资本,人力资本或知识资本正在逐步演变为更重要的战略性资本(唐跃军,2002)。

人力资本理论

人力资本(human capital)是由"芝加哥学派"提出并发展的一个概念,最早由Mincer于1958年在其论文 *Investment in human capital* and *personal income distribution* 中提出,而后由Gary Becker在1964年出版的《人力资本》一书中进行了标准化定义。人力资本指的是人类在通过劳动创造经济价值的过程中所涉及的知识、习惯、个人和社会属性,以及创造力储备。换言之,人力资本是一种资源,即个人或群体所拥有的一切知识、天赋、技能、经验、智慧及判断力等的总和。人力资本同其他"物质生产资料"类似,企业可以对其进行投资(教育、培训、药物治疗);一个人的产出也部分地由其"人力资本回报率"决定。因此,人力资本是一种生产资料,额外的投入可带来额外的产出。

人力资本理论强调:①人力资本比其他物质资本更加重要,尤其是在人力资源充足的国家;②对国家综合实力发展来说,人力资本的作用大于物质资本的作用;③人力资本投资与国民收入成正比,其增长速度高于物质资本。

在人类所拥有的一切资源中,人力资源是最宝贵的,自然成了现代管理的核心。不断提高人力资源开发与管理的水平,不仅是发展经济、提高市场竞争力的需要,也是一个国家、一个民族、一个地区、一个单位长期兴旺发达的重要保证,更是一个现代人充分开发自身潜能、适应社会、改造社会的重要措施。公司管理者应通过采取一定措施,充分调动广大员工的积极性和创造性,即最大程度地发挥人的主观能动性。调查发现,按时计酬的员工每天只需发挥自己20%~30%的能力,就足以保住个人的饭碗;但若充分调动其积极性、创造性,其潜力可发挥出80%~90%。

以人力资本为核心的公司治理实践

随着战略资本的演进(唐跃军,2002),尽管已经进入"劳动雇佣资本"的时代,但是《中华人民共和国公司法》及与其相关的其他法律和基于此构建的、一般的中国公司治理机制依然遵循"资本雇佣劳动"的基本逻辑,即物质资本完全主导公司治理,机械地强调"同股同权"。这不仅罔顾"人"已成为关键因素的事实,而且无法实现"人"这个因素的市场竞争和激励相容(唐跃军,2017)。鉴于法律、制度环境变革的滞后性,在目前的情境下,最为可能的途径是借由股权治理平台,间接实现人力资本的剩余索取权和剩余控制权,构建以人力资本为核心的共有、共享、共治的公司治理模式。在此,我们可以从华为、OPPO、vivo三家公司"不约而同"的股权结构和股权治理机制的设计中窥见以人力资本为核心的公司治理模式的雏形。

华为的虚拟受限股制度

1. 华为的奇迹

华为于1987年在中国深圳正式注册成立,是全球领先的信息与通信技术(ICT)解决方案供应商,专注于ICT领域,坚持稳健经营、持续创新、开放合作的理念,在电信运营商、企业、终端和云计算等领域构筑了端到端的解决方案优势,为运营商客户、企业客户和消费者提供有竞争力的ICT解决方案、产品和服务,并致力于使能未来信息社会、构建更美好的全联接世界。目前,华为有超过17万名员工,业务遍及全球170多个国家和地区,服务全世界三分之一以上的人口。华为技术有限公司基本信息如表3-8所示。

表3-8 华为技术有限公司基本信息

统一社会信用代码	914403001922038216	组织机构代码	192203821
注册号	440301103097413	经营状态	存续
公司类型	有限责任公司(法人独资)	成立日期	1987-09-15
法定代表人	孙亚芳	营业期限	1987-09-15—2040-04-09
注册资本	3 990 813.182 0 万元人民币	发照日期	2016-06-23
登记机关	深圳市市场监督管理局		
企业地址	深圳市龙岗区坂田华为总部办公楼		
经营范围	开发、生产、销售程控交换机,传输设备,数据通信设备,宽带多媒体设备,电源、无线通信设备,微电子产品,系统集成工程,计算机及配套设备,终端设备及相关的设备及维修;技术咨询服务;进出口业务(按深贸管审证字第621号文规定办理);国内商业、物资供销业(不含专营、专控、专卖商品);经营对外经济技术合作业务(具体按中华人民共和国对外贸易经济合作部1998外经贸政审函字第326号文规定办理);房屋租赁(持许可证经营)		

华为在2010年以218.21亿美元的营业收入首次杀入《财富》世界500强榜单,名列第397位;2011年以273.557亿美元的营业收入位居第352位。2012年,华为连续3年入选《财富》世界500强,以315.4亿美元名列第351位。2013年,华为首超全球第一大电信设备商爱立信,排名第315位,爱立信排名第333位。2014年,华为排名上升至第285位。2015年,华为排名相较2014年又有大幅提升,上升57位至第228位。2016年,华为又提升了将近百名,位居第129位。2015年,华为被评为新浪科技2014年度风云榜年度杰出企业。2016年,在研究机构Millward Brown编制的BrandZ全球100个最具价值品牌排行榜中,华为从2015年的第70位上升到2016年的第50位。2016年8月,全国工商联发布"2016中国民营企业500强"榜单,华为以3 950.09亿元的年营业收入成为中国民营企业500强榜首并在"2016中国企业500强"中名列第27位。

《经济学人》称华为是"欧美跨国公司的灾难",《时代》杂志称它是"所有电信产业巨头最危险的竞争对手",爱立信全球总裁卫翰思(Hans Vestberg)称它是"我们最尊敬的敌人"。思科CEO钱伯斯(John Chambers)在回答华尔街日报提问的时候说:"25年前我就知道我们最强的对手一定来自中国。"以上这些表达都在形容一家神秘的中国企业——华为。华为是《财富》世界500强企业中唯一一家没有上市的公司[①],坊间对其充斥着各种各样的猜测,如中国政府的大力支持、华为的军方背景(可能因为任正非是退伍军人)等。但是,华为实际上只是一家不折不扣的中国民营企业,而正是这样一家企业,在任正非的引领下,以极短的时间,创造了全球企业几乎都未曾有过的辉煌历史。

根据《财富》杂志的报道,华为在2015年的年营收达到608亿美元,远超爱立信的332亿美元[②],持续领航全球通信产业。与多数来自中国的大型企业不同,华为超过58%的营收来自海外市场[③]。《经济学人》杂志指出,华为在170多个国家每天为超过20亿人提供设备通信。这意味着,全世界超过三分之一的人口在使用华为的服务。即使在4G技术领先的欧洲市场,华为也有超过50%的市场占有率。数据显示,华为的西班牙终端业务在西班牙的市场占有率已达19.1%,超越了苹果。如果没有华为,西伯利亚的居民将收不到通讯信号,非洲乞力马扎罗火山的登山客可能无法找人求救。巴黎、伦敦、悉尼等地机场的通讯信号都是华为建造的基站在背后提供服务。海拔8千米以上的珠穆朗玛峰,零下40℃的北极、南极,以及贫穷的非洲大地,华为的足迹无处不在。

与超过90%的中国企业依靠原材料、廉价劳动力、低端制造及中国庞大的内需市场等优势跻身世界500强不同,华为依靠强大的技术创新能力,以及在海外市场实实在在的经营成就,获得了行业和市场的领先地位。可以说,华为是真正意义上的世界500强企业,是世界级的中国企业。当行业内曾经的通讯巨头,如摩托罗拉、阿尔卡特朗讯、诺基亚、西门子等面临衰退时,华为却在过去10年间迅速成长,成为首次上榜的中国品牌,入选Interbrand 2014全球百强品牌榜[④]。华为的技术研发能力打破了外界对中国企业的常规认知。华为拥有5万多项专利,其中90%以上是发明专利,40%的专利为国际标准组织或欧美国家的专利。《经济学人》指出,华为如今已成为电信领域的知识产权领先者。

2. 华为特色的虚拟受限股制度

华为的成功在很大程度上源于其对人力资源资本的重视。早在华为成立之初,任正非便十分看重人力资源的价值。华为现任董事长孙亚芳在上任初期提出了三条关于"人"的重要理念:①在知识经济时代,社会财富的创造方式发生了根本变化,主要由知识和管理创造,因此必须进行体制创新;②让有个人成就欲望的人成为英雄,让有社会责任感的人成为管理者;

---

① 财富中文网. 2015年财富世界500强排行榜[EB/OL]. (2015-07-22)[2017-01-08]. https://www.fortunechina.com/fortune500/c/2015-07/22/content_244435.htm.

② 华为官网. 华为发布2015年年报,厚积薄发推动企业持续有效增长[EB/OL]. (2016-04-01)[2017-01-08]. http://www.huawei.com/cn/news/2016/3/Huawei-reports-revenue-of-CNY395billion-in2015.

③ 2015年华为年度报告.

④ 孙永杰. 最受赞赏中国公司榜单三强引发的遐想[EB/OL]. (2015-09-28)[2017-01-08]. http://tech.sina.com.cn/zl/post/detail/t/2015-09-28/pid_8492378.htm.

③一个企业长治久安的基础在于接班人认同公司的核心价值观,并具备自我批判的能力①。

与绝大多数中国公司不同,华为的股权结构和股权治理机制非常独特。员工通过华为投资控股有限公司工会委员会持有公司 98.6% 的股权,享有股利分红和股票增值的收益,但不具备表决权,且无法出售或拥有股票,这一制度被称为虚拟受限股制度。公司创始人任正非所持公司股权的比例仅为 1.4%②。2015 年华为年度报告提到,股东会是公司最高决策机构,由工会和任正非两名股东组成。工会作为公司股东参与重大决策,持股员工代表会则审议并决策公司的重要事项。持股员工代表会由全体持股员工代表组成,代表全体持股员工行使相关权利。华为投资控股有限公司与华为技术有限公司股权架构如图 3-22 所示。

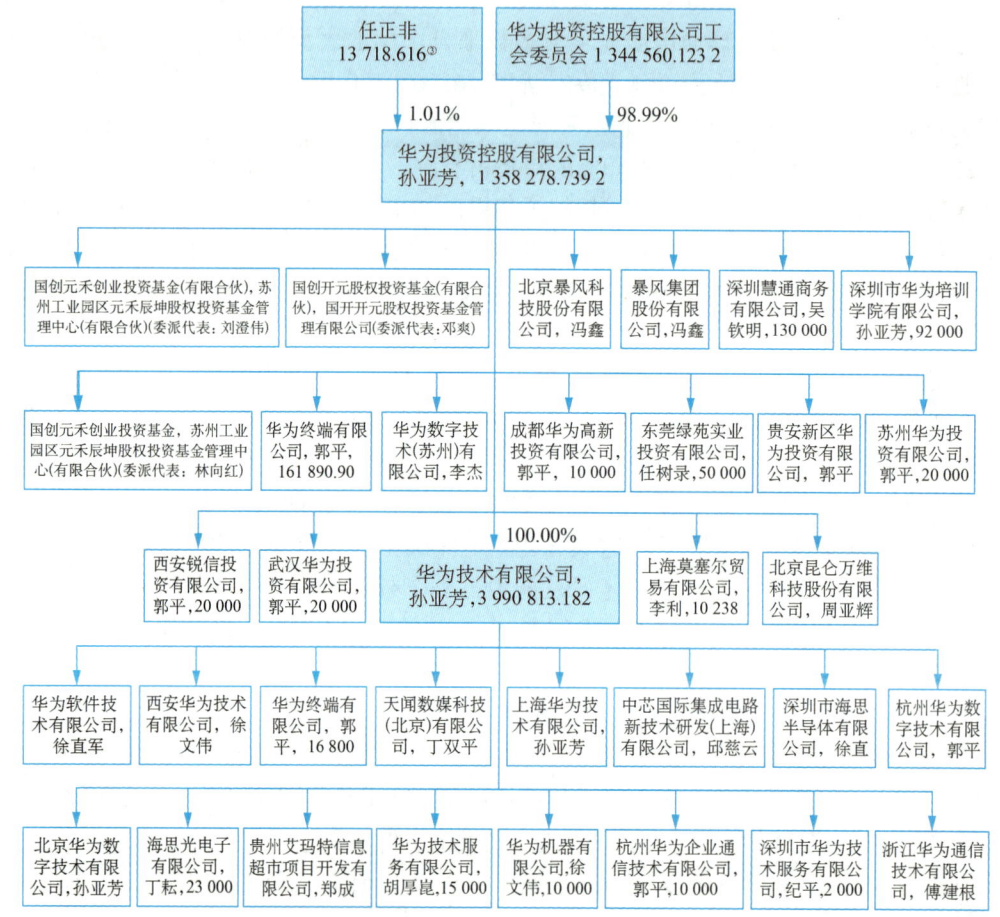

图 3-22　华为投资控股有限公司与华为技术有限公司股权架构

资料来源:天眼查网站.华为投资控股有限公司与华为技术有限公司股权架构[EB/OL].[2016-09-21].http://www.tianyancha.com/。

---

① 环球人物.她是福布斯排行榜的大红人,敢怼老板任正非,"华为女皇"为啥这么牛![EB/OL].(2016-12-30)[2017-01-08].https://mp.weixin.qq.com/s/ogE_AzQuUofqVhjPFISw5RA。

② 2015 年华为年度报告显示,"任正非作为公司个人股东持有公司股份的比例为 1.01%,同时,任正非也参与了员工持股计划。截至 2015 年 12 月 31 日,任正非的总出资占公司总股本的比例约为 1.4%"。

③ 方框中数字为各公司注册资本,单位为万元。

华为每年所赚取的利润,大部分分配给公司股东。例如,2010 年,华为净利润达到 238 亿元人民币,每股分配 2.98 元人民币股息。以一名在华为工作 10 年且绩效优良的资深主管为例,其配股可达约 40 万股。如此,这位主管 2010 年仅股利一项的收入就接近 120 万元人民币,超过许多外资企业的高级经理人薪资。"我们不像一般领薪水的打工仔,公司运营好不好,到了年底我们会非常感同身受。"2002 年从日本最大电信商 NTT DoCoMo 跳槽加入华为、现任无线营销运作部总裁的邱恒说,"你拼命的程度直接反映在薪资收入上。"① 以他自己为例,2009 年,由于全球金融危机的影响,整体市场经营环境恶化,公司净利润的增长速度有所放缓,尽管底薪未变,但分红随公司业绩缩水。2010 年,华为的净利润创下历史新高,邱恒的分红则超过前一年的 1 倍。这实际上是基于虚拟受限股制度的动态利润分享计划②,依据员工绩效和公司业绩表现,进行动态配股和动态分红,把公司的利益与员工的个人利益紧密绑定,降低委托代理成本③。员工通过配股,在虚拟受限股制度下获得相应的收益权(剩余索取权),并共同承担企业经营风险,从而实现激励相容,充分激发关键人力资本的潜力。

在华为,一名外派非洲的基础工程师,如果能为公司争取订单、服务好客户,年终获得的配股额度、股利以及年终奖金总额,很可能会比一位坐在办公室但绩效未达标的高级主管还要高。即使是刚刚入职的本科毕业生,其起薪也比一般企业高(第 1 年月薪约为 9 000 元人民币,加上年终奖金,年收入至少为 15 万元人民币);而且在工作 2 年到 3 年后,该员工就有资格获得配股分红。在华为有"1+1+1"的说法,即员工的工资、奖金、分红在年收入中所占的比例基本相同④。随着员工年资与工作绩效的增长,分红与奖金的比例将大幅超过工资收入。

3. 虚拟受限股制度与员工的关系

绿化程度超过 40%的华为园区绿意盎然,犹如森林公园,园区中心甚至有一个波光粼粼的人工湖。徜徉在如 Villa 般的员工训练中心、如博物馆般的办公室、如美术馆般的展示厅,以及提供三大洋、五大国料理的员工餐厅,令人仿佛置身美国硅谷。路上的员工讨论得十分热烈,整个园区充满了如大学城般的活力与干劲。

华为之所以能够从初创时的 2 万元人民币,到 2015 年在全球市场斩获高达 608 亿美元的营业收入,正是因为基于虚拟受限股制度的动态利润分享计划,为华为提供了近 8 万名把自己当老板的员工⑤。这些员工拥有源源不断的"活力与干劲",在任正非的带领下,这

---

① 文中所提到的对任正非、邱恒、郭平、李兴等的访谈内容转引自:360 doc 个人图书馆. 一家没上市的中国公司,为何让全世界都感到害怕?[EB/OL].(2015-12-26)[2017-01-08]. http://www.360doc.com/content/15/1226/15/5950366_523237844.shtml.

② 与此类似,吕长江等(2009)研究认为,公司可以通过激励条件和激励有效期的改善来增加股权激励方案的激励效果。

③ 周建波、孙菊生(2003)研究发现,强制经营者持股、用年薪购买流通股以及混合模式的激励效果较好;吕长江、张海平(2011)的研究亦表明,股权激励机制有助于抑制公司的非效率投资行为,相较于非股权激励公司,推出股权激励方案的公司抑制了投资过度行为,也缓解了投资不足的问题。不过,苏冬蔚、林大庞(2010)从盈余管理的角度进行研究发现,正式的股权激励具有负面的公司治理效应。

④ 这是一种比较通俗的说法。实际上,在华为内部有一套相当复杂的评价体系,包括岗位职级、技能职级、半年/年度考评等多维度考核,以决定每个员工的工资、奖金、股票分配。

⑤ 2015 年华为年度报告显示,"员工持股计划参与人数为 79 563 人(截至 2015 年 12 月 31 日)"。

支"部队"敢冲、敢拼,气势如虹,却又勤勤恳恳、任劳任怨。基于虚拟受限股制度的动态利润分享计划,使华为的老板与员工结成了"生命共同体",实现了激励相容。

28年来,华为一直坚持利益共享,"一块饼大家分,要活大家一起活"。出身贵州贫寒家庭,在7个兄弟姐妹中身为长子的任正非,从小就学会了与父母一同承担责任。在任正非读高中时,一家人贫困到不得不去山上挖野草根充饥。偶尔有一块馒头,父母也会将其切成9等份,每个人只能吃一口,为的是确保每个孩子都能活下去。任正非回忆道,当时父母把粮食储存在瓦罐中,没有孩子敢动。即使在高三拼命复习、饿得无法忍受时,任正非也只会放下书本,跑到郊外采些野菜,用米糠烙成饼充饥。

"我们家当时实行严格的分饭制,控制所有人的欲望配给,确保每个人都能活下来。不这样,总会有一两个弟妹活不到今天。"任正非回忆道。尽管父母每天要辛苦工作十几个小时养活全家,但从来不会多吃一口。"要活,大家一起活"这一理念从此深植任正非心中,成为他创业后坚持利益共享的基础。而华为的利益共享正是集中体现在基于虚拟受限股制度的动态利润分享计划上。实际上,没有华为特色的股权治理机制设计,就没有超乎寻常的员工关系,老板、企业、员工之间的"生命共同体"也无从谈起。

正如2015年华为年度报告中所言:"员工持股计划将公司的长远发展和员工的个人贡献有机地结合在一起,形成了长远的共同奋斗、分享机制。"①有人将华为的成功归功于中国政府的大力支持,或其与军方的关系等,但实际上,最关键的因素是基于利益需求的制度和机制设计,这些设计能长期凝聚关键人力资本。从某种意义上讲,华为是华为员工每个人的华为。79 563名参与员工持股计划的华为员工拥有98.6%的华为股票,任正非本人所持有的股票仅占1.4%。华为特色的制度安排与机制设计造就了华为强大的凝聚力,极为有效地实现了激励相容,充分激发了关键人力资本的潜力。华为基于虚拟受限股制度的动态利润分享计划,使十几万华为员工犹如一人②。而那些基于传统股权治理架构的企业亟需进行公司治理变革,否则很难像华为这样拥有可持续、美好的未来。

4. 虚拟受限股制度与客户关系

"华为作为一家百分之百的民营企业,26年来的生存不是靠政府,也不是靠银行,客户才是我们的衣食父母。"华为第五位员工、副董事长兼现任三位轮值CEO之一的郭平,2013年在接受采访时这样说。华为注重拼服务,要求"脑袋对着客户"。华为明确严禁讨好上司,机场接机也不允许。"你们脑袋要对着客户,屁股要对着领导",这是任正非反复强调的话。他认为,大部分公司会腐败的原因是员工把精力花在讨好上司,而非思考客户需求。在华为的企业文化中,第一条就是"以客户为中心"。这句话说起来容易,做起来难。事实上,邱恒指出:"很多公司嘴上说维护客户利益,实际上是在维护自己的利益,这两者常常是冲突的。"

那么,华为是如何做到这一点的呢?答案依然是华为虚拟受限股制度的创新安排。

---

① 虚拟受限股制度提供的制度保障带来了长期稳定预期和切实可靠的足够回报,可以长期持续地实现激励相容。正是这样长期持续的激励导向并辅之以有效的职业生涯规划,华为发展出相当灵活的"轮岗制度",进而逐步形成"传帮带"的企业文化。老员工在帮助新员工上有责任心,每个新进员工都有一个师父,这个师父是他在公司的终身师父,师徒情可能一直在公司伴随着他们。

② 即使是自其他公司跳槽到华为的员工,也许最初与华为员工的"气质"有所不同,但在虚拟受限股制度的约束和激励下,在文化认同及行为模式层面亦会迅速被"同化"。

华为独特的股权治理机制设计锻造了超乎寻常的"员工关系",进而推动并激发员工去创造超乎寻常的"客户关系"。显然,通过虚拟受限股制度把员工与公司的利益紧密绑定是基础。邱恒说:"一个领死薪水的员工,不可能主动去为客户想出创新的解决方案。但华为的员工因为把自己当成老板,待得越久,领的股份与分红越多,所以大部分人不会为了追求一年或两年的短期业绩目标而牺牲客户利益,而是会想尽办法服务好客户,让客户愿意长期合作,从而形成正向循环。"

在华为,员工因客户的一个电话就飞到利比亚、阿尔及利亚、委内瑞拉等世界各个角落是常有的事,往往一去就是3个月、半年,而且是在最落后的环境中做最艰苦的工作。员工当然可以选择不去,但邱恒说:"去,就是给你一个舞台,让你有机会学习、成长;年底绩效好,还可以多认股,多分红,为什么不去呢?"一般而言,同行业竞争对手派四、五个工程师到客户端驻点就算是大手笔,而华为却可以一口气派出一组12人的团队,与客户一起讨论、研发出最适合的产品。如果产品出现问题,即使地点远在非洲的乞力马扎罗火山,华为也会通过一通电话立刻派工程师到现场,与客户一起解决问题,而不像其他企业为了节省成本,多半采用远程视频遥控。华为能做到这一点,固然归因于中国有世界上最优质的人力资源,但能让这些高知识工作者甘心为公司和客户卖命,根本原因在于华为独具特色的基于虚拟受限股制度的配股分红激励机制。尽管触动利益比触动灵魂更难,但如果以利益为基础,就能撬动巨大的"地球",进而将"以客户为中心"的企业文化深深植入每个员工的DNA中。

通讯产业会因为技术标准、频率波段不同,衍生出不同的产品,一个电信商可能为了满足消费者需求,采购三种技术标准的设备,设备的安装与后续维修费用甚至高于单独购买设备的费用。以一个制造商的角度,当然希望客户购买更多产品,以赚取更多的服务费。但华为则站在电信商的角度思考,主动研发出将三种技术标准整合在一台设备中的解决方案,帮助客户节省了50%的成本。"短期来看,我们是傻,甚至是亏,但长期来看,结果就不一定是这样。"邱恒说,"客户可以将省下的钱用于其他投资,研发出更新的产品,从消费者端赚取更多收入,再回头来与我们合作,实现双方共同成长。"许多技术创新正是从这一过程中衍生而来。"华为是第一个把2G、3G、4G打通的人,凭借一套设备就能提供多面向的服务。"郭平说。当客户提出问题或需求时,华为的工程师会从基础科学中寻找答案,由此产生源源不绝的新产品与专利。

2011年,即使在日本福岛核泄露事件的恐怖威胁下,华为员工仍然展现了服务到底的精神。华为不仅没有因危机撤离,反而加派人手,在1天内就协助软银、E-Mobile等客户抢通了300多个基站。自愿前往日本协助的员工甚至需要经过身体与心理素质筛选,只有足够强壮的人才能被派到现场。软银LTE部门主管非常惊讶:"别家公司的人都跑掉了,你们为什么还在这里?"当时负责协助软银架设LTE基站的项目组组长李兴理所当然地回答:"只要客户还在,我们就一定在。反正我们都亲身经历过汶川大地震。"

偷偷超越华为和小米的OPPO与vivo

有谁能想到,中国最赚钱的手机品牌竟不是华为、小米等知名品牌,而是OPPO和vivo。2015年,这两个品牌的合计销售额超过2 000亿元,净利润超过200亿元。2016年,这两个品牌的销量有望累计超越 1.4 亿台，甚至可能达到 1.5 亿台，而到 2017 年，合计销量有望突破 2 亿台，终端零售额超过 3 000 亿元。在 2016 年上半年国内智能手机销量排名中，OPPO 销售 2 902 万台，vivo 销售 2 555 万台，两个品牌以 5 457 万台的总销量超越了华为的 4 377 万台，位居国内第一（见本文后的延伸阅读 1）。

这两个品牌源自同一个团队——段永平创立的步步高。这两个品牌的成功和段永平对人力资本的重视密切相关。

段永平的经历十分传奇。早在 20 世纪 80 年代，他接手了一家亏损 200 多万元的企业，仅用了不到 4 年的时间，就实现了转亏为盈，营业收入高达 10 亿元，这个企业就是当时红极一时的小霸王。而更令人称奇的是，段永平在完成巨大的商业逆转后急流勇退，辞去了职务，随后与黄一禾、沈炜等人共同创立了步步高。在步步高，段永平创新性地使用了"股权激励"方法，"无论是中层管理人员还是代理商都能入股。即使是底层员工，也可以先从段永平手中借钱入股，再用分红来偿还，如果亏损了，就不用再还。"[①]这样一来，所有员工不再只是单纯的劳动力，而是转变为能够为步步高带来巨大回报的"人力资本"。

虽然现在段永平已退居幕后，但他培养的几位得力干将成功挑起了大梁，管理着不同的业务并取得了优异的成绩。与华为类似，步步高的同门师兄弟——OPPO 和 vivo，也"不约而同"地选择了动态股权治理平台的股权机制设计。

在这种股权架构设计上，人力资本的观念得到了充分强调。OPPO 的负责人陈明永在接受采访时表示："阿段说过很多话，其中一句是'这个事情交给你们做，你们就好好做；如果做不好，你们就做一件事，把这个企业好好关掉'。"[②]对于员工，段永平也明确表态："我借你一块钱的现金，你买我一块钱的股份。你将来用股份的利润或股份增长的股息来还我。"

最终的股权结构是，段永平自己只占 OPPO 约 10% 的股权和 vivo 不到 20% 的股权；而陈明永和沈炜自己也只占各自公司约 10% 的股份，剩余的股份都由核心员工和老员工持有。陈明永向《创业家》证实："阿段（段永平）没有在这里做过什么重大决策。"从股权结构来看，段永平并没有控股，对经营事务也不再干预，他仅挂着董事长的名号，作为公司"精神领袖"的角色存在。

广东欧珀移动通信有限公司（OPPO）

广东欧珀移动通信有限公司位于广东省东莞市长安镇乌沙海滨路 18 号。该公司成立于 2003 年，主要从事 VCD 机、DVD 机、家用小电器、平板电视机、MP3 机、手机（包括 GSM、GPRS、CDMA、TD-SCDMA、WCDMA、CDMA2000 等多种制式）和无绳电话的生产和销售。OPPO 是一家全球注册的大型高科技企业，集科研、制造和营销于一体。其产品远销中国香港、美国、俄罗斯、欧洲、日本、韩国、东南亚等市场，致力于打造高品质时尚数码行业的国际一流品牌。

OPPO 旗下的智能手机主要分为 Find、N、R 和 A 四个系列，凭借创新的功能配置和精致的产品设计而广受欢迎，并在手机拍照领域表现突出。据中国权威市场调研机构赛诺统计，

---

① 摘自微信公众号"瀚涵资本"，2017 年 3 月 13 日推送。
② 文中提到的有关段永平的观点陈述转引自鲁振旺等，旺说微信号：luzhengwang8。

在2014年中国智能手机市场销售额排名中,OPPO位列第四。2016年7月26日,Counterpoint数据研究报告显示,OPPO首次超越苹果、华为和小米,以22.9%的市场份额跃居第一。数据显示,在2016年6月国内手机市场排名中,前六位分别为OPPO、华为、vivo、苹果、小米和三星。OPPO旗下的蓝光播放机在欧美市场被誉为"殿堂级表现的全能播放机",几乎囊括全球所有音响器材专业测评机构和主流媒体的最高奖项或评分。2015年9月8日,OPPO自2015—2016赛季开始正式成为巴萨官方合作伙伴(见本文后延伸阅读2)。

和华为一样,OPPO并未上市。除了外部投资人(百慕思国际有限公司),OPPO的实际控制人金乐亲设立两层控制的有限责任公司,并与员工持股平台——广东欧加控股有限公司工会委员会一同成立有限合伙。通过这样的机制设计,金乐亲作为OPPO的实际控制人,必然追求OPPO的长远发展;员工通过享受收益权,将自身的得失与企业盈亏紧密相连,从而激发工作热情,实现人力资本向生产力的转化。

举例来说,若按照持股比例分配收益,在每一份收益中,有54.59%将流向员工。如果员工的固定工资保持不变,OPPO每实现一份利润,员工就能从中获得超过一半的实际收益。这种"多劳多得"的机制势必提升员工的工作积极性,从而充分释放人力资本的潜力。广东欧珀移动通信有限公司股权架构如图3-23所示。

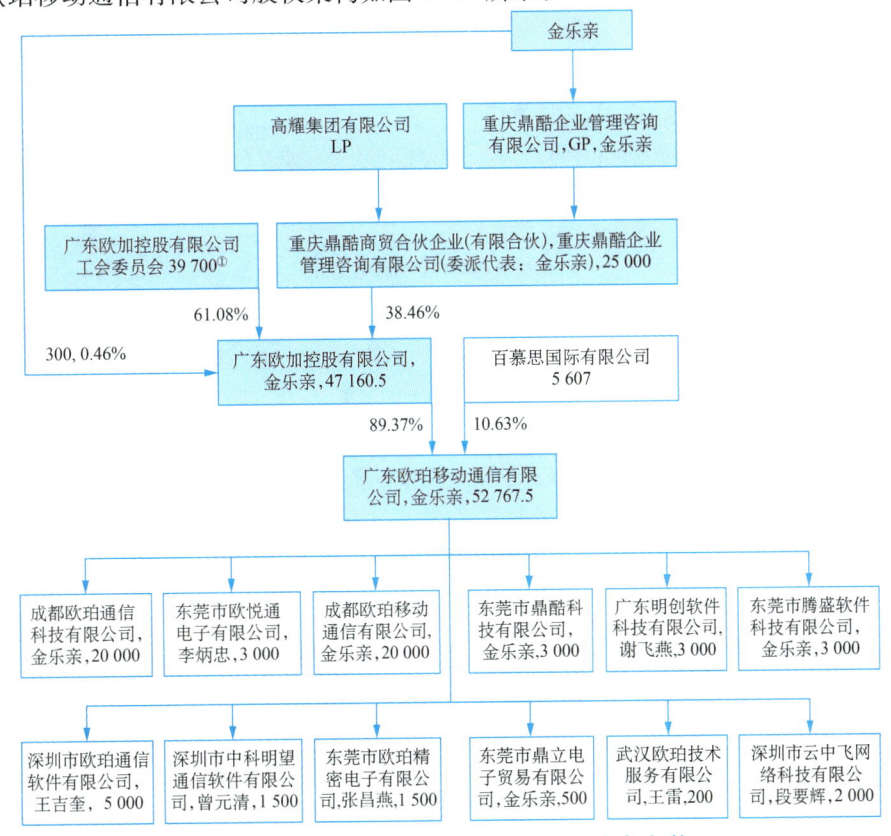

图3-23 广东欧珀移动通信有限公司股权架构

资料来源:天眼查网站.广东欧珀移动通信有限公司股权架构[EB/OL].[2016-09-21].http://www.tianyancha.com/.

① 方框内数字为各公司注册资本,单位为万元。

步步高通信科技有限公司(vivo)

vivo 是一个专注于智能手机领域的手机品牌,致力于与追求乐趣、充满活力、年轻时尚的群体共同打造卓越外观、专业级音质、极致影像和愉悦体验的智能产品。vivo 的坚定追求是敢于追求极致,持续创造惊喜。2014 年,vivo 的国际化之路全面开启,除中国大陆市场外,vivo 已进驻印度、泰国、缅甸、马来西亚、印度尼西亚、越南和菲律宾等多个海外市场。2016—2017 年,vivo 正式成为 NBA 中国官方合作伙伴。

vivo 的动态股权治理平台与 OPPO 相似,主要区别在于 vivo 没有外部投资人。有限责任公司和有限合伙的结构设计有助于促进企业利益与员工利益的一致性,充分发挥人力资本的作用。步步高通信科技有限公司股权架构如图 3-24 所示。

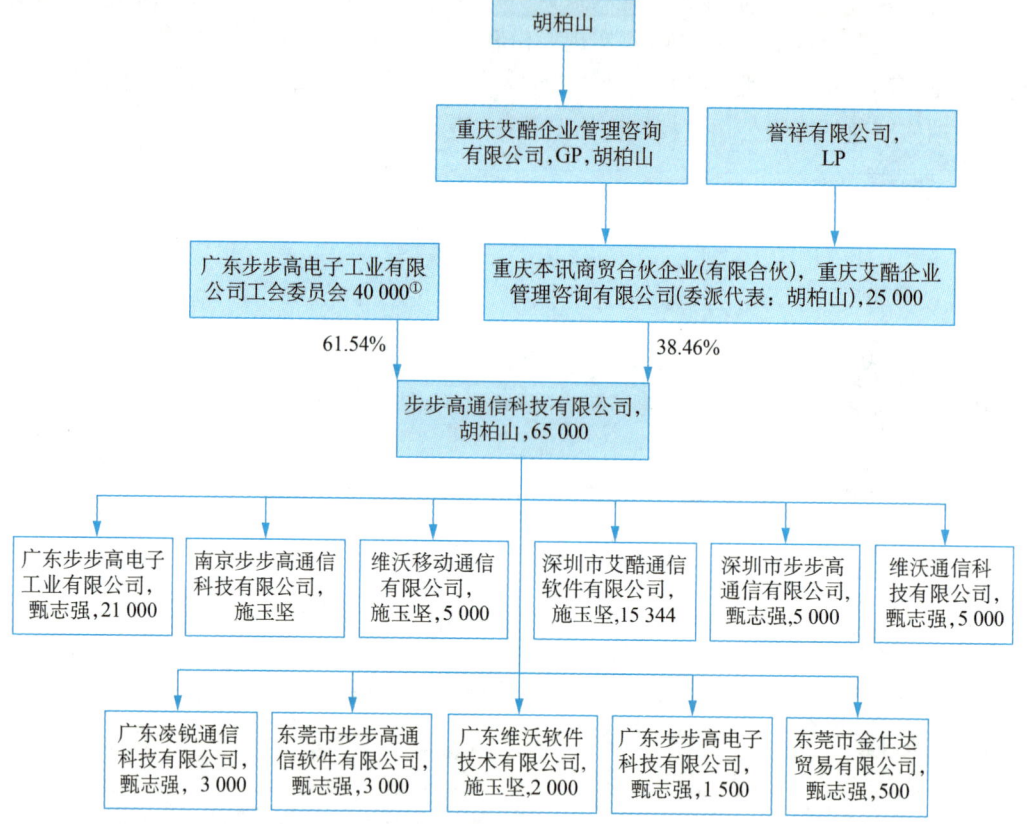

图 3-24　步步高通信科技有限公司股权架构

资料来源:天眼查网站.步步高通信科技有限公司股权架构[EB/OL].[2016-09-21]. http://www.tianyancha.com/.

---

① 方框内数字为各公司注册资本,单位为万元。

延伸阅读 1

国内智能手机整体市场 OPPO 和 vivo 超越华为

国内智能手机整体市场（online+offline）Top20品牌销量情况(部)——2016年上半年

Brand	201601	201602	201603	201604	201605	201606	总计
Huawei	7,902,423	6,766,000	7,149,362	6,753,104	7,086,777	8,122,056	43,779,722
OPPO	4,131,761	4,618,846	4,550,863	4,272,501	5,467,198	5,983,003	29,024,172
Apple	5,003,775	4,331,504	4,566,513	4,520,017	4,454,383	4,784,980	27,661,172
vivo	3,950,357	4,524,814	4,245,963	3,737,698	4,380,191	4,712,768	25,551,791
MI	3,949,546	3,809,203	3,938,542	3,570,167	3,727,789	4,663,757	23,659,004
Samsung	2,403,060	2,139,247	2,364,187	2,191,072	2,209,462	2,266,133	13,537,161
Meizu	1,923,832	2,016,969	1,727,652	1,534,827	1,738,572	2,305,191	11,247,043
Gionee	1,430,817	1,585,834	1,520,781	1,359,879	1,646,451	1,851,944	9,395,706
Letv	1,279,984	926,718	1,160,240	1,618,530	2,001,291	2,304,116	9,290,879
Coolpad	1,135,377	1,034,745	1,184,643	1,100,752	1,140,272	931,928	6,527,717
Lenovo	1,377,512	1,066,184	984,773	868,963	798,259	749,326	5,845,017

延伸阅读2

OPPO的发展历程

时间	公司大事记
2001年	OPPO品牌开始全球注册,陈明永出任CEO
2004年	OPPO(中国)公司成立
2004年	OPPO在美国加州硅谷设立OPPO Digital公司,研发和生产蓝光产品
2005年	OPPO推出首款MP3。同年推出的X9被誉为"国产MP3真正意义上的开门红之作",是第一个毫不逊色于国际大厂任何一个产品的里程碑式的经典之作
2006年	OPPO推出首款MP4
2007年	OPPO推出主打产品V3
2008年	OPPO推出智能随身听S9,S9成为数码随身听领域的又一经典之作
2008年	OPPO进入手机领域,建立OPPO Real分系列。5月发布首款"笑脸手机"A103,正式进军手机领域;其由韩国女星鞠知延出演的广告片成为经典
2009年	OPPO推出第二个分系列OPPO Ulike,以"OPPOReal音乐手机"独家冠名湖南卫视《快乐大本营》栏目,并荣获"全国售后服务行业十佳单位"。同年,OPPO手机业务进入海外市场
2011年	OPPO首款全键盘智能手机X903上市,这标志着OPPO正式进军智能机领域
2011年6月	OPPO邀请好莱坞巨星莱昂纳多·迪卡普里奥代言Find系列智能手机
2011年12月	OPPO分别冠名浙江卫视和湖南卫视跨年演唱会
2012年4月	电商商业模式启动
2012年6月	OPPO发布全球最薄智能手机Finder,厚度仅为6.65 mm
2012年11月	OPPO发布自拍神器Ulike 2,与曲婉婷、陈曼、兰玉、Molly等名人跨界合作,上线"享·自由"广告
2012年12月	OPPO发布Find系列最新旗舰产品Find 5,它是国内首款配备1080P屏幕的手机,获得美国著名IT杂志《PCmagazine》授予的"PCmagazine年终bestbuy推荐"和被誉为"设计的奥斯卡"的IF设计奖。Find 5生命周期内销量超过300万台,创造了国内高端智能手机的销售奇迹
2013年4月	推出基于安卓(android)深度定制的系统ColorOS
2013年4月	据国家知识产权局统计,OPPO专利申请量位列全国第8,超过第10位的清华大学,与电信设备巨头华为、中兴的总申请量并肩。截至2013年12月,OPPO共申请专利(不含外观)超过2 000件
2013年8月	OPPO BDP-103蓝光播放机获得"影音界奥斯卡"欧洲影音协会EISA大奖"2013—2014年度欧洲最佳家庭影院全能播放机"殊荣

（续表）

时间	公司大事记
2013年9月	OPPO发布N系列旗舰产品——全球首款搭载旋转摄像头的智能手机N1,同时邀请陈坤、江一燕拍摄广告片《他/她不知道的事》。N1还入选英国《stuff》杂志"2013年度十佳智能手机"
2014年3月	OPPO发布4G全能旗舰Find 7。该手机搭载全球充电最快最安全的VOOC闪充技术、配备5 000万高清画质拍照技术和5.5英寸2K屏
2014年6月	OPPO举行"引领4G至美一拍"4G产品发布会,宣布全线转型4G,并发布4G新品OPPO N1 mini和OPPO R3
2014年7月	4G市场激变,OPPO暂取第一
2014年10月29日	OPPO在北京奥雅会展中心举行了"One More Step"新品发布会,同时推出N、R两大产品系列的超越之作——OPPO N3和OPPO R5,并首次发布"OPPO Lifestyle",以手机为核心的OPPO产品生态圈悉数亮相
2015年5月20日	在OPPO品牌十周年之际,在北京奥雅会展中心发布了"十年诚品"OPPO R7及OPPO R7 Plus
2015年7月29日	由《经济观察报》主办的"2014—2015年度中国最受尊敬企业"颁奖典礼在北京圆满结束,OPPO等30家企业获颁"2014—2015中国最受尊敬企业"大奖
2015年9月8日	OPPO自2015—2016赛季开始正式成为巴萨官方合作伙伴,并在北京召开"OPPO巴萨全球联合发布会",正式推出巴萨定制手机OPPO R7 Plus
2015年11月4日	由《经济观察报》、CCTV发现之旅《品质》栏目联合主办的首届"中国制造2025高峰论坛暨中国制造十佳品质评选颁奖盛典"在北京圆满结束。OPPO等12家企业荣膺"2015年度中国制造十佳品质评选·杰出贡献奖"
2016年	OPPO在北京演艺中心举行春季新品发布会,发布正面指纹识别手机R9和R9 plus
	截至2015年10月底,OPPO现有授权专利共1 349件,其中发明专利731件,外观设计专利188件;公开可查专利共5 276件,其中发明专利申请共4 357件
	国家知识产权局于2016年1月14日上午举行新闻发布会,公布了2015年我国专利申请、授权数据以及国际专利申请等相关数据。OPPO在"2015年企业发明专利申请受理量"里排名第4。研发实力是一个企业能否健康长久发展的依仗,作为聚焦手机领域的品牌,OPPO一直非常重视研发,以旋转摄像头、VOOC闪充为例,均有高质量的专利包
	自2014年3月份在OPPO Find 7这一款旗舰产品上发布低压VOOC闪充以来,"搭载了低压VOOC闪充的OPPO手机总销售量已经接近1 500万台",低压VOOC闪充已成为应用广泛的手机快速充电技术

延伸阅读 3

vivo 的发展历程

时间	公司大事记
2009 年	vivo 品牌进行全球注册,迄今已经在全球 100 多个国家完成注册
2011 年	vivo 品牌正式进入智能手机领域,11 月发布支持 SRS 音效的智能手机 vivo V1,使音乐手机广告概念深入人心
2012 年	vivo 创建 X(巅峰)系列,11 月发布当时世界最薄手机(机身厚度为 6.55 mm)的 vivo X1,它也是全球第一款整合 Hi-Fi 级专业芯片的智能手机,开启 vivo 在音乐手机领域内的领航者时代
2012 年	vivo 冠名江苏卫视跨年演唱会,强力合作打造跨年之夜
2013 年	vivo 创建新 Hi-Fi 极致影音产品系列 Xplay 系列,5 月发布首款手机 vivo Xplay,该手机首次搭载 vivo 自主研发的 Hi-Fi 1.0 音质架构
2013 年 7 月	vivo 全国首家旗舰体验店在杭州延安路正式开业,这标志着 vivo 开启了一种新的用户沟通和互动模式
2013 年 10 月	基于安卓手机推出手机系统 Funtouch OS
2013 年 12 月	Xplay 系列第二款手机 vivo Xplay3S 发布,配备全球首款 2K 屏和首款 DTS 立体环绕影院系统,成为国产手机历史上的一个里程碑,并荣获了 2013 年中关村在线评选的"年度创新手机"
2014 年 5 月	vivo 发布 Hi-Fi 极致拍摄系列 Xshot 系列的首款产品 vivo Xshot,并联合美国《国家地理》杂志举办 vivo 影像寻城记活动,通过 Xshot 手机记录城市人文地理之美,产品的拍照功能广受好评
2014 年 12 月	X 系列最新手机 vivo X5Max 发布,机身厚度为 4.75 mm,第三次打破全球最薄手机记录,并首次搭载 vivo 自主研发的 Hi-Fi 2.0 手机音质架构,其音质可比专业 Hi-Fi 播放器
2015 年 1 月 25 日	微信首个朋友圈广告上线,vivo 与宝马、可口可乐成为首批微信朋友圈合作的广告品牌,vivo 从自身的 Hi-Fi 基因出发,以向音乐致敬的广告理念亮相朋友圈
2015 年 11 月	vivo 举办"够快才畅快"新品发布会,发布 X 系列的最新旗舰 vivo X6,首次主打"畅快"体验,这标志着"快"从此植根到 vivo 的产品功能中
2015 年	vivo 全程冠名"2015 苏迪曼杯羽毛球锦标赛",vivo 加入这一全球赛事是其国际化战略的重要一环,让全球用户更加深入地了解 vivo 追求极致的文化和极致追求的产品
2016 年 7 月	vivo 拍照新旗舰 vivo X7 在北京·中国导演中心发布,主打 1600W 柔光自拍,搭载 vivo 自主研发的 Moonlight 柔光灯,可模仿摄影棚苹果灯光,带来出众自拍效果。vivo X7 的发布标志着拍照将作为 vivo 品牌的核心价值点之一,和 Hi-Fi 一起成为 vivo 的产品 DNA。同时,vivo 成为 2016—2017 赛季 NBA 中国官方合作伙伴

罗伯特·博世有限公司的传承之路：
从家族企业治理模式到社会化企业治理模式[①]

教学参考：
罗伯特·博世
有限公司

引言

在世界范围内，家族企业不仅作为最具普遍意义的企业组织形态广泛存在，而且在世界经济与社会的发展中有着举足轻重的地位。Gersick等(1997)指出，保守估计，家庭所有或经营的企业占全世界企业总数的65%~80%。然而，作为一个古老而"短暂"的企业组织形态，一方面，家族企业历史最为悠久，在私有制条件下，历史上最早的企业均是家族企业；另一方面，家族企业在生命周期上似乎难以摆脱"富不过三代"的宿命[②]，家族的企业传承在世界范围内普遍存在困难。世界银行的调查数据显示，家族企业贡献了全球GDP的80%，净资产回报率超过非家族企业6.6%。但是，家族对家族企业的平均控股时间只有24年，恰好与企业创始人的平均工作年限相同。哈佛大学的数据也显示，30%的家族企业可以成功传承到第二代，传承到第三代的概率只有12%，而传承到第四代的概率只有3%。

在中国特色的以关系为基础的经济环境中(唐跃军等，2014；Tan and Tang，2016)，国有企业往往在全国市场或地方市场上占据垄断或优势地位，并享有政府提供的特殊资金来源、特定优惠政策及保护性融资手段等(唐跃军等，2014)。这对处于弱势地位的民营企业存在较为显著的挤出效应；此外，与标准资产不同，民营企业所依赖的关系等特殊资产(Fan等，2008)大多建立在人与人之间，嵌在特定的家族、企业或政府内，其产权包括使用权和获利权，却不具备转让权，很难分割、估价和转让(唐跃军，2011)。这导致沉淀在家族企业创始人或创始团队身上的关系资源和关系网络难以被继任者有效地传承下来。因此，家族式私营企业在中国市场中的寿命更短暂，能持续发展下去的并不多见。

[①] 按照Yin(2003)关于案例研究证据相互印证性的要求，本案例通过多种渠道收集数据资料：①管理层访谈，博世(中国)投资有限公司副总裁蒋健先生于2016年7月26日13:15—15:30接受研究团队访谈；②公司正式出版物及信息披露，包括罗伯特·博世有限公司2015年年报、罗伯特·博世有限公司125周年纪念册、《今日博世2016》、博世(中国)投资有限公司官网信息披露；③网络报道，财经新闻记者对罗伯特·博世有限公司的部分互联网网络报道等。

[②] 2004年3月6日，号称全球最后一位花花公子的巴西人若热·贵诺在曾经属于他的巴西里约热内卢豪华的科帕卡巴那皇宫饭店去世。花光了父亲白手起家赚来的20亿美元家产的贵诺，留下了震惊世界的败家子宣言："幸福生活的秘诀是在死的时候身上不留一分钱，但我计算错误，过早就把钱花光了。"

罗伯特·博世有限公司简介

1886年11月15日,罗伯特·博世(Robert Bosch)得到正式许可,用父亲的1万马克遗产,在斯图加特开设了"精密机械和电气工程车间"。他与一位机械师及一个跟班一起开设了这家车间。他们租用的场所包括一间办公室、一个较大的车间、一个较小的车间,以及一个装有小熔炉的房间。这便是当今全球著名跨国公司——罗伯特·博世有限公司(Robert Bosch GmbH)的诞生过程。作为德国最知名的工业企业之一,罗伯特·博世有限公司主要从事汽车与智能交通技术、工业技术、消费品以及能源和建筑技术等产业,公司总部设在德国南部的斯图加特市。

罗伯特·博世有限公司以其创新的尖端产品及系统解决方案闻名于世,目前是全球第一大汽车技术供应商。2015年,罗伯特·博世有限公司录得销售收入706亿欧元(见本文后延伸阅读1),其中的80%来自德国之外的全球市场。在2016年世界500强排名中,罗伯特·博世有限公司名列第87位(相较于上一年的第150名,排名大幅上升);罗伯特·博世有限公司业务涵盖了汽油系统、柴油系统、汽车底盘控制系统、汽车电子驱动、起动机与发电机、电动工具、家用电器、传动与控制技术、热力技术和安防系统领域;2015年,罗伯特·博世有限公司的研发支出接近64亿欧元,约占销售收入的9%,公司的税后净利润为35.37亿欧元,几乎是2011年的两倍,公司盈利能力优异,发展势头迅猛;截至2015年12月31日,公司员工总数超过37万人,其中德国境外员工数量超过24万。

罗伯特·博世有限公司自1886年成立至今,已经走过130年的风风雨雨,历经两次世界大战。由罗伯特·博世有限公司的发展简史(见本文后延伸阅读2)可以发现,公司立足长远,主要依赖不断的技术创新实现内生增长,各种新技术、新产品在130年间层出不穷。2011—2015年,罗伯特·博世有限公司每年在研发方面的投入均超过40亿欧元,占公司销售额的8%以上,每年在世界范围内申请超过3 000项专利。通过其产品和服务,罗伯特·博世有限公司为人们提供创新且有益的解决方案,从而提升他们的生活质量。同时,罗伯特·博世有限公司积极通过战略性的公司并购,不断拓展、延伸公司业务领域和市场范围,实现了相当快速的外延式发展。截至2015年,罗伯特·博世有限公司的300多家分公司和区域性公司遍布60多个国家;如果将其销售和服务伙伴计算在内,罗伯特·博世有限公司的业务遍及约150个国家。这一全球性的制造、销售和售后服务网络为其进一步发展奠定了坚实的基础。

罗伯特·博世有限公司股权治理机制演进

作为典型的家族企业,罗伯特·博世有限公司之所以能在130年间保持旺盛的生命力,实现企业的持续经营和有序传承,可能与其独具特色的股权治理机制密切相关。

在家族企业传承方面,为了避免创始人去世后因权力继承问题发生内讧,罗伯特·博世很早就进行了多种尝试①。1917年,罗伯特·博世设立罗伯特·博世股份公司(Robert Bosch AG),公司的7位总监共享49%的股权。不过,罗伯特·博世后来发现,股份公司并不能有效实现家族企业的传承并保证公司的长远发展。1937年,罗伯特·博世回购之前出售给各位公司董事的股份,将公司转变为一间股份不公开发行的有限责任公司(GmbH)。1938年,日益担忧接班人问题的罗伯特·博世开始正式撰写遗嘱②。关于公司继任者的选择标准,他的观点是:"我最看重的是公司可以被维护得很好,尽可能代代相传,一直保持金融独立、自治。"罗伯特·博世先生认为最重要的是公司的精髓能被好好保护,并尽可能地代代相传。因此,罗伯特·博世有限公司应该一直保持经济独立性、经营自主性和采取正确策略的能力。罗伯特·博世于1942年去世,他的财富和公司的未来被一并交给了最受他信任、最了解他的想法和心愿的7个人。当时,罗伯特·博世有限公司的总经理Hans Walz成为博世帝国的掌门人。罗伯特·博世为他们如何做出决议确立了细致的指导准则③。

"他(祖父)的遗愿十分明确,只有专业的职业经理人才可能领导这个企业。企业比家人重要。他很珍爱自己的家人,但是他也很明确,如果后人不能胜任,那不如让职业经理人来管理企业。他去世时,二战还没有结束,企业的未来、国家的未来都完全不明晰。他组建了一个'委员会',由他的亲信、好友与专业人士来研究制定一个系统,保障公司的未来。最终,这个委员会帮助企业度过了有史以来最困难的时候。"博世家族第三代、罗伯特·博世的嫡孙克里斯托弗·博世(Christof Bosch)在接受新浪财经欧洲站站长郝倩的访谈时说道④,"二战以后,博世家族还是没有任何一个人可以胜任公司领袖的角色,但第二代依然扮演着公司监督者的角色。基本的原则是,优秀的家族成员完全可以进入公司管理层,但他们不会因为是博世家族的后人而获得特权"。

1964年,基于罗伯特·博世最初的构想,罗伯特·博世有限公司极具创意的、对企业传承至关重要的股权治理机制初步成型。非盈利的博世资产管理有限公司(后更名为罗伯特·博世基金会⑤)收购了罗伯特·博世有限公司93%的股权,成为绝对大股东,享有收益权;93%的投票权(控制权)转至新成立的罗伯特·博世工业信托公司;博世家族拥有罗伯特·博世有限公司7%的股份,同时具有相应的收益权和投票权。这样一来,罗伯特·

---

① 罗伯特·博世其实一早就选定了他的继承人;他与第一任妻子的第一个儿子小罗伯特。11岁时,小罗伯特就开始帮助父亲处理库存方面的事宜,18岁就进入公司做学徒。然而,小罗伯特在一年后就因为身体原因退出。在经受多发性硬化症数年的折磨后,30岁的小罗伯特于1921年早逝。

② 1942年,80岁的罗伯特·博世辞世。他用一生的时间建立博世工业帝国,期间经历了两次世界大战,中年丧子、离异、再婚、老年得子。到他去世时,对外是二战的风雨飘摇,对内是年仅14岁的幼子。正如他数年前就已经预见到的,他的儿子小罗伯特·博世不可能直接接班。

③ 罗伯特·博世在1919年曾清晰表达了他商业活动中的指导原则,即"我宁可失去金钱,也不愿失去别人对我的信任"。

④ 文中所提到的对克里斯托弗·博世、弗朗茨·菲润巴赫(Franz Fehrenbach)的访谈内容转引自:郝倩.千亿级德国博世:一个家族企业的三权分立[EB/OL].(2015-04-09)[2017-01-10]. http://finance.sina.com.cn/zl/international/20150409/161721919180.shtml.

⑤ 罗伯特·博世基金会现为欧洲规模最大的非营利机构之一,下属斯图加特罗伯特·博世医院(RBK)、玛加蕾特·费舍尔博士—博世临床药理学研究所(IKP)和博世基金会的医学历史研究所(IGM)。基金会的办公总部是罗伯特·博世的故居。

博世有限公司的主要收益权归罗伯特·博世基金会,重大决策的投票权(控制权)归罗伯特·博世工业信托公司,而经营权则归博世家族所有[由于博世家族中无人可以胜任,经营权实际上掌握在公司监督董事会(supervisory board)和执行董事会(management board)的职业经理人手中]。也就是说,经过继任者长达22年(1942—1964年)的探索和发展,罗伯特·博世有限公司的收益权、控制权和经营权均走向社会化,进而形成了一个三权分立、相当平衡的股权治理架构(图3-25)。

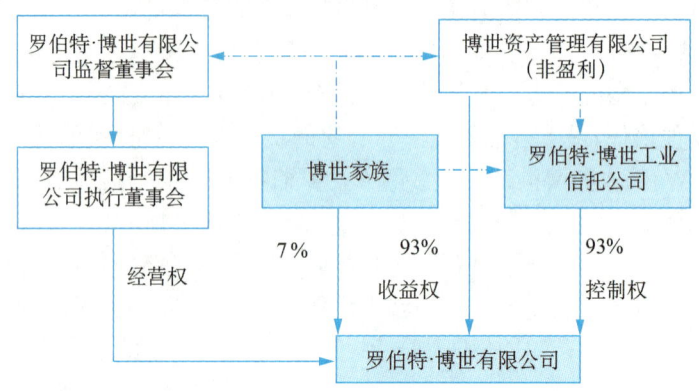

图3-25　1964年罗伯特·博世有限公司的股权治理架构

克里斯托弗·博世把"博世章程"理解为:有限公司①、基金会和博世家族三权分立。可以说,罗伯特·博世有限公司基于三权分立原则的股权治理架构正是保证其基业长青的基础。在这样的架构下,公司收益权、控制权和经营权均从家族化走向社会化,促使公司完成了从家族企业到社会企业②的蜕变,构成了独具特色的社会化企业治理模式③,堪称家族企业传承的典范。

在确立基本框架后,罗伯特·博世有限公司的股权治理架构仅进行过一些细微的调整并延续至今(图3-26)。罗伯特·博世基金会向罗伯特·博世有限公司执行董事会转让了1%的收益权,用以激励管理层。与罗伯特·博世最初的构想略有出入的是,博世家族的后代未能有效掌握罗伯特·博世有限公司的经营权。1942年3月12日,罗伯特·博世去世后,企业的领导权相继掌握在瓦尔茨、玛尔台尔、麦尔克勒等人手中。老罗伯特的独子小罗伯特只在1954年被任命为总经理,但因不称职而再次被瓦尔茨等人取代。根据博世(中国)投资有限公司副总裁蒋健先生所做的介绍,以罗伯特·博世有限公司执行董事

---

①　罗伯特·博世要求公司金融独立,作为有限公司不上市,不依赖银行和信贷。这可能是罗伯特·博世有限公司的长寿秘诀之一,因为金融独立意味着不受外部投资人和债权人的左右,公司在做决策的时候,只要某一项目就长期而言对公司有意义,就可以投资,因此其制定的策略可能更长远。
②　英国社会企业联盟(The Social Enterprise Coalition,UK)将社会企业定义为:运用商业手段、实现社会目的的企业组织形态。社会企业不是纯粹的企业,亦不是一般的社会服务,社会企业重视社会价值多于追求最大的企业盈利,其所得盈余主要用于扶助弱势社群、促进社区发展及社会企业本身的投资。
③　从收益权、控制权、经营权社会化的角度可以重新定义和界定公司治理模式的演进:收益权、控制权、经营权高度统一的企业治理模式可以称为"一元公司治理模式",所有权(包含收益权和控制权)和经营权分离(Berle and Means,1932)的企业治理模式可称为"二元公司治理模式",而收益权、控制权、经营权三权分立的企业治理模式可以称为"三元公司治理模式",即社会化企业治理模式。

会主席为例,其在一般情况下可以连任两届及以上(每届任期 5 年),退任后则依照公司多年来形成的惯例担任监督董事会主席,继续为罗伯特·博世有限公司服务 1~2 个任期(每届任期 5 年),此后可酌情继续进入罗伯特·博世工业信托公司作为合伙人,就公司重大事项进行投票决策,行使罗伯特·博世基金会委托的罗伯特·博世有限公司的控制权。

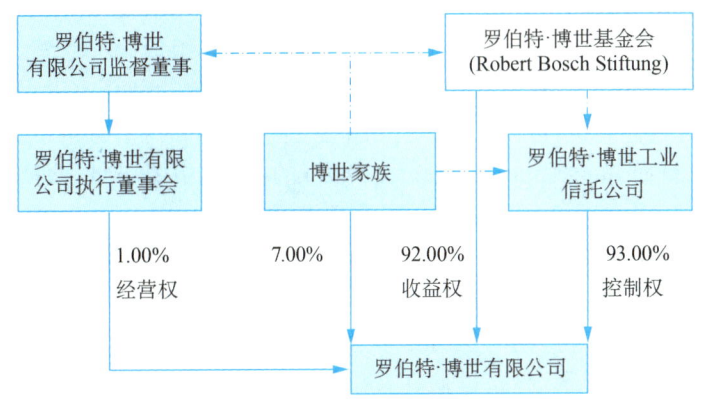

图 3-26 罗伯特·博世有限公司股权治理架构

(资料来源:作者依据罗伯特·博世有限公司 2015 年年报和对博世(中国)投资有限公司副总裁蒋健先生的访谈整理设计)

在 1964 年罗伯特·博世有限公司股权治理架构变革后,博世家族成员依然没有进入公司执行董事会,公司经营权实际上掌握在职业经理人手中,博世家族的第二代、第三代仅作为罗伯特·博世有限公司监事,同时担任罗伯特·博世基金会理事,向罗伯特·博世工业信托公司派入家族代表作为合伙人,主要扮演公司监督者的角色。"博世基金会和博世家族的联系非常紧密。基金会承载家族长远愿景。通过将股份安全地保管在基金会,公司的未来得到保障。基金会本身是为公众谋福利的。你可以把基金会看作慈善组织。这个慈善组织的特别之处是它本身是一家大型公司的大股东,可又不做任何商业决策。"克里斯托弗·博世对前来访谈的郝倩称,"我的祖父希望可以用公司的盈利为公众谋福利[①],以前他亲自做决策,决定公司的哪一笔收入来做怎样的善事。现在,则是由罗伯特遗嘱中设定的公司章程来保证目标实现。继任者花了很多年才把这样一种设想嵌入公司的治理结构。"罗伯特·博世基金会以慈善事业为己任,把几乎所有从罗伯特·博世有限公司分得的红利都用于支持慈善事业,秉承创始人罗伯特·博世先生的精神与理念,以适当的方式努力执行以确保对社会的承诺。自 1964 年创建以来,罗伯特·博世基金会用于支持相关公益事业的支出累计达到 9 亿欧元,资助的项目主要集中在医疗保健、科技、教育和国际关系等方面,旨在为相关社会问题寻找可能的解决方案并在相关领域进行示范性实验,这些项目的成果可供公众及决策者参考。

---

① 罗伯特·博世(老罗伯特)在那个时代是个另类资本家。1906 年,他就在企业里开始实施 8 小时工作制,他支付的工资比同行们都高,被人们称为"红色罗伯特"。老罗伯特说:"我过得好,是因为我给我的工人多。"1916 年,罗伯特·博世赞助了 2 000 万马克,将其用于教育等公益事业;1918 年,他提出由雇主与工人代表组成的企业委员会应该拥有更多的发言权;1920 年后,他为厂里的工人建立了许多慈善设施;1936 年,他出资在斯图加特建立了罗伯特·博世医院。

德国公司治理模式与罗伯特·博世有限公司的实践

典型的德国公司治理模式是一种共同决定主导型模式。在公司的运行中,股东、经理阶层、职工共同决定公司的重大政策、目标、战略等。在"共同决定"原则的基础上,公司以监督职能为中心构建董事会,由股东代表和工会代表共同组成第一层董事会——监督董事会(supervisory board)[①],其监督是完全意义上的监督,包括制订政策目标、挑选人员执行政策目标、监督目标的执行过程、对执行结果进行评价;同时,监督董事会提名决定第二层董事会——执行董事会(management board)的人选,并决定其薪酬待遇(李维安,2009)。

在罗伯特·博世有限公司2015年的年报中,现任公司监事会主席Franz Fehrenbach谈到,监督董事会的职责是监督公司执行董事会的工作,并在公司运营、战略决策、公司重大事项上尽可能地提供支持,同时执行董事会主席也会定期向监督董事会汇报公司当前的发展状况。对于监督董事会而言,摆在首位的永远是要保证罗伯特·博世有限公的持续且成功地发展。罗伯特·博世有限公司基于三权分立原则的股权治理架构在公司内部体现了西方的"民主与法制"精髓,创新了本身就具有社会化倾向的德国公司治理模式中的股权治理机制,其所带来的治理效应颇为显著。

罗伯特·博世有限公司独特的基于三权分立原则构建的社会化企业治理模式保证了其金融独立和企业发展的自主性。在实践中,公司管理层的经营权得到了足够的尊重和保障,"我们独特的股权结构有一个很大的优势:我们可以开展长期性的项目,就算遇到困难也能坚持到底。"罗伯特·博世有限公司执行董事会主席沃尔克马尔·邓纳尔表示,"无论何时,只要我们认为一个项目值得坚持下去,我们就会得到股东,也就是基金会和博世家族的全力支持。"这可能就是罗伯特·博世有限公司能够基于长远的视角,不断进行大规模的前期投资以确保其长期发展的最重要原因。

---

① 监督董事会的成员一般不能兼任执行董事(Klein,2002),且监督董事会必须有一半员工代表。德国法律规定,有限公司必须设立监督董事会和执行董事会,其他公司可以选择设立。

延伸阅读 1

2011—2015 年罗伯特·博世有限公司经营简况

项目	2011 年	2012[a] 年	2013 年	2014 年	2015 年
销售收入	51 494	44 703	46 068	48 951	70 607
德国境外销售收入所占比率	77%	77%	77%	78%	80%
员工数量(截至当年 12 月 31 日)	302 519	272 830	281 381	290 183	374 778
德国本土员工数量	118 776	108 460	107 285	105 429	131 994
德国境外员工数量	183 743	164 370	174 096	184 754	242 784
资本支出	3 226	2 714	2 539	2 585	4 058
研发成本[b]	4 190	4 442	4 543	4 959	6 378
税后纯利	1 820	2 304	1 251	2 637	3 537

注释：货币数据,单位为百万欧元；a. 数值已根据更改后的结算和估价方法进行了相应调整；b. 包含直接向客户收取费用的开发工作。

资料来源：博世中国官网.2011—2015 年公司经营简况[EB/OL].[2016-8-11].http://www.bosch.com.cn/zh/cn/our_company_4/facts_and_figures_4/facts-and-figures.php。

> 延伸阅读 2

罗伯特·博世有限公司简史（1886—2016 年）

年份	公司大事记
1886	罗伯特·博世于 1886 年 11 月 15 日在斯图加特开设其"精密机械和电子工程车间"
1897	罗伯特·博世首次成功在机动车上安装博世低压电磁点火装置
1898	罗伯特·博世在英国设立首个德国之外的博世办事处
1902	罗伯特·博世交付首个采用博世火花塞的高压电磁点火系统
1905	罗伯特·博世在巴黎设立首家德国之外的博世制造工厂
1906	博世在美国设立首个分公司，即纽约罗伯特博世股份有限公司
1912	罗伯特·博世在美国马萨诸塞州斯普林菲尔德建立的第一家博世工厂开始投产
1913	罗伯特·博世在斯图加特的总工厂成立带有学徒车间的独立学徒培训部门
	博世汽车照明系统上市
1918	罗伯特·博世设计了新的博世商标——"环形内的电枢"
1921	罗伯特·博世在汉堡设立首家博世服务维修站
1927	博世批量生产用于柴油发动机的燃油喷射泵和喷嘴
1928	首台博世电动工具 Forfex 理发器问世
1932	罗伯特·博世收购位于德国德绍的加热系统制造商 Junkers & Co. GmbH
	首台电钻和博世锤钻问世，在莱比锡博览会上展示博世锤钻
	罗伯特·博世首批量产的车载收音机在欧洲上市
1933	罗伯特·博世推出博世冰箱
1940	罗伯特·博世医院成立
1942	罗伯特·博世在斯图加特去世
1951	罗伯特·博世开始批量生产用于乘用车的汽油喷射系统
1952	罗伯特·博世采用二冲程发动机的乘用车汽油喷射系统
1953	罗伯特·博世向市场上推出博世液压设备
1963	罗伯特·博世收购 Erich Wetzel Verpackungsmaschinen GmbH
1964	非营利组织 Vermögensverwaltung Bosch GmbH 收购了罗伯特·博世有限公司的多数股权
1967	罗伯特·博世开始生产 Jetronic 电子汽油喷射系统
	罗伯特·博世成立合资公司博世-西门子家用电器有限公司（1998 年起更名为博世和西门子家用电器集团，自 2015 年被博世全资收购，成为博西家电集团）
1976	罗伯特·博世开始批量生产用于三元催化转化器的 lambda 氧传感器

（续表）

年份	公司大事记
1978	罗伯特·博世开始批量生产 ABS,即电控的防抱死制动系统
1979	罗伯特·博世开始批量生产博世 Motronic 电子发动机管理系统
1986	罗伯特·博世开始批量生产 TCS 牵引控制系统
1989	罗伯特·博世向市场上推出欧洲首个独立的车辆导航系统:TravelPilot IDS
1991	罗伯特·博世开始生产带有控制器局域网(CAN)的 Motronic 系统
1995	罗伯特·博世开始生产世界首个 ESP® 电子稳定性程序
	罗伯特·博世开始批量生产 MEMS 微机械传感器
1997	罗伯特·博世开始生产高压共轨柴油喷射系统
1999	罗伯特·博世与弗里德里西港采埃孚股份公司合资创建采埃孚转向机系统有限公司(2015 年成为博世全资子公司,并更名为博世汽车转向有限公司)
2000	罗伯特·博世批量生产 DI Motronic 汽油直喷系统
2001	博世取得对曼内斯曼力士乐公司(Mannesmann Rexroth AG)的控制权,将其与自动化技术部门合并,成立博世力士乐(Bosch Rexroth AG)
2003	罗伯特·博世收购位于德国韦茨拉尔的布德鲁斯集团(Buderus AG)
	Ixo 充电式电钻/螺丝刀——第一台使用锂离子充电电池的电动工具问世
2005	罗伯特·博世开始批量生产夜视驾驶员辅助系统
2007	罗伯特·博世收购位于加利福尼亚帕洛阿尔托的远程医疗解决方案提供商 Health Hero Network
2008	罗伯特·博世收购德国 Immenstaad 的创新软件技术有限公司(2011 年 1 月 1 日起称为博世软件创新有限公司)
	成立合资公司:博世马勒涡轮增压系统有限公司(Bosch Mahle Turbo Systems GmbH & Co. KG)
2010	罗伯特·博世开始生产预测性紧急制动系统
	罗伯特·博世开始批量生产用于乘用车的全并联式混合动力动力系统
	第一批量产汽车采用了同样的全混合动力技术
2011	博世开始批量生产电动自行车驱动器
2012	博世与中国生产商 Polaris 建立合资公司,进入轻型电动车市场
2013	摩托车车身稳定系统于 2013 年投产
2014	建立锂离子电池系统合资公司,以开发高性能电动汽车电池技术
2015	全资接管合资企业博西家电集团(前博世与西门子家用电气集团)和博世汽车转向有限公司(前采埃孚转向机系统有限公司)
	博世中央研究院在德国雷宁根正式启用
2016	博世推出云平台

资料来源:①《今日博世 2016》;②博世中国官网.罗伯特·博世有限公司简史(1886—2016 年)[EB/OL].[2016-08-11].http://www.bosch.com.cn/zh/cn/our_company_4/history_4/history.html。

> **延伸阅读 3**

博世集团研发支出及其占比（2011—2015 年）

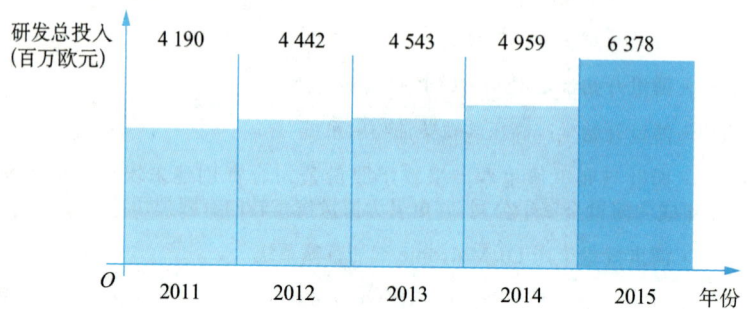

研发总投入
博世集团，2011—2015年
数字单位：百万欧元

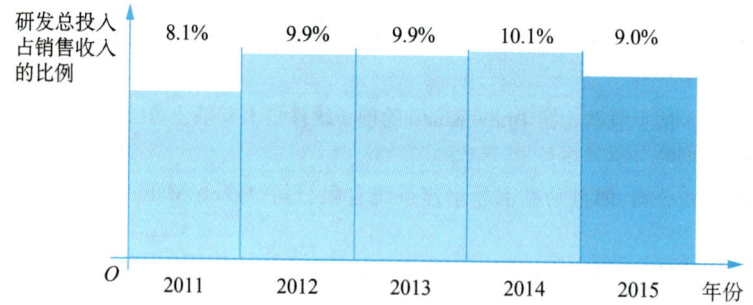

研发总投入
博世集团，2011—2015年
数字单位：占销售收入的比例

> 延伸阅读 4

博世公司销售收入和附属机构数量表（1886—2010 年）

年份	博世全球收入（德国马克）	德国境外收入比例	附属机构数量（年平均）
1886/1887	5 700	未能得到	3
1888	9 300	1.0%	未能得到
1889	15 000	1.7%	未能得到
1890	19 000	1.5%	未能得到
1891	25 500	2.2%	10
1892	35 100	12.9%	25
1893	27 600	22.4%	2
1894	30 000	7.4%	4
1895	38 900	8.5%	未能得到
1896	80 600	3.3%	14
1897	101 700	9.4%	未能得到
1898	163 300	14.7%	未能得到
1899	236 000	15.8%	28
1900	295 900	未能得到	37
1901	369 500	未能得到	45
1902	未能得到	未能得到	80
1903	未能得到	未能得到	150
1904	842 500	未能得到	300
1905	1 726 000	未能得到	472
1906	3 624 000	78.9%	611
1907	未能得到	86.7%	944
1908	7 938 000	87.7%	1 103
1909	12 836 000	89.6%	2 066
1910	19 628 000	87.2%	3 002
1911	22 286 000	86.5%	3 552
1912	33 147 000	83.8%	4 959
1913	26 862 000	88.7%	4 542
1914	23 560 000	77.1%	3 611

(续表)

年份	博世全球收入(德国马克)	德国境外收入比例	附属机构数量(年平均)
1915	33 126 000	12.7%	3 895
1916	47 513 000	9.8%	5 639
1917	77 652 000	8.5%	8 253
1918	73 462 000	8.5%	9 249
1919	62 539 000	14.8%	6 208
1920	通货膨胀	57.4%	7 794
1921	通货膨胀	40.2%	6 444
1922	通货膨胀	49.2%	8 491
1923	通货膨胀	通货膨胀	10 621
1924	49 445 000	34.6%	9 769
1925	72 825 000	31.6%	13 808
1926	47 521 000	41.1%	6 752
1927	71 370 000	34.1%	10 267
1928	83 029 000	40.6%	11 333
1929	85 227 000	43.5%	10 292
1930	67 465 000	46.5%	8 367
1931	55 940 000	48.6%	8 658
1932	48 443 000	55.7%	8 548
1933	60 314 000	34.8%	11 455
1934	96 605 000	22.0%	15 216
1935	111 129 000	16.5%	16 396
1936	134 705 000	15.9%	18 599
1937	158 319 000	17.4%	19 817
1938	182 900 000	11.6%	23 103
1939	217 927 000	9.3%	21 580
1940	225 446 000	10.3%	23 161
1941	248 080 000	9.9%	24 650
1942	328 782 000	11.1%	25 288
1943	368 845 000	12.7%	22 879
1944	364 652 000	7.4%	22 124
1945	50 351 000	0	4 975

(续表)

年份	博世全球收入（德国马克）	德国境外收入比例	附属机构数量（年平均）
1946	49 209 000	0	9 432
1947	57 137 000	4.1%	10 541
1948	85 000 000	5.4%	10 812
1949	188 000 000	10.3%	12 533
1950	258 000 000	10.5%	20 836
1951	385 000 000	13.3%	19 432
1952	419 000 000	13.6%	20 493
1953	469 000 000	16.7%	26 441
1954	599 000 000	18.0%	31 357
1955	757 000 000	17.0%	37 997
1956	860 000 000	18.8%	38 488
1957	967 000 000	18.4%	44 459
1958	1 153 000 000	19.8%	51 001
1960	1 741 000 000	19.1%	71 000
1961	1 883 000 000	20.5%	70 000
1962	2 031 000 000	19.6%	69 500
1963	2 232 000 000	35.0%	75 048
1964	2 650 000 000	35.0%	87 112
1965	2 970 000 000	34.0%	89 723
1966	3 168 000 000	36.0%	85 720
1967	3 051 000 000	39.0%	84 714
1968	3 751 000 000	40.0%	93 367
1969	4 719 000 000	40.0%	109 897
1970	5 508 000 000	39.0%	119 502
1971	5 606 000 000	40.0%	114 800
1972	5 765 000 000	46.0%	107 483
1973	6 461 000 000	48.0%	113 023
1974	7 076 000 000	52.0%	115 171
1975	7 281 000 000	52.0%	105 553
1976	8 319 000 000	51.0%	105 827
1977	9 160 000 000	49.0%	110 459

(续表)

年份	博世全球收入(德国马克)	德国境外收入比例	附属机构数量(年平均)
1978	9 618 000 000	49.0%	117 754
1979	10 804 000 000	51.0%	120 487
1980	11 809 000 000	54.0%	121 584
1981	12 950 000 000	56.0%	115 869
1982	13 812 000 000	56.0%	112 154
1983	14 352 000 000	55.0%	109 660
1984	18 373 000 000	53.0%	131 882
1985	21 223 000 000	54.0%	140 374
1986	21 719 000 000	51.0%	147 378
1987	25 365 000 000	50.0%	161 343
1988	27 675 000 000	51.0%	165 732
1989	30 588 000 000	52.0%	174 742
1990	31 824 000 000	51.0%	179 636
1991	33 600 000 000	48.0%	181 498
1992	34 432 000 000	47.0%	177 183
1993	32 469 000 000	49.0%	164 506
1994	34 478 000 000	54.0%	156 464
1995	35 844 000 000	56.0%	158 372
1996	41 146 000 000	61.0%	172 359
1997	46 851 000 000	65.0%	179 719
1998	50 333 000 000	65.0%	188 017
1999	54 579 000 000	66.0%	194 335
2000	61 717 000 000	72.0%	196 880
2001	34 029 000 000	72.0%	218 377
2002	34 977 000 000	72.0%	225 897
2003	36 357 000 000	71.0%	229 439
2004	40 007 000 000	72.0%	238 847
2005	41 461 000 000	73.0%	248 853
2006	43 684 000 000	74.0%	257 754
2007	46 320 000 000	75.0%	267 562
2008	45 127 000 000	74.0%	282 758

(续表)

年份	博世全球收入(德国马克)	德国境外收入比例	附属机构数量(年平均)
2009	38 174 000 000	76.0%	274 530
2010	47 259 000 000	77.0%	276 418

注释:1. 2001年以前的销售收入以德国马克计量,2001年及以后的数据以欧元计量。

2. 1966年以前的附属机构数量为年终数据,1967年以后给到的是年平均数,其中1959—1962年的附属机构数量为估计数。

3. 1968年以前的销售收入包含了所有类型的增值税及销售税,1968年以后的则不含。

商道法自然　制度赋新能

附录

The Way Follows Nature: The Art of China Corporate Governance

Note: The summary comes from courses I have taught, which include China Corporate Governance (EMBA), Corporate Governance (MBA/undergraduates), Entrepreneurial Enterprise Governance (MBA), China Corporate Governance (MPAcc), Family Business Governance and Succession (MBA), Team Ownership Incentive Mechanisms (MBA), Tech-innovation Enterprise Governance (MBA), Entrepreneurial Enterprise Governance (IMBA), and Research on China Corporate Governance (PH. D. program).

Fundamentals of Human Nature

1. Despite the complexity of human nature, its fundamentals are usually quite stable.

2. A broad perspective involves transcending one's own fundamental human nature to align with others. For instance, "What I desire, others also desire, and thus can be bestowed upon them." This demonstrates a broad perspective. Conversely, "What I do not desire, I should not impose on others" reflects a more ordinary perspective.

3. What we most need is an honest return to the fundamentals of human nature and common sense.

4. The primary requirement for managing and governing a company is common sense. It involves honestly returning to the fundamentals of human nature and steadfastly adhering to and continually practicing the basic principles and logic that "only reasonable institutional arrangements and mechanism designs can counter and cultivate human nature" and "What I desire, others also desire, and thus can be bestowed upon them".

5. Effective governance and management must return to the fundamentals of human nature, which is an indispensable prerequisite for the sustained efficacy of institutional arrangements and mechanism designs.

6. The fundamentals of human nature typically refer to everyone's desire to maximize their own interests, which include money, power, reputation, and so on.

7. Human nature is neither inherently good nor inherently evil; it is dynamic.

8. In general, character, ethics, and virtue are dynamic and exhibit considerable

volatility.

9. If the institutional arrangements and mechanisms are not well designed before human nature begins to surge, it becomes difficult to control the direction of this surge.

10. If one focuses solely on relationships without regard to rules, the fundamentals of human nature dictate that "adversity can be shared, but prosperity cannot."

11. It may seem counterintuitive, but the bonds that appear impregnable often crumble in the face of substantial or conspicuous interests. In fact, one might argue that trust in individuals is tenuous, yet the fundamental aspects of human nature are reliable.

12. Human non-action must be based on "institutional action" and effective institutional design must be grounded in an understanding of the self-interested nature of humans.

13. "What one desires for oneself, one should also desire for others"—if this cannot be achieved (requiring some institutional arrangements and mechanisms), yet one speaks eloquently or flaunts ostensibly "virtue" "original intention" and "character" such a person is undoubtedly hypocritical and seeking fame. It is imperative to stay away from him.

14. Many people, in seeking to save money, hypocritically emphasize "sentiment" while neglecting the fundamentals of human nature, which often results in greater expense. In reality, lacking sentiment is as bad as having only sentiment. Having sentiment is good, or at least not bad, but having only sentiment is generally bad, even disastrous.

Institutional Arrangements and Mechanism Design

15. Only reasonable institutional arrangements and mechanism designs can counteract and cultivate human nature.

16. Reasonable institutional arrangements and mechanism designs are often concise. However, "conciseness" may discomfort vested interests, as it is not conducive to authority, power, and rent-seeking. This is precisely where the resistance to change and innovation lies.

17. In terms of technological learning, there indeed exists a significant "latecomer advantage." However, in the realm of institutional learning, there might be a "latecomer disadvantage." Because institutional arrangements and mechanism

designs typically have their prerequisite assumptions and are highly context-dependent. Moreover, the most challenging aspect is that it is impossible or very difficult for vested interests to overcome the fundamental human nature, leading to severe incentive incompatibility issues.

18. Taoist thought does not merely advocate "governing by inaction" in the simplistic sense. Rather, it refers to the governance of a state or other organizations based on rational institutional arrangements and mechanism designs.

19. As the scale increases, the general logic at the level of corporate governance evolves from discussing relationships based on relationships, to discussing rules based on relationships, and finally to discussing rules based on rules.

20. In the logic of institutional arrangements and mechanism design, we usually do not make predictions about "virtue" and "talent", because predicting "virtue" is very difficult (in fact, "virtue" is more dynamic than "talent"). Therefore, we focus more on dynamic incentive compatibility and checks and balances mechanisms to achieve "transforming individual interests into collective welfare."

21. Emphasizing "virtue over talent" is usually due to the lack of reasonable institutional arrangements and mechanism designs that can continuously achieve dynamic incentive compatibility and effective checks and balances for key stakeholders.

22. Moral culture needs to be gradually cultivated and directly guaranteed by institutional arrangements and mechanism designs; it essentially exists as an outcome.

23. There is no shortage of seeds of noble "virtue" "original intention" and "character" in the world. To some extent, "everyone can become a sage" (an individual can achieve this through cultivation and practice). For the seeds of noble "virtue" "original intention" and "character" to take root, sprout, and proliferate (becoming values and corporate culture), as well as to endure over time, reasonable institutional arrangements and mechanism designs are essential.

24. Cultural values without the support of institutional arrangements and mechanism designs are like trees without roots; corporate cultural values that are not implemented at the level of institutional arrangements and mechanism designs are mere empty words.

25. At the organizational and national levels, empty talk of "virtue" "original intentions" and "character" without the backing of institutional arrangements and mechanism design often leads to nihilism and confusion, and can even be detrimental to actual operations.

26. The type of corporate governance dictates the type of corporate culture. A cooperative and sharing corporate culture requires institutional guarantees. While the original cultural DNA comes from the founders, without good corporate governance institutional arrangements and mechanism designs, initial aspirations will mostly turn into hollow slogans and self-indulgence of leaders.

27. What is leadership? First, having ideas, insisting on independent thinking, and possessing dreams that others want to follow; second, having vision, breaking through one's basic human nature, and aligning with the basic human nature of others (what you desire, others also desire, and thus can be applied to others); third, having the ability to design institutions, with foresight, courage, and the ability to advance the dream continually with reasonable institutional arrangements and mechanism designs.

28. A "rogue" is not scary, what is scary is a "rogue" with culture; a cultured "rogue" is not scary, what is scary is a "rogue" with thoughts; a thinking "rogue" is not scary, what is scary is a "rogue" with the ability to design institutions and mechanisms.

29. A strict information disclosure system is the most basic condition for implementing a registration system, and a reasonable and effective market mechanism coupled with genuinely severe laws and regulations is the most crucial precondition for the registration system. Otherwise, the registration system may very likely devolve into a "fraud system" which is hardly better than the previous approval system turned "relationship system".

30. The only way to solve the issue of stock reduction is not to restrict it. If a policy requires "fake divorces" to circumvent it, then it is certainly not a good policy. We strongly oppose using non-market administrative means to artificially restrict the reduction of holdings by various market participants. Our stance is to open it up completely. From the day a new stock is listed, it should be fully tradable, and all shareholders should be free to buy and sell immediately, with no investor account opening threshold, implementing a T + 0 system, and no limits on price fluctuations.

Basics of Corporate Governance

31. Corporate governance aims to introduce market mechanisms to promote fair competition, achieve dynamic incentive compatibility and reasonable checks and balances among key stakeholders, reduce the impact of principal-agent problems, effectively consolidate strategic resources and capabilities of key stakeholders, and

help enterprises gain endogenous growth momentum and gradually form endogenous growth capabilities by means of a series of institutional arrangements and mechanism designs.

32. At least at the corporate governance level (team incentive mechanism and supervision balance mechanism), great companies are similar (in core logic and fundamental principles), while poor companies each have their own ways of failing.

33. The key to institutional arrangements and mechanism design in corporate governance lies in aligning with the fundamentals of human nature, achieving incentive compatibility of critical human capital, and introducing internal market mechanisms.

34. There is no standard answer to corporate governance. Its theories, tools, and methods are highly context-dependent. At the same time, corporate governance is deeply constrained by human nature, making it susceptible to various negative influences.

35. Governing a country with righteousness: based on the fundamentals of human nature, govern the country and other organizations through reasonable institutional arrangements and governance mechanism designs (rules based on relationships). Using unconventional strategies in warfare: leverage the potential of critical human capital based on the principle of incentive compatibility, pursuing strategic and tactical flexibility and innovation. Governing the world without intervention: let institutions be effective rather than relying on individual actions, avoiding arbitrary governance and unnecessary disruptions.

36. Good corporate governance does not necessarily make a great company, but it plants the seeds for becoming one, providing a possibility; whereas, poorly governed companies have no such possibility.

37. A high level of unification of profit rights, control rights, and management rights can be termed as a "unary corporate governance model"; the separation of ownership (including profit rights and control rights) and management rights can be termed as a "binary corporate governance model"; and the separation of profit rights, control rights, and management rights can be termed as a "ternary corporate governance model."

38. A socialized corporate governance model based on the common ownership, sharing, and co-governance of human capital, with a "separation of three rights" (profit rights, control rights, and management rights) and dynamic incentive compatibility.

39. Executive corruption is primarily caused by: ① the absence, unreasonable design, or failure of internal and external supervision and balances mechanisms; ② incentive incompatibility between company executives and other key stakeholders.

40. The independent director system was formally introduced in the Chinese market in August 2001, primarily to mitigate severe second-type principal-agent problems. However, the nomination, election, and incentives for independent directors are mainly influenced by the controlling shareholders (the theoretical and practical logic is quite chaotic), leading to a significant and serious paradox of independence.

41. Corporate governance is highly context-dependent, and the fundamental assumptions underlying institutional arrangements and mechanism designs are crucial. Blind copying and imitation are inadvisable. In countries following the common law system, where the primary principal-agent problem is first-type and external market mechanisms are relatively complete, board centralism might be the right direction; however, in civil law countries, where the primary principal-agent problem is second-type and external market mechanisms need improvement, board centralism might not be the suitable development path.

42. Based on the German corporate governance model, integrate the party organization that mainly performs supervisory functions with the company's supervisory board closely. The party secretary serves concurrently as the chairman of the supervisory board, and the supervisory board has comprehensive supervisory rights similar to that in German companies. Separate the supervisory power of the supervisory board from the executive power of the board of directors, ensuring a balanced allocation of the two powers.

43. Centered on the supervisory board (or supervisory board of directors) and supervisory power, strengthen party organization construction in Chinese enterprises. The party secretary serves concurrently as the chairman of the supervisory board (providing supervisory authority), and other supervisors are elected by employees participating in the shareholding incentive plan (incentive compatibility and following the mass line, having information advantages), along with some independent supervisors from external professionals. Meanwhile, grant the supervisory board complete supervisory power over the board of directors. It might be a feasible path for reforming and innovating the Chinese corporate governance model.

44. The "Chinese characteristics" of Chinese corporate governance: government-dominated socio-economic relationships; low market effectiveness, market

mechanisms needing improvement; a legal environment of strict laws under construction; severe insider control issues dominated by controlling shareholders; the embedding of Chinese socialist market economy and party organizations; primarily following relationship-based behavioral logic.

45. Enterprises can be classified not only as great enterprises, good enterprises, ordinary enterprises, or poor enterprises but also as labor-intensive, capital-intensive, human capital-intensive, technology-intensive, and relationship-intensive enterprises.

Dynamic Ownership Incentive

46. The dynamism of human capital primarily refers to the fact that an individual's abilities (both in relative and absolute terms) and degree of effort change dynamically with the situation. Therefore, the static corporate governance model dominated by monetary capital needs to be transformed into a dynamic corporate governance model dominated by human capital.

47. Entrepreneurs must employ individuals who are more capable than themselves. Certainly, human capital exhibits significant dynamism, hence reasonable institutional arrangements and mechanism designs are crucial. This is a necessary condition to achieve the dynamic incentive compatibility of key human capital's rights to benefit, operate, and control.

48. How to alleviate worries? Only through dynamism. The fairness, matching, clarity, and balance in the distribution of the rights to benefit, operate, and control for key stakeholders are temporary and narrow, while unfairness, mismatching, lack of clarity, and imbalance are eternal and widespread. Therefore, only dynamism (dynamic incentive compatibility) can resolve these issues.

49. The key lies in how to achieve the incentive compatibility of key human capital and introduce market mechanisms within the enterprise (especially when external market mechanisms are imperfect) to effectively respond to the dynamism of human capital.

50. In general, based on the fundamental logic of dynamic incentive compatibility, if an organization wishes to continually foster "Lei Feng" figures, it must ensure that these individuals do not suffer significant losses in the short term and do not incur minor losses in the long time.

51. To become a "great company" one might start by attempting to achieve the dynamic compatibility of incentive rights for key stakeholders. If one cannot even

accomplish "treating others as you would like to be treated," how can greatness be discussed?

52. Shang Yang's "Twenty Rank Military Merit System" provided everyone with a clear upward mobility path. As long as you could achieve it, you could gain promotion and titles. "Dynamic Ownership Incentive Plan" designed by Shang Yang includes the "Dynamic Assessment System" "Demotion for Punishment System" "Demotion Inheritance System" and "Land Seizure upon Death System"

53. Enterprises need to optimize their ownership structure design by "establishing branches at the company level" (great shifts in strategy) and "following the mass line" to implement dynamic ownership incentive plans (gathering individual interests into collective welfare).

54. By adopting a mass-oriented approach, we implement a dynamic equity incentive mechanism to achieve dynamic incentive compatibility for key stakeholders with respect to their entitlements to profits, management, and control.

55. Generally, state-owned enterprises don't need to have all employees hold shares like Huawei. By considering the proportion of labor costs in the total cost, they can implement a dynamic ownership incentive plan (half fixed, half dynamic) accordingly. Coupled with a team incentive mechanism design, it can revitalize state-owned enterprises (and simultaneously increase the state's control).

56. It's enough to learn the basic ideas, logic, and principles of Huawei. Directly copying Huawei's management is likely to be disappointing or even lead to pitfalls, especially if you only learn Huawei's management processes without adopting the corresponding dynamic ownership incentive mechanism and dynamic profit-sharing plan. No doubt, it will lead to: "Huawei, you simply can't replicate."

57. In a human capital-intensive enterprise, one-third of the people participate in dynamic ownership incentive plans, one-third participate in dynamic benefit-sharing plans (which can later be converted into dynamic ownership incentive plans or stock options according to certain rules), and one-third maintain a "sense of hunger."

58. The dynamic ownership incentive plan, dynamic ownership governance mechanism, and dynamic ownership governance platform constitute a systematic project. It not only requires the design of team incentive mechanisms based on the principle of dynamic incentive compatibility but also needs to be combined with supervisory and balance mechanisms, promotion incentive mechanisms, control rights protection mechanisms, and operational management rights incentive mechanisms.

59. When control rights and operating rights are held by inappropriate individuals or teams, imbalanced allocation will result in severe agency problems in entrepreneurial enterprises. Thus, the key to corporate governance lies in whether the design of the control rights protection mechanism is reasonable and whether it can achieve the dynamic incentive compatibility of control rights and operating rights.

Team Incentive Mechanism

60. Although it is more challenging to touch interests than to touch souls, if one uses interests as the foundation, it is possible to leverage a massive "earth" and subsequently embed a "customer-centric" corporate culture into the DNA of every employee.

61. Discussing financial matters with employees is the highest form of respect for them, and distributing profits based on reasonable institutional arrangements and mechanism designs constitutes sustained and reliable respect.

62. Talent is not the driving force behind a company's sustainable development; a good profit distribution mechanism is the true driving force behind a company's sustainable development.

63. The "profit distribution institutional arrangement and mechanism design" encompasses the majority of elements such as "faith, ideals, hope, career, rights, fairness, honor, and wealth". So the arrangement and design of profit distribution is the most effective incentive.

64. Team incentive mechanisms and checks and balances mechanisms are fundamental issues that competent entrepreneurs must address, and they are crucial aspects in determining whether an entrepreneur possesses sufficient leadership.

65. While the emphasis on "establishing the branch at the company level" is significant, the principle of "following the mass line" can not be ignored. Any organization needs to maintain a balance between these two aspects, as any imbalance can potentially lead to "tragedies".

66. The logic of "cats catching mice" is fundamentally unreliable. It assumes that (1) there are enough cats (preferably a one-to-one, round-the-clock ratio), that are diligent, dedicated, astute, and capable of identifying all problematic mice; (2) all problematic mice that should be discovered are indeed discovered and appropriately punished.

67. Why did we previously emphasize both "establishing the Party branch at the

company level" and "following the mass line" (incentive compatibility + economic democracy), while now we primarily stress "establishing the Party branch at the company level" and "the cat-and-mouse game"? Because the economic base determines the superstructure, and vested interests, based on fundamental human nature, seek to protect their own benefits. At the same time, the checks and balances mechanism of "cat-and-mouse game" type is more conducive to power, authority, and rent-seeking.

68. An effective checks and balances mechanism needs to meet three conditions: authoritative supervision (backed by someone), informational advantage (insider knowledge), and incentive compatibility (benefits from supervision). These conditions form the foundation for building a self-managing and self-monitoring team.

69. Without dynamic incentive compatibility and internal market competition based on reasonable institutional arrangements and mechanism designs, OKR (Objectives and Key Results) is bound to be unsatisfactory. Therefore, the key lies in the reform and innovation of team incentive mechanisms. Simply piecing together various tools like KPI (Key Performance Indicators), OKR, PBC (Personal Business Commitments), etc., to address specific issues as they arise, is likely to result in a significant increase in management costs, providing little help in addressing performance evaluation and incentive challenges caused by human capital dominance, team-based work modes, and the volatile environment.

70. The difficulty and effectiveness of making institutional arrangements and mechanism designs when earning a penny are different from those when earning ten thousand, one million, or one hundred million dollars. Even prior to making a profit, the entrepreneurial team should plan the "institutional arrangements and mechanism designs of profit distribution", begin execution upon earning the first penny, and continuously adjust dynamically to keep pace with the human nature fluctuations caused by profit expansion.

71. Personal interests and spiritual inclinations are two entirely distinct concepts. The acceptance of incentives is an individual choice, while the provision of incentives is the responsibility of the organization. Clearly distinguishing between these two aspects is one of the cores of mechanism design. "Never let Lei Feng suffer losses; those who dedicate themselves must receive a fair reward!" Whether to be Lei Feng is the individual affair, and whether to provide a fair return is the affair of the company. This is Huawei's incentive mechanism.

Entrepreneurial Enterprise Governance

72. Entrepreneurship is solitary, and solitude is bravery! It's often unfeasible to wait for all conditions to be met.

73. From 2008 to 2027, the human society is in the "recession" (2008 – 2017) and "depression" (2018 – 2027) phases of the Kondratiev cycle. The previous cycle's "recession" phase (1929 – 1938) and "depression" phase (1939 – 1948) were experienced during the Great Depression and World War II. The years (2024 – 2027) mark the end of the "depression" phase and may represent a golden period for entrepreneurship.

74. The notion of "beauty with a short life," "heaven being jealous of talent" and the rarity of good and successful enterprises align with the principles of the natural order.

75. In the arduous and winding journey of entrepreneurship, elements such as "brotherly affection" "initial aspirations" and "virtue and character" rely significantly on the clarity and reasonableness of rules for important safeguards.

76. Entrepreneurial activities may originate from "relationships," but success often hinges on "rules." For entrepreneurial partners to truly return to the basics of human nature, combining China's real-life context with relationship-based rules could be the most rational and sustainable path for enterprise growth and development.

77. If the entrepreneurial team cannot "speak about rules based on relationships" they may face a fate similar to what is described in "Those Events of the Ming Dynasty". In Chinese history, those who ventured together often succumbed to the "four same" outcomes: shared adversity → different dreams in the same bed → internal strife → mutual destruction.

78. For an entrepreneurial team, it might be slightly better if the venture does not make money. Because even the venture earns a single penny, the entrepreneurial team will face the "profit-sharing issue" and tests from the fundamentals of human nature.

79. A good entrepreneurial mindset is not about being prepared for failure but about being prepared for success and what comes afterward (rules based on relationships/relationships based on rules). Without preparing for success and planning for it, success cannot be achieved.

80. The entry and exit mechanisms for partners include: triggering conditions, pricing,

payment procedures, and formalities associated with entering and exiting.

81. The design and allocation of ownership structures in an entrepreneurial enterprise concern the interests and profit distribution within the company. This is a critical hurdle that entrepreneurs and their ventures must overcome. Failing to do so indicates inherent flaws in corporate governance and mechanism design, likely leading to internal conflicts, dissolution, or even collapse, or leaving potentially fatal aftereffects even if temporary success is achieved.

82. Achieving consensus on a spiritual level and having trust and bonds on an emotional level are far from sufficient. For the founding team and the startup to progress smoothly and sustainably, reasonable ownership structure design and fair ownership distribution are indispensable.

83. At the inception of entrepreneurship or the early stages of new partners joining, founders and other entrepreneurial partners are most likely to engage in open and amicable discussions on ownership structure design and distribution.

84. Anyone suggesting to "focus on doing things well first and discuss ownership later" may appear reasonable, considerate, or even magnanimous, but such statements should be met with caution.

85. Companies with unreasonable ownership structures should not be invested in; companies with significant control issues should not be invested in the long term; companies that have not resolved (dynamic) incentive compatibility issues should not be invested in fully.

86. Reasonable ownership distribution and structure design are the cornerstones of good corporate governance. The ownership structure influences all aspects of corporate governance and all major aspects of company management.

87. The motives and mindset of founders who ensure their control and personal interests by delaying the allocation of ownership to other founders are highly questionable. Such practices are also quite foolish, revealing the founder's ignorance or disregard for corporate governance systems and mechanisms.

88. Investment institutions need to achieve a higher level of "empowerment investment" in terms of institutional arrangements and mechanism design, avoiding "cat-and-mouse game" and "zero-sum game". Betting and buybacks essentially break the "limited liability" principle, transforming into a form of debt financing, which deviates from the limited liability logic of both founders and investors.

Family Business Governance

89. Generally speaking, commanding the feudal lords with the support of the populace (collecting individual interests to form the public interest) is far superior to commanding the feudal lords with the emperor (which carries significant key-person risk and is typically for personal gain).

90. Through reasonable institutional arrangements and mechanism design, it is entirely possible to achieve a governance structure where control rights belong to your family, operational rights belong to "people's representatives" and both your family and the people share the benefits. This approach is well-suited to address the current situation.

91. Intelligence and emotional quotient are not stably inherited, adhering to the law of regression toward the mean, which is one of the keys to maintaining vitality in human society. Therefore, to a certain extent, grooming successors is a false proposition, especially in the realm of business management.

92. The logic of "Bo Le recognizing horses" is unreliable. Can Bo Le misjudge? Will a thousand-mile horse always remain a thousand-mile horse? Only by adhering to the logic of "racing horses rather than judging horses" can we potentially solve the issue of successors and corporate inheritance in Chinese enterprises from a long-term institutional and mechanism guarantee perspective.

93. In the governance and succession of family businesses, one must be proactive in terms of control rights, supervision rights and benefit rights, adhering to the fundamental principles of overall control and benefit rights succession. In terms of operational rights, however, one should adopt a non-interventionist and de-familialized approach, achieving "racing horses rather than judging horses" and "non-interventionist governance" through a dynamic ownership governance platform.

94. The basic principle of family business succession is the overall inheritance of benefit rights and control rights. It runs counter to the ancient open conspiracy of "Favor-expansion Act". Family businesses need to design platforms for the overall inheritance of control rights and benefit rights.

95. As a group company, the subsidiaries, holding companies, and affiliated companies under the family business are suitable for the logic of "Favor-expansion Act". It is essential to thoroughly implement the principle of "following the mass line" and "establishing branches at the company level".

96. Governance and succession of family businesses require efforts in areas such as the

family constitution, ownership structure design, supporting company by laws and partnership agreements, dynamic ownership incentive plans, and team incentive mechanism design. It is a systematic project.

97. The socialized corporate governance model, based on core human capital, implements the concept of "of the people, by the people, for the people". Only such enterprises have the potential to succeed and sustain development in the long term.

98. Family businesses need to be committed to constructing and maintaining a long-term socialized corporate governance model, promoting the dynamic incentive compatibility and the socialization of key stakeholders' benefit rights, operational rights, and control rights based on the principle of separation of powers, thereby facilitating sustainable operation and orderly inheritance.

99. Within family businesses, establishing a scientifically reasonable system of checks and balances based on the principle of separation of benefit rights, control rights, and operational rights, introducing market mechanisms to promote reasonable competition, and achieving dynamic incentive compatibility for the family and other key stakeholders will drive the transformation of Chinese family business governance models towards a ternary corporate governance model or a socialized corporate governance model.

Tech-innovation Enterprise Governance

100. Only innovation can save China. The enhancement of innovation capabilities primarily relies on the dynamic incentive compatibility of key human capital and the continuous evolution of an institutional environment conducive to innovation. Both of these depend on reasonable institutional arrangements and mechanism design. Therefore, only reasonable institutional arrangements and mechanism design can save China.

101. As a typical example of a highly technology-intensive and human capital-intensive enterprise, a tech-innovation enterprise faces more severe issues of human capital dynamics compared to ordinary companies. Therefore, it is imperative to implement dynamic institutional arrangements and mechanism designs at the level of corporate governance. Dynamism is the soul of governance in tech-innovation enterprises. Wherever dynamism is possible, it must be pursued!

102. No matter what kind of enterprise, human capital is fundamental. Implementing dynamic incentive-compatible institutional arrangements and mechanisms designs

for key human capital is the cornerstone of this foundation.

103. Only dynamic incentive compatibility can counter and cultivate human nature, aligning with its fundamental aspects. Dynamic incentive compatibility encompasses motivation mechanisms (tournament theory), cultivation mechanisms, evaluation mechanisms, and selection mechanisms (racing horses rather than judging horses), and it is also an integral part of corporate culture.

104. Why should we discuss the rights to returns, management, and control of human capital? In essence, it is a matter of common sense: we need to "treat people as people" at the level of corporate governance.

105. Zhengfei Ren, the founder of Huawei, advocates for a principle centered on "valuing strivers and maintaining long-term perseverance in arduous endeavors." While such statements may merely serve as slogans in the rhetoric of leaders or as inscriptions on walls in other companies, Huawei has concretely implemented this ethos through institutional arrangements and mechanism designs like the "Virtual Restricted Stock System" and the "TUP Plan". These measures have progressively instilled a corporate culture and set of values within Huawei that genuinely embrace the notion of "valuing strivers and maintaining long-term perseverance in arduous endeavors".

106. The early period of rampant growth had a certain rationality for the Chinese market before 2008. Since 2009, China has overall entered a new era in the strategic evolution of capital, specifically, an era dominated by human capital. Companies that do not honestly return to the fundamentals of human nature during this period have no long-term development prospects.

107. Innovation needs to be addressed at the level of institutional arrangements and mechanism designs: Where do the opportunities and resources for innovation come from? How are the returns from innovation distributed and appropriated? How are the risks of innovation shared? Otherwise, promoting innovation is mostly an empty statement, relying at best on individual entrepreneurs to innovate, which is at least unsustainable and very limited in scope.

108. The key to new quality productive forces lies in "innovation" Besides the cultivation and accumulation of key human capital, the crux of innovation is an institutional environment suitable for and conducive to stimulating innovation. It requires addressing issues related to the opportunities and resources for innovation, the sharing of innovation returns, and the distribution of innovation risks at the level of institutional arrangements and mechanism designs. Otherwise, it is impossible to promote innovation in a sustainable, effective, and

systemic manner.

109. The inherent characteristics of the U. S. innovation system—strong intellectual property protection, promising high returns on innovation, and robust "government-university-industry" linkages-spur creativity, encourage innovation, and promote entrepreneurship.

110. Most investors lack a true sense of risk awareness and risk taking. Their risk management concepts and tools are outdated and mechanical, unable to achieve higher-level "empowering investment" at the level of institutional arrangements and mechanism designs, remaining at the "cat-and-mouse" level, ultimately leading to a lose-lose situation.

111. Venture capital/private equity firms have relatively weak institutional arrangements and mechanisms in post-investment management, potentially lacking a rational and effective post-investment management system. Instead, they may only possess systems for post-investment care, post-investment incense burning, or even post-investment kowtowing. What should have been focused on "governance empowerment" has turned into "post-investment care", "post-investment incense burning", or even "post-investment kowtowing".

112. The lower the cost of innovation (or the higher the returns), the more likely innovation is to occur. This is simply another matter of common sense.

113. Any company that is human capital-intensive and strategic in nature should attempt different voting rights structures in corporate governance arrangements and mechanism designs.

114. The impact of technological innovation is not necessarily all positive. For instance, once AI truly takes off, it is possible that some people will only receive a basic income to sustain a modest existence. Therefore, from the perspective of technological innovation, a downgrade in consumption is inevitable and will likely persist over the long term.

Leisurely Reflections Section

115. Eastern philosophies (such as Daoism, Confucianism, Legalism, Mohism, Militarism, Buddhism, etc.) and ancestral beliefs align more closely with reality, hence they possess greater vitality. If Daoism were to abandon mysticism, Confucianism to shed hypocrisy, Legalism to discard rigidity, Mohism to forsake idealism, Militarism to eschew deceit, and Buddhism to relinquish nihilism, they might approach a state of perfection.

116. Management is fundamentally a practical discipline aimed at addressing real-world issues. Why is it embellished with "philosophy"? Theories, methods, and tools in management are highly context-dependent. It is inappropriate to elevate management to the level of "philosophy". If we insist on doing so, might we fall into the trap of "understanding the principles but failing to implement them effectively"?

117. Chairman Mao believed: "The fundamental and decisive laws of the whole give rise to all strategies and tactics." "One who desires to move the world must move the heart of the world, not merely the visible traces. To move the heart, one must possess the great root and the great source." Chairman Mao advocated for the ability to trace specific issues back to their roots, to consider local issues within the context of the whole, and to contemplate current issues within the process.

118. In reality, there is no such thing as the best; there is only what is the most suitable. The essence of strategic choice lies not in finding the best, but in finding the most suitable. Any choice that does not fit is destined to be a tragedy.

119. Undoubtedly, we can and should hate our enemies, but we must not let our hatred prevent us from earnestly learning from them. It may be the best way to hate and ultimately defeat them.

120. Only those who choose their country will be chosen by their country! If you do not love your motherland, how can the motherland love you? Stop thinking about undermining the foundation of your motherland.

121. Life is merely a process. Do not constantly contemplate its significance. Actively confront problems and continuously overcome challenges on the journey of life through practical application.

122. The true value of a good course and a good teacher lies in theory and independent thinking based on theory. Becoming acquainted with and understanding the development and logical framework of theories, reflecting on previous practices based on theory, and attempting to question and amending theories in practice constitute true learning.

参考文献

[1] 韩非. 韩非子[M]. 王先慎,注解. 北京:中华书局,1998.
[2] 荀况. 荀子[M]. 王先谦,注解. 北京:中华书局,2011.
[3] 老子. 道德经[M]. 陈鼓应,注解. 北京:中华书局,2011.
[4] 墨翟. 墨子[M]. 吴毓江,校注. 北京:中华书局,2004.
[5] 孙武. 孙子兵法[M]. 郭化若,译注. 北京:中华书局,2011.
[6] 孟轲. 孟子[M]. 杨伯峻,译注. 北京:中华书局,2004.
[7] 庄周. 庄子[M]. 郭象,注;曹础,译注. 北京:中华书局,2004.
[8] 孔子. 论语[M]. 杨伯峻,译注. 北京:中华书局,2006.
[9] 管仲. 管子[M]. 黎翔凤,校注. 北京:中华书局,2004.
[10] 商鞅. 商君书[M]. 石磊,译注. 北京:中华书局,2009.
[11] 司马迁. 史记[M]. 裴骃,集解. 北京:中华书局,2009.
[12] 张载. 张子语录[M].//张载. 张载集. 北京:中华书局,1978.
[13] 王守仁. 传习录[M].//王守仁. 王阳明全集. 上海:上海古籍出版社,1992.
[14] Chen X, Tang Y. Research on Evaluation and Index of Information Disclosure (Chapter 7)[M]. Corporate Governance in China: Research and Evaluation (Li, W. as chief editor). Singapore: John Wiley & Sons (Asia) Pte. Ltd., 2008.
[15] Li W, Tang Y. An evaluation of corporate governance evaluation, governance index (CGINK) and performance: Evidence from Chinese listed companies in 2003[J]. Frontiers of Business Research in China, 2007, 1(1): 1-18.
[16] Tan J, Tang Y. Donate Money, But Whose? An Empirical Study of Ultimate Control Rights, Agency Problems, and Corporate Philanthropy in China[J]. Journal of Business Ethics, 2016, 134(4): 593-610.
[17] Tang Yuejun. Growing Pains of Liziqi Internet Celebrity and Pitfalls in Ownership Structure[R]. Harvard Case, 2023.
[18] Tang Yuejun. Succession of Robert Bosch GmbH[J]. SAGE/Emerald, 2020.
[19] Tang Yuejun. The Private Enterprise Constitutionalism of Hebei Dawu Farming and Agriculture Group[J]. SAGE/Emerald, 2020.
[20] Tang Y, Li D. Environmental Capital, Negative Externality and Carbon Finance Innovation[J]. Chinese Journal of Population, Resources and Environment, 2011, 9(2): 54-64.
[21] Tang Y, Zuo J. The Governance Model for Entrepreneurial Enterprises: A Study Based on Dynamic Ownership Governance Platform[J]. Frontiers of Business Research in China, 2022, 17(1): 44-69.
[22] Tang Y. Audit Fees, Motivation of Avoiding Loss and Opinion Shopping: Test for Moderating Effect based on Evidences of Chinese Stock Market from 2001 to 2008[J]. China Finance Review International, 2011, 1(3): 241-261.
[23] Tang Y. Firm Performance's Combinations and Differences, and Timeliness of Actual and Scheduled Disclosures of the Third-Quarter Reports: 'Good News', 'Bad News', and Information

Manipulation by Managers[J]. China Accounting and Finance Review, 2005, 7(4): 82-104.

[24] Tang Y. The Appraisal and Index Research of Stakeholder Governance: Evidence from Chinese Listed Companies (Chapter 8)[M]. Corporate Governance in China: Research and Evaluation (Li, W. as chief editor). Singapore: John Wiley & Sons (Asia) Pte. Ltd., 2008: 203-224.

[25] Tang Y, Xie R, Zhang C. Counterbalance Mechanism of Blockholders and Tunneling of Cash Dividend: Evidences from Chinese Listed Companies from 1999 to 2003[J]. Frontiers of Business Research in China, 2007, 1(4): 521-543.

[26] Zuo J, Tang Y, Song Y, et al. CEO Incentive and Corporate Performance: Research based on Marginal Diminishing Effect and Excessive Incentive[J]. China Finance Review, 2009, 3(3): 89-109.

[27] 安崇义,唐跃军.排放权交易机制下企业碳减排的决策模型研究[J].经济研究,2012(8):45-58.

[28] 包季鸣,廖士光,李若山,等.上市公司分类监管研究[N].上海证券报,2011-09-23.

[29] 程新生,唐跃军.信息披露评价与指数研究[M]//李维安.公司治理指数与评价研究.北京:高等教育出版社,2005.

[30] 李汇东,唐跃军,左晶晶.用自己的钱还是用别人的钱创新?基于中国上市公司融资结构与公司创新的研究[J].金融研究,2013(2):182-195.

[31] 李汇东,唐跃军,左晶晶.政府干预、终极控制权与企业雇佣行为:基于中国民营上市公司的研究[J].财经研究,2017(7):20-31.

[32] 李维安,唐跃军,左晶晶.未预期盈利、非标准审计意见与年报披露的及时性:基于2000—2003年上市公司数据的实证研究[J].管理评论,2005(3):14-23.

[33] 李维安,唐跃军.公司治理评价、治理指数与公司业绩:来自2003年中国上市公司的证据[J].中国工业经济,2006(4):98-107.

[34] 李维安,唐跃军.上市公司利益相关者治理机制、治理指数与企业绩效:基于2002年上市公司年报[J].管理世界,2005(9):127-136.

[35] 李维安,唐跃军.上市公司利益相关者治理评价及实证研究:基于2002年931家上市公司的调查[J].证券市场导报,2005(3):37-43.

[36] 李维安,唐跃军.完善独立董事制度大家谈:完善上市公司独董制度的九大思考[N].上海证券报,2004-08-18.

[37] 李维安,张国萍,谢永珍,等.盘点三年独董制度的公司治理价值[J].中外管理,2004(9).

[38] 南开大学公司治理研究中心公司治理评价课题组.强控股股东弱董事会:解析中国上市公司治理状况[J].中国企业家,2004(3):126-128.

[39] 南开大学公司治理研究中心公司治理评价课题组.中国上市公司的治理状况[J].经济导刊,2004(4):73-77.

[40] 南开大学公司治理研究中心公司治理评价课题组.中国上市公司治理该打几分?[J].中外管理,2004(4):14-17.

[41] 南开大学公司治理研究中心公司治理评价课题组.中国上市公司治理评价与指数研究:基于中国1 149家上市公司的研究[J].南开管理评论,2006(1):4-10.

[42] 南开大学公司治理研究中心公司治理评价课题组.中国上市公司治理指数与公司绩效的实证分析:基于中国1 149家上市公司的研究[J].管理世界,2006(3):104-113.

[43] 南开大学公司治理研究中心公司治理评价课题组.中国上市公司治理指数与治理绩效的实证分析[J].管理世界,2004(2):63-74.

[44] 南开大学公司治理研究中心课题组.中国上市公司治理评价系统研究[J].南开管理评论,2003(3):4-12.

[45] 宋渊洋,唐跃军,左晶晶.CEO特征与国际化战略:来自中国制造业上市公司的证据[J].中大管理研

究,2009,4(3):61-77.
[46] 宋渊洋,唐跃军.机构投资者有助于企业业绩改善吗?来自 2003—2007 年中国上市公司的经验证据[J].南方经济,2009(12):56-68.
[47] 唐跃军,陈敏.银行公司治理之路[J].银行家,2003(1):126-128.
[48] 唐跃军,程新生,吕斐适.上市公司信息披露机制评价及信息披露指数研究[J].上海金融,2005(3):37-40.
[49] 唐跃军,程新生.信息披露机制评价、信息披露指数与企业业绩:基于931家上市公司的调查[J].管理评论,2005(10):8-15.
[50] 唐跃军,传顺康.罗伯特·博世有限公司的传承之路[R].复旦大学管理学院案例库,2017-04.
[51] 唐跃军,何锐邦.基于流动壁垒的IT产业战略群组间竞争战略分析[J].经济管理(新管理),2008(14):10-16.
[52] 唐跃军,黄平.《劳动合同法》提高解雇成本的经济影响[N].东方早报,2014-06-10.
[53] 唐跃军,黎德福.环境资本、负外部性与碳金融创新[J].中国工业经济,2010(6):5-14.
[54] 唐跃军,李维安,谢仍明.大股东制衡、信息不对称与外部审计约束[J].审计研究,2006(5):33-39.
[55] 唐跃军,李维安,谢仍明.大股东制衡机制对审计约束有效性的影响[J].会计研究,2006(7):21-29.
[56] 唐跃军,李维安.大股东对治理机制的选择偏好研究:基于中国公司治理指数[J].金融研究,2009(6):72-85.
[57] 唐跃军,李维安.公司和谐、利益相关者治理与公司业绩[J].中国工业经济,2008(6):86-98.
[58] 唐跃军,吕斐适,程新生.大股东制衡、治理战略与信息披露:来自2003年中国上市公司的证据[J].经济学(季刊),2008,7(2):647-664.
[59] 唐跃军,马荣.娱乐之外的公司治理暗战:通过有限合伙企业实现控制权和收益权分离[R].复旦大学管理学院案例库,2017-11.
[60] 唐跃军,邵燕敏.信息披露组合动机与及时性差异[J].证券市场导报,2008(3):61-67.
[61] 唐跃军,宋渊洋,金立印,等.控股股东卷入、两权偏离与营销战略风格:基于第二类代理问题与终极控制权理论的视角[J].管理世界,2012(2):82-95.
[62] 唐跃军,宋渊洋,左晶晶.第二类代理问题、大股东偏好与费用粘性差异[J].公司治理评论,2012,4(3):51-86.
[63] 唐跃军,宋渊洋.价值选择VS价值创造:来自中国市场机构投资者的经验证据[J].经济学(季刊),2010,9(2):609-632.
[64] 唐跃军,宋渊洋.中国企业规模与年龄对企业成长的影响:来自制造业上市公司的面板数据[J].产业经济研究,2008(6):28-35.
[65] 唐跃军,唐吟波.公司业绩组合、信息操作与中报的及时性[J].证券市场导报,2006(11):58-62.
[66] 唐跃军,肖国忠.独立董事制度的移植及其本土化:基于对500家中国上市公司的问卷调查[J].财经研究,2004,30(267):117-130.
[67] 唐跃军,肖国忠.中国独立董事制度的本土化研究:基于对500家中国上市公司的问卷调查[J].当代经济科学,2003(6):47-52.
[68] 唐跃军,谢仍明.大股东制衡机制与现金股利的隧道效应:来自1999—2003年中国上市公司的证据[J].南开经济研究,2006(1):60-78.
[69] 唐跃军,谢仍明.股份流动性、股权制衡机制与现金股利的隧道效应:来自1999—2003年中国上市公司的证据[J].中国工业经济,2006(2):120-128.
[70] 唐跃军,谢仍明.好消息、坏消息与季报预约披露的时间选择:管理层的组合动机与信息操作[J].财经问题研究,2006(1):38-44.
[71] 唐跃军,徐飞.独立董事保护了中小股东权益吗?基于中国上市公司投票机制的研究[J].经济管理,2007(7):42-47.

[72] 唐跃军,薛红志.企业业绩组合、业绩差异与季报披露的时间选择:管理层信息披露的组合动机与信息操纵[J].会计研究,2005(10):48-54.

[73] 唐跃军,薛红志.上市公司独立董事制度的职能分析[J].中国审计,2005(19):59-60.

[74] 唐跃军,袁斌.顾客能力及顾客能力导向的竞争[J].经济科学,2003(4):109-118.

[75] 唐跃军,张贻燊.利益相关者治理评价和治理指数:基于中国最具价值上市公司评价(2003 vs. 2004)[J].证券市场导报,2007(5):63-71.

[76] 唐跃军,赵伟韬.走向供应链与供应链的竞争[J].产业经济研究,2008(1):50-55.

[77] 唐跃军,赵武阳.二元劳工市场、解雇保护与劳动合同法[J].南开经济研究,2009(1):122-132,152.

[78] 唐跃军,赵武阳.解雇成本、市场分割与《劳动合同法》:基于理论模型对《劳动合同法》争议的新解释[J].经济理论与经济管理,2009(7):13-19.

[79] 唐跃军,左晶晶,李汇东.制度环境变迁对公司慈善行为的影响机制研究[J].经济研究,2014(2):61-73.

[80] 唐跃军,左晶晶.创业企业治理模式:基于动态股权治理平台的研究[J].南开管理评论,2020(6):136-147.

[81] 唐跃军,左晶晶.大股东对盈余指标存在选择偏好吗?[J].商业经济与管理,2008(9):52-60.

[82] 唐跃军,左晶晶.基于信息技术和网络治理的速度审计[J].审计与经济研究,2004(4):26-29.

[83] 唐跃军,左晶晶.企业业绩组合和差异、非标准审计意见与季报预约披露及时性:基于上市公司年报和一季度季报的实证研究[J].中国金融学,2004,2(3):89-105.

[84] 唐跃军,左晶晶.上市公司年报非标准审计意见的比较研究:基于2000—2003年数据的经验分析[J].财经问题研究,2005(7):64-71.

[85] 唐跃军,左晶晶.上市公司年报非标准审计意见与行业差异分析:基于2000—2003行业样本的实证研究[J].产业经济研究,2005(1):33-45.

[86] 唐跃军,左晶晶.审计委员会、盈余质量与意见购买:来自2002—2008年中国上市公司的经验证据[J].商业经济与管理,2011(11):78-88.

[87] 唐跃军,左晶晶.所有权性质、大股东治理与公司创新[J].金融研究,2014(6):177-192.

[88] 唐跃军,左晶晶.未预期盈利、审计意见、企业业绩与年报披露时间选择:管理层信息操纵和上市公司盈余管理[J].新政治经济学评论,2005,1(2):56-83.

[89] 唐跃军,左晶晶.政策性扰动、大股东制衡与董事会独立性[J].财经研究,2010(5):27-39.

[90] 唐跃军,左晶晶.中国非营利组织的评估指标体系[J].改革,2005(3):104-110.

[91] 唐跃军,左晶晶.终极控制权、大股东制衡与信息披露质量[J].经济理论与经济管理,2012(6):83-95.

[92] 唐跃军,左晶晶.终极控制权、大股东治理战略与独立董事[J].审计研究,2010(6):93-99.

[93] 唐跃军."官员独董"离职潮与独立董事制度安排[N].东方早报,2014-07-15.

[94] 唐跃军."国有企业"娃哈哈的家族企业传承[N].第一财经日报,2024-03-06,A11.

[95] 唐跃军."俞敏洪们"如何持续有效地激励"董宇辉们"?[N].第一财经日报,2024-01-10,A11.

[96] 唐跃军.不利意见、审计费用与意见购买[J].证券市场导报,2010(1):40-47.

[97] 唐跃军.大股东制衡、互动效应与现金股利[J].系统工程学报,2009,24(3):272-279.

[98] 唐跃军.大股东制衡、违规行为与外部监管:来自2004—2005年上市公司的证据[J].南开经济研究,2007(6):106-117.

[99] 唐跃军.大股东制衡机制:基于中国市场的实证与实验研究[M].南昌:江西人民出版社,2008.

[100] 唐跃军.第十四章转轨经济中的公司治理变革与创新[M]//李维安.公司治理学.北京:高等教育出版社,2020.

[101] 唐跃军.董事会中心主义不是中国公司治理的方向[N].第一财经日报,2022-06-20,A11.

[102] 唐跃军.动态股权如何激发科创企业人力资本[Z].复旦商业知识,2022-09-22.

[103] 唐跃军.独立董事制度的"中国之痛"[J].北大商业评论,2014(8):90-99.
[104] 唐跃军.防止注册制成欺诈制,两大要素最关键[Z].澎湃新闻,2018-11.
[105] 唐跃军.非营利组织评估[M]//李维安.非营利组织管理学.北京:高等教育出版社,2005.
[106] 唐跃军.改善乡村治理需要系统性的治理机制设计[N].第一财经日报,2022-03-09,A11.
[107] 唐跃军.供应商、经销商议价能力与公司业绩:来自2005—2007年中国制造业上市公司的经验证据[J].中国工业经济,2009(10):67-76.
[108] 唐跃军.谷底时,亦是变革时[N].商学院,2011-11-08,24.
[109] 唐跃军.管理学大词典:公司治理[M].上海:上海辞书出版社,2013.
[110] 唐跃军.规范大股东减持要疏堵结合[N].国际金融报,2017-06-26,12.
[111] 唐跃军.国企改革的实现途径[J].国是咨询,2017,2(173):25-29.
[112] 唐跃军.国企混改能解决公司治理问题吗?[N].国际金融报,2017-08-28,12.
[113] 唐跃军.国有商业银行公司治理的缺陷及其对风险管理的影响[J].香港社会科学学报,2003,25(春/夏季):97-126.
[114] 唐跃军.基于数字资产和数字分身的公司治理机制设计[N].第一财经日报,2024-11-14,A11.
[115] 唐跃军.基于中国特色现代企业制度的国企改革之路[N].第一财经日报,2024-07-16,A11.
[116] 唐跃军.激进的营销:慷别人之慨?[J].中欧商业评论,2011(7):67-71.
[117] 唐跃军.经理股票期权的现状、理论基础和理论发展[J].青海社会科学,2003(3):26-31.
[118] 唐跃军.科创企业动态股权治理平台的机制设计[N].第一财经日报,2022-07-18,A12.
[119] 唐跃军.科创企业发展的瓶颈问题与建议[J].经济展望,2022(4):8-12.
[120] 唐跃军.科创企业如何借鉴华为的虚拟受限股制度[N].第一财经日报,2023-12-19,A11.
[121] 唐跃军.跨组织系统(IOS)在供应链中的应用模式[J].中国工业经济,2006(12):81-89.
[122] 唐跃军.李子柒成长的烦恼:不识股权架构套路的网红[R].复旦大学管理学院案例库,2022-11.
[123] 唐跃军.利益相关者治理评价与指数研究[M]//李维安.公司治理指数与评价研究.北京:高等教育出版社,2005.
[124] 唐跃军.两大举措将使注册制可行[N].IPO日报,2018-03-27.
[125] 唐跃军.论转轨经济中的内部人控制与道德风险[J].经济评论,2002(6):33-38.
[126] 唐跃军.企业业绩组合、企业业绩差异与三季度季报披露和预约披露的及时性:"好消息"、"坏消息"与管理层的信息操作[J].中国会计与财务研究,2005,7(4):55-81.
[127] 唐跃军.企业业绩组合、企业业绩差异与中报披露的时间选择:管理层的组合动机和信息操作行为[J].商业经济与管理,2005(5):27-33.
[128] 唐跃军.全球化,不是福音书(上)[N].经济导报,2000(34):4-6.
[129] 唐跃军.全球化,不是福音书(下)[N].经济导报,2000(35):20-22.
[130] 唐跃军.让科学家成为创业家,构建世界级创新创业之都[N].第一财经日报,2022-02-09,A11.
[131] 唐跃军.如何设计股权结构[J].商业观察,2018(6):51-54.
[132] 唐跃军.上市公司利益相关者治理机制评价与治理指数分析[J].管理科学,2005(4):14-21.
[133] 唐跃军.上市公司审计、财务困境与会计师事务所更迭:基于2000—2003年数据的实证研究[J].财贸经济,2005(4):24-32.
[134] 唐跃军.审计师规模、审计费用与审计意见购买[J].商业经济与管理,2009(10):80-88.
[135] 唐跃军.审计收费、审计师变更与意见购买[J].财经理论与实践,2009(5):57-61.
[136] 唐跃军.审计收费、审计委员会与意见购买:来自2004—2005年中国上市公司的证据[J].金融研究,2007(4):114-128.
[137] 唐跃军.审计委员会治理与审计意见[J].金融研究,2008(1):148-162.
[138] 唐跃军.审计质量 VS.信号显示:终极控制权、大股东治理战略与审计师选择[J].金融研究,2011(5):139-155.

[139] 唐跃军.提振民营企业信心,推动民营科创企业发展[N].第一财经日报,2023-04-20,A12.
[140] 唐跃军.推动科创企业发展,需要合适创新的制度环境[N].第一财经日报,2022-09-21,A11.
[141] 唐跃军.为什么海尔更成功?海尔的执行力研究[J].经济管理(增刊),2009,Z1:198-203.
[142] 唐跃军.析内部审计在企业管理中发挥作用的途径[J].审计与经济研究,2003(2):14-16.
[143] 唐跃军.行业差异、利益相关者治理机制与治理指数分析[J].证券市场导报,2005(12):28-33.
[144] 唐跃军.应对TPP危机[J].北大商业评论,2015(11):112-121.
[145] 唐跃军.预制菜进校园的监督制衡机制设计[N].第一财经日报,2023-11-29,A11.
[146] 唐跃军.中国科创板与注册制的制度设计建议[Z].澎湃新闻,2018-12.
[147] 唐跃军.中国上市公司利益相关者治理评价[M]//李维安.2003中国上市公司治理评价研究报告.北京:商务印书馆,2007.
[148] 唐跃军.中国上市公司利益相关者治理评价[M]//李维安.2004中国上市公司治理评价研究报告.北京:商务印书馆,2007.
[149] 唐跃军.中国消费困境分析及其建议[J].青海社会科学,2000(4):33-37.
[150] 唐跃军.转轨经济中大股东制衡机制的实证与实验研究[D].天津:南开大学,2006.
[151] 唐跃军.转轨经济中内部人控制分析[J].国际经济合作,2002(2):41-45.
[152] 唐跃军.资本市场"看门狗"普华永道的"恒大劫"[N].第一财经日报,2024-04-18,A11.
[153] 唐跃军.宗庆后家族企业传承策略引发哪些思考[N].第一财经日报,2024-03-19,A11.
[154] 田昆儒,唐跃军.公司治理评价中募集资金管理与信息披露评价指标体系设置研究[J].南开管理评论,2003(3):22-24.
[155] 谢仍明,唐跃军,邵燕敏.预约披露、信号显示与审计意见[J].审计与经济研究,2006(6):32-36.
[156] 谢仍明,唐跃军.预测信息披露制度的有效性及其选择:基于博弈的视角[J].南开经济研究,2013(4):42-58.
[157] 许荣宗,唐跃军,张楚哲.退出成本、经理行为与国有企业改革[J].中国工业经济,2007(8):106-113.
[158] 杨青,王亚男,唐跃军."限薪令"的政策效果:基于竞争与垄断性央企市场反应的评估[J].金融研究,2018(1):156-173.
[159] 袁斌,唐跃军.供应链上跨组织系统(IOS)的效用分析[J].工业技术经济,2004(2):81-84.
[160] 袁斌,唐跃军.基于资源观的顾客能力测评指标体系[J].当代财经,2003(11):67-70.
[161] 左晶晶,梅洁,唐跃军.高管股权激励动态性与企业绩效:研发投入的中介效应[J].研究与发展管理,2024(4):128-138.
[162] 左晶晶,唐跃军,季志成.政府干预、市场化改革与公司研发创新[J].研究与发展管理,2016(4):80-90.
[163] 左晶晶,唐跃军,宋渊洋,等.CEO激励与公司业绩:基于边际递减效应和过度激励的研究[J].中国金融评论,2009,3(3):33-51.
[164] 左晶晶,唐跃军,眭悦.第二类代理问题、大股东制衡与公司创新投资[J].财经研究,2013(4):38-47.
[165] 左晶晶,唐跃军.CEO激励与国际化战略[J].管理评论,2014(7):148-158.
[166] 左晶晶,唐跃军.高管过度激励、所有权性质与企业国际化战略[J].财经研究,2011(6):79-89.
[167] 左晶晶,唐跃军.高管薪酬激励过度了吗?基于边际递减效应与中国民营上市公司的研究[J].商业经济与管理,2010(1):61-68.
[168] 左晶晶,唐跃军.过度激励与企业业绩:基于边际递减效应和中国上市公司高管团队的研究[J].产业经济研究,2010(1):48-56.
[169] 左晶晶,谢仍明,唐跃军.欧盟排放权交易机制研究[J].财会学习,2013(2):16-19.
[170] 左晶晶,谢仍明,唐跃军.审计委员会治理、避亏动机与审计意见购买[J].证券市场导报,2013(9):33-39.

跋：好企业是类似的

唐楚懿

2024年10月26日，上海，复旦大学

不管是
国有企业
民营企业
家族企业
外资企业
混合所有制企业

还是
劳动力密集型企业
资金密集型企业
人力资本密集型企业
技术密集型企业
关系密集型企业

抑或是
产品型产品企业
服务型产品企业
产品型服务企业
服务型服务企业

又或者是
初创期企业
成长期企业
成熟期企业
衰退期企业

至少
在公司治理层面
好企业都是类似的
差企业则
各有各的差法

注释：本诗依次基于企业产权属性、资源基础理论、企业战略类型、企业生命周期理论对企业进行了分类。

好企业在公司治理层面的相似性指的是：基于合理的制度安排与机制设计（团队激励机制＋监督制衡机制），实现关键利益相关者收益权、经营权、控制权动态激励相容（核心逻辑和基本原则）。

产品型产品企业、服务型产品企业、产品型服务企业和服务型服务企业是按照公司战略类型对公司的划分，其中，产品型产品公司实行产品标准化战略/成本领先战略；服务型产品公司实行产品差异化战略；产品型服务公司实行服务标准化战略；服务型服务公司实行服务差异化战略。

Good Enterprises Share Similarities

By Tang Chuyi
October 26, 2024, Shanghai, Fudan University

Regardless of whether they are
state-owned enterprises,
private enterprises,
family businesses,
foreign-funded enterprises,
or mixed-ownership enterprises;

Or whether they are
labor-intensive enterprises,
capital-intensive enterprises,
human capital-intensive enterprises,
technology-intensive enterprises,
or relationship-intensive enterprises;

Or even if they are
product-oriented product companies,
service-oriented product companies,
product-oriented service companies,
or service-oriented service companies;

Or whether they are
enterprises in the startup phase,
growth phase,
maturity phase,
or decline phase;

At least,
on the level of corporate governance,
good enterprises are all similar,
while poor enterprises
each have their own unique shortcomings.

Notes: The classification of enterprises is based sequentially on the property rights attributes, resource-based theory, strategic types of enterprises, and enterprise life cycle theory.

The similarity on the corporate governance level refers to the dynamic incentive compatibility of the benefits rights, management rights, and control rights of key stakeholders based on reasonable institutional arrangements and mechanism designs (team incentive mechanisms + supervision and counterbalance mechanisms), which is the core logic and basic principle.

Product-oriented product companies: product standardization strategy/cost leadership strategy; Service-oriented product companies: product differentiation strategy; Product-oriented service companies: service standardization strategy; Service-oriented service companies: service differentiation strategy.

后　记

"人民就是江山，江山就是人民。"这不仅展现和继承了我党一直以来的"走群众路线"的基本原则，而且完全符合公司治理层面所坚守的"激励相容"原则，让笔者对公司治理的思考和实践产生了更多、更高层面的理解和感悟。"人民"是国家最为重要的利益相关者，其在各个层面的动态激励相容正是我们所追求和坚守的，这是我们的国家、社会、企业内生增长动力和内生增长能力的源泉。

正气歌

唐楚懿[①]

2024 年 8 月 5 日，上海，复旦大学

天地浩然有正气，正心不移向月明。
华夏煌煌英雄志，正念相随家国情。
经世致用天下先，正行砥砺万千重。
知行合一法自然，正道逍遥海潮平。

注解：惟正心、存正念、笃正行、证正道，是为浩然正气也。

随着《中国公司治理：传统智慧与现代实践》一书的完稿，笔者站在了一个特殊的节点上，回望过去，展望未来。这本书的完成不仅仅是一项学术任务的结束，更是对一个复杂而深刻话题的深入探索的开始。在这本书中，笔者试图捕捉中国公司治理的精髓，分析其复杂的演变过程，以及在现代社会中的创新实践。笔者的目标是提供一个全面的视角，帮助读者理解中国公司治理的复杂性和多样性，同时也为学术界和实践界提供有价值的见解和建议。

首先，笔者要感谢所有为本书提供支持和启发的学者、企业家和实践者。在这本书的撰写过程中，笔者得到了许多业界领袖和学术专家的帮助，他们的见解和经验为本书提供了宝贵的第一手资料。这些访谈不仅仅是信息的交流，更是智慧的碰撞，让笔者对中国公司治理有了更深刻的理解。笔者也要感谢那些在研究过程中提供反馈和建议的同行，他们的专业意见帮助笔者不断完善和深化了研究。

在这本书中，笔者特别强调了中国公司治理的文化根源。笔者认为，理解中国公司治理的关键在于理解其背后的文化和哲学基础。中国的文化传统，如道家、法家、墨家、兵

[①] 唐楚懿是本书作者唐跃军的笔名。

家、儒家及佛家等的思想,为公司治理提供了独特的视角和方法。这些传统思想不仅影响了中国企业家的价值观和行为模式,而且在现代企业治理中仍然发挥着重要作用。通过深入分析这些文化根源,笔者希望能够为读者提供一个更深层次的理解中国公司治理的框架与内涵。

本书以中国传统文化为根基,立足于人性的基本面,讨论了人力资本动态性、动态激励相容、动态股权激励机制、团队激励机制、科创企业治理以及家族企业传承等方面的策略和挑战。笔者通过案例分析,展示了这些创新机制如何在实践中发挥作用,以及它们如何帮助企业在激烈的市场竞争中保持领先地位。笔者认为,这些创新机制的实施,是中国企业在全球化竞争中取得成功的关键。

在书中,笔者特别强调了动态股权激励计划和社会化企业治理模式等创新机制的重要性。这些机制不仅能够激发关键人力资本的潜力,还能推动企业的持续创新和长期发展。笔者认为,这些创新机制的实施,对于中国企业在未来的市场竞争中保持领先地位至关重要。

在撰写这本书的过程中,笔者深刻地意识到,公司治理是一个不断发展和变化的领域。总有新的问题和挑战需要我们去探索和解决。因此,本书的完成不仅是一个结束,更是一个新的开始。笔者期待本书能够激发更多的讨论和研究,为中国乃至全球的公司治理实践贡献智慧和力量。

在此,首先特别感谢自 2006 年以来,选修中国公司治理(授课对象为 EMBA/MPAcc)、公司治理(授课对象为 MBA/本科生)、创业企业治理(授课对象为 MBA)、中国公司治理(授课对象为 MPAcc)、家族企业治理与传承(授课对象为 MBA)、团队股权激励机制(授课对象为 MBA)、科创企业治理(授课对象为 MBA)、Entrepreneurial Enterprise Governance(授课对象为 IMBA,特别感谢深谙中国传统哲学的宋琛同学的重要贡献)、中国公司治理研究(博士研究生)等课程的数千位同学,感谢你们与我共同经历教学相长的愉快过程。其次,感谢我的家人,你们的理解和支持是我完成这项工作的重要动力。在漫长的写作过程中,你们的鼓励和耐心是我坚持下去的力量源泉。最后,感谢本书编辑孙勇先生和立信会计出版社的出版团队的付出与贡献,你们的专业精神和辛勤工作使得这本书得以顺利完成。

公司治理是一个永无止境的学习过程。笔者期待与读者一起,继续探索这一领域的新发展和新趋势。再次感谢所有支持和帮助笔者完成这本书的人,没有你们,这本书不可能问世。笔者期待着读者的反馈和建议,以便笔者在未来的研究中不断进步和完善。